从"翻译世界"到"翻译中国"
对外传播与翻译实践文集

黄友义 著

序

赵启正

我原本是学核物理的，却在 1998 年踏入对外传播领域，先后担任国务院新闻办公室主任、全国政协外事委员会主任，一直工作到 2013 年。进入这样一个全新领域，除了自己加倍努力工作以外，一些对外传播领域专家朋友的帮助对我尽快熟悉情况起到了很大作用，黄友义同志是其中与我交流最密切的。

黄友义从 20 世纪 70 年代就开始从事对外出版和国际传播工作，担任过中国外文局副局长兼总编辑、中国互联网新闻中心主任、中国翻译协会常务副会长、全国翻译专业学位研究生教育指导委员会主任等多个职务，在翻译界多个领域都卓有贡献。虽然他担任了许多机构的领导工作，但我一直认为他更具学术专家的本色。2001 年，他坚持谢绝了中国外文局正局长的提名，理由清楚：担任正职需全力投入行政管理，势必影响为提升我国对外传播翻译水平多做贡献的夙愿。当时我是国务院新闻办主任，参与此事的始终，印象极为深刻。

在翻译实践和理论方面，他承担了数百万字的党政文献和中国国情等方面书稿的对外翻译和审定工作，其中包括《习近平谈治国理政》等领袖著作，并曾为党和国家领导人担任口译，积累了丰富的口笔译实践经验。他还从长期对外翻译出版实践中不断强调中英文的深层差异，提出首先要对中文原文理解准确，还要熟知外国受众的文化背景，才能使外文译稿得到受众的理解和吸纳，这与后来成为我国对外传播翻译工作广泛遵从的"外宣三贴近"指导原则是十分一致的。*

在国际传播与文化交流方面，他做了很多开创性的工作。他积极以中外合作出版开辟国际图书市场，以中方总协调人身份主持中美大型合作出版项目"中国文化与文明"，以副总编辑身份积极推进我国历史上首次采用中外文对照形式，全面、系统地向世界推介中国文化典籍的国家重大出版工程"大中华文库"。他与时俱进，参与创办我国对外宣传新闻网站"中国网"并任总编辑至2013年，是我国互联网外宣的重要参与者。在担任两届全国政协委员期间，他积极践行公共外交，推动政协对外友好活动。

在应用型翻译人才培养与教育领域，他也是重要开拓者之一。作为首届全国翻译专业学位研究生教育指导委员会主任委员，他在三届共13年任期内，团结全国高等院校专家学者积极完善翻译硕士专业学位建设，有效推进设立翻译专业博士学位的目标，并推动专业学位教育与人才评价体系、行业管理相衔接，受到广泛的高度评价，他本人也因此曾出任国务院学位委员会委员。

在翻译行业建设方面，他做了大量卓有成效的工作。在担任中国译协秘书长近30年来，他带领译协秘书处主动作为，结合国家对外工作大局组织策划了中译外论坛、亚太翻译论坛等活动，特别是组织申办和举办了第十八届世界翻译大会，向世界展示了中国的发展成就和翻译事业的进步，提

---

* 2004年4月，中央对外宣传工作会议提出：外宣工作要"坚持贴近中国发展的实际，贴近国外受众对中国信息的需求，贴近国外受众的思维习惯"。

升了中国翻译界的国际地位和话语权，树立了通过非政府组织开展民间对外传播的成功典范；他本人也因此高票当选国际翻译家联盟第一副主席，并荣获该组织颁发的"金别针"荣誉勋章。他积极推动翻译职称评审制度改革，推动设立全国翻译专业资格（水平）考试并一直担任考试英语专家委员会主任。他还积极推动翻译立法，以提升翻译行业准入门槛，维护翻译工作者的权益。鉴于他对翻译行业建设做出的重要贡献，中国翻译协会授予他"翻译事业特别贡献奖"。

这些年，他一方面身体力行，组织开展或亲自参与对外翻译、国际出版、互联网传播和国际交流等方面的活动，另一方面，他还不断积累和总结经验，在国内外期刊、报纸以及各类学术和行业会议上，发表了相关论文、书评、专访等数百篇。我曾多有阅读并屡次建议他把这些硕果汇编出书，他总是谦虚地推脱。今天终于盼到了这本书的出版。《从"翻译世界"到"翻译中国"》凝聚了黄友义同志对外讲好中国故事、传播好中国声音的心得与思考，是他40多年来国际传播实践和理论智慧的结晶。书中的87篇文章，较为全面地记录和再现了中国翻译与对外传播领域近20年的主要发展脉络，包括成绩和存在的问题，是一部填补空白之作。

这本书还提供了很多讲好中国故事的生动案例，从对外翻译和国际出版的角度，为我们做了很好的示范。比如："民主党派"如何翻译才不会引起外国人的误解，习近平总书记提出的"人类命运共同体"用英文怎样表达，人民军队传承的"红色基因"究竟是什么，国庆阅兵式上的口号如何翻译才不至于引起尴尬，等等。这些重要概念和表述，对阐明中国政策和立场起着关键作用。解释不清，就有可能引起国际上的误读和误解。

中国每天都在进步,一天一个新中国。然而,国际上对中国的真实情况了解还很不够,国际舆论对中国仍充满了误解与偏见。既然外国媒体对中国的报道既不客观,也不全面,那么我们自己能否把中国故事很好地讲出去,让人家听懂呢?就这一问题,我曾在多个场合呼吁:对外传播的新闻报道、书刊和影视产品,一个基本要求是要让外国人看得进去、读得下去,要随时记住我们的传播对象是外国人。要做到这一点,就必须打破思维惯性,跳出自己的文化圈子,具有开阔的国际视野。正如黄友义同志所说,要有说"全球话"的思维,才能把握国际话语权。

进入21世纪以来,随着中国进一步融入世界,我国国际影响力和关注度快速提升,我们已经从向中国"翻译世界",进入了向世界"翻译中国"的新阶段。做好对外翻译和国际传播工作对于树立国家形象的重要性越来越凸显,因此也对翻译和传播界的同仁们提出了更高的要求。

我愿将此书首先推荐给工作在对外翻译和国际传播一线的朋友们;我还盼望外语专业、新闻传播专业的,乃至愿意提升外语水平的年轻人重视此书。如果细心阅读作者经40多年的积累才完成的这部大作,还会体会到我国对外传播的进步历程和老一辈为此付出的辛勤努力和深刻思考。相信年轻的一代从我们这代人手里拿过接力棒,必能更好地讲好中国故事,向世界说明可信、可爱、可敬的真实的中国。

2022年9月2日

目 录

第一部分
对外翻译与出版

坚持"外宣三贴近"原则，处理好外宣翻译中的难点问题…… 3
翻译错误到底是谁之过？…………………………………… 9
让中国图书登上国际书架…………………………………… 14
汉学家和中国文学的翻译…………………………………… 18
是谁误译了"韬光养晦"…………………………………… 23
中国特色中译外及其面临的挑战与对策建议……………… 25
中国文学翻译………………………………………………… 31
推动中国文学对外翻译出版的新高潮……………………… 38
翻译与跨文化交流…………………………………………… 44
抓住"一带一路"发展机遇，稳步推进中阿出版合作…… 65
当中国日益靠近国际舞台中央，我们如何翻译…………… 70
变化中的政治话语对外传播与翻译………………………… 77
关于实施党政重要文献外文同步发布的建议……………… 83
对外翻译、话语权与文化自信……………………………… 86
译好鸿篇巨著，讲好中国故事……………………………… 92
新时代背景下如何做好中译英……………………………… 102

"家是最小国，国是千万家"……………………………………… 109
翻译主题图书，助力对外传播………………………………… 112
公共突发事件与外宣翻译……………………………………… 120
文化传承与社会服务中翻译的新定位………………………… 129
党领导下的新中国对外翻译出版事业发展回顾……………… 138
从一位阿富汗官员的经历看对外翻译出版的影响力………… 155
从"翻译世界"到"翻译中国"：历史的必然………………… 157

第二部分
国际传播与文化交流

全球化与中国对外宣传面临的机遇与挑战…………………… 167
建设首都国际语言环境………………………………………… 174
中文吸收外来语，也应遵循国际惯例………………………… 181
积极主动发出声音，努力主导地区舆论……………………… 184
公共外交中的媒体与媒体的公共外交………………………… 189
出国人员的国家形象意识亟待提高…………………………… 197
软性竞争力……………………………………………………… 202
世界进入公共外交新时代……………………………………… 207
如何讲好中国故事……………………………………………… 216
从一部外国人的著作看对外解读中国梦的长期性…………… 222
"一带一路"建设迫切需要深化对外解读…………………… 231
讲好中国故事，引领国际舆论………………………………… 233
让人不留遗憾的外宣大平台…………………………………… 239

让世界倾听更多的中国声音……243
学习党的十九届五中全会公报,加强中国文化国际传播……249
文化"走出去"中的话语转换……265
强化国家对外翻译机制,助力国际传播能力提升……283
如何突破中外文化差异,让世界更好地了解中国……294
从公共政策翻译看外语人的时代使命……297
用电影解读中国……304

第三部分
翻译人才与教育

推动翻译专业学位教育、资格考试与行业管理有效衔接……311
社会需要专业型、复合型和实用型翻译人才……318
关于建立国家翻译人才库的提案……324
"一带一路"建设与复合型翻译人才培养……327
未能实现的梦想更是智慧的反映……331
多语种＋视域下的国际组织语言服务人才培养……335
中国 MTI 教育：缘起、发展与前景……340
抓好应用型翻译人才培养机制建设,满足时代对应用型
　翻译人才的需求……355
关于人工智能背景下商务翻译与翻译教育的点滴思考……360
在外文局四十三年：与大师们相识的岁月……364
MTI 的重要性及其生命力……373
国家翻译队伍里的外国学者们……380

落实全国研究生教育会议精神，推进翻译专业学位教育
　　高质量发展……………………………………………… 394
忆老林 …………………………………………………………… 398
向敬爱的翻译文化终身成就奖获得者许渊冲先生致敬……… 404
学习谢老师，脚踏实地，通过翻译服务社会需求…………… 409
产教相向而行，共同促进翻译人才培养……………………… 412
开设专博教育：翻译人才培养迎来崭新的时代……………… 416

第四部分
翻译行业建设

翻译质量与翻译协会的责任……………………………………… 427
从翻译工作者的权利到外宣翻译………………………………… 434
发展中国翻译事业，更好地为对外开放服务…………………… 444
翻译立法是促进我国翻译行业健康发展的根本途径…………… 451
语言就是资本，语言就是生产力………………………………… 456
语言服务助力"一带一路"建设………………………………… 461
迎接通过翻译参与全球化管理的新时代………………………… 464
"一带一路"和中国翻译………………………………………… 474
中国崛起给翻译带来的变化……………………………………… 480
服务改革开放 40 年，翻译实践与翻译教育迎来转型发展的
　　新时代 ……………………………………………………… 485
40 年见证两轮翻译高潮 ………………………………………… 494
新时代口译面临的任务、机遇与挑战…………………………… 506

疫情之后看外语和翻译的多与少 …………………………… 511
办好中国公共政策翻译论坛，发挥"两个服务"
　　"一个示范"作用 ……………………………………… 516
谈谈我对翻译技术的认识 ………………………………… 520
翻译要为国际传播与社会发展服务 ……………………… 526
技术赋能对外翻译，更好地提升国际传播能力 ………… 529

附录
国际论坛发言及英语期刊文章

In Celebration of Solidarity ……………………………… 537
For Literary Translation, Quality Matters ……………… 552
Education in and Market Demand for Translation: A Case Study … 560
Chinese-English Translation …………………………… 571
Promoting Mutual Understanding and Cementing Friendly Ties … 584
Lead by Language ……………………………………… 595
People, Prosperity and Peace …………………………… 606
Multidisciplinarity: The Way Forward for T&I Education ……… 623
Our Shared Cultural Legacy …………………………… 629

第一部分
对外翻译与出版

坚持"外宣三贴近"原则，
处理好外宣翻译中的难点问题

原文发表于《中国翻译》2004年第6期，略有删改。

外宣工作中的翻译有个突出的特点，即基本都是中译外，也就是把大量有关中国的各种信息从中文翻译成外文，通过图书、期刊、报纸、广播、电视、互联网等媒体以及国际会议对外发表和传播。这一特点决定了，除了所有翻译工作都需要遵循的"信、达、雅"标准之外，外宣翻译更需要译者熟知并运用"外宣三贴近"（贴近中国发展的实际，贴近国外受众对中国信息的需求，贴近国外受众的思维习惯）的原则。

一般情况下，凡是要对外介绍的素材，理所当然是贴近中国发展的实际和贴近国外受众需求的。从事外宣工作的翻译人员要潜心研究外国文化和外国人的心理思维模式，善于发现和分析中外文化的细微差异和特点，时刻不忘按照国外受众的思维习惯去把握翻译。最好的外宣翻译不是逐字逐句机械地把中文转换为外文，而是根据国外受众的思维习惯，对中文原文进行适当的加工：有时要删减，有时要增加背景内容，有时要将原话直译，有时必须使用间接引语。怎么才能正确地运用这些技巧呢？

根据笔者多年从事外宣出版物中译英的工作体会，我认为有两条原则必须坚持。

一、充分考虑文化差异，努力跨越文化鸿沟

中西文化的差异，导致思维习惯和表达方式的明显不同。许多中文里约定俗成的词句逐字逐句地翻译成英文后，不但难以达到忠实地传达中文原意的目的，反而会引起不必要的误解。有时非但不能解答外国人对中国某一方面的疑问，反而引出新的问题。比如，中国的学者注重谦虚和含蓄，在写好一本书后，即使是倾毕生之力写成的学术著作，也往往在前言里说："由于本人水平有限，书中谬误肯定不少，敬请读者批评指正。"如果直译过去，那些对中国文化没有深刻了解的一般外国读者，很可能会问："既然你知道有错误，为什么自己不纠正以后再发表？"因为在英美等国出版的图书中，人们习惯于说："这是迄今为止在这个领域中最为权威的著作。"而实际上，可能这是一本很普通的图书。

如果机械地翻译涉及我国政治体制的内容，很可能引起国外受众的误解。比如有的文章说，"在中国，共产党是执政党，此外还有八个民主党派"。由于西方长期的反共宣传，那里的很多人错误地把共产党等同于不讲民主的执政党。这时他们会很自然地把共产党和民主党派这两个词当作反义词来解读。因此，当他们读到"In China, the Communist Party is the party in power. Besides, there are also eight democratic parties."（在中国，共产党是执政党，此外还有八个民主党派）时，他们产生的一个误解是：中国实施的是共产党一党专政，同时

中国还存在着八个追求民主的反对党。我们当然清楚，在中国"民主党派"一词有它特定的历史含义，同时也没有任何翻译希望自己的译文产生以上误解，但是直译造成的后果就是这样严重。其实，如果动动脑筋，把这句话中的 democratic parties 译为 other political parties（其他政党），就会淡化外国人头脑中共产党和民主党派完全对立的错误印象。

如果不增加一些时间概念或背景知识，我们在中文里常用的一些词汇，也会让国外受众难以理解。比如，多数美国人对中国历史不了解，而他们自己国家的历史又只有两百多年，我们常说的"新中国"译成 New China 后，他们理解为"邓小平的中国"。又如，我们所说的"新时期"简单译成 New Era 后，他们竟然认为是指"新的千年"。这种结果显然不是翻译工作者的本意。

虽然美国人从第二次世界大战以来没有停止过打仗，但是他们看了一些从中文直译过去的文章后却错误地认为，"中国人比美国人更好战"。这在某种程度上是因为，我们习惯使用军事化的语言。例如：中国参加奥运会的体育代表团被称为"奥运军团"；篮球比赛是"篮球场上燃起战火"；我们几乎每天都在不同领域里进行着"一场攻坚战"；一个工程的收尾阶段常常是"一场决战"。诚然，中文里这样的词句很能鼓舞士气和斗志，但是翻译成外文就应该注意多用平实的词句，少一些"火药味"，因为翻译的任务是沟通，而绝不是误导。

做好外宣翻译，除了扎实的语言功底外，还特别需要翻译工作者对外国文化和风俗有着深刻的了解。1999年国庆节前，我们几个单位的外宣翻译曾研讨过一个看似很小的问题：

中央领导同志检阅部队，要向部队官兵问候，官兵也要还礼，那么"同志们好！同志们辛苦了！"和"首长好！"怎么译？最后一句"为人民服务"有现成的说法"Serve the people.",那么其余三句话，总共才13个字，应该很好翻译吧？其实不然。经过讨论，大家认为，西方国家首长检阅部队时，只敬礼不讲话，官兵也不喊口号。换句话说，英文中根本不存在对应的表达。于是我们决定，不应该用直接引语的方式翻译这几句话，而宜用间接引语的方式说"军委主席向部队官兵问候，官兵向他们的首长致礼"。

遗憾的是，当天还是有国内媒体机械地把这三句话译成："Hello, comrades! Comrades, you have worked hard!"和"Hello, leader!"。事后，有英国朋友指出，你们这种翻译法，无异于说"伙计们，干得不错！"和"头儿，您受累了！"。因为不懂外国文化导致翻译不当，造成极不严肃的后果。这肯定不是翻译者的初衷。

二、熟知外国语言习俗，防止落入文字陷阱

有许多词句在外国文化里已经被赋予特定的含义，若使用不当，就会产生误会。这就要求翻译人员特别留心语言的发展变化。

比如，在乔治·奥威尔（George Orwell）的《一九八四》中，大洋国那个无处不在、战无不胜、永远正确、心狠手辣的统治者名叫"老大哥"（Big Brother）。在漫长的冷战时期，西方宣传机器常常用这个名字形容社会主义国家的领导人，使不少西方人凡遇到"老大哥"这个词，就会联想到社会主

义国家的最高领导者——它已经成为特定年代的具有特殊含义的词汇。但在中文里，尤其是在我们党内，这是一个充满同志感情和敬意的称呼。比如有一次中央领导会见外国记者并向他们介绍其他领导同志时，说某某同志是"我们的老大哥"，让人听了亲切自然。现场翻译直接翻成英文后，一些外国记者却发出了笑声。显然，他们联想到了《一九八四》中的 Big Brother。应该说，当天现场担任口译的年轻同志工作做得非常出色，按照中文原话翻译这个词，态度也是严谨的，本无可指摘。但西方记者由于自身的语言背景，产生了歧想。从效果来看，这的确是我们应该避免的。

我们不能指望翻译工作者在那种紧张的工作节奏中成为外国文化和语言习俗的百科全书，但也不能指望外国记者能体会到中文里"老大哥"的亲切。如果能把这里的"老大哥"翻译成"年长我们几岁"，外国记者就不会觉得有什么可笑了。

近来，我国一直在争取世界各国承认我们是全面的市场经济国家。这主要涉及国家政治关系和我国的经济利益，但是多少也与翻译有关。多年来，我们按照中文的原话，把"社会主义市场经济"翻译为 socialist market economy。西方人熟悉他们的市场经济。长期以来，他们认为中国既然不讲自己实行的是 market economy（市场经济），而是 socialist market economy（社会主义市场经济），那就是一种特殊的市场经济。一些西方人士说，既然中国人自己说他们实行的是一种有条件的市场经济，那么现在怎么能要求西方承认中国实行的是全面的市场经济呢？

实事求是地说，西方人的这种言论与中国的翻译工作者无关。试想一下，当"社会主义市场经济"这个词出现的时候,有哪个翻译不翻出"社会主义"这四个字呢?因此,从本质上说,这不是翻译的问题。

然而,我们又不能不考虑到,"社会主义市场经济"的概念在我国最初是作为怎样建设社会主义的一个理论性问题提出来的,主要是针对过去苏联教条的社会主义模式和高度的计划经济而言的,有其特定的历史背景,具有明显的时代特色和中国特色,但其核心是"市场经济"。对于这种特殊历史时期提出的一个具有特定含义的词汇,普通外国人是难以从本质上理解的。面对一些西方人强调,既然是socialist market economy(社会主义市场经济),那就不可能是全面的市场经济,因此不能给中国全面的市场经济地位待遇这种现实情况,外宣翻译工作者是否应该从大局着眼,采取变通译法,更注重翻译核心内容?既然大家都知道中国是社会主义国家,在不是专门探讨社会主义经济理论的文章里,是否可以译成China's market economy(中国的市场经济)或者market economy(市场经济),以此减少外国受众的误解呢?

从以上实例可以看出,外宣翻译工作有其特有的规律,对翻译工作者有着特殊的、更高的要求。外宣翻译工作者一张口或一下笔,都要以沟通为目的,需要具备坚实的中外政治、经济、文化知识功底,而不能仅仅为了完成任务而翻译。真可谓难度大,要求高。这也是目前我国的外宣翻译队伍人不多、势不众的一个重要原因吧。然而,一个不争的事实是,今天我们生活在一个经济全球化的时代,我国的开放程度日益扩大,信息化社会发展迅速,这都呼唤着更多高水平外宣翻译的出现。

翻译错误到底是谁之过？

随笔，写于 2006 年 11 月 28 日。

　　经济全球化和时代信息化大大促进了翻译专业的发展，当今翻译的任务不是减少了，而是加重了。如果说，世界一天也离不开翻译，大概不会有人表示反对。不信想想看：没有翻译，电视、报纸、期刊、互联网上的内容会急剧缩水；没有翻译，国际交通、通信会出现大乱；没有翻译，许多大宗贸易协定就不能签订；没有翻译，国与国之间重大问题就无法沟通，人类可能陷入更多的冲突。远的不说，就拿即将举办的北京奥运会，没有翻译，会成功举办吗？尽管翻译如此重要，翻译的社会地位，或者说受尊重和被理解的程度却不尽如人意。在中国，翻译工作者在改革开放以及和平发展事业中发挥着重要的作用，有为也有位。在国际上，翻译界基本上属于幸运一族，但是，这不等于在我们的社会里，人们都正确且充分地了解翻译行业的特点和面临的挑战。

　　比如，人们是否知道翻译不仅仅是在两种语言之间进行简单的转换，而是一种文化上的再创作？既然是一种创作，就需要知识，需要时间。有时，一种语言的一个词需要翻译工作者查阅大量资料，翻阅词典，甚至很可能要查看好几本词典和参考书，经过仔细推敲才能找到合适的对应词。"三个代表"一词就是众多翻译人员用了一年多的时间，才选出了最准确直接的外文表达方式。"利益攸关者"是美国人提出的与中国有关的一个概念。最早在媒体上，有的用"合伙经营者"，有的用"利益持有者"，有的用"利害相关者"。为了准确表达原意，这个词由英文译成中文，也是资深翻译家们查阅了大量政治、经济和外交资料，又经过认真讨论和推敲才确定的。一个词尚且如此，翻译好一篇文章、一本书所需要的时间和智慧就不难想象了。

然而，一个非常普遍的现象是，当人们（特别是外国人）指出中国各种外文标志、印刷品、广告、产品说明的翻译错误时，大家一般都会批评甚至嘲笑翻译人员。其实，这是一个专业化不强造成的问题，而这个问题又有多方面的因素。

第一，用人单位从人才管理和聘用的角度，应考查翻译是否具备专业化知识。管翻译和用翻译的人有没有意识到，极有可能在翻译人员着手翻译之前，错误已经形成。那就是负责这项工作的人选择了不合适的翻译人员来承担这项专业性很强的任务。中译外和外译中就像中医和西医对执业者有不同的专业要求，正如一个病人不会找中医为他开刀，也不会让西医给他把脉。当人们给翻译派任务时，是否了解类似的职业差别？社会上有不少中西医结合的好医生，当然也有很多中译外和外译中都娴熟的翻译。但是，如果用人单位选择一位没有中译外经验的人去把完全是中文概念的内容翻译成外文，就不要指望能看到一篇准确漂亮的译文。

在这里不能不谈到中国人从事中译外的特殊问题。国际翻译界有一个共识，即翻译的任务应该是把外语翻译成母语。如果试图把母语翻译成外语，那是一种错误的选择。的确，只要能把外语看懂，人们就不难在母语中找到恰当的词句。一个人外语再好，也好不过他的母语。因此，世界上大多数翻译都从事将外语翻译成母语的工作。这一点在欧美国家尤其突出。如果有1,000本法文图书要翻译成英文，法国很容易找到足够的能胜任此项工作的英国人。反之亦然。

但是，中国的情况不同。如果中国要很快地把1,000本图书翻译成英文，要想从美国或者英国，甚至英国、美国、加拿大、澳大利亚和新西兰加在一起聘到1,000位合格的翻译，在今天仍然是难以做到的事情。这既有历史的原因，也有经济、文化等现实因素。其结果是，中国的中译外只能主要靠中国人自己来完成。中国的翻译不得不做出所谓"错误的选择"，以己之短，攻人所长。一个有趣的现象是，世界上有一些小国，跟中国的情况相似。试问世界上有多少人精通阿尔巴尼亚语、马其顿语或者芬兰语？这些国家的对外翻译也基本只能靠本国的翻译来承担。

可以肯定地说，尽管世界上出现了学习汉语的热潮，但在今后相当长的一段时间内，主要还要依赖中国人把母语的材料翻译成外文。大量从事中译外的翻译工作者，经常是牺牲了自己的荣誉和待遇，默默无闻地为国家、为社会工作。一位老翻译家曾深有感触地说："我从事了一辈子中译外，作品都到了外国，但国内没人听说过我。退休后，我把一本外文书翻译成中文，在国内出版发行，马上人们知道了我。"

长期以来，人们对外语学习和翻译实践有一种误解，以为会外语自然就能当翻译。应该说，会外语只是具备了从事翻译工作的基本条件,而做翻译还需要具备其他方面的技能和知识。道理很简单:一个没有上过学的人尽管会流利地讲自己的民族语言,但是肯定当不了文书、教师、编辑或者作家。会说话不等于会翻译。

第二,翻译人员自身缺乏实践经验与专业化积累。一个人在基本掌握了两种语言之后,还需要大量的时间来实践,翻译技能才能日渐纯熟。一个人再有语言天赋,如果没有实践积累,也难以胜任高水平的翻译任务。译员不仅要有语言功底,还要了解不同的文化,特别是外国文化及其发展变化。进一步讲,如果不了解英、美两国在英语上的差别,也会引起误会。翻译工作涉及各个专业,翻译人员必须具备广阔的知识面。缺乏基本常识,很可能造成在翻译时张冠李戴。除此之外,如果是口译,翻译人员还必须有良好的心理素质,思路敏捷,反应迅速。如果是笔译,翻译首先要搞清楚手中是哪类稿件。如果是政府文件或者合同条款,必须以忠实原文为最高标准;如果是一篇新闻报道,必须以受众能看懂为首要目标。诸如此类,还可以细分。

对于翻译人员来说,最重要的还是自身的专业化。翻译本人当然应该追求全面发展,但是一位长期从事文学作品翻译的译者未必会去承揽一部讲述机械原理的书稿翻译。好的翻译要知道自己的长项与弱点,尽力扬长避短。

第三,翻译人员的职业道德水平参差不齐。翻译工作是一项十分严肃的工作。首先,翻译工作者要有严谨的治学态度和一丝不苟的工作作风。曾经有一位翻译把"新建成一座烟花工厂"翻译成"新建成一座妓女工厂",就是因为自己外文不好,找到一本过时的词典,翻到"烟花"一栏就抄,造成天下奇谈。其次，翻译工作者要坚持质量为上的标准。会就是会，不会不要装会。什么稿件都敢接，拿过原文读也不读一遍就翻，质量哪能有保障？再次，翻译工作者要有实事求是的精神。翻译稿件往往交稿时间很急，如果努力加班也无法完成，就应该老老实实讲清楚。否则，在承诺的时间里完不成任务或者悄悄掐头去尾、偷工减料，就不具备最基本的职业道德。人们常常抱怨翻译水平不高，其实有些翻译作品质量低，往往是由于翻译人员职业道德水平低下造成的。

由此看来，要想提高整个社会的翻译质量，首先要解决翻译专业化的问题。翻译人员要做到专业化，管理和使用翻译的人也要具备一定的专业化知识。那种认为学过外语就什么都能翻译的观点是要不得的，更不可取的是把翻译人员当作出租车，召之即来，挥之即去的做法。

可喜的是，翻译专业化问题越来越得到人们的重视。全国 200 多所高校开设了与翻译有关的课程，150 所高校培养翻译方向硕士生，870 所高校的外语专业设有翻译课程。2006 年教育部批准三所高校开办翻译专业本科教育试点。与此同时，国家人事部于 2003 年底推出了七个文种的全国翻译专业资格（水平）考试，包括二、三级口译、笔译和同声传译考试，吸引了大批有志于从事翻译工作的各界人士。翻译资格考试正在逐步取代实施了 20 年的翻译专业技术职称评定。一个既有中国特色，又可与国际惯例接轨的科学、客观、公正的翻译专业人才评价体系正在建立起来。

让中国图书登上国际书架

原文发表于《对外传播》2010年第11期，是作者为《中国图书"走出去"成功案例选》所作的序，略有删改。

进入21世纪，世界上出现了新一轮的阅读中国热。从亚马逊网上收集到的资料看，英美出版社每年用英文出版的涉及中国的各类图书达一千多种；成百上千的中国图书选题每年输送到国外；外国出版社主动与中方合作向外国读者介绍中国，吸引想要阅读中国的外国读者，争夺国际图书市场上涉及中国的市场份额。中国图书以前所未有的数量和速度登上国际书架。

如何推动21世纪这一轮中国图书热延续下去？如何让中国图书更加大步、快速、持续地"走出去"？有必要总结和研究一下近年的范例。这本书收集的15个案例正好从不同角度为我们及时地提供了参考。

编入本书的案例非常具有代表性。在"走出去"的形式上，有获得中美政要关注，双方共同制定选题、共同写作的大型系列图书合作出版项目；有转让版权的单本选题；有先在国内受到欢迎，从而引起国际关注的畅销作品；也有几乎不在国内发行，完全为海外市场特定读者群量身定做的图书。

从题材看，有学术专著、名家对话、实用读物、汉语教材、儿童读本；有图文并茂的画册，有采访记录，有名句汇编，有文学作品。我们可以从中得出这样的结论：海外对中国图书的需求多种多样；不怕品种多，只要对路，就有市场。

　　书中收集的15个案例成功实现"走出去"，各有窍门。对于从事把中国文化和图书推向国外市场的工作人员，阅读各个案例的分析文章会有许多惊喜的发现。案例一"跨越大洋的合作"记述了挑选中外作者和协调他们写作的过程，让我们加深了对外合作"人的因素第一"的印象。这个案例的"翻译工作的编辑思考"和案例二"《中国读本》走出去的十点启示"，探讨的虽然是翻译技术问题，但讨论的实质是如何实现跨文化交流。特别是案例二中披露的围绕"自古以来，中国人好吃，西方人好性"中外人士的不同观点实际上已经超出了翻译的范畴，这里提出的是中西方两种思维模式和两个话语体系的差别和矛盾。解决得好，合作成功；否则，将成为败笔。为了吸引互联网时代的图书读者，案例三中《话说中国》追求视觉创新，走的是"从任何一页都可以开始阅读"的新路。案例四谈到了当《狼图腾》中文版在国内卖出50万册后，出版团队主动编译英文推广材料，积极寻找合作伙伴。这么香甜的美酒还要如此叫卖，其他选题就更不能坐在家里等客上门了。案例五和案例十介绍的《江边对话》和《从甲骨文到电子出版》两部作品涉及的都是十分严肃的话题。严肃的主题就需要知名度高、影响大的作者。然而，这还不够，主题严肃不等于说话口气或写作文风也严肃。正是用活泼轻松的语言来阐述严肃的话题，才赋予了作品可读性和国际吸引力。案例六《老人家说》的成功，依靠的是把深奥的中国传统哲学用最简练的方式展示给读者。案例七"人文中国书系"强调"大家小书",也是抓住了外国读者"具有外国大学的文凭,对中国的了解是小学水平"这个特点。案例八"中外文化交流系列"和案例九《感知中国文化》都凸显了写书要强调"故事性"这一要素。不论读者是跨国公司的老板和他们的律师,还是那些生长在外国、对中国毫不了解的儿童,他们要听的不是说教,而是一个个生动鲜活的故事。而案例十一"皮书系列"则得益于内容的翔实和权威。案例十二《汉语900句》的及时推出,抓住了国际汉语热的时机。抓住了机遇,就占领了市场。案例十三《新实用汉语课本》巧妙地利用了20世纪后期《实用汉语课本》在欧美市场创下的品牌效应。案例十四介绍了如何克服中西方行为方式和利益不同引发的冲突,达到求同存异的目的。案例十五《坐着火车去西藏》打动读者的不仅是青藏铁路通车的神秘感,还有作者选择坐着火车去西藏的亲历记述。

　　这15个案例所代表的中国图书成功"走出去"令人兴奋,但与此同时,我们必须保持清醒的头脑:中国图书和中国文化"走出去"的道路还很漫长。以图书为代表的文化产品与以衣服鞋子为代表的生活日用品不同,前者要想被外国人接受有天然的难度。即便是中国人,身穿西装,吃着西餐,眼睛看的和耳朵听的却还是中国的文字和音乐。更何况,因为文化传统不同,导致思维模式和阅读习惯不同,形成巨大的文化鸿沟。把中国图书介绍到外国市场将是一个跨文化传播的庞大工程,是通过编辑加工和翻译加工进行文化再创作的艰难历程。要想在"走出去"的口号下一蹴而就地实现文化对外介绍的"大跃进",迅速大幅地占领国外图书市场显然是不现实的。

  我们阅读这 15 个案例，学习的是他们各自成功的经验。事实上在此之前，如 20 世纪 80 年代，中国的对外出版也有过不少范例。比如，外文出版社出版的英文版《中国金鱼》（*Chinese Goldfish*）画册，美方一次买走现书 1 万本。英国企鹅公司通过与中方的合作，1988 年推出了根据《山海经》（*The Classic of Mountains and Seas*）编译的中国神话故事系列。这种例子还有很多，只是因为时间久远，当时又缺少总结，没有形成文字的记录供大家参考。在这种背景下，本书收集 15 个案例，加以总结分析显得十分必要，具有实用价值。这些案例给我们的启示是：中国图书完全可以"走出去"，关键是要路子对头，方法合适，毅力足够，用心到家，持之以恒。案例八"中外文化交流系列"的编辑李淑娟把出版一本书比喻为"孕育一个生命"，形象地道出了实现跨文化交流需要花费的心血，也点出了对外出版的成功能给我们带来的喜悦。我相信，以这 15 个成功案例为新的起点，我们会获得更多的成功喜悦。

汉学家和中国文学的翻译
——中外文化沟通的桥梁

原文发表于《中国翻译》2010 年第 6 期，略有删改。

当今，外国人比历史上任何一个时期都更加了解中国，其中一个标志就是大量中国文学作品被翻译成外文，在国外出版。汉学家成了中国文学外译得以传播的桥梁。

我们面对的一个现实是，外国人比以往任何一个时期都更想深入地了解中国，所以中国文学的对外翻译任务也比任何一个时期都更加繁重。

我最近请教一位研究美国文学的中国学者，有没有重要的美国文学作品没有翻译成中文，有没有知名的美国文学家还没有介绍给中国读者，得到的回答是"几乎没有"。相反，中国文学的对外翻译之路还很漫长。这里固然有中国曾经闭关锁国的原因，有中国和西方文学交流曾经一度中断的因素，也有中西文化差异大、文学欣赏有其特定的难度的原因，还有一些西方读者，特别是美国读者习惯阅读用英文创作的原著，而不太青睐外国译作的缘故。但是，一个重要原因是世界上缺乏一支强大的中译外的文学翻译队伍。

一、文学翻译有其特殊的难度

翻译界都知道，相对时政、经济、科技类文献，文学作品的翻译难度大，对译者水平要求高。

首先，由于作者妙笔生花，文学作品往往内容广泛，古今中外，包罗万象，上至天文，下至地理，古有历史，将有未来，既谈音乐美术，也写科学技术。这就要求译者什么都得懂一些，否则无法翻译，只能先去读书请教。有时候，作者写到外国一首歌、一个人或者一部著作，翻译就要花费大量时间去查找原文，而决不能自己望文生义，胡乱对付一番。

其次，如果是把外国作品翻译成母语，译者对作品的语言，特别是作品后面的文化背景没有深入的了解和相关的生活体验，很难准确完成翻译任务，更别指望传神了。

二、中国文学的外译有着更加特殊的难度

如今，越来越多的中国作家的作品被外国译者选中，翻译成外国文字，这是文学传播的进步。我们高兴地看到国外汉学家有众多作品在世界各国出版发行，我们向他们表示衷心的祝贺和真诚的敬意。与此同时，我们也应该对那些敢于迎着重重困难、默默无闻地从事中译外的中国同行们表示敬意。其实，汉学家人数少这种现象是不难理解的。

第一，学习汉语的外国人总数本来就不多。即使在今天，不少人说世界上出现了学习汉语热，但是学汉语的外国人远没有学习英语的中国人数量多。学汉语的人数少，有许多观念上和现实的原因。会英语可以走遍世界；会法语、西班牙

语不仅在欧洲可以交流，就是在亚非拉也有市场；会阿拉伯语，可以在22个国家畅通无阻；会俄语，至少还能在东欧和中亚地区与人交谈。然而，多少年来，虽然讲汉语的人数很多，多达13亿人，超过讲任何一种其他语言的国家人口，但以汉语为官方语言的只有中国和新加坡两个国家，除此，汉语只能在西方城市的唐人街流通。

第二，学习汉语的人员不是都能成为汉学家的。懂汉语，可以从事外交，也可以做生意。那些工作往往对语言的要求相对宽松一些。文学翻译则不然。要想翻译好中国文学，除了文学本身，对中国的哲学、历史、宗教、艺术、民族、民俗和方言都要有较深的研究。如果说，一般情况下，翻译是不同国家人们交往的媒介，那么文学翻译就是人类心灵沟通的工具，要求当然更高了。

第三，中西文化传统差异大。西方主要国家的语言和文化同源，因此，英、法、西、德、意、葡等主要西方文学的互译，基本上是同一个大文化内部的沟通。而建立在儒学文化传统之上的中国文学作品，在思维方式、文化背景和语言构造上与西方文学的差异，远远大于西方各种文学之间的不同。我们不得不承认，有些概念，如"气"，是东方文化的重要组成部分，但是在西方文化中却根本找不到对应的概念。有些在一种文化中积极正面的说法，到了另一种文化语境里，听起来却完全是贬义的。

三、文学翻译是深层次的跨文化交流

既然文学翻译难度这么大，要求这么高，怎么才能做好呢？恐怕每一位翻译都有自己的体会。我个人多年从事翻译得到的一条重要启示，就是最好组成一对包括本国人和外国人的翻译搭档。中国最著名的文学翻译家杨宪益成就卓著，原因之一是他和他的英国夫人组成了最佳伙伴。我记得他夫人戴乃迭（Gladys Yang）曾经讲过，他们在翻译民族文学《阿诗玛》时，没有按照通常的翻译规律，把阿诗玛的名字写成汉语拼音Ashima，因为这样英国人读起来拗口、别扭，会影响对故事内容的欣赏。她改成了Ashma。别看仅仅一个字母之差，如果不是一个英语为母语的翻译，很难想到这一点；想不到，就必然影响读者欣赏作品了。

事实上，中国自己出版的四大名著英文版无一不是中国人和外国人共同完成的。杨宪益、戴乃迭夫妇合译《红楼梦》已在中国翻译史上传为佳话。《西游记》全译本的翻译英国汉学家詹纳尔（William John Francis Jenner），当初每完成一章，都由擅长中译外的汤博文先生核定。《水浒传》是长期在中国生活后加入中国籍的美国人沙博理（Sidney Shapiro）翻译的，但也是在汤博文先生的配合下，才完成全书翻译和出版工作的。《三国演义》的译者美国汉学家罗穆士（Moss Roberts）是研究《三国》的专家，上课讲授的内容也是围绕《三国》。即便如此，他的翻译也得到了一位中国老翻译任家桢的帮助。

我的体会是，对于中国译者而言，与外国翻译或者编辑合作，不仅是一个较好的工作流程，更是一个学习提高的过程。我曾经多次跟外国译者或者编辑合作，完成过两卷本的《中国获奖小说选》英文版的翻译和出版，2009年又参与了"21世纪中国当代文学书库"八卷当中两卷的翻译和核定。其中一卷是几位作家涉及当今人们情感生活的作品。编辑给这本书确定的书名，选择了收录的若干中短篇中的一个，即《有些人你不必等（情感生活卷）》。一开始，"情感"翻译成 love，但是外国编辑，同时也是一位译者，和我反复阅读和品味作品，我们发现所收的故事不都是讲爱情如何美好的，更多的是写感情的破裂。翻译成 love 显然不全面；翻译成 passion 也不符合许多故事的情节；翻译成 marriage and divorce 过于直白，缺乏文学色彩，也不合适。最后，我们确定用 longing 这个词，不管婚姻成功或者破裂，这个词反映了人们对情感生活的一种期盼。从这个例子可以看出，翻译不是一种简单的字对字的转换，而是一种以我们所生活的社会为背景的跨文化交流。看似是在翻译文字，实质上是在翻译文化。我们所从事的翻译和编辑工作本身就是一种跨文化的传播过程，也是我们努力把握作者原意和向外国同行学习的难得过程。这种工作虽然难度大，但是其乐无穷。

　　文学翻译的另一个关键要素是必须透过字面，努力捕捉作者在字里行间流露的真意。从某种意义上说，最认真、最忠实阅读文学作品的不一定是作者的粉丝，但肯定是作品的翻译者。因为翻译者只有仔细咀嚼和品味每一个字，才能真正领会作者的真实意图，从而让自己的译文达到传神的效果。译者翻译时，要把自己置于作者创作时的相同状态，要做到随着作品的展开，同作者本人一样高兴、痛苦、兴奋、抑郁，或不禁笑出声来，或忽然泪流满面。每个文学翻译者大概都有这样的体会，我们翻译过的作品中有些情节永远刻画在我们的脑海里，因为不仅作者把这些情节描写得出神入化，译者也通过文字的转化实现了不同文化之间的心灵沟通。

是谁误译了"韬光养晦"

原文发表于《环球时报》2011年6月15日版。

中美关系对两国和对世界如此重要,其健康发展经不起任何一方的严重误判,而准确无误地表达自己的政策是防止误判的一个重要前提。中美学者和翻译家围绕如何理解和翻译中国外交政策中"韬光养晦"的讨论,就是一个重要例子。

其实,"韬光养晦"这四个字历史上在哪个朝代、哪一本书中首次出现,古人是否将其作为一种博弈谋略,并不是今天的问题关键所在。现实问题的核心是,以当年邓小平同志引用这四个字的时代为背景,我们到底应该怎样理解其含意,又如何准确地把中国人的这种品质翻译成外文。

有两个问题值得注意。一是中国的文化是发展的,同一个词汇或成语使用的语境是变化的,对这个成语的理解也就必须跟上这种发展和变化。这方面例子很多。不论历史上不同朝代的学者是怎么理解"韬光养晦"的,在20世纪90年代初期,中国人讲"韬光养晦",其真实含意就是不当头、不扛旗、不称霸,低调行事。

另一个需要注意的问题是,要按照"信达雅"的翻译传统，根据历史成语和典故所使用的现实语境，准确表达其现代含意。就像"不折腾"这句话在讲述基本国策，具体指一个单位、一个家庭或者个人行为时，因为语境不同而必须翻译成不同的英文一样，当今时代的"韬光养晦"翻译成英文就是 to keep a low profile，甚至更进一步可以考虑翻译成 to be self-effacing，而无论如何决不能翻译成 to hide one's ability and pretend to be weak 或者 to hide one's capabilities and bide one's time。道理显而易见：在经济全球化和高度信息化时代，中国哪些方面强、哪些方面弱，世人皆知，哪里需要隐藏 (hide) 什么，又哪里有什么东西能够假装 (pretend) 的！

面临国内外多方面的挑战和复杂的国际形势，我们特别需要对外准确表达自己的真实意图，完全透明地阐述到位我们的基本观点，不给别人做出战略误判的把柄。我们必须要阐明现代"韬光养晦"之准确含意，解除因为误解和误译给我国带来的"阴谋论"的指责，彻底放下历史上一句成语造成的现代国际包袱。

多年以来，在正式阐述我国外交政策时，我国的外交部门和对外传播权威机构一直把"韬光养晦"翻译成 to keep a low profile，从来没有使用过任何带有 hide 或者 pretend 这两个词的译法。任何其他引发误解的译法，要么是以讹传讹，要么是学者们的文字训练不足。

中国特色中译外及其面临的挑战与对策建议
——在第二届中译外高层论坛上的主旨发言

原文发表于《中国翻译》2011年第6期，略有删改。

中华人民共和国成立60多年来，中译外的发展与中国走向世界的努力同步并行。中译外更是中国改革开放的重要文化基础和前提条件之一。毛泽东思想、邓小平理论、"三个代表"重要思想、科学发展观等重大理论思想之所以能在国际上得到传播，中国文化对外交流日益频繁，中国大量工业产品和科技成果的对外出口和销售都离不开中译外这个至关重要的桥梁。

中国学术思想和学术著作走上国际市场，也同样依赖于中译外。中国外文局与美国耶鲁大学合作出版的"中国文化与文明"系列作品，由国内20多家出版单位共同努力、2012年即将完成的"大中华文库"百部中国文史哲经典作品英译，外文出版社推出的500万字的《本草纲目》英文全译本，10卷本《学术中国》英文版都是近年来中译外翻译家的辛苦结晶，是中国文化对外传播中的精品。

在全球化背景下，中国进入公共外交时代，说到底中译外是增强我国国际话语权的一个必不可少的媒介，是我国软实力建设的重要组成部分，是对外介绍中国的最为关键的手段。

一、中国特色中译外：建立自己的中译外队伍

翻译工作的专业特点决定了翻译工作者更擅长把外语翻译成母语。这就如同西医大夫长于外科手术，中医大夫长于药物调理一样；人们很少看到西医大夫望闻问切，更看不到老中医拿起手术刀。

绝大部分欧美国家由于语言文化同根同源，能够熟练掌握两种以上语言的大有人在，因此基本上可以遵循这一惯例。但是，在使用"非通用语言"（languages of limited diffusion）的国家，包括中国和少数欧洲国家，却主要依靠本国人员从事母语到外语的翻译。原因很简单：找不到足够的掌握这些国家语言的外国人来从事外译工作。

这一现象在中国尤为突出。虽然中国人均国内生产总值在世界上排在百位左右，中国仍然是一个发展中国家，经济实力有待提高，文化影响力有待加强，但是，中国作为世界第二大经济体的总体规模、独特发展道路和巨大文化影响力，让世界上越来越多的人，不论出于交流的愿望还是抗拒的目的，都更加关注中国。外国人不仅对中国传统学术思想抱有获知欲望，他们更加渴望了解中国当代的艺术、建筑、科技进展。中国越是发展，来自国外的了解欲望和关注程度越高，中译外的需求也就越大，所涉及领域也迅速扩展。而由于中国与西方在语言和文化上的巨大差异，长期以来通晓中文的外国人极为有限，这样，中译外的任务就只能落到了中国翻

译工作者的肩上，由此促成了中国中译外队伍的成长。

二、中译外工作面临严峻挑战

中译外工作当前面临的最大的挑战无疑是对高端人才的需求和实际存在的人才短缺的矛盾，而供需矛盾导致的不是一般意义上的短缺，是极度短缺。根据国家人力资源和社会保障部的统计，截至2010年底，全国国有企事业单位在职翻译专业技术人员不到2.6万人。由人力资源和社会保障部推出的全国翻译专业资格（水平）考试截至2011年8月已有17万余人次参加，但考试通过人数仅2万余人次，而且以上翻译人员，大部分承担的是外文翻成中文的工作。这样一来，承担中译外的人员数量就更加屈指可数。业内人士估计，能够胜任定稿工作的高级中译外专家，在全国也超不过一两百人。这恐怕不是危言耸听。

中译外工作面临的第二个严峻挑战是社会上普遍对中译外工作的本质了解不够，对这个专业的认识缺失。2002年中国翻译协会下设的"中译外委员会"被迫更名为"中国翻译协会对外传播翻译委员会"，就是因为有关部门的工作人员不理解中译外和外译中的区别，不同意给"中译外委员会"正式注册。翻译首先是一种跨文化传播，懂得外语具备了当翻译的条件，但如果不懂跨文化传播，不通晓两种语言特别是语境和文化的特点，也不了解外事交往礼仪，很难成为合格的职业翻译。至于中国学术著作的外译，如果中文古文功底不够，仅此一条，就难以胜任工作。中译外的确是整个翻译大行业中一个非常具有特色的重要分支。

胡锦涛同志在庆祝建党90周年大会上的讲话中高度概括和阐述了中国共产党90年的奋斗历程，指出："我们党团结带领人民在中国这片古老的土地上，书写了人类发展史上惊天地、泣鬼神的壮丽史诗，集中体现为完成和推进了三件大事。"英文译文仅仅翻译了"惊天地"，即earthshaking，而没有译出"泣鬼神"。译文这样处理很好，如果硬是译出"泣鬼神"，在国外英文读者中会产生一系列的疑问：中国共产党是无神论者，怎么要"感动上帝流泪"呢？中国共产党是否决定相信宗教了呢？等等。

人们经常列举我国中译外出现的错误，例如将博物馆大厅的"出口"翻译成Export等等。究其根本原因，是社会对翻译工作的性质和特点缺乏认知，那些用翻译的人不了解翻译工作，"乱点鸳鸯"，让不懂翻译、不懂跨文化传播的人去翻译，等于犯了让中医去开刀、让西医去号脉的错误。当然，也不乏单纯追求收益、以外行充当专家，或者以次充好的翻译个人以及个别翻译服务企业的因素。

三、中译外的发展需要社会各界的努力

面对我国中译外事业前所未有的机遇和挑战，需要社会各界多方努力，共同铺设中国走向世界的宽阔桥梁。

一是要加强翻译学科建设，培养高素质、专业化的翻译队伍。要认识到，翻译是与外语专业有着密切联系，但又有其鲜明特点的独立学科。可喜的是国家教育主管部门已经明确了培养高层次、应用型、专业化翻译人才的战略目标，2006年在少数高校试行翻译专业本科教育，2007年设立翻译

硕士专业学位教育。截至 2011 年 4 月，已有 42 所高校获准试办翻译专业本科；获准开办翻译专业硕士教育的高校已达 158 所。翻译学科建设发展迅速，翻译成为高校外语专业学生的热门选择。当然，这种变化又提出了如何加强翻译专业师资培养的新问题。另外，由于中译外在理论、师资、教材等方面都比较欠缺，学生的中译外能力普遍欠缺。因此，教育机构下一步需要将培养中译外能力作为翻译专业教育的一个重要方向来研究和开展。

二是要重视翻译，尊重翻译的规律。要认识到翻译不仅是语言的转换，更是在两种文化之间进行交流的深层次思想沟通，是高层次的智力再创作。翻译人员不应该是召之即来，挥之即去的一个语言工具，需要合理的时间和合理的报酬以确保高质量的工作成果。为了赶市场而一个月翻译出版一本 100 万字的图书，不是尊重翻译规律的科学态度，必然导致严重的质量问题。欧美一些国家的文学翻译协会经常举办文学翻译训练营，让文学翻译家与作家充分地沟通，了解其写作思想和风格，然后给予充足的时间和报酬进行翻译。这样才有可能译出精品。

三是建立健全科学的专业翻译选拔和认证体系。国家人力资源和社会保障部从 2003 年推出的全国翻译专业资格（水平）考试已经开始引起社会的重视，但它与医生、会计和律师的认证办法不同，不是强制性的，因此还做不到翻译必须持证上岗。由于缺乏确切的统计数据，我们无从知晓全国从事翻译的人数，但是从目前翻译的巨大需求和获得翻译职称与翻译资格考试证书的有限人数来看，目前全国从事翻译工作的主体是不具备足够专业资质的"业余翻译"或者"兼职翻译",而不是"职业翻译"。他们的翻译水平千差万别,翻译质量难以保证。必须进一步完善翻译人才评价体系并在全社会宣传推广,使各行各业都认识到,只有真正实现翻译的职业化,才能保证翻译水平和翻译队伍的健康成长。

四是建立翻译行业的标准体系和法制体系,引入客观公正的市场准入机制。我国翻译工作者散落在各行各业,国家没有一个统一的管理部门,因此,市场不太规范,鱼目混珠,互相杀价,职业道德缺失等现象时有发生。如果没有翻译法律法规,就难以建立市场准入机制,就无法根治以上现象。因此,需要借鉴国际经验,继续推动国家标准与行业规范建设和翻译立法工作,使翻译行业步入规范发展的道路。

五是加强国际合作,拓展海外资源,建设全球中译外人才库。几十年来,中国翻译工作者承担了中译外义务,今后相当长一段时期内这种所谓翻译专业"错误的选择"还将是我们的必然选择。但是,随着孔子学院等文化机构在全球的发展,国际上汉语学习者日益增多,将有越来越多的外国人把中文作为工作外语,从事把中文翻译成他们母语的工作。此外,越来越多的海外华人在翻译传播中国文化方面也发挥着重要的作用。例如,美国翻译协会下面的华语分会就有七百余名从事中文翻译(以中文到英文为主)的会员,大部分是在美国生活工作多年的华人。我们应该积极拓展国际上的中译外人才资源,筹划建立全球中译外人才库,为我国的对外传播事业以及软实力建设服务。

中国文学翻译
——一项跨文化的工程

原文为 2010 年 9 月 25 日在哈佛大学中美第二届文学论坛上的演讲中文稿，略有删改。

我很缺乏想象力，不会像作家那样妙笔生花；我没有职业作家特有的那种敏感，所见所闻都能成为文学创作的素材；我比较呆板，永远不会像成功的作家那么思如泉涌。因此，我注定成为不了作家。

我很幸运，我以翻译为职业，在两种文化间游走，尽情体验两种文化的比较和转换给人带来的启迪；我很有收获，因为作为翻译，我们比任何一位读者都更加仔细地研读作家的作品，借用放大镜来研究和琢磨作家笔下的每一个字，每一个标点，甚至要读出作家没有点明的语言背后的意思；我很快乐，为了翻译，我不仅要学习另一种语言，了解支撑这种语言的文化，还必须站在外国人的角度反过来审视自己熟悉的本国文化。所以，我的工作很高尚，形式上我是在翻译文字，效果上我是在翻译文化。

在中国，在外国，都有很多人认为，一个人只要懂两种语言就能胜任翻译工作。我经常遇到这样的情况，作者为了一篇文章，反复思考，仔细斟酌，稿件写出来后还要一改再改，但是一旦要用外文发表，只给翻译很短的时间，不管你是否有时间吃饭睡觉。我也常听到这样的话："这篇文章写好了，你不要问那么多为什么，不就是让你翻译嘛！"

像作者一样，翻译也需要生活实践，需要了解不同的文化。怀着对各位作家百分之百的尊重，我感觉好像有时作家不一定需要掌握两种文化也可以留下成名传世之作，比如美国很多作家从来没有到过中国，也不会讲中文，但他们的作品在中国拥有众多的读者。但是，合格的翻译不懂两种文化根本就无法工作；作者有时候只需要单向思维，而翻译永远需要双向思维。经典文学作品《红楼梦》的作者曹雪芹笔下的刘姥姥来自农村，没有受过文化教育，说的话不可能文气十足。要把刘姥姥的话翻译成英文，译者必须运用美国没受过正规教育的社会底层妇女的语言，而不是书面语言。

把中国的文学作品翻译成英文，翻译需要跨越许多文化鸿沟，这些鸿沟是由很多因素导致的。

中国历史悠久，文学作品中一旦涉及历史典故、历史人物和历史事件，译者就要考虑如何翻译才能让读者明白。比如，一个文学故事中写道："清朝乾隆八年闹大水。"译者必须查清楚清朝乾隆皇帝在位的第八年是公历1743年，否则英文读者无法产生历史联想。如果是一部历史小说，小说中提及不同朝代、不同皇帝年号，翻译查找历史资料就要花费很多时间。中文里有很多历史典故，如提到"安史之乱"，翻译就必须查清楚这里的"安"代表的是安禄山，"史"系指史思明。然后翻译就必然要想一想，光翻译人名还不够，是否还需要以某种方式帮助不了解唐朝历史的外国读者知道这两位是什么人，为什么要造反。下一步翻译就更犯愁了：这么简单的一个中文典故却有这么厚重的历史背景要交代，是在某个句子当中带出来呢，还是在书中加上注释呢？

中国文学产生于五千年的文明史，扎根于一个方块字就代表一个故事的汉语文化，同来源于拉丁语文化的欧美文学在历史背景上的差异如此之大，其产生的文化鸿沟如此之宽，足让翻译费心费力才能跨越。

在中国文学里，来自母系和父系的亲戚有不同的称谓：英文一个 uncle 又是舅舅，又是叔叔；英文一个 brother，既可以指哥哥，也可以指弟弟。在翻译外国文学时，每当译者碰到这类情况，需要想方设法搞清楚作者说的到底是父母哪一方的，年龄是大还是小，才能选择适当的中文词语。当然，读者可以从很多故事里看明白作者指的是谁，但在不少作品里，经常也有一带而过的时候，比如，故事里的一个人物说："My brother is a professor."，然后再无具体的交代。这种时候翻译就特别想知道，这里的 brother 年龄比讲话者到底是大还是小。在中译英时，译者总是想办法要把哥哥翻译成比我大的兄弟，把叔叔交代为父亲这一方的人，否则就没有向读者解释清楚。

为什么这个问题在文学翻译中这么重要？在试图克服两种文化在这方面给翻译带来的特殊困难时，我常常想，是不是因为中国是传统农业社会，人口众多，资源有限，父系社会特征特别强烈，而继承父姓的男性后代肩负着传宗接代的使命？在中国文学作品里，叔叔和舅舅在家庭内部有着不同的地位和影响力，作者在故事里给他们安排的角色也是有传统文化特色的。因此，到底是舅舅还是叔叔，在中文里是绝对不能含糊的。翻译对这种重要问题也不能含糊，必须努力把这种信息准确地传达过去。小小的一个称谓也具有跨文化的重要特征。

中英文在谦虚的表达方式上有很大的不同，这也是翻译在工作中需要揣摩和把握好的问题。中国的学者往往学问越高，自信心越强，在介绍自己时越是谦虚。在翻译图书序言时，我们经常看到中国作者写道："因本人水平和时间有限，谬误在所难免，敬请指正。"是按照中文原话翻译，还是稍作改动，翻译为"欢迎读者对作品进行批评"，哪种译文更接近作者的原意呢？

中国人的谦虚和含蓄还表现在其他一些对于翻译来说需要小心处理的词句上，比如"抛砖引玉"。严格地说，玉器在中国远比在欧美更受欢迎，更显贵重。因此，人们讲话时常常爱说："我就讲到这里，算是抛砖引玉。"还有的发言人讲了几个问题后说："我刚才抛了几块砖，希望引出更多的玉。"字字体现出说话人的谦虚。但是，翻译照字面直译，在场的外国听众实在搞不明白为什么要扔几块砖头，砖头又怎么能吸引很多玉石。

英文表述的特点是具象、精确，叙事往往从点到面。因此，写地址要从门牌号码开始，最后才是城市、国家。中文从大处着眼，有时用语高度概括。这些不同之处把握不好，就会造成笑话。在冬天，中国客人进入主人家里后，主人会热情又自然地说："房间里热，快把衣服脱掉。"主人当然指的是大衣。英文此处一定用 coat 这个词。的确有过这种情况，翻译在忙乱之中把这句话直译为"Please take off your clothes."不仅如此，客人离开时，好客的主人通常要送到室外，这时客人会说："别送了，外边冷，你没穿着什么衣服。"

客人的意思是说主人没有穿大衣，不要因为送客着凉感冒。同理，此处"衣服"要用 coat 而不能用 clothes。

中文里一些看似是笼统的但是属于约定俗成的表达方式给中译英带来不少麻烦。比如说，中文里常出现"社会"这个词。一个公司停车场的牌子上写着"社会车辆请勿入内"。乍一看，好像这家公司是在月球上，不在人类所生存的社会里。中文里的"社会"其实就是指本单位之外的机构。所谓"社会车辆请勿入内"就是 Staff parking only。

人们都说幽默最难翻译，其实还有比这更难的，比如象声词。特别是当故事情节是围绕一个声音而发生的，翻译起来就更加困难了。一本书掉在地板上，中国人会说"啪的一声"，而英国人会说 thud。一个清脆，一个沉闷。同一个声响，为什么两种文字的描述竟然有这么大的差别？如果以这个声音作为故事的核心，翻译就很可能遇到了一条跨不过去的鸿沟。

从跨文化的角度研究比喻的表达方式可以发现很多有趣的现象，但是对于译者，恐怕要依靠死记硬背的功夫了。与英文 gooseflesh 对应的中文是"鸡皮疙瘩"而不是"鹅皮疙瘩"，不知道这是不是因为不同民族对皮肤的粗细程度有不同的观察。英文 steal the thunder from somebody 是抢了某人的风头，跟"惊雷"没有直接联系，这是否因为讲英语的人认为"惊雷"比"风头"产生的效应更加强烈。

多少年来，为了当好翻译，人们不断地收集词典。作家笔下的一个人名、一首歌曲、一个物件，都可能需要译者翻阅好几本词典。在一次翻译研讨会上，有位发言人说他有 86 本词典，一位同行说他这辈子收集了 400 多本词典。我想起自己的情况，我单位的办公室，家里的书房、客厅，最显眼的书架上摆的都是词典，加在一起，也超过200本了。我看到有的作家最显眼的书架上摆放的是文学名著，而翻译家最显眼、最方便的书架上通常都是各类词典。

感谢互联网的出现，如今翻译要解决的许多疑难问题，都可以上网搜索，这不仅解决了书架上词典摆放不下的窘迫，还扩大了可以查阅和参考的领域。把互联网称为无限大的万能百科词典，实在不为过。今天的翻译是幸运的，因为他们有了互联网这个便捷高效的助手。

作为译者，最大的乐趣大概来源于与作者的默契配合。当一个译者阅读了原著，按照作者的设计，随着故事情节的变化而快乐、兴奋以至于一边翻译着一边情不自禁地笑出声来，或者沮丧、悲伤甚至落泪，此时此刻翻译就能让自己的翻译技能发挥得淋漓尽致，不管文化鸿沟有多大都能顺利跨越，译文就能够传神，这就是翻译最幸福的时刻。

翻译最大的困惑和烦恼大概是因为两种文化的背景差异太大，以至于无法完全把一种文字的连珠妙语转换成另一种文字。一个译者往往有几句终生难忘的翻译佳作，同样也常常因为一句话找不到合适的对应译文而困惑。我就有这样的经历：30年前一部小说里有一句幽默的话语我当时找不到满意的处理方式，至今仍百思不得其解。

每个译者都有自己的翻译原则。我所遵循的原则概括起来有三条：一是对原著负责。翻译的创造性贡献是让译作忠实于原著，翻译本人没有权利根据自己的好恶来改变故事的任何情节。二是对读者负责。为了让译文能被读者理解，翻译必须采用跨文化的手段和技巧，比如正说反译，反说正译，增译和减译，代词和形容词的增加或者删减。译文追求的是让读者读懂看明白，理解作者的真正意图，这才是对原著的最大忠实。三是对市场负责。文学翻译者心中必须有市场，售不出去的译作很难被称作好的译作，为此，译者要对译文字斟句酌，尽可能地符合目标市场的文化特色。

阅读一般性著作，比如经济、政治，可能只需要动脑子，但是阅读文学，需要用心。文学是了解另一种文化的最好媒介。中国文学的对外翻译之路还很漫长。据一位美国翻译家的统计，美国在2009年出版了300多部文学作品，其中只有10部是中国文学；另一位翻译家的统计仅仅为8部。无论哪个数字准确，事实都是从中文翻译成英文在美国出版的中国文学少得可怜。这里固然有中美文学作家交流不够频繁的因素，也有美国读者习惯阅读英文原著，不太青睐外国译作的缘故，还有出版社行为过于谨慎的原因。但一个重要原因是，缺乏一支强大的中译英的文学翻译队伍。

既然文学翻译难度这么大，要求这么高，翻译队伍又是那么的薄弱，怎么做才能走出困境，做好文学翻译呢？我多年从事翻译得到的一条重要启示，就是最好组成一对包括本国人和外国人的翻译搭档，如中国著名文学翻译家杨宪益和他的英国夫人戴乃迭。

我的体会是，既然文学翻译是一种跨文化行为，翻译过程本身就应该是一种跨文化的工作方式。中国译者与外国译者或者编辑合作，不仅是顺利实现文化跨越的工作流程，也是双方互相学习、加深对彼此语言和文化理解的过程。如果双方能够顺畅沟通，那么他们共同完成的翻译书稿必然成为跨文化的产物。

推动中国文学对外翻译出版的新高潮

本文写于 2012 年 2 月 8 日。

  文学是文化的重要表现形式，是了解一个国家文化的重要窗口。文学著作的传播对于提升国家软实力、树立和展示国际形象等具有独特的作用。而要向世界准确地反映和呈现中国文学的内涵要素和文字魅力，抓好翻译和出版环节尤为重要。

  党的十七届六中全会审议通过的《中共中央关于深化文化体制改革，推动社会主义文化大发展大繁荣若干重大问题的决定》明确提出"组织对外翻译优秀学术成果和文化精品"。在党的会议决议中提出对外翻译的重任，在国内翻译界引起了轰动，极大地激发了翻译界将中国文化特别是文学作品更多、更快、更广泛地介绍出去的热情。

  半个多世纪以来，中国外文局致力于以多种方式向世界说明中国，而中国文学的翻译出版一直是其中一个重要方面。20 世纪 60 年代，外文局曾制定过庞大的现当代文学翻译计划。一大批中国文学代表作，如《离骚》《唐宋小说选》《元剧选编》，四大名著《红楼梦》《三国演义》《水浒传》《西游记》

以及《儒林外史》等古典文学的英文版从60年代开始先后翻译出版。与此同时，众多的现当代作品，包括《红日》《太阳照在桑干河上》《敌后武工队》《荷花淀》《鲁迅选集》《巴金选集》以及《艳阳天》《金光大道》等作品的多语种译作出版。这应该是新中国第一次文学对外翻译高潮。

20世纪70年代后期，中国文学对外译介也进入了第二个高潮。外文出版社和中国文学出版社陆续推出了"获奖小说选编"和"熊猫丛书"系列译作共200多种，发行到150多个国家和地区，一度成为中国文学对外译介领域的金字招牌。《雷雨》《茶馆》等剧本也先后以多语种出版。以王蒙为代表的中国作家创作的大量文学作品展示在外国读者面前。许多中国文学作品成为西方大学里东亚文学课程的教材。如果说20世纪50年代到70年代中国文学作品的对外翻译主要依赖杨宪益、戴乃迭、沙博理等老一代或出生在国外或从国外留学归来的翻译家，80年代我国众多中青年译者以及爱好中国文学的外国汉学家加入了翻译队伍。整个80年代，对外翻译选题大规模增加、国内外兴趣高涨、翻译队伍老中青实力雄厚的特点共同构成了中国文学对外翻译的第二次也是更加波澜壮阔的高潮。

近年来，中国社会的发展，经济实力的增长，对外的深度开放，人员的大交流，中外出版界的版权合作，使得中国文学的对外翻译出版正在出现一个新的高潮，这是中国文学外译的第三个高潮。特别是中国政府和出版系统采取多种措施支持中国文学的对外交流，越来越多的中国作家引起国际关注，中国文学翻译的文种比以往更多，版权输出的国家更多，涉及的文学作品更多。这些因素将使第三次高潮持续更久，影响力更大。

这个阶段还开始呈现出中国文学对外传播多样化和市场化的特点。所谓多样化，从作品的选择，到从事翻译的人员，再到出版形式的五花八门，尤其突出的是国外译者和出版社的参与程度越来越高。所谓市场化，是中国作者开始有了国外版权代理人。外国代理人以及外国译者和出版公司的共同参与，促使中国文学的对外翻译出版成了一种市场行为。随着中国国际影响力的提升，中国作家知名度的提高，中国文学翻译出版国际交流的扩展，这种多样化和市场化的现象必将进一步发展和持续。

中国文学的对外翻译出版成就是巨大的，影响也是多方面的。2008年北京奥运会举办之前，媒体报道尼泊尔青年联合会会长准备举办一个"林道静式的婚礼"。无疑，这位青年女性阅读过中国翻译出版的英文版《青春之歌》。现在，法国一个国家的出版社一年就出版中国文学作品达几十部。历经多年的辛苦努力，外文局翻译出版了多部文学作品，据不完全统计达上千种。

然而，同我国在外交和政治方面的国际影响力相比，同我国经济占国际市场的份额相比，中国文学的翻译出版还远远不够，仍然面临着巨大的挑战。其原因是多方面的。就美国而言，在这样一个出版大国，每年在美国出版的中国作家的译著仅有10部左右，而中国出版的美国作家的译本达100多部，比例明显不对称。显然，在美国这个巨大的出版市场里，中国文学的市场是很小的。这同美国读者不喜欢阅读翻译作品而更加青睐英文原创作品的阅读习惯有关，也与中国文化影响力仍然不够强大有关。

当前，人们谈到中国文学的对外翻译出版时，往往强调缺乏杨宪益这样的翻译大家。人才短缺的确是一个突出的问题，但不是问题的全部。中国文学若要像英法作品那样畅销世界还有赖于众多的因素。

第一，中国国际影响力的进一步提升。英美文学和法国文学的对外传播在很大程度上借助了这些国家经济、军事和科技的影响力。其实，少数外国人阅读某个国家的文学作品，可能是出于学术研究和欣赏的目的，但是要让很多人来阅读另一个国家的文学作品，那个国家要么是历史上的殖民者（如英国、法国），要么是近代史上经济高度发达的国家（如美国、日本）。日本文学的西进以及韩剧的流行都与这两个国家的工业化对世界的影响有关。无法想象，一个国家在国际上默默无闻，它的文学会享誉全球。中国的总体经济实力正在形成吸引更多的外国人阅读中国文学的氛围。中国文化影响力的全面提高，包括媒体的国际传播能力，系列文化产品如电影的国际交流，将与文学的对外流传形成互动。尤其是莫言获得诺贝尔文学奖，拉近了中国文学和世界各国读者之间的距离，引发了国外媒体的热议和海外读者对中国文学更大的关注。

第二，中国文学国际市场的形成。中国翻译出版了百年来欧美主要作家的大量作品，得益于国内几十年来存在着一个巨大的读者市场。中国读者有着十分开放的心态，同一部作品不同版本的译文能够行销不衰，形成了外国文学作品翻译出版的产业。改革开放加强了中国读者对外国作品的偏爱。与此相反，要在其他国家出现一个庞大的中国文学翻译作品的读者市场，决定因素不在中国。对此，我们不能抱有过高的期待。特别是在那些文化上以自我为中心的西方国家，指望中国文学也像《莎士比亚选集》和《老人与海》在中国那样受到广泛欢迎，是不现实的。

文学是国家文化软实力建设的重要组成部分。在当前阶段，仅靠市场手段来开展海外传播难以较快推动文学作品的海外翻译出版，必须由政府予以政策引导和扶持，将各方面的积极性汇聚到一起，形成合力，系统地规划文学对外译介工作。可采取设立中国文学翻译基金、建设中译外人才库、实施海外汉学家交流培养计划、建设复合型海外发行经营队伍等多种形式给予扶持；组织专门机构开展翻译研究，解决当代中国特色词汇和中华文化经典翻译中的难点，准确传达中国文化因素。此外，文学外译不能只顾欧美等大市场，还应该照顾到亚非拉地区的小语种，增进这些国家对中国的了解。

第三，更多中国作家在国际讲坛上亮相。许多读者是通过听说一个作家从而喜欢上他的作品的。不少中国作家参加国际文学会议，到海外大学讲课，跟国外翻译界和出版界交流，大大提高了自己的国际认知度，也吸引了越来越多的国外读者。许多外国作家，如日本的大江健三郎和美国侦探小说家劳伦斯·布洛克（Lawrence Block），每次来中国，都会引发新一轮的读者兴趣。中国的作家有着自己丰富独特的生活经历和文化背景，有许多能够打动和吸引外国读者的故事。他们每到国际上作一次讲座，就会开辟一片新的领域和市场。

第四，翻译人才和评介队伍的形成与壮大。首先是翻译队伍的形成。人们普遍认为，了解一个国家的文化，文学是最好的媒介。正因此，文学也是最难翻译的一类作品。相对时政、经济、科技类文献，文学作品的翻译难度大，对译者水平要求高。其次是需要一支中国文学的对外评介队伍，通过报纸、学术杂志和网站把中国的文学发展和代表作不断地介绍给潜在的国外读者。问题是，能用外语、以外国读者习惯的表达方式开展这项工作的中外人士比翻译更少。我们在这方面要充分发挥学术团体的作用，尽量将一些具体工作委托给学术团体组织实施，淡化官方色彩，以防止海外意识形态方面的阻力。当然，我们完全有理由相信，正如一支中外人员珠联璧合的翻译队伍正在逐步出现，这支评介队伍一定会随着形势的发展担负起他们的神圣职责。

第五，中外翻译出版界的深度合作。任何文化交流的生命力都在于持续和双向。中国文学的对外翻译出版既不能全部依赖外国学者，也不能由中国人自己统揽。应该鼓励和支持各种各样的合作模式。仅就翻译环节而言，最理想的方式是外国人翻译，中国人审校。外国人翻译，保证了译文符合外国读者的阅读习惯和文化传统。中国人审校，能够确保译文忠实于原著。至于出版，既要强化与国外机构的合作，也要积极建立中国在海外的出版发行渠道；我们更应该推动外国出版者把中国文学纳入自己的学术或商业出版发行系统，使中国文学大量快速地进入当地的主渠道。中国文学的对外翻译传播离不开国情世情。中国文学的传播正在迎来前所未有的大好局面。我们也必须尊重文学传播的规律，不要有不切实际的奢望。我们需要的是创新对外传播方式，采取脚踏实地的措施，积极地推动中国文学对外翻译出版的新高潮。

翻译与跨文化交流

本文根据 2012 年 7 月 30 日讲座录音整理。

我主要讲中译英，因为这是我们工作的主要内容，也是增强中国对外影响力的一个关键环节。重点不是讲理论，而是结合一些实际案例跟大家一起探讨。

一、中译外工作在当下的重要性

党的十七届六中全会审议通过的《中共中央关于深化文化体制改革，推动社会主义文化大发展大繁荣若干重大问题的决定》指出，要增进国际社会对中国基本国情、价值观念、发展道路、内外政策的了解和认识，展现中国文明、民主、开放、进步的形象。……培育一批具有国际竞争力的外向型文化企业和中介机构，完善译制、推介、咨询等方面扶持机制，开拓国际文化市场。组织对外翻译优秀学术成果和文化精品。

在一个中央全会的文件中两处明确提到翻译和对外译介中国的重要性，好像还是第一次。这充分说明在今天这个时代对外翻译的重要性。

如今，世界比以往任何时候都更加关注中国，中国也有大量的故事要向世界讲述。做好中译外，全面准确地传达中国的声音成为我们加强国际话语权一个必不可少的媒介。不管是专家学者还是领导人，发表的讲话再精彩、再高深，如果没有恰当、准确的中译外，在外国受众那里效果都非常有限。

二、中译外存在的主要问题和原因

（一）中译外存在的主要问题

1. 语言水平问题

只要加强学习，语言水平问题相对而言好解决。目前存在的问题，比如"气候湿润"翻译成 humid weather，就变成了"天气闷热"；"俊美的山峰"翻译成 dangerous mountains，变成了"危险的山峰"。这样的译文只能让外国游客望而却步。

2. 文化知识问题

文化背景，这部分难度大一点，需要我们对世情、国情有深入透彻的了解。

比如，中国大陆地区应该翻成 China's mainland。很多人认为 mainland China 也是可以的，因为可以说 mainland America（相对于夏威夷等岛屿领土）。但是中国的国情特殊：历史上西方打"两个中国"牌，一个 red China，一个 free China；一个 mainland China，一个 island China。因为有这个特殊背景，mainland China 不能用。

市长是 mayor，县长、区长怎么翻？历史上我们把县长都翻成 magistrate。后来我们参考了美国的习惯：美国洛杉

45

矶地区有 70 多个市长，大洛杉矶是 mayor，小到跟我们街道居委会规模一样的范围，他们也叫 mayor，所以一部分译者认为北京的区长、县长也应该叫 mayor。但是有些译者说不行，北京的 mayor 是国务委员，甚至中央政治局委员，区长也是 mayor，分不清，还是叫 magistrate。我们认为不能叫 magistrate。因为 magistrate 在历史上就是判案子的，历史上的县太爷主管判案，至于民生问题、城市规划建设、对外交流等等，那时候基本涉及不到，所以那时的县长可以翻译成 magistrate。经过与北京的许多专家讨论，最后确定了区长、县长就翻译成 district mayor 或者 county mayor，关键还是要用 mayor，只是前面加一个区域修饰词。

这几年关于京剧和烤鸭的译法媒体上讨论很多，说京剧不应该翻译成 Peking opera。我的观点是：翻译首先是让外国人听得懂。Peking opera 不只是我们这一代这么说，也不是我们上一代才这么说的。京剧有二百年历史，一百多年前就开始对外流传，那时约定俗成是 Peking opera。当然 Peking 这个词比较陈旧，但是今天北京大学的英文名称就叫 Peking University，我们姑且保留它的历史特色。是不是可以叫 Beijing opera？但 Beijing opera 又跟评剧混了，所以叫 Peking opera 似乎没有什么不妥。为什么用 opera？京剧和西方的歌剧有相似之处，都是以唱为主。过去老人常说去"听戏"，大概也是这个道理。

还有关于宣传部的翻译问题。很早以前中宣部曾经发过通知，明确中宣部的英文不叫 Propaganda Department。我们知道，在英文里 propaganda 是"为政治利益服务却貌似不含偏见的宣传"，是"宣传伎俩"。"中宣部"可翻译成

Publicity Department / Information Department / Communication Department。

在美国白宫负责宣传的有两个部门，一个是新闻发言人办公室，另一个就是 Office of Communication。这个部门专门负责制定宣传策略，跟媒体上层打交道、幕后吹风等等，属于美国官方管理舆论导向的部门。communication 这个字更符合时代的特点。

也有外国人了解了中宣部的职能后，说应该叫 Public Relations Department。中国共产党的一个职能管理部门不是一家公司，我们党的宣传部本身并不直接做 PR，而是指导媒体做舆论引导，树立党和国家良好形象，有管理媒体的职能，在功能上与美国白宫的 Office of Communication 更相似。

以上这些属于文化背景的问题，这方面的知识，翻译人员需要认真积累。

3. 工作态度问题

还有一类问题，就是翻译人员首先要提高自己的译德。我们看这个例子：

某省有一个麻类植物研究所，居然被翻译成 marijuana institute（大麻研究所）。应该是 fiber plant / hemp institute。

现在大学课程有口译专业，有笔译专业，但还没有翻译管理专业，这也许是一个缺失。目前全国有 19,000 家翻译公司或者咨询公司在做翻译。据国家工商总局的统计，有 15,000 家公司是以翻译为主业的，但是许多翻译公司里的人不懂管理。

4. 口译中的失误

还有一种情况是口译中经常有明显错误，因为说话人有口音，译者准备不足，不知道上下文或者背景知识不够，把"九寨沟"翻译成"九窄沟"，把"香蕉产量"译成"橡胶产量"。

再比如领导人和外宾寒暄时可能会说"你们不远万里来到中国，一定很累了"。有些翻译直译为"You must be very tired after taking a very long journey."，结果外国来宾感到很奇怪，以为自己看上去面露憔悴。其实，这种情况下有很多比较妥当的译法，比如"Thank you for taking the long journey to visit us."，就清楚地表达了对远道而来的客人的欢迎。领导人这句话不是要跟外宾探讨他来华的路程到底有多远，也不是要指出外国客人倦容满面，实际上是表示欢迎的意思。有时领导人会见结束时会问外国客人还要去哪里继续访问，对方可能说还要去上海、杭州等，这时领导人可能会说"欢迎你们多走走，多看看"。有的译者真的翻译成外国客人应该在中国多逗留几天，结果外国客人问接待人员是否要改变行程，延长在华访问时间。还有领导说"不要光看好的，还要看些差的"，表示我们的一种谦虚和真诚。有的外国客人听了翻译的直译"You should not only see the good things, but should also see the bad things."，会见一结束就跟我方接待人员提出要调整行程安排，因为领导刚才说了"还要看些差的"。如果翻译成"I hope you will enjoy the rest of the visit."就不会引起这样的误会了。

5. 外译中的问题。外文翻译成中文，如果不考虑受众习惯，同样也会引发误解，或者至少令人费解。今年中美人文交流计划里有这样一项内容，我看到的中文是"十万强计划"。因为平时看惯了500强企业的报道，一说多少强，就自然认为是指大的企业或者人文机构。我看到"十万强计划"，就联想到"十万个大计划",真不知道具体指什么。后来我去查了英文,叫100,000-strong student program,实际上就是在四年之内美国要派十万个学生到中国来学习。年限有一年的,有两个星期的,也有来参加夏令营的。如果把它翻成"十万人计划",就一清二楚了。当然,"十万强""三分之二强"的说法严格来讲没有错误。比如活动组织方问:"你们部门来了多少人?"你可以回答"来了三分之二强。"这个"强"按理说没有错,但是我们讲到大型人员交流项目时一般不会这么说,因此最好不要说"十万强计划",而是说"十万人计划。"

由此我联想到"好望角"的翻译。这些年到南非去旅游的人很多。有一次,我问几个不懂英文和其他西方文字的人"好望角"这个词是什么意思。他们回答说从字面上理解是好看的、风景好的意思。这显然不是英文 Cape of Good Hope 的原意。我一直觉得,对照英文原文,"好望角"的名字理解起来有困难。Cape of Good Hope 应该是"希望之角",而不是"观望之角"。如果中文翻成"希望之角",也可以把这个"之"字拿掉,变成"希望角",应该比"好望角"更符合英文名字的原意。

以下是一家电视台新闻报道中翻译不准确的例子。有个黄金时段的新闻介绍云南丽江的旅游,节目里有清晰的外国游客接受采访回答问题的声音,也有清楚的中文字幕。关于丽江的建筑,外国游客说"The architecture is interesting.",电视上出现的字幕是"这里的建筑十分美妙"。这不完全准确,应该是"这些建筑有特色"。一个民族的东西,另外一个民族的人不一定能真心欣赏。interesting 这个词意思很宽泛,可以理解为"好",也可以理解为"怪",在这里直接翻译为"美妙"不够精准，尤其是不知道游客下一句话到底是赞扬建筑风格，还是有所保留。至少 interesting 不足以跟"美妙"对等。记者指着远处的雪山问另一个美国游客对这个地方的感觉，游客回答说："It's a very peaceful place!"字幕译文竟然是："这是一个最和平的地方。"这里的 very peaceful 称赞的是自然环境，与战争没有关系。比较准确的翻译应该是："这是一个宁静（或者安静、安宁）的地方。"

上面两个例子说明，我们要避免在翻译中随意拔高的问题，这种拔高的翻译结果经常会误导中方人员，甚至误导领导。2008 年 8 月北京奥运会开幕后，北京大栅栏旧街改造揭幕。国内一家电视台在现场采访外国人，其中采访到一名法国记者，她那天也是去采访的。她一边支摄像机的三脚架，一边接受我们电视台记者的采访。电视台为了给观众一种真实感，受访者的同期声特别清楚，让观众能够听见被采访者说了什么。同时，电视台也知道许多中国观众听不懂外文，所以打出了中文字幕。同期声加上字幕，这样做在传播领域是非常专业的，值得称赞，但是法国人的话和字幕对不上。这个法国人英文不好，发音也不好听，结结巴巴地说："These buildings are old,"，想了半天又说，"but new, very strange!"电视字幕是："这些建筑古香古色，又增加了许多新的元素，令人惊奇！"字幕翻译与原话差距太大了！按我的理解，这个法国人的原意是：这些建筑样子是老式的，但又是新建的，看上去怪怪的。显然，从个人角度，她并不欣赏这种仿古建筑。她不欣赏，无伤大雅，这个项目也不会因为她个人不喜欢就不成功。站在翻译和传播角度，为了严肃起见，宁可不用这个采访视频，也不应该把她的话拔高为对建筑风格的赞扬。

此外，把美国的外交部翻译成国务院，把克林顿国务卿说成是希拉里国务卿，从翻译学术角度看，都是比较严重的问题。美国国务院的英文是 department，同他们的国防部、财政部、商务部一样，应该翻译成外交部或者国务部，怎么单单成为"国务院"了呢？何况我们国家的中央人民政府就叫国务院。当然，这种翻译错误不是现在的问题，而是从清朝开始的。至于"希拉里"，这是名，一旦加上官衔，就不能单独用名，而是要用姓或者名加姓。连美国人自己都称她为克林顿国务卿，我们不可以因为不懂翻译而显得自作多情，同时这种称谓也不符合人家的习俗。

（二）问题产生的原因

一是专业化不够。二是职业道德水平不高。三是管理不善。比如不应该让完全不懂中译英的人翻译，为什么非要派给他做？有些稿件那么重要，为什么把翻译简化成一道工序，为什么不多两道、三道工序？四是教育的缺失。2007年以前中国所有学外语的人读的都是外国语言文学专业。实际上，近60年中国没有开设单独的实践类翻译专业，这和有些国家的大学以及香港特别行政区的大学不同。社会上也大多认为会外语就一定会翻译。从专业角度看，会外语只是做翻译的一个基础。学了外语，有了语言的技巧还要有跨文化传播的能力，还需要很多背景知识。口译需要一些特殊的技能，笔译也需要笔译的特殊技能。外交部招口译，有长达半年的培训，其中有一个培训项目是学会发音。如果译员嗓子太尖，说两句话可以，时间长了大家听着就很不舒服。口译还要有心理素质的培养。

教育部2007年批准开设翻译硕士专业学位。这几年教育部在改革研究生教育，提出在 2015 年要让中国 50% 的研究生成为应用型的专业学位学生。经教育部正式批准，现在 159 所大学可以开设翻译硕士专业学位，40 多所高校有了本科翻译专业，其中有的学校重点就是培养中译外人才。

如果说过去学校没有翻译专业学位教育，那么多的资深翻译是从哪儿来的？主要是在工作实践中培养和锻炼起来的。比如翻译国内旅游饭店的名称，并不是都可以直接按照拼音翻译，而是需要挨个上网查看或者打电话查询之后才能最终确定。这些基本技巧都是在实践中学来的。

我们面对的一个问题是，在中国尽管有越来越多的人学习翻译，社会上外语能力普遍得到提高，但是能够承担中译外任务的中国人数量上还是不够多，不能满足现实的需要。因为任务重，从业人员少，能承担这项任务的外国译者也少，而那些正在学汉语的外国人又远水解不了近渴，社会上缺乏中译外人才，特别是中译外高端人才极度缺乏。

三、中译外问题的应对策略

（一）党政文件（包括外交声明）翻译要忠实原文

党政文件包括政府声明，最根本的一条就是忠实原文。忠实原文过去是指，中文怎么说英文就怎么说，不管受众是否能理解。但是最近几年大家越来越多的共识是，忠实原文是忠实意思，不是忠实文字表面。中央领导集体执政的根本理念如何翻译，如果我们翻译确定不了，可以请上级主管部门帮我们把关，但是在允许的范围之内，我们应该不断探讨和改进。比如"科学发展观"，我看到的最早的译文是 concept on scientific development，这符合中文，但是外国人表示难以理解。scientific development 往往理解为科技的发展。后来有资深译者提出，这是一种发展的方式，一种新的思路，所以应该翻译成 scientific approach on development。这个说法外国人理解起来可能容易些。党的十七大报告英文版里确定的译文是 Scientific Outlook on Development，而且要大写。报告译文这么定了，大家也就这么用了。但是，scientific 在西方还是有很多人理解为纯自然科学的意思，也就是愚昧、迷信、落后的反义词。因此当时的英国首相布朗就不是很理解十七大报告里的一些词句，经过英国外交部里中文水平较高的翻译解释，他理解后提出应该翻译成 Balanced and Sustainable Development，他的理解比较符合科学发展观的内涵。

山东大学举办过一个研讨会，主题是"中国道路与中国形象"，参会者当中有几位美国专门研究中国国情的领军人物。他们也谈到中国的语言导致误解，甚至加深了人们对中国的恐惧感，也间接地导致了"中国威胁论"。他们举的一个例子是"屹立于世界伟大民族之林"。中文这么说能够唤起我们高度的爱国感，令我们热血沸腾；不这样说可能语言就太平淡，不足以表达我们的真正心情。但是这句话外国人听了后非常不舒服，英文是 to enable the Chinese people to live better lives and rejuvenate the great Chinese nation。问题出在 the 上，外国人听起来不好接受，*the* great Chinese nation 在他们听起来，好像世界上只有中华民族一个民族最伟大。英国专家改了一个字，*our* great Chinese nation，英国人就能接受。其实各国人都认为自己的民族最伟大。

"保持和发展党的先进性"这句话源于先进性教育，当时我们的译文是：to develop and preserve the vanguard nature of the Party。我记得翻译们关于"先进性"如何翻译讨论了很长时间，最后大家确认用 vanguard，党员要走在全民族的前面，觉得这个词很好。此前翻译成 advanced nature，后来大家觉得 advanced 没表明是哪些方面先进，也没有走在别人前面的意思，就用了 vanguard。结果英国人说 vanguard 只能用在军事上。美国是移民国家，各种语言交融碰撞比较多，所以美国人的语言接受能力更强，认为差不多能懂了就可以接受。英国人认为英文是他们最精通的语言。英国的汉学家说，如果用 vanguard 这个词，就说明共产党是一个军事组织了。因此他们建议用 to preserve and enhance the Party's leading position。leading position 肯定是在别人前面，有领导的作用。当然，也有人建议用 pioneering nature 这个说法。

还有一个例子，胡锦涛同志在纪念改革开放 30 周年大会上的讲话中说道："我国各族人民团结奋斗、自强不息，开发了祖国的锦绣河山，创造了灿烂的中华文明，为人类文明作出了不可磨灭的巨大贡献"。这里需要注意的是几个形容词的翻译问题。灿烂的中华文明延绵不断五千年，我们这么悠久的灿烂文明对世界当然是一个不可磨灭的巨大贡献，但是有两个字英国人难以接受：一个是 brilliant（灿烂的），一个是 indelible（不可磨灭的）。英国汉学家把这两个形容词做了改动。brilliant 改为 glories of Chinese culture。不可磨灭和巨大，即 immense and indelible 改为 huge and unforgettable。他们采用的这两个词更为常用，同时还考虑到这是一个讲话，不是文本文件，遣词造句要容易上口，入耳。这些改动提醒我们，做翻译的时候应尽量让讲话读起来朗朗上口，更容易进入听众的耳朵。为什么我们有时候听报告，感到有的地方难以理解，大概就是因为用了太多纯粹的文件式语言。奥巴马讲话就很少用文件式的语言，而是口语式的，好像是在跟受众交流。所以用 huge and unforgettable 这样更常用的词，受众得到的印象反而高于 immense 和 indelible。

（二）新闻报道翻译要让人看得懂、听得明白

新闻报道类的文章，根本宗旨是让人家看得懂，听得明白。这是我们追求的最主要的目标，绝对不能字对字、句对句死译。比如说，我们经常翻译"三个文明"：政治文明、物质文明和精神文明。我见到的最早的翻译就是直译：political, material and spiritual civilization。我们知道这里问题出在 spiritual civilization 到底指什么。新华社的一位同行的观点让受众更容易接受。他的译文是"development of democracy, economy and culture"，单从字面上看，好像跟中文有一定距离，但是比较一下，这种表达方式外国人更容易理解。

自从邓小平同志提出"两手抓，两手都要硬"，各级领导讲话中常常出现这句话。教育系统说"两手抓"，可能指教学和科研的发展；铁路系统说的"两手抓"，可能一手指铁路发展，一手指运营安全。反正无论是哪个单位，说的两个方面一定是有其具体所指。中文可以含糊地说"两手抓"，英文不应该含糊，一定要从上下文找出具体是指哪两个方面，因为新闻是为了让人看得懂。

中译英，一是要翻实际意思，二是要把煽情的形容词去掉。基本的翻译方法是讲成绩的时候，形容词不需要太多。因为语言习惯问题，外国受众的感觉是煽情的东西没有了，英文读起来就顺了，反而能够达到让外国人听进去的目的。

（三）书名、文章名的翻译要力求新颖、吸引人

要把一本书卖出去，书名起着非常重要的作用。

《齐白石画集》是一本画册，出版了很多文种。因为传播当代文化还是很受欢迎的，齐白石画册是有人买的。中文标题只有五个字，但是英文标题分成了正标题、副标题。齐白石的名字用汉语拼音是 Q 打头，外国人发不成"齐"这个音，反而会念成 Kai。姓氏里外国人也发不了"崔"的音。外国读者发音比较困难的字我们就不要让其成为书名的第一个字，而是把这类元素往后放，先提供外国人容易理解的元素。首先要让人家知道齐白石是干什么的，其地位如何，英文在齐白石前面加了 Master Painter（绘画大师）。此外，得有一个关键词形容这位大师的绘画风格，然后才是他的名字。我们加了一个 *Likeness and Unlikeness* 作为正标题。什么叫 Likeness and Unlikeness？这又是从哪里来的呢？英文名是在整本书翻译完成之后才确定的。前言介绍齐白石的画风，用他自己的话说，他的绘画风格在"似与不似之间"，很有意境。我们就把这几个字提炼出来，因为书介绍的是画家的作品，读者一看就知道他的绘画风格，精华内容就展示出来了。这本书完整的英文书名是：

Likeness and Unlikeness:
Collected Works of Master Painter Qi Baishi

再比如《中国皇帝的故事》，翻译得简单一点儿，*Stories of Chinese Emperors*，一行字就够了，跟中文题目一模一样，问题是非常平淡。中国历史悠久，不止一两个皇帝，历史上有十几个不同朝代的开国皇帝非常有建树，在这本书里一一介绍。因此，我们加上了修饰词 through the ages，以增加历史感。但

这还是不够，仍缺乏文采。后来我们加了一个正标题 *Sons of Heaven*。皇帝自称是真龙天子，这样就有了中国文化的特色和历史的文采，增加了吸引力。最终确定的英文书名是：

Sons of Heaven:

Stories of Chinese Emperors through the Ages

这本书还有一个姊妹篇，《中国古代战争的故事》，直译就是 *Stories of Ancient Chinese Wars*。我们把它作为副标题，英文书名再加上 *The Rise and Fall of the Empires*，增加一些历史感和戏剧性。可以比较一下，如果用干巴巴的 *War Stories in Ancient China*，文采没有展现出来，图书作为一种商品的吸引力就降低了。这本书的英文书名是：

The Rise and Fall of the Empires:

Stories of Ancient Chinese Wars

为了采用一种比较通俗的表达方式对外介绍中国共产党的执政理念和发展历程，中国外文局下属新世界出版社策划出版了《历史的轨迹：中国共产党为什么能？》。这本书中文版在国内很受欢迎。其实，编辑最早是从对外宣传的角度策划这个选题的。首先，为了对外发行，我们没用"辉煌""成就"这样的词，而是比较平和地说中国共产党为什么能走到今天。那么，"中国共产党为什么能"这句话怎么对外翻译才能对外国受众具有吸引力呢？我们最终确定的书名是：*Why and How the CPC Works in China*，去掉了宣传味道，换来的是外国读者的购买。

（四）文化生活翻译，译者要转换角色，力求译文轻松愉快

文化生活翻译，特别是导游这种日常的生活翻译，应该把握住一点——力求让你的翻译给人一种轻松的文化享受。试想你自己是个外国人，到中国来访问，有正式会谈和交流，然后抽空出去参观，散散步，购购物，你也需要"轻松一刻"。旅游类翻译，我觉得关键是要让看到或者听到我们译文的外国人在轻松愉快中加深对中国的了解和欣赏。

有一年，我陪国际翻译家联盟的几位执委到苏州去。为了接待国际译联的客人，苏州接待方选了最好的英文导游。到了虎丘，那位导游确实非常热情，尽职尽责。虎丘山上刻着很多名人留下的诗句和题词，她逐一介绍说这个是草书，那个是行书，这个是哪个朝代、什么年间、哪位名人的题词，并且把诗词背诵一遍，然后又说那个是哪个朝代、什么人题写的什么内容。两三句话以后执委们就走到一边不听了。

年轻的导游非常沮丧地对我说："你看我这么认真地介绍，他们却不听。"后来我说，他们是来玩的，我们不能指望给他们上一堂厚重的中国传统文化课。我就把这几位执委叫回来，对他们说：中国历史上有个传统，文人墨客到一个景点，要把他对这个景点的赞美记录下来，其中最精华、最著名的内容由后人刻到石头上面。我们现在看好像是破坏了环境，但在当时就是这种习惯。另外，就像英文有不同字体一样，这些赞美诗句和题词也都代表着不同的书法风格，内容无非是名人对美景的赞赏。我说到这里，他们点点头表示理解了，介绍也就到此结束。他们是一般旅游者，根本不需要知道哪个朝代谁写的什么风格的书法，至于什么草书、行书，他们不懂中文，不了解中国文化，根本听不懂。他们也不想知道那些具体的诗句。而且我们知道，诗是最难翻译的，语言复杂，内容深奥，即使能够给外国客人背诵出来，他们也未必能听明白。

好的翻译，就要多出力。比如说"故宫的中和殿是明永乐十八年建成的，初名华盖殿，嘉靖时改为中级殿，清顺治二年始称今名"，译者要先把年代日期查清楚，然后再翻译。这句话的英文可以是这样的：First built in 1420, the Hall of Central Harmony took its present name in 1645, after having had different names under the reign of different emperors.

这样翻译，外国游客看到1420年、1645年，就可以感受到故宫的历史悠久，就能联想到15世纪、16世纪，他们自己国家处于什么阶段。另外，为什么我们翻译成这样的句子结构呢？其实是想把中文的第二句话进行压缩，把对外国游客无关紧要的信息去掉。历史上中和殿都有哪些具体名称，对一般外国游客没有什么实际意义；当然也可以保留，我们这里是把非关键性的信息采用压缩和概括的办法，放在段落的最后了。有的时候口译可以删掉一些无关紧要的东西，但如果是一本汉英对照的图书，删掉一些元素后，中文内容仍然很长，而英文却相对比较短，不懂翻译要领的人可能会批评译者随意删减内容。那是因为，他不知道你提供的英文才是更符合外国人阅读习惯的版本。事实上对一般外国人而言，介绍该殿是1420年建的，从1645年起叫Hall of Central Harmony就足够了。但是，翻译这段话时，为防止被批评少翻译了部分内容，在汉英两种文字对照的情况下，为了版面均衡，译者就加上了after having had different names under the reign of different emperors，其实这句话没有实质内容，只是充实版面。

有一天，我们要招待几位外国客人，想让他们到一家剧院看一看。我就查了一下网站。声明一下，现在这家剧院网站的英文介绍内容已经改进得非常好了，但是最初英文有不精准的地方。中文是"购票时请确认演出时间、地点、座位号，演出票一经售出恕不退换"。英文是："Before purchasing the tickets, please confirm the time, venue and seat number of the performance. All tickets sold are final." 这样的英文让人看了以后感觉不舒服，好像看戏的人什么都不懂，对外宾来说显得太生硬了。我们试着改进一下："Before purchasing the tickets, please take note of the time, venue and seat." 这句话比刚才那句稍微客气点，但仍显冗余。再压缩一点："Make sure you get the right ticket for the right performance." 我们单位的外国专家建议，干脆简化为"No refund on tickets sold."。另外一个外专说，还有更简单顺口的："No return, no refund."

演出票上还有一句话："严禁吸烟，禁止使用明火"。英文是"No smoking or fire usage inside."。难道真的有人不懂，跑到剧院里面去点火吃烤肉，所以他要用明火？实际上翻译成"No smoking, please." 就足够了。

这种中文交到你手里，你作为译者应该怎么办？你只能抓它的核心意思，容易造成误解的不要翻。票上最后写道："演出结束以后请有序退场，谢绝逗留。"剧院要关门，而有的观众看完节目还在那里照相、聊天，不肯走。其实把灯一关，观众自然就走了。如果英文直译为"After the show, please do not stick around."，显得对观众缺少基本的客气和礼貌。我们问外国专家这句话怎么处理才好，外专的建议是，根本不需要翻。

（五）文学翻译需要具备两种文化体验

现在文学作品占整个翻译量的比例很小，翻译偶尔才会接触到。20世纪70年代末、80年代初，我们经常会翻译一些文学作品。很多人认为了解一个国家首先要了解其文化，了解文化最好的办法就是读那个国家的文学作品。所以现在作家协会、新闻出版总署、许多出版社都在努力把中国文学介绍出去。文学翻译，我个人认为是所有翻译中最难的。因为译者必须具备丰富的两种文化体验，比如说翻译《红楼梦》里刘姥姥这类人物的语言，就不能翻成美国教授的语言，一定是不懂语法、没上过学的一个农村老太太习惯使用的语言。在美国什么人的语言能与之对等呢？可能是乡下黑人的语言，恐怕得采用类似这种语言的表述方式。如果我们平时看这方面的书比较少，对美国没受过教育的人的用语了解不够，就翻不好刘姥姥这类人物的语言。同样的道理，儿童文学不能用成人的语言。翻译中国儿童文学的人必须掌握外国儿童习惯用语。

（六）要掌握翻译的一些基本技巧

1. 正说反译，反说正译

做翻译这么多年，我们都知道一些基本的技巧，比如正说反译，反说正译。撒切尔夫人讲话的结束语是："We will not fail！"（我们不会失败的！）她的话相当于我们习惯说的：我们一定会胜利！美国人的讲话里也经常用肯定句表达某种坚定的决心。比如要想表达下面的意思：你别轰我，轰我我也不走，我是不会离开的！他们不会说"我不走"，而是说"I am staying."，这比"I am not going to leave."在语气上更坚决。

2. 增译与减译

曾经为《邓小平文选》第三卷英文版作润色的一位美国

翻译家写了一本书，里面有些观点是可取的。她说中文里经常重复动词，比如"大力促进农业的发展"。从英文角度看来，"促进"和"发展"是一个意思，英文里完全可以说 to promote agriculture 或者 to develop agriculture，而根本不需要按照我们常常在翻译过程中处理的那样：to promote the development of agriculture。

中文里我们还经常碰到"矛盾"和"问题"这两个词，如"速度与效率的矛盾问题需要认真对待"。"矛盾问题"一词用 conflict 可以，用 question 也行，不要用 the question of conflict。

刚才的问题很明显，下面的例子就不那么明显了。有一本《中国社会主义经济问题研究》，中文里的"问题"这个词不用翻出来，正确的英文就是"A Study of China's Socialist Economy"。许多资深翻译家都有一条基本经验：中文里见了"问题"一词，不需要每次都翻译。

3. 避免中式表达

这些年到处可见"Beijing welcomes you."（北京欢迎你），外宾说虽然能看懂，但是很少看到"London welcomes you."（伦敦欢迎你）这种表达方式。所以还是走正统路线，用外国人常用的"You are welcome to Beijing."作为正确的表达方式。

4. 核心内容不能笼而统之

中译外关键是要抓住原文核心的内容。中文里常常有很多我们以为外国人都知道，而实际上外国人并不知道的内容。比如说，经济报道中经常出现"规模企业"。什么叫规模企业？中文的概念里，"规模"是年产值在 500 万元以上的企业，中文一个词，但是翻译成英文得用一大串文字。（编者注：随着经济的发展，近年规模企业年产值已经从早年 500 万元增加到 2000 万元。)

5. 寻找对应的英文表达方式

中文里"化"字用得很多，这是英文所少见的。"化"字在翻译上是难点。"农业的工业化发展"，我看到有这样的两种译法：一种是 industrialized development of agriculture，还有一种是 industrialized production in agriculture。我认为第二种更好，用产业化的模式来管理农业发展。"信息化经济"，不是不可以用 informationized economy，但西方人用得更多的是 IT-based economy。因为老龄化是一个进行的过程，老龄化社会应该是 society with an aging population，而不是 old-age society。

"人性化"这三个字在翻译时必须具体化，如果是一个产品如电脑软件"人性化"可以翻成 user-friendly。我经常听司机说某个路口的"交通管理挺人性化"，那应该说 driver-friendly。如果我们说"交通管理友好"或者"司机友好路口"，不是不可以，但"人性化"的说法更符合中文的表达习惯。

"知识化新农村"，可以仿照信息化翻成 knowledge-based new countryside。简而言之，翻译"化"字要根据具体内容来使用不同的词汇，不像中文，一个字就全都解决了。

大家可以试着翻译这句话："幸福就在不起眼的角落里。"有一位翻译找到了一个很不错的翻译方法。这位翻译想到了英文里有这样一句话："Beauty is in the eye of the beholder."我们常常翻译成"情人眼里出西施"。这位翻译就借用了这个模式，翻成"Happiness is in the eye of the beholder."。根据上下文看，翻得比较好，主要是考虑到英文的习惯，借用了英美人熟悉的一种表达方式。

四、中译外没有捷径可走

1．充分了解外国人的思维习惯

中译外没有捷径可走，关键是了解外国人的思维习惯。杨宪益老先生当年说过："没读过 100 本外国小说原著，不要指望能翻译好中国小说。"我们正面说的话，外国人可能从反面理解；我们要表达积极的意思，他们可能会理解成消极的。除了中西文化传统和思维模式不同，在某种程度上，还源自《一九八四》这本书。大家从事中译外翻译，一定要读读这本书。"党""老大哥"这些词都在这本书里成了反义词。"中国威胁论"有一部分是外国人对我们的误解，也存在这样的可能性，就是由于我们把对内的东西硬翻成对外的材料，失去了针对性，某种程度上给了他们误解的借口。

2．深入了解自己的文化特色

要了解自己的文化特色，刚才举了一些特色语言的例子，如"规模企业"，除此之外，还有"民族地区""民族食品""三通一平""社会车辆"等中国特色的词汇，其背后都有比字面深刻的含义，必须搞清楚，才能使译文得当。

3．翻译的是文化，不是文字

我刚才举的一些例子，根本上想说明的是，中译外翻译的是文化，而不是文字。难点是要了解两国文化。一旦译者跨越了文化障碍，译文就会取得良好的传播效果。

抓住"一带一路"发展机遇，稳步推进中阿出版合作

原文为 2015 年 9 月在中国—阿拉伯国家出版合作论坛上的发言，略有删减。

随着经济全球化的持续发展，特别是中国提出"一带一路"发展构想以来，中国和阿拉伯国家迎来了进一步加强合作的新机遇。我们都具有悠久的历史，目前又都面临和平发展的课题，中阿双边和多边合作日益频繁，这为中国和阿拉伯国家在出版上加强合作提供了难得的机遇。

这次论坛能够成功举办，充分得益于主办方宁夏回族自治区政府强烈的时代意识、责任意识和交流意识。国家新闻出版广电总局的高度重视保证了论坛的深度和广度。论坛体现了黄河出版集团的国际意识和扎实作风。中阿和其他地区国家的积极参与使论坛具有实质意义，让今后的合作稳步扎实。

我多年从事对外出版工作，也曾与阿拉伯世界的智库和出版机构有过愉快的合作。我认为，要推动中阿出版合作，需要在以下三个方面作出更大的努力。

第一，寻求共同关注点，不断夯实长期合作的基础。悠久的文化、共同的挑战、交流的愿望，这是我们合作的现实基础，但有这些元素不等于就一定能够合作成功。我们必须

共同努力，把握好共同设计和开发选题的环节。中国和阿拉伯各国并不处在完全相同的发展阶段，文化上也各有特色，出版体制也不完全一致。中阿两国的读者也存在不同的兴趣爱好。中阿读者对彼此的文化和经济社会现状有了解的愿望，但缺乏足够坚实的基础。因此，找好读者的兴趣点，选择最能满足现实需求的选题，是首先要把握好的问题。

我记得有阿拉伯国家的朋友提出，阿拉伯地区的学者对中国哲学和传统文化思想体系了解不够深入，需要阅读通俗地介绍中国文化思想的著作。也有的朋友提出，阿拉伯国家迫切希望深入了解中国几十年走过的改革开放道路，希望读到通俗但是系统地介绍中国改革开放过程的读物。同样，绝大多数阿拉伯国家经济社会稳定发展，有些国家发展迅猛，取得了世人瞩目的成果，有哪些可供中国借鉴的经验，是中国读者的兴趣点之一。

整个阿拉伯世界各国之间又有着各自的文化特色，文化的传承和社会的发展千差万别，这也是中国读者需要通过阅读来进一步了解的，以便加深同阿拉伯国家的交往。

近年来，中阿经济合作日趋紧密，形式日益多样化，中国将有更多的企业到阿拉伯国家投资，阿拉伯国家也将扩大对华经营。由于双方在文化、法律、税务、就业政策等方面有着很大的不同，为了促进务实合作，中阿经济界也需要深化对彼此的了解。

为了让我们的出版合作更好地服务于双方的读者，我们需要不断地切磋研讨，选择读者最需要、最关心的内容作为我们的优先选题。

我们在宁夏开会，宁夏现任自治区政府主席是一位女性。

不久前我遇到阿曼前教育副大臣，她本身是女性，专门撰写了妇女在阿拉伯世界从政的图书。这说明，我们如果往深度挖掘，会发现许多共同感兴趣的领域都可以成为选题。

第二，开动脑筋创新，不断开发具有时代特点的合作方式。中阿在合作出版上面临的不仅是读者市场不同、语言不同和出版形式的不同，在大数据时代和电子化阅读时代，我们还面临着读者兴趣更加多样化、长篇阅读和碎片化阅读同时存在的局面。青年读者更热衷于短平快的电子阅读，娱乐式阅读已经成为潮流。然而，还没有人能够确定，电子阅读一定会完全取代纸质图书。

读者习惯的变化对作者、翻译者和图书推广者都发挥着强大的影响力，影响着图书出版和发行的前景。图书市场的日趋商业化、电子化和网络化对图书的出版形式和发行方式也不断提出新的挑战。对于每一个出版者来说，我们都面临着前所未有的多重挑战，甚至是捉摸不定的未来发展趋势。

我们看到，本次论坛针对中阿出版合作面临的问题设置了多个分论坛，针对深化合作和创新出版，既有深入的理论探讨也有具体的应对措施。这令人欣慰。出版业正处在大变革之中，需要我们密切关注市场，关注各国出版业的不同和共同应对措施。我们希望，中阿出版界在这些方面的合作能够更加机制化、多样化，不断深化，为扎实合作不断增加动力。

第三，强化读者意识，不断提高实现全面合作出版的能力。出版是一个既有巨大挑战又让人具有成就感的事业，每一本图书都是一个独立的系统工程。国际合作出版是一项跨文化的交流，具有巨大的挑战性，因此更加需要我们在每一个环节上强化读者意识。

以翻译为例。图书的翻译需要译者对两种文字，特别是文字背后的文化知识、字里行间的文化基因具有准确的理解和传达能力。比如中文我们说"文化走出去"，这是典型的中国人对中国人的说法，如何准确翻译成外文就是一个挑战。我们看到，有些翻译掌握不好，导致字对字的生硬翻译，给人一种要把自己的文化强加于人的印象。

图书的翻译，通常是从外国文字翻译成本国的语言，但是对于新出现的词汇，译者有时并不掌握。比如，中国政府改革的一项措施"大部制建设"，是合并中央部委职能，减少重复管理，建设服务型政府。一位外国译者把它翻译为中国要设立规模更大的部委，而没有把压缩机构、减少职能重叠的真实意思表达出来。

加强中阿合作出版，需要双方的译者能够密切合作，发挥各自优势，尊重彼此文化，共同打造翻译精品。我希望出版家们为译者提供更加有利于合作的平台，比如在今后的出版论坛上增加讨论翻译的专题环节，让译者有更多的机会研究如何与作者一道实现有效的跨文化交流。一本书跨国出版，翻译环节是成功的关键，翻译人才队伍建设至关重要，应该建立中阿翻译人才库，为出版服务。

事实上，图书写成之后，翻译面临很多困惑。比如，"打造人类命运共同体"。有读者指出，英文里"命运"这个词的意思是天注定的，人类只能接受命运，不能打造命运。而中国对外谈"打造人类命运共同体"，意思是加强合作，共同发展，实现互利共赢。于是，我们把"打造人类命运共同体"翻译为"打造人类共享的未来"。但是，中文里又有这样的说法，即"回顾历史，我们双方历来就是一个命运共同体"。此处指的是历史，翻译成打造共享的未来就不合适了。那这里的"命运"应该翻译成什么呢？显然，同一个中文词语用在不同的地方，就需要翻译成不同的外文。可见，翻译也属于"治大国如烹小鲜"，需要技术娴熟，小心翼翼，不断切磋和提升。

借此，我也反映翻译界的一个愿望：希望出版家对翻译环节给予更高的重视和更深的理解，为他们完成跨文化的使命提供恰当的报酬，以示对他们辛勤劳动和再创作的承认和尊重。

其实，好的翻译作品不仅仅取决于译者，最关键的还是作者和编辑。如果作者或者编辑对对方的文化有比较深入的了解，就可以从选题开发、文字写作和编辑环节注意文化差异，通过技术手段弥补文化鸿沟。这就需要我们具有更加强烈的国际意识，掌握和使用好国际话语体系。要做到这一点，需要我们办好这个论坛，不断探讨，不断努力。

当中国日益靠近国际舞台中央，我们如何翻译

原文发表于《中国翻译》2015年第5期，略有删改。

中国的对外翻译历史悠久，仅就新中国成立65年来，介绍我国政治制度、经济发展、文学艺术、法律法规的图书就达两万多种，发行一亿多册。近年来，随着互联网和新媒体的发展，对外翻译内容和品种更是不计其数。当然，出于发展的需要，特别是改革开放以来，我们用了更大的力量把海量的外国科技资料、文学作品、经管著作和名人传记等翻译成中文，这方面的成就远远超过中国的对外翻译。

从2011年开始，中国的翻译市场发生了一个里程碑式的变化。中国的对外翻译工作量首次超过了外译中。这说明，中国已经从一个输入型翻译市场变成了输出型市场。随着中国经济的国际化和文化"走出去"，这种趋势会进一步发展。

尤其是，当我们还没有在心理上全面准备好的时候，中国已经成为世界第二大经济体。我们已经成为世界第一大贸易国、第一大游客来源国。2014年，我国的实际对外投资首次超过利用外资的规模。我国提出了"一带一路"发展构想，牵头成立亚洲基础设施投资银行，这标志着中国已经开始参

与制定国际规则。虽然，中国的经济由30年高速发展进入中高速发展的新常态，但是中国仍然在成长。这让世界各地的人们欢呼、惊叹、迷惑、紧张、嫉妒、害怕，甚至有人从心理上到战略上强烈抵制。

在这种背景下，中国比以往更加需要对外传播自己的声音，讲述自己的故事。由于世界各地受众群体懂中文的人太少，这个任务基本要靠中译外来实现。这就提出了一个问题：当中国成为一个真正意义上的世界大国，被历史性地推动，日益接近国际舞台中央的时候，我们的对外翻译如何适应这种形势变化？适应得好，中国的对外传播效果就好；反之，如果对外翻译缺乏创新精神，不能跟上形势，就会拖后腿。对此，我们先要了解当今对外翻译面临的形势特点。

第一，中国的国际受众发生重大变化。 在新中国的历史上，我们对外传播的受众主要是广大发展中国家，甚至是殖民地的革命者，他们希望从中国的革命和建设经验中汲取养分，建立自己的政权，发展自己的国家。在发达国家，我们的读者主要是思想进步派和研究中国问题的专家学者，而真正能够购买中国对外出版物的主要是学者。这些人把中国作为研究对象。作为专家学者，相比之下，他们对我们的历史有所了解，熟悉我们的话语体系，能够理解我们的翻译作品。

随着全球化和中国的迅速成长，我们的受众群体发生了重大变化。中国的经济对世界的影响如此之大，从北美大陆到太平洋小岛，从北欧到南部非洲，中国的经济和文化开始对人们的日常生活产生影响。这极大地拓展了中国的外宣对象，对我们绝对是好事。但是，这种变化也提出了一个新的挑战。这些人使用中国的产品，跟中国发生经济贸易往来，但是他们不了解中国的文化，更不熟悉中国的话语体系。他们毕竟是西方话语体系的受众，他们的信息来源仍然是西方主流媒体。当今西方媒体仍然强大，通过先进的技术和特定的表达方式牢固地守护着他们的阵地。西方主流社会的读者仍然是《一九八四》这本书给他们留下的文化意识。因此，外国受众对我们习惯使用的表达方式不易理解，难以接受。

第二，中国需要更加积极主动的传播，更加具有时代特色的翻译。世界期待听到中国的声音，渴望深入地了解中国的现在和未来走向。为了营造有利于我国发展的国际舆论环境，我们自己也需要更加积极主动地对外传播中国，特别是要主动设置世界性的话题，引导国际舆论朝着积极的方向发展。要努力让中国舆论先行，引导更多的国际受众关注我们想讨论的话题。这个任务对中译外提出了更新更高的要求。

第三，传播中华思想，展示中国文化元素。中华文化五千年延绵不断，是世界奇迹，也是中国的生命力的源泉。通过对外翻译展示中国传统文化，介绍中国今天的现状，是中国国际化发展的当务之急。这种需求一方面来自国外，因为中国的发展对世界产生不可回避的影响，无论出于搭车还是抵制的愿望，他们都要了解中国的治国理念和文化特色，以便掌握中国的发展趋势。另一方面，我们自己也有让别人正面了解真实中国的需要。外国人了解中国的工业产品和饮食文化，但是未必了解中国五千年的文化思想主线。中国的传统思想，比如和合理念、中国人的家庭观等这些支撑中国社会的基本的价值观念和价值追求都应该是中国故事的主要内容。中国人的吃苦耐劳精神和艰苦奋斗传统是中国快速发展的重要因素，也是许多发展中国家人民愿意深入了解的中国元素。

反映到对外翻译工作上，当前尤其需要翻译人员更加主动地站到对外传播中国的第一线，而不是完全被动地字对字、句对句地消极文字转换。一个令翻译人员困惑，但是暂时又无法改变的事实就是，送到翻译手里的材料在中文写作阶段往往缺少对外针对性，中国特色突出，国际交流意识不够。也许是一篇给国内读者阅读的范文，但却缺乏对外沟通性。照本宣科式的翻译，可以把汉字变成外文，但难以解答外国受众心中的疑问，反而有可能产生不解，甚至导致误会。

这种现象出现的根本原因，一方面是中国文化的独特性和深厚底蕴，另一方面如本文前面所述，更多的外国受众对中国文化了解实在有限。这既不是中文作者的缺点，也不是外国受众的无能，而是当前中西两种文化不同的现实所致。这种文化鸿沟当前在很大程度上只能依靠对外翻译来弥合。这就要求当今的对外翻译人员承担起更大的对外沟通责任。为此，需要在以下方面做出努力。

首先，在翻译过程中积极普及中国文化背景知识。翻开我们的文章，经常看到诸如"三中全会""新中国成立以来""新的历史时期""抗美援朝""抗日战争"这样的词汇，如果照字面翻译，除了少数外国学者，很少有人知道具体所指。我们习惯利用重大事件来代替具体的年份，我们自己心里明白，外国受众则不知所然。如果这些基本历史节点外国受众不懂，我们的传播效果就会大打折扣。所以，对外翻译的过程，首先是普及中国基本知识的过程，是填补外国人涉华知识空白的过程。为了解决这个问题，在《习近平谈治国理政》一书的翻译过程中，我们就把"新中国成立以来"翻译成"自1949年中华人民共和国成立以来"，给了受众一个清晰准确的历史节点。与此相关的还有一些中国特色词汇,比如"无党派人士",照字面直译外国人难以理解我们真正要表达的含义。在中国的政治词汇中,"无党派人士"不等于"群众",而是作为党的统一战线组成部分的一批特定的社会名人、杰出人士。直接翻译为 people without party affiliations(没有加入任何党派的人)不能准确说明这些人的身份、地位和社会影响力,也就不利于帮助外国人了解中共联系哪些人,为什么联系这些人。如果翻译成 prominent citizens without political party affiliations 就能更清楚地告诉外国人"无党派人士"在中国社会的身份地位。

其次,努力保持和发扬中国语言风格。帮助外国受众理解中国,绝不是放弃中国元素,而是要更加精心地选择和保持中国文化的背景和语言的特色。这就需要把反映中国领导人讲话风格、具有时代特点的表达方式翻译和传播好。

一些西方人总认为他们的制度优越,总是无视历史、文化和地域的差别,一味地推销他们的制度。习近平总书记用一句最形象的语言"鞋子合不合脚,自己穿了才知道",来说明一个国家的发展道路合不合适,只有这个国家的人民才最有发言权。这样的语言既轻松幽默,又没有论战的味道。想想看,哪个西方的意识形态大佬敢否认全世界的人脚各有大小,鞋各有不同。这种时候把中文的原话直接翻译成外文,保持了中文的风格,让人一目了然。

"打铁还需自身硬"这句话在翻译中,虽然不同译者有不同理解,但是这种来自生活中的语言最通俗,最形象。虽然今天国际炼钢业已经高度机械化,但是,采用这样一句来自中国百姓的语言,说明了中国领导人治国理政的经验来自于实践，是实干者。相比之下，"打铁还需自身硬"这句话本身就是一个生动的中国故事，就是对中国政治的生动诠释。

此外，我们在谈到改革时，说要拿出"明知山有虎，偏向虎山行"的勇气。如果照字面直译，外国受众会误以为，今天中国人还在射杀世界珍稀动物。我们讲土地流转中要防止"挂羊头卖狗肉"，不能把规划好的土地移作他用。如果照字面翻译，等于告诉外国人中国人偏爱吃狗肉，中国的羊肉铺子都是专营狗肉的。

同样，在今天，我们强调"走出去"，提倡转移产能。"走出去"不应该机械地翻译成占领国际市场，转移产能也不能翻译成转移国内过剩的产能。在翻译"走出去"过程中，我们应该强调加强国际化经营，扩大国际合作。在产能转移中，应该强调转让优势产能和管理技术。

这种新时代的翻译特点，再次提出了翻译工作一个回避不了的问题：我们到底是立足于忠实中文，还是照顾和迁就受众？

翻译永远像一个仆人，同时要服务好两个主人。翻译的这种使命，是两种文化不同造成的自然结果。翻译是再创作，不是原创，忠实于原意是天职。但是，我们需要明确，译者所忠实的是中国文化的本质精华，是中国和平发展的根本愿望，是中国实现和平共赢的真诚期待，是中国渴望外国受众准确地了解一个真实中国的基本诉求。翻译要完成的不是字面的转化，而是文章实质含义的传达。译者通过遣词造句是大有可为的。

今天，在对外介绍中国时，我们的受众人数越多，职业越宽广，其背景就越复杂。这就是中国在拿起话筒之后，面对的新的国际传播群体。翻译人员作为文化桥梁和使者,在这个特殊时代,只能更加积极主动地承担起融通中外的崇高职责,讲好中国故事,传播好中国声音。

变化中的政治话语对外传播与翻译

原文整理自 2016 年 9 月《译讲堂》"中国政治话语对外传播与翻译"系列讲座录音，略有删改。

谈到《习近平谈治国理政》这本书的翻译，我个人认为它为时政翻译确定了一些新的方向、新的技巧，是里程碑式的一项工作，时间、人力投入也非常大。今天我讲的例子有一部分来自这本书，也有一部分来自其他政府文件。

一、当前的政治话语有哪些变化

（一）受众变了

这是外文局、外文出版社等外宣单位的同事都能体会到的一个现象。我们做外宣和对外传播工作，受众群体是根据国际形势和中国国家地位的变化而不断变化的。过去的受众是专家、学者。20 世纪 80 年代、90 年代到美国驻华使馆，你如果说"我是外文局的"，他们会说我看过你们什么书、什么杂志，那些都是研究中国的专家、学者；同时在海外一些大学、图书馆、研究机构等地方，许多人也是我们的读者。这些人的特点是对中国政治、文化、历史比较了解，熟悉我们的话语体系，我们翻译的东西保证意思准确就行了。特别是在当时的情况下，大家也不敢越雷池一步，中文怎么写，我们就怎么翻，其结果就是中式英文比较多，一般外国人看不懂，但是那些专家懂就可以了。

现在时代变了，中国的经济、文化、旅游各个方面"走出去"，特别是中国企业"走出去"，2016年头七个月海外投资就已经超过一千多亿美元。我们的影响触及世界各地，这样就跟世界各地的百姓发生了联系。例如，一个小村子里突然来了中国游客，这村子里的百姓就开始对中国感兴趣了；有些人要来中国留学，就对中国感兴趣了；中国一个工厂的兴起，可能会导致国外某个家族产业的破产；也可能是中国人一个生活习惯的改变，让某个外国企业有了生机；等等。夸张一点儿说，世界上70亿人，除了13亿中国人，另外57亿人都可能是我们的潜在受众。我们不知道具体是谁，我们也不知道他们都在哪个国家，可我们知道这些人不再是专家、学者，他们对中国的文化、历史、政治并不了解。怎么给这些人翻译，就是现在变化的形势下要考虑的因素了。

（二）领导讲话内容变了

中国融入世界，G20杭州峰会就是最新、最典型的例子。领导人讲话要讲国际上关心的问题，就这些问题提出中国观点、中国方案。怎样翻译这些观点，是我们需要考虑和关心的。例如，"一带一路"倡议，如果将"倡议"译为strategy，就不能准确地表达其内涵，传播效果也会受到影响。在对外翻译实践中，我国官方从一开始就使用initiative（倡议），现在的主流媒体对"一带一路"的翻译也是initiative。

(三) 领导讲话风格变了

如果一直从事对外时政翻译工作，你就会发现中国领导人既有共产主义的理论高度，又有基层工作经历，他们带来了很多接地气的语言，也可以说是网络时代领导讲话接地气的体现。他们说的一些话，往前倒推 5 年、10 年，在文件里是看不到的。例如，"鞋子合不合脚，自己穿了才知道"，"喊破嗓子不如甩开膀子"。似乎是大白话，但非常形象生动地阐释了深刻的政治道理。习近平主席在比利时说："中国人喜欢茶，比利时人喜欢啤酒……"，以茶和啤酒的关系道出了两种文化的不同特色。习近平主席讲话引用的历史典故也超过历代领导人。

二、翻译工作如何适应上述变化，如何进步

(一) 强化受众意识，考虑国际读者的需求

1. 增加背景知识

我们辛苦地查阅资料，然后进行翻译，不是为了"交差"，而是要让外国受众理解，帮助他们更好地了解中国，让他们明白中国领导人讲话的含义。因此，我们要不断给外国受众增加背景知识。例如，我们说"中共十八大"，如果不说明在 2012 年召开，他们怎么会知道这是什么时候举办的什么会？"十一届三中全会""十七届六中全会"等历史节点，我们很清楚，而外国人则不知道。不了解时间背景，也就无法准确理解讲话内涵。

2. 采用国际化的表达

大家是否注意到，最近几年在一些国际会议上，习近平主席发言的第一句话是"各位同事"，无论是北京 APEC

峰会上，还是杭州 G20 峰会上，外交部的译法都是 Dear colleagues。这是标准的、国际化的英文表达方式，翻译把握得非常准确。在国际上，当大家同属一个国际组织时，人们都习惯这样说，而不是每次都说 Ladies and gentlemen。虽然用 Distinguished colleagues，Honorable colleagues 也可以接受，但在不同文化背景下，传递的意思可能会有所不同。例如，在英国议会辩论用 Honorable colleagues，可能意味着讲话者的观点与其他同事不同。因此，在有些场合，我们采用 Honorable colleagues 的译法，英国人有可能理解为讲话人要表示不同的意见，而不是表达相同的观点。

（二）讲究语言的精致，减少"翻译味"

有好几位领导和同事询问过外国人能否看懂《习近平谈治国理政》的英文版以及他们对该书翻译的意见。到目前为止，该书英文版所收到的反馈都非常好。我也曾问过一些外国新闻出版界的人士，他们说这本书完全可以看懂，翻译得很到位。这说明，我们在翻译上下了很大功夫，收到了积极的效果。

1. 减少重复

原文：改革开放是中国发展道路最鲜明的特点。中国的发展道路，就是中国特色社会主义道路。改革开放是中国特色社会主义道路最鲜明的特点。

参考译法：Reform and opening up is the most distinctive feature of China's development path. It is the path of socialism with Chinese characteristics. Reform and opening up is the most distinctive feature of the path of Chinese socialism.

解析：这是一个文献里的一段话，其中重复的词汇很明显。如果死板地翻译，就会反复出现"改革开放""道路"和"中国特色社会主义"，在英文语境下，连续多次出现如同绕口令，这是非常忌讳的。在这种情况下，减少重复，采用代词可以表达得更加清楚。译文就采用了使用代词避免重复的办法。具体说，第一次出现 China's development path，第二次就用 it 代指；"中国特色社会主义"在同一段前后出现时，第一次可以用 socialism with Chinese characteristics，然后就可以用 Chinese socialism 来表达。

2. 去掉多余副词

副词使用频率的不同是由两种文化的差异导致的。中文表达中常见的"认真学习""深刻体会""坚决落实""彻底检查""全面贯彻""成功实现"等话语，如果把前面的副词拿掉，就显得苍白无力；但在翻译成英文时，保留太多副词就会使句子显得冗余，让受众读起来感觉不舒服，也会让外国人认为我们总是重复表达，似乎是认为对方没听懂、理解能力差，这让对方感到屈辱。另外，有外国人跟我们说，你们用的副词太多已经不是英文了。这是中西文化的不同，也是因为英文许多动词本身已经包括了中文里副词的含义。例如：

> This morning I <u>strenuously</u> got out of bed, <u>speedily but carefully</u> brushed my well-developed and <u>beautifully</u> lined-up white teeth, <u>relentlessly</u> washed my face, <u>earnestly advanced the putting</u> on of my clothes, and <u>unswervingly adhered to promoting</u> the development of my breakfast-eating <u>work practice and construction</u> in an all-round way.

这是一个外国人和一个中国翻译合作写的例子。他们想借用这样一个例子说明，我们过多地使用副词之后，英语译文给外国受众的感受就这样令人困惑、读不下去。在译文中去掉那些副词以及多余的形容词，要表达的意思没有任何变化，但英文就通畅了。

3. 力求简练

译文简练与否也是两种文化的不同体现。中文表达中的很多习惯表述，如"促进……发展""增强……规范""推动……完善"，很通畅给力，但是如果直接翻译成英文则很容易出现中式英语的表达。

（1）环境污染问题严重。

译文：The problem of environmental pollution is very serious.

解析：这种译法看似没问题，语法也通，但若细究，用英文的思维去想一想，到底是"问题"严重，还是"污染"严重？所以，此处 the problem of 可以省去。

（2）促进产业结构优化升级

译文：the promotion of the upgrading and optimization of the industrial structure

改译：the upgrading and optimization of the industrial structure

解析：促进和优化升级的指向是一回事，所以，此处 the promotion of 完全可以省略。

以上观点是我翻译文献的一些体会，仅供参考。

关于实施党政重要文献外文同步发布的建议

原文为 2017 年 3 月政协提案。

2017 年 1 月 17 日,习近平主席在联合国日内瓦总部的讲话中说:"中国人始终认为,世界好,中国才能好;中国好,世界才更好。面向未来,很多人关心中国的政策走向,国际社会也有很多议论。"针对世界对我国发展的关注,我们需要更加积极主动地讲好中国故事,传播好中国声音。为此,建议公开发表的党和政府的重要文件、党和国家领导人的重要讲话都要逐步做到外文同步发布。

一、为什么要实现中国党政重要文献的外文同步发布

中国的发展令人瞩目,今天的世界越来越需要中国发挥领导作用。以党的十八届三中全会通过的《中共中央关于全面深化改革若干重大问题的决定》为例。中文版本发表后,世界各地各界人士不断有人寻找外文版。但是,我们自己没有同步发布,结果由牛津大学一位中国问题研究员翻译成英文版并公布。在我方正式译文出版前两个多月的时间里,全

球各界的参考文本就是这位研究员的译文。再以2016年3月全国人大通过的"十三五"规划为例：2016年5月，素有法国第三议会之称的法国经济社会和环境委员会的外事委员会主任问我们是否有"十三五"规划的法文版，并解释说他们正在讨论法国政府提出的新工业政策草案，需要参看中国的发展规划，以寻找合作机会，而"十三五"规划外文版我们在2016年底才翻译出版。再比如：2016年7月1日，习近平总书记在庆祝中国共产党成立95周年大会上的讲话发布后，中国人需要外文版对外介绍，外国人需要阅读外文版，但是谁也找不到全文翻译的外文版。

由此可见，世界需要及时听到中国的官方声音，了解中国的国策。面对国际对中国声音的需求，面对我们在世界的影响力，已经到了公开发表的党政重要文献实现外文版同步公布的时候了。这是中国的需要，是世界的需要，也是历史赋予我们的神圣职责。

二、谁来主导中国重要文献的翻译出版

按照国际翻译界公认的惯例，由于语言翻译的特点，职业翻译应该把外语翻译成母语，而把一国文字翻译成外文应该是外国人的工作。但是，世界上总有例外。中译外就是一个重要的例子：由于历史和现实的原因，没有数量足够的中文好的外国译者能帮助中国完成这个任务。完全交给外国人，不仅时间上没有保证，质量上更有问题。比如上面提到的深改决定中"积极稳妥实施大部门制"这句话，由于外国译者不了解中国国情，翻译成"要建设更大规模的部委"，而文件

里减少职能重叠、建设服务型政府的本意荡然无存了。

中国走的是一条历史上中西方都没有走过的道路。在对外翻译领域，同样要探索出一条符合中国国情，符合现实的道路。当前，重要文献的翻译只能以中国译者为主，并吸收外国语言专家参与。这也是我们道路自信、理论自信、制度自信和文化自信建设的一个方面。

三、 怎么做到中国重要文献外文同步发布

要做好党政重要文献外文版的同步发布，必须提前翻译。根据历史经验，等中文发布前一两天突击翻译难以保证质量，不利于中国国际话语权的建立。特别是中国的重要观点、中国因素、中国方案，要让翻译人员有足够的理解和切磋时间。

为此，建议设立一个重要文献外文同步发布的国家级长效机制，依靠国家的力量和资源实现同步发布的目标。可以考虑由中宣部（国务院新闻办公室）组织领导，从外交部、新华社、外文局、编译局等单位选拔高级翻译人员组成一个翻译人才库，形成一支高水平的"快速反应队伍"，提供必要条件，让他们尽早介入，快速应对，达到及时准确地对外说明中国的效果。

对外翻译、话语权与文化自信

原文发表于《中华思想文化术语学术论文集（第一辑）》（2018年1月），略有删改。

2014年起，我参加了"中华思想文化术语传播工程"的翻译工作。在与学科组共同推进项目的三年多时间里，我对此项目有了新的认识。在本文中，我主要分享三点体会。

一、为什么要对外翻译中华思想文化术语

有人得知我们在从事中华思想文化术语的翻译工作时，提出了这样几个问题：中国的翻译人员应该是把外文翻成中文，你们为什么倒着来？英语不是你们的母语，翻译的质量能好吗？效果能保证吗？即使翻译过去了，外国人会看吗？

对于中国译者承担典籍翻译的问题，相当一部分西方学者持否定态度。英国汉学家葛瑞汉（Angus c. Graham）说："……在翻译上我们几乎不能放手给中国人，因为按照一般规律，翻译都是从外语译成母语，而不是从母语译成外语的，这一规律很少例外。"美国当代著名汉学家、《中国文学选集》编译者宇文所安也表达了类似观点："中国正在花钱把中文

典籍翻译成英语。但这项工作绝不可能奏效。没有人会读这些英文译本。中国可以更明智地使用其资源。不管我的中文有多棒，我都绝不可能把英文作品翻译成满意的中文。译者始终都应该把外语翻译成自己的母语，绝不该把母语翻译成外语。"他们之所以言之凿凿，大多是因为秉持"翻译一般只能译入母语而不是译成外语"的信条，认为中国译者的翻译造成了难以忍受的"中国英语"，而西方译者则行文流畅、自然、可读性高。

这种观点听起来似乎有道理。如果接受这种观点，那么无疑"中华思想文化术语传播工程"就没有进行下去的意义。那么，我们为什么还要推进术语工程，为什么还要使用以中国译者为主体的翻译团队？我的回答是：从翻译史上看，译者们最关心的总是那些强势文化。回顾中国的翻译史，人们先是大量翻译英法俄文学作品，然后是翻译国外科技文化作品，到了20世纪八九十年代至最近几年，是把国外的经济管理经验翻译成中文。举个例子：为什么老挝文学或者柬埔寨文学的翻译没有成为中国译者关注的焦点呢？因为与西方文学相比，中国的译者们不太重视这些国家的文学成就。同样的道理，那些以西方文化为世界文化中心，特别是以英语为母语的外国译者，会花大量的时间和金钱做"中华思想文化术语"的中译英工作吗？答案显而易见。指望外国人大量翻译中国思想术语是不现实的。话语权是自己争取来的，不是别人送过来的。中国经济走不出去，我们的基本理念人家不知道，指望人家去宣传我们的思想成果是不可能的。我觉得我们今天之所以翻译，正是要借此把中华文化的话语权牢牢掌握在自己手里。

也有人提出建议，为了保证翻译质量，我们可以主动聘请一些外国人来做翻译工作，但现在的问题是很难找到既精通中国文化又以英文为母语的外国人。这里的"精通"是指译者必须能看懂中国古代典籍。像这样的汉学家，本来就屈指可数，要找到他们并说服他们加入"中华思想文化术语传播工程"，随时接受翻译任务就更难了。这样的问题，不只在术语工程推进中会遇到，其他与中国文化翻译有关的单位或项目，也面临同样的困境。

我也提过这样的假设：如果找到了足够多的汉学家，他们又愿意做中国文化的翻译，那么效果真的会比现在好吗？结论是未必。一是他们没有我们这么系统全面。外国学者研究一本书，研究一个领域，所做的就是把那一本书翻译成英文，专攻这一个领域，其他的就不一定做了。另外，汉学家也是术业有专攻，有的研究清史，有的研究中国当代文学，有的只研究某位作家，等等。所以也不是任何一位知名的汉学家就一定能准确地、大量地翻译中国文史哲的思想文化术语。

"中华思想文化术语传播工程"请了11位汉学家作为审稿专家，在与这些汉学家接触时，他们其实是赞成中国的译者来做中国文化翻译的。特别是中华思想文化术语传播这样的国家工程，并非某个出版社或者某个小团体自己做的项目，而是国务院批准的、教育部亲自抓的、由北外和外研社组织全国各地专家参加的国家工程。在这种情况下，我们也只有尽自己的能力去做翻译工作，毕竟这是世界的需要，也是我们的时代责任。

二、中华思想文化术语：谁来翻译，如何翻译

多年从事翻译工作，我的心得是一定不能闭门造车，一

定要尽可能地找外国专家，尽可能让他们帮忙润色，中外人员一起探讨，才能拿出好的译文。其实多年来，我们也一直是这么做的。比如，外文出版社20世纪出版的中国文学四大名著英译本，没有一本是中国人自己闭门造车翻译的，都是中外翻译家联手，共同切磋打磨出来的。现在也是如此，比如《习近平谈治国理政》目前有十多个语种的译本，而且还在继续向国外输出版权。不管是乌尔都文，还是意大利文等，在外国译者初译后，都由中国学者进行审定、校对加工。

再回到中华思想文化术语的翻译。我们从一开始就对流程进行了严格的设计，以保证中国译者和外国学者紧密合作：如果某个条目是外国学者翻译，就由中国翻译专家审定；或者中国译者翻译，外国汉学家润色。整个流程不是一两遍，而是三四遍，最后再集中定稿，出版前还会由出版社的外文编辑把关。加在一起至少有五道工序。即便如此，我们也要说：译文没有最好，只有更好。现在的翻译还有改进的余地。

在翻译中，我们特别注意参考国外的译文。林戊荪先生曾提醒我们，在翻译时要考虑到读者是谁：是老年人还是青年人？是给普通的外国读者看，还是给汉学家看？我们认为，中华思想文化术语的英文读者对象不是汉学家，因为汉学家会选择直接看中文；当然，也不是对中国文化完全不感兴趣的外国人。那么读者对象是哪些人？实际上就是想学习一点儿中国文化的外国人。他想弄懂中国人说的"礼"是什么，"天"是什么。这些一两句话说不清楚，看看我们的术语解释和例子，就清楚了。比如"礼"，我们在术语图书中解释为：

社会秩序的总称，用以规范个人与他人、与天地万物乃至与鬼神之间的关系。"礼"通过各种有关器物、仪式、制度的规定，明确了个人特定的身份以及相应的责任、权力，从而区别了个人在社会群体中长幼、亲疏、尊卑的差等。"礼"以这样的区别来实现对个体的安顿，并由此达成人与人、人与天地万物之间的和谐。

然后我们在翻译时考虑该用哪个词。有的时候用 rites 合适，有的时候则不然，因时而异。"礼"的释义只有一两百字，这是凝结了中国学者多年的研究成果，然后用简单易懂的语言写出来的。五千年来"礼"的含义变化，要用一两百字涵盖，其难度不难想象，所以写的都是最核心的含义。译者也要尽力为之，在翻译时用最能代表核心含义的对译词。

有些读者提出这样的观点：传达中国思想用中文拼音就行了，不必翻译成英文单词。这种观点是有问题的。比如，"I came to Zhongguo. I went to Changcheng, visited Yiheyuan, had kaoya and watched jingju."这样的句子写出来外国人看不懂。社会上谈到翻译，似乎有一种民粹倾向，认为要大量使用汉语拼音，但这样就很难和外国大众进行有效交流。我们的受众主要是外国青年人。术语的释义不是精确的字典的释义。当然，需要使用汉语拼音的地方也要大胆采用拼音。我们呈现的"礼"的译文有 rites, social norm，也有汉语拼音 li 等多种选项。前两个英文词虽然能够指"人与人"之间的关系，却无法涵盖中文里关于"人与天地万物"之间的关系，那就需要借用汉语拼音。

实际上，中文的英译难度不只是因为五千年的悠久历史沉淀，还有社会制度的不同、文化传统的差异等多种因素。在当前话语里，"党内政治生活"怎么翻译？以前是 intraparty political life，通过 Google 查证，这在英文里是指政治竞选中，一个人能不能竞选上。而中文所说的意思绝不是指竞选，而是指党员要服从党的纪律，个人服从中央，同志之间不能搞小圈圈等。所以不同场合要有不同表达，这样做自然难度很大，要靠集体智慧，不断提高。

三、怎么传播中华思想文化术语

承担"中华思想文化术语传播工程"的外研社已经做了很多传播方面的工作：一是出版图书；二是利用各大国际书展进行宣传；三是大力推进版权转让工作。他们还利用多媒体时代的电子媒体传播方式加大宣传力度。我在这里要表达的不是具体的传播途径，而是建议我们要抱着良好的传播心态，不要急于求成。

大家都在做中国文化"走出去"相关的传播工作，在这方面容易产生急躁情绪。因为大家看到经济很快就能"走出去"，并且效果显著，但文化传播却走得比较艰难：海外投资 2016 年达到 1,760 亿美元，而文化为何没能大规模"走出去"？

道理其实很简单：文化传播向来是细水长流，润物细无声的。想一蹴而就，让西方人一下子接受我们五千年的传统文化，这不现实。我们传播中国文化不仅是为了交流，而且也是为了向世界传播优秀的文化，从而增强中国文化的吸引力、亲和力，这是需要时间的。

译好鸿篇巨著，讲好中国故事
——通过翻译《习近平谈治国理政》英文版体会中国国际话语体系建构

原文发表于 2018 年第 14 期《中国政协》杂志，略有删改。

2014 年 10 月《习近平谈治国理政》在我国出版了中、英、法、西、俄、阿、葡、德、日文等 10 种后，先后有 10 余家外国出版社把这本书翻译成 10 余种其他语言在本国出版。从 2017 年 11 月第二卷中英文版出版至今，有 16 个国家的出版社签约非通用语言出版。国外出版界的热情充分体现了海外读者的需求。

我有幸参加了《习近平谈治国理政》第一卷和第二卷的英文版翻译工作。翻译的过程首先是学习的过程，译者只有真正理解了原文的意思，才能保证译文忠实于原意。同时，这个过程也让我深刻体会到习近平总书记身体力行，为构建融通中外的话语体系树立了榜样。

一、为什么会出现热潮

2014 年 10 月，《习近平谈治国理政》多语种图书首发式在世界最大的图书盛会——法兰克福国际书展举行。德国前总理施罗德等政经、文化、外交人士出席并讲话。后来，在布拉格，捷克总统泽曼出席捷克文版版权转让签字仪式；在加德满都，尼泊尔总统班达里出席首发式；在伊斯兰堡，时任巴基斯坦总理谢里夫出席首发式并讲话；在曼谷，泰国立法议会主席蓬贝亲临首发式；在金边，柬埔寨首相洪森在首发式上要求政府各部部长"都要读一读这本书"。

在世界各地举办的书评会上，当地政府高官、政党领袖、学界专家纷纷出席讲话，谈阅读该书的体会。特别是在南非，第一卷发行后在当地举办了书评会；第二卷出版后不到一个月，又举办了两场高规格大型书评会。若不是亲临现场，根本无法预料到当地各界读者对这本书阅读如此积极，探讨如此热烈。

为什么世界众多国家会出现阅读《习近平谈治国理政》的热潮？我认为，这缘于世界各国一种实实在在的现实需求。

中国为什么能保持长期高效的发展，为什么能创造出一个又一个的经济社会发展奇迹？这个问题深深吸引着各国受众，特别是发展中国家的读者。中国道路、理论、制度、文化越来越受到各国高度重视，广大发展中国家迫切需要从中国的治国理政理念和实践中获取有利于它们发展壮大的信息。在发达国家，中国的发展同样是人们的关注焦点。这就是为什么我们在社交媒体Facebook创始人扎克伯格桌子上看到《习近平谈治国理政》，这也是为什么众多的西方专家学者都阅读这本书的原因。在中国比以往任何时候都更接近世界舞台中央的今天，中国已经成为大家研究、学习的对象。

二、外国读者反馈如何

习近平总书记在 2013 年就提出"要加强话语体系建设，着力打造融通中外的新概念新范畴新表述，增强在国际上的话语权"，这一重要思想始终贯穿在《习近平谈治国理政》的编辑和翻译过程之中。凡是认真阅读过此书的外国读者，都感受到一种强烈的吸引力和新鲜感。可以说，这套书就是讲好中国故事、构建中国国际话语体系最具代表性的精品力作。

我曾经多次在国外参加《习近平谈治国理政》的首发式和书评会，耳闻目睹国外读者的反应，令我十分感动。

2015 年 9 月，在南非举办了《习近平谈治国理政》的书评会。当地一位学者手举这本书的英文版，面对台上台下众多的政要、学者、媒体人士和各国外交官，阅读一段，提一个问题。她读到领导干部要深入基层调研，就问道"在南非，我们的官员能做到吗？"在读到反腐问题时，再发问"在南非，我们的执政党和各级政府能够做到吗？"……她一口气连续提出了六个问题。要评价一本书，评论者必须首先看懂读透、接受其观点，才能发出如此振聋发聩的声音来。

还是在南非，《习近平谈治国理政》第二卷书评会的发言者之一是南非前国务部长。那天他重点谈了为什么南非人要阅读习近平的著作。他说，两百年前，马克思谈的是工人农民创造了剩余劳动价值，而如今，是科技人员而不是工人农民成为剩余价值的创造者；很高兴看到习近平主席讲到了要推进马克思主义中国化时代化大众化；要跟上时代发展，应对当今的各种挑战，就需要习近平讲到的这种精神，这就是为什么不仅中国人、南非人，世界各国人民都需要读一读

《习近平谈治国理政》的原因所在。

有国外学者在书评会上发言说，习近平主席总结了中国之所以能有今天的成功就是坚持了中国特色社会主义道路，而广大发展中国家的问题，就是没有找到一条具有自己国家特色的发展道路。

国外许多高校的教授都把《习近平谈治国理政》作为国际关系研究的必读教材。一位美国纽约的教授说，习近平提出的"一带一路"倡议就是新一轮的全球化，没有人敢忽视中国的国际走向。

当然，作为译者，我最关注的还是我们的译本外国人是否能读懂，我们的译文是否有过多的翻译痕迹。尤其是，对于非通用语种的外国译者来说，通过我们的英文版把书翻译成他们国家的语言，作为母版的英文版质量对于非通用语文版的质量有着很大的影响。

一有机会，我就向外国读者征求他们对译文的意见。令人欣慰的是，到目前为止，无论欧美读者还是亚非读者，都对我们的英文译文充分肯定。有的学者说，没有遇到任何文字上造成的理解障碍，跟阅读用英文撰写的著作没有不同的感觉。

三、我们是如何翻译的

翻译质量决定阅读效果，也间接影响中国话语体系的构建。这就涉及我们的翻译团队是如何完成这项光荣使命的。

首先需要明确，今天翻译领导人著作和过去有什么不同。我认为，最大的不同是受众群体发生了变化。

进入 21 世纪后，特别是过去几年，中国的海外受众群体大幅拓展。受众多是好事，但是也带来新的挑战，即广大读者散落在各个行业领域，他们大多不是中国问题专家，对中国的了解可能比较肤浅，甚至是一张白纸。如何把习近平主席内容深刻的讲话准确通顺地翻译成英文，就成为今天译者面对的巨大挑战。

为此，中国外文局组建了专门的翻译班子，集中长期从事党政文献翻译的专业人员，吸收对中国政策比较了解的英国语言专家参与，通过增加翻译工序、疑难问题集体讨论、集体定稿等多种办法有效地保证了译文的质量水准。

翻译班子针对不同问题，采取了多种翻译方法：

第一，把握好对中文含义的理解。《习近平谈治国理政》第二卷中有一篇文章的标题是《继续推进马克思主义中国化时代化大众化》。翻译这句话有两个难点：第一个是标题中的"三化"如何处理；第二个是标题要作为图书的眉题，而眉题只能一行字，不宜过长，否则版面就排不下，所以语言必须特别精练。

在确定这个标题的英文时，为了压缩字数，曾经考虑过 Popularize Modern Chinese Marxism 的译法。用 Popularize 体现大众化，用 Modern 体现时代化，用 Chinese Marxism 体现中国化。讨论时大家担心，如果这样翻译，外国读者很有可能把 Chinese Marxism 理解为一种独立的"中国式的马克思主义"，而不是马克思主义普遍真理与中国实际结合的产物，也就意味着世界上可以有各种各样的马克思主义，而没有一个统一的理解。这样从理论上就无法解释得通，同时也就无法忠实地表达中文原意。更为重要的是，原译文让不了解中国政策的外国读者看后，可能会产生一种中国输出意识形态的感觉，似乎我们要把"中国式的马克思主义"在全球推广。讨论过程中，大家提出了许多不同译法，包括学术味道浓厚的 Sinicized Marxism。为了做到忠实原文，又不引起误解，而且字数又不要太多，最后确定的标题是 Develop and Popularize Marxism in the Modern Chinese Context。

第二，增补中国历史文化知识。比如，长期以来，"县处级"都被翻译成 county and division level。看上去中英文完全对应，但问题是多数国家的"处"不叫 division。更多情况下，他们叫 office，还可以是 section, desk, department，等等。我们的传统译法未必能让他们清楚地了解我们的机构性质和级别。这次译文改为 county and equivalent administrative level，这样便于他们体会到我们的"处"是一种什么级别。又如，我们国家领导人给各省区市和部委布置任务常用的一句话是"各地区各部门"，过去字对字翻译成 different localities and departments。仔细分析，localities 是一种地理概念，一个地理单位如何去落实各项任务呢？这里的"各地区各部门"实际上是指各省区市党委、政府领导机构和中央各部委。这次，我们翻译成 provincial authorities and central departments，这样更能准确地传达中文的实际含义。当然，为了让外国人理解原文的要义，不是只有增加解释性翻译这一种方式，有时减少几个字反而更有利于读者的理解。比如，第二卷中有一篇讲话的题目是《做焦裕禄式的县委书记》。如果直译，焦裕禄就成了一个汉语拼音人名，放在标题里，外国读者会不得要领，从而削弱他们的阅读流畅感。我们在翻译时，把"焦裕禄"这个名字省去，译为 Be a Good County Party Secretary,

因为在正文中习近平总书记有一段话专门介绍了焦裕禄作为兰考县委书记的事迹，当读者读到这里时自然会理解焦裕禄其人，让焦裕禄的名字这时候再出现在外国读者眼前，并不为迟。

第三，采用国际通行的表达方式。2012年中共十八大召开以后，一个出现频率颇高的表述是"在新的历史条件下"，大多情况下英文翻译为 under the new historic circumstances 或 under the new circumstances, 亦有 under new historic conditions 的译法。随之，不断有外国读者对这个英文表述有所议论。按照西方话语体系的语言习惯和受众思维习惯，他们认为英文 under the new historic circumstances 的表述让他们感到困惑。他们认为，出现什么具体新条件应该清楚地说出来，不说清楚似乎是刻意隐藏什么。因此，有外国人把这句话翻译为"在习近平的领导下"，甚至把这句话的英文改为 under my leadership，这显然是误解和误译，尤其是后一种情况，完全不符合中国的话语表述习惯。

如何让译文既忠实中文的核心意思，又符合外国人的阅读习惯，不产生误解，更不误读为中文似乎刻意回避什么，这是中译英不可回避的问题。我们提出把"在新的历史条件下"翻译为 in the new era，或 under the current era。征求外国受众的意见，他们认为这种表述要清晰得多，也不会产生误解。

我们集中翻译《习近平谈治国理政》第二卷时，中外专家就这个问题再次讨论，一致认可这种译法。第二卷翻译还没有结束，党的十九大召开，习近平总书记在大会上作了题为《决胜全面建成小康社会 夺取新时代中国特色社会主义伟大胜利》的报告，第一次使用了"新时代"的表述，从而取代了使用了五年之久的"在新的历史条件下"。英文自然也顺利过渡为 the new era。

因为中外话语体系和政治制度不同，也有一些提法很难在英文中找到对应的表述。比如"加强高校的思想政治工作"，我们加大英文相关资料的查阅，力求找到最能让外国人理解的表述方式。还有一些表述直译外国人无法理解，我们就在英文中加入历史背景解释，如"历史周期率"等。

第四，典故翻译要结合上下文灵活处理。《习近平谈治国理政》中引用了许多中国经典语录，充分体现了中国的文化自信。但是翻译好这些典故绝非易事。典故的引用不仅是文化自信的体现，还因其颇为生动，含义深刻，让人过目不忘。我们采用了保留古文特色、变通成当代文字、寻找对方文化里类似表述等多种方式，力求让外国受众体会到中国文化的博大精深和一脉相承。

习近平总书记讲话中有许多通俗生动的百姓语言，我们翻译时力求原汁原味，保留其生动活泼的风格。比如，习近平总书记说"鞋子合不合脚，自己穿了才知道""干工作不能像脚踩西瓜皮，滑到哪儿算哪儿"等，当英文里有类似的说法时，就直接采用传统的英文表达，保留这些语言的原味，外国读者一看就懂。但是大多数典故没有类似的英文表述，甚至有的典故经过长期的演变，已经被赋予了新的含义。这种情况下，需要看上下文，然后做出连贯的翻译表述。有的引文放在不同语境里，表达不同的内容，比如"各美其美，美人之美，美美与共，天下大同"。过去翻译这句话时，涉及的基本都是文化领域，所以英文的核心意思是欣赏自己国家的文化，也尊重他国文化。然而，2014年6月28日习近平在和平共处五项原则发表 60 周年纪念大会上的讲话中引用这句话时，内涵所指是各国之间要互相尊重各自利益，原来常用的 appreciate each other's cultures 就需要改为 respect each other's interests。

四、翻译过程中的体会

作为一名翻译工作者，我的体会是，参加《习近平谈治国理政》的翻译工作不仅是完成一项光荣的政治任务，更是一次难得的学习机会。作为一种职业，翻译的乐趣就是不断学习新知识，探索新领域。因此，参加这套书的翻译工作最大的收获首先是学习。《习近平谈治国理政》体现了中国的治国理念和对外方针政策，涉及内政外交各个领域，是对外介绍中国的百科全书。其次，要完成这部鸿篇巨著的高质量翻译，翻译人员必须具备三个意识：语言意识（对中英文语言的把握能力）、政治意识（政治政策水平）和受众意识（国际视野，特别是了解受众的思维习惯）。

具体而言，第一，翻译者要具备高水准的中译英能力。这样才能抓住中文字面背后的深层含义，抓住实质，再找到精准恰当的英文。第二，翻译者需要对党和国家各项方针政策有深刻的理解。要关心政治，关心时事，勤于学习，善于思考，才能摆脱字对字的粗浅翻译。第三，译文是给外国受众看的。他们思维习惯特点是什么，对中国的认识如何，对中国时政的态度如何？不了解这些，翻译就是无的放矢，很可能导致国外受众看不懂译文，甚至产生错误的理解。这种后果是十分可怕的，也根本无法达到通过翻译进行传播的目的。因此，翻译人员在翻译的整个过程中，必须保持明确清晰的受众意识。

从整个翻译过程看，《习近平谈治国理政》第一卷和第二卷里每一篇文章、每一个标题、每一句话、每一个注释的翻译都是集体仔细推敲的结果，都是中外智慧碰撞的结晶。我们一直在收集国外受众对译文质量的反馈。到目前为止，反应良好。我认为，一个重要原因，就是上面提到的三个意识发挥了作用。

在我们看到世界需要阅读中国的同时，也应当认识到我们的翻译力量还存在不足。外国会中文又能翻译时政类文献的人数有限，当前的人工智能翻译技术远远不能胜任中国时政文献的翻译，而高层次中译外翻译更是稀缺人才。中译外翻译队伍的建设十分急迫，需要各方高度重视。

当然，翻译既是职业也是艺术；译文只有更好，没有最好。我们有理由相信，随着学习的深入，随着不断收集来的海外读者反馈，下一卷的译文质量将会更高。作为译者，我们希望和大家一起努力，讲好中国故事，传播好中国声音，搭建增进中外交流的桥梁，编织世界各国人民友谊的纽带。

新时代背景下如何做好中译英

本文根据 2019 年 1 月 24 日讲座录音整理。

随着中国的国际地位日益提升，中国的发展对世界的影响与日俱增，世界上越来越多的人需要了解中国，也愿意了解中国。这种需求意味着翻译进入了全新的时代。当今时代，翻译不仅仅是两种语言文字的转换，更是对外介绍中国情况、扩大中国话语影响力、让中国"走出去"、参与全球治理的重要手段。因此，中国未来的发展需要更多具有广阔国际视野的外语人才。

一、培养国际传播能力，加强跨文化意识

作为一个新兴大国，中国正在国际传播中发挥日益重要的作用。在新时代的对外翻译中，为了让国外的人们更好地理解中国，消除对中国的误解，我们加强跨文化传播意识尤其重要。培养国际文化传播能力，应充分考虑目标受众的接受心理和思维习惯，我们的表达能否使外国人准确理解而不产生任何歧义，这是翻译时应该重点把握的原则。

做好文化传播，让外国受众更好地理解中国，是翻译肩负的重要责任。例如"人类命运共同体"的翻译，从字面上说，我们最先想到的是 community of common destiny，但是西方人对 destiny 的理解和中国人不同，他们认为 destiny 是由上帝决定的，而不是由人类打造的。因此，这样的译法会给外国人造成困惑，没有办法达到传播文化的目的。我们中国人常说的"把命运掌握在自己手里"，这里的命运实际上是指未来，所以翻译为 community of a shared future 效果更好。

口译中同样也需要有跨文化传播的意识。很多时候，中国领导人在国外发表的讲话稿都是事先在国内起草好的。比如，2009 年 4 月 2 日第二届 G20 峰会，给中国领导人准备的讲话稿开头是："很高兴在春暖花开的时节来到伦敦。"如果起草者没有不同国家、不同城市气候差别很大的意识，翻译必须具备这样的基本跨文化知识。其实 4 月初，伦敦气候并不温暖。好在担任口译的人员具备强烈的跨文化意识，翻译的英文意思为："当春天即将来临的时候，我们聚集在伦敦。"再比如 2013 年 3 月 23 日，习近平主席访问俄罗斯时说道："早春三月，意味着一个新的俄罗斯季节到来，意味着新的播种季节到来……"显然发言稿是在国内准备好的，但莫斯科此时还是寒冬，并没有进入早春季节。如果遇到这种情况，翻译应该加上几个字，处理为："在中国已经是早春三月"。中文讲话稿里这句话不是简单地在谈天气，而是含有特定的寓意，即"我们通过这次访问播下中俄友谊的种子，将来会开花结果"。所以"早春三月"不能随便省略，需要补充说明，起到圆场的作用。

二、提高基本语言能力，准确理解中文含义

语言能力是翻译的基本功。基本功是否扎实，能否准确理解中文原文并翻译成有同等效果或者效果接近的英文，直接关系着译文的质量。因此，翻译要有语言意识，要抓住两头：中文一定要吃透，要忠实于作者的核心思想，不是字面的，而是他真正想要表达的实质；与此同时，英文还得地道，英文水平不够，也不能传达作者的原意。进入新时代，向世界介绍中国的情况，也就是在构建中国的国际话语体系，语言能力就更加重要。

三、加强知识储备，扩大知识面

做好翻译，不仅要内知国情，还要外晓世界，需要我们博闻广识、双语功底深厚，这对我们的个人素养提出了更高的要求。为了说明这个问题的重要性，我举一些具体的例子。

中国的国家主席翻译为 president，为什么不像毛主席时代，翻译成 chairman 呢？1982 年宪法里规定设国家主席、副主席。在英文里，使用 chairman，就必须要有国务委员会，没有委员会就不能翻译成 chairman，这是一个基本的语言逻辑问题。1982 年的宪法英文版第一次把国家主席翻译成 president，并使用到今天。在这里不能把英文 president 简单狭隘地理解为中文的"总统"。与 president 对应的中文表述很多，如学校校长、出版社社长、公司总裁、学会的会长、机构的主席等。

与职务有关的还有另外一个典型的例子。我们在中国的

媒体上经常看到美国前国务卿希拉里·克林顿的名字，而大多数媒体都称其为希拉里国务卿。这种称谓无论从英语国家人名的中译规则，还是从英语里对官方人物的称谓角度看，都是错误的。英文姓名加上官衔时，可以姓氏和名字并用，或者只用姓氏，而不能用名字加官衔。因此，我们称呼美国总统使用的是其姓氏奥巴马，即奥巴马总统，或者贝拉克·奥巴马总统，绝对不能说成贝拉克总统。美国最高外交官只能是克林顿国务卿，或者是希拉里·克林顿国务卿，而不能是希拉里国务卿。有一种独特的情况，即皇室成员可以不用冠姓，比如，伊丽莎白女王的英文是 Queen Elizabeth，凯特王妃英文是 Princess Kate，而威廉王子的英文是 Prince William。由于长期不使用皇室成员的姓，而只称呼其贵族头衔加名字，人们几乎不知道英国皇室真正的姓氏是什么了。

四、灵活转换思维，贴近英语语言习惯

"走出去"需要我们遵守世界的规则，了解世界各地的文化和生活习惯。最应该注意的是外国文化和外国人的心理思维模式，善于发现和分析中外文化的细微差异和特点，时刻不忘按照国外受众的思维习惯去把握翻译。

比如我们在地铁上常听到："前方到站 XX 车站，列车将开启左侧车门。"在广播中我们听到的英文播音是："The door on the left hand side will be used."。这样看起来与中文很贴近，其实不符合英国人的语言习惯。使用祈使句更加简洁明了，可直接译为："Please use the left door." 或者 "Please exit from the door on the left."。

再比如，美国习惯用星期几来表示日期：美国大选是11月第一个星期一的次日，美国劳动节是9月的第一个星期一，等等，所以跟美国人确定见面日期时，不但要说几月几号，更要具体到星期几。

我们常说的"改革进入深水区"，曾经直接译为 entering the deep water zone，但是在外国人眼里，entering the deep water zone 意味着这场改革"死亡"了。实际上"进入深水区"是指改革从开始的"摸着石头过河"进入更加复杂的阶段，其实就是说改革难度加大了，可直译为 entering the most difficult stage，即"进入最困难的阶段"就可以了。英国人与我们对英文 deep water 的理解很不一样，在翻译成英文时，不能以我们中国人对英文词汇的理解来确定译文，而是要尊重英语为母语的外国人的理解。

有时候我们觉得自己翻译清楚了，实际上外国人并不这样理解，他们有自己的思维习惯和文化背景。在进行语言服务的时候，我们也在进行一种跨文化的交流，有很多隐藏在字面后面的因素需要我们去转换。没有深厚的两种文化的造诣，光靠懂点儿外语是不行的。因此，翻译时一定要灵活转换思维，才能准确传达意义。

五、加强中华传统文化素养，深刻掌握中国文化内涵

中国文化对外传播中存在难题的根源在于：几乎每一条中华传统文化术语背后都是几千年的文化积淀。五千多年的传统思想要用简单的外文表达出去，首先要自己理解中华传统文化思想。过去我们仅仅盯着如何更好地译成外文，不重

视对自身文化的理解，文史哲基础不够，就需要补课。

中国上下五千年历史，我们现在所掌握的还远远不够。中国很多成语故事我们是否都清楚，如何翻译才能让外国人正确理解？比如"悬梁刺股"这个成语，外国人不知道发生在很久以前，甚至以为故事就发生在现在。如果翻译不到位，外国受众很可能会觉得中国人怎么那么粗鲁，对自己那么残忍。我们要完整地翻译出它背后的故事。这里给大家提供一个可参考的版本："Sun Jing of the Han Dynasty (202 BC–220 AD) loved reading. He tied his hair to a roof beam to prevent himself from falling asleep when reading."这个译文中用两句话解释清楚了整个故事，给出了故事的人物、故事发生的朝代以及这个朝代在历史上的时间。可想而知，忽视深厚的文化积淀，中国的典故是很难翻译好的。

六、合理运用各种翻译技巧，注重传播效果

在翻译的时候，需要灵活运用各种翻译技巧。最好的外宣翻译不是逐字逐句机械地把中文转换为外文，而是根据国外受众的思维习惯，对中文原文进行适当的加工。翻译的主观愿望是帮助外国人更加准确地理解中国，为了达到更好的传播效果，要运用各种翻译技巧和方法。

"同志们"这个称呼在不同的语境下，所指向的角色不完全一样，翻译的时候应该根据具体的语境来选择恰如其分的表述。如果是指干部，中文的"同志"可以翻译成 officials；指工人时，就可以翻译成 workers；指党员时，可以翻译成 Party members；指父老乡亲们时，可以翻译成 fellow countrymen 或

者 fellow Chinese；等等。总之具体情况具体分析。

新时代给翻译带来全新的变化，这对翻译来说，既是挑战也是机遇。随着"一带一路"建设的推进，中译外升温的势头仍会继续。"一带一路"建设走多远，语言服务的任务就有多重。翻译界的语言服务能力有多强，"一带一路"就能走多远。因此，翻译任重而道远。作为翻译者，一定要多下功夫。翻译没有捷径可走，必须不断增加中外政治、经济、文化背景知识积累，进行大量的口笔译实践，夯实基础。同时必须要明确自己肩负着传播中华文化、为当代中国构建自己的国际话语体系的使命，努力做好中国文化的传播使者。

"家是最小国，国是千万家"
——谈谈国家翻译实践

本文发表于《翻译界》第七辑，2019年6月。

中国是一个翻译大国，2017年的语言服务产值已经占到世界总数的12%。研究国家各部门出面组织的翻译，尤其是为了对外介绍中国政治、经济、文化、外交而组织的翻译行为，从而改进和强化对外传播，是一个很有意义的题目。

放眼世界，中国是当代世界第一个建立国家翻译机制的国家吗？中国是唯一一个动用国家资源从事对外翻译的国家吗？中国是在对外翻译上投入最多、力量最强的国家吗？这些是有待探讨的问题。

就当代而言，在国家翻译方面成绩最大的应该非美国莫属。美国于1953年成立了美国新闻署，任务就是"向世界讲述美国的故事"（tell America's story to the world）。署长每天与总统见面，参加早上与情报和外交领域负责人的通报会议。仅此一点，就让这个机构具有巨大的活力和能量。的确，在整个冷战期间，这个机构对传播美国文化、增加美国文化的吸引力、构建美国的国际话语体系、形成美国文化国际网络功不可没。冷战结束后，美国对其外宣布局做了调整，将这个独立机构划入国务院,由一位主管公共事务的副国务卿专门负责。美国新闻署的一项重要职能就是组织对外翻译和出版。当然,美国国会对美国的国家翻译在导向和资金上的支持发挥了关键的作用。

根据计划从事国家翻译以传播本国故事,这方面做得比较成功的不仅是美国。英国通过英国文化协会(BC)以及英国广播公司(BBC)等机构在对外翻译和出版上成绩斐然。新加坡、丹麦、南非、法国、德国、葡萄牙、马来西亚等国的对外翻译作品也各具特色。

中国对外翻译界许多从业人员对国际上一些国家在对外翻译上的投入非常羡慕。作为一个正在成长的大国,一个面临构建对外话语体系艰巨任务的国家,我们应该虚心学习美国等国家的成功经验,认真吸取它们的教训,开拓创新,提高我们通过国家翻译构建中国话语体系的能力。"他山之石,可以攻玉",更何况他山之玉呢!现在的情况是,我们对其他国家的国家翻译实践以及对外话语体系构建研究得还远远不够,其经验教训知道的还太少。

通过国家翻译实现对外话语体系的构建将是一个复杂耗时的过程,需要深入的研究、正确的判断、精心的组织和高效的实施。

回顾近70年的中国国家翻译,我们有很多值得自豪的成就:没有国家翻译,就不会有新中国成立后的第一部《婚姻法》英文版的对外出版;没有国家翻译,外国人就不可能了解以《宪法》为代表的中国法律体系;没有国家翻译,就不可能有"四大名著"外文版的面世;没有国家翻译,在海外,在发展中国家,就不可能有中国影视作品的播放导致万人空巷的场面；没有国家翻译，就不可能有外国领导人、专家学者阅读《习近平谈治国理政》外文版的情况；没有国家翻译，就不可能有英、法、俄、西、阿、德、日、韩文版共近300种"大中华文库"图书的出版。

展望国家翻译在构建中国对外话语体系方面面临的挑战，我们必须正视以下几个问题。

第一，由于历史和文化的原因，中文不可能很快成为世界通用语言，这样对外翻译就是一项长期的任务。如何通过翻译传达字面背后的深刻含义，对翻译研究和实践是一个永恒的话题。

第二，世界翻译，尤其文学翻译，历来是处于弱势文化的国家更加主动地翻译强势文化的作品。在中国文化没有成为世界最强势文化之前，外国人不会非常主动地把大量中国作品翻译成他们的语言，中国的对外翻译只能继续以我为主。

第三，文化是软实力，任何一种软实力的构建都需要强大的经济实力作后盾。一方面，我们还没有那么强大。中国人均国民收入在世界上仅排在80多位，远远低于发达国家的人均经济实力。另一方面，中国的大量受众生活在发展中国家，文化购买力还不如中国。因此，完全依靠市场来实现文化对外翻译不现实。国家主导的作用无可替代。

第四，现在是强化国家翻译机制，传播中国故事的最好时机。中国的国际吸引力日益增强，给我们带来巨大的潜在受众群体。巨大的海外需求，不断增长的国家实力，党和国家领导机构的高度重视，让国家翻译实践具备更为有利的内外条件。

对这个课题的研究有助于加深对外国国家翻译机制的了解，更好地改进我国的国家翻译机制，推动建立更加高效的翻译机制，为国家对外话语体系建设打下更为坚实的基础。

翻译主题图书，助力对外传播

原文发表于《中国翻译》2019 年第 5 期，略有删改。

中华人民共和国成立以来，翻译人员一直就是国家对外传播的生力军，为主题图书的出版发挥了不可或缺的作用。今天，当我们在国外书店看到中国领导人著作外文版，听到国外政要、专家学者、富商巨贾时不时引用来自中国的观点时，我们首先应该向通过翻译传播中国声音的工作者们致以崇高的敬意。中国外文局的翻译们当然是这支翻译队伍的主力，许多主题图书的译者还来自外交部、新华社、中央编译局、中国国际广播电台、中国日报、高等院校、众多翻译公司等企事业单位。需要特别指出的是，他们的译作主要在国外读者中流通，因而在国内他们自然成为无名英雄。正是依靠这种踏踏实实、不追名逐利的工作精神，翻译们把中国的声音传播到世界各地。

一、翻译的价值在于服务社会需求

翻译的最大价值在于服务社会，服务受众，服务时代。

1949年新中国一成立，我们就面临让国际社会认识和了解这个新兴国家的急迫需求。外文出版社的翻译们率先推出了《共同纲领》外文版。当时，年轻的共和国还没有来得及制定自己的宪法，而《共同纲领》就是立国之临时宪法。翻译们率先将这本书翻译成外文，顺理成章。很快，翻译们又完成了新中国于1950年5月颁布的第一部法律《婚姻法》的英文翻译，给关注新中国的国际社会提供了通过图书了解中国的又一个渠道。从此，翻译们围绕国家需求，翻译了大量涉及国家建设、文化传统和社会变革的书刊资料。

20世纪五六十年代最大的主题图书翻译项目就是涉及50多个文种的毛泽东著作系列外译。当然，除了《毛泽东选集》四卷本以外，翻译们的译作以单行本的形式大量印刷出版，"老三篇"、《矛盾论》《实践论》《毛泽东军事文选》《毛主席语录》等传遍了全世界。两年前英国议会的一次辩论中，一位译员当众引用毛主席语录"没有调查就没有发言权"的视频在媒体上流行，这从一个侧面说明了中国译者劳动成果广泛持久的国际影响。

在海外读者中脍炙人口的毛泽东诗词，1958年翻译们就完成了19首的英译。1975年我大学毕业到外文出版社工作时，第一个任务就是跟随老翻译天天跑印刷厂校对《毛泽东诗词》39首的英译。那时还没有电脑排版，外文书稿都是送到外文印刷厂由老工人打成铅条，然后铅条捆绑起来打印成一张张的长条，进行"校对"，即一位翻译按照译文原稿字正腔圆地读出每一个词、每一个标点符号，另一个人在长条上标出排字工人打错的地方，然后送回车间修改。这个工序经常反复四五遍，直到全部正确为止。刚参加工作，感到一切新鲜有趣，更没有想到会赶上《毛泽东诗词》英文版的出版环节。听着资深翻译家标准的英文、清晰的口齿、抑扬顿挫的朗读，我作为一个刚毕业的英文专业的学生，第一次深度学习并欣赏了毛泽东诗词英文版的魅力，当时心情澎湃激荡，至今难以忘怀。

我认为，翻译的最大乐趣在于每一个翻译项目都意味着一次学习的机会。要想翻译准确，必须真懂中文原意，故翻译总是在学习新知识。

随着国情世情的变化，图书的时代主题也在变化，翻译们自然也一直服务于变化了的国情，变化了的读者。1989年新中国成立40周年，当年的一本英文主题图书《十一届三中全会以来文件汇编》，第一次系统地把党和国家关于改革开放的重要文献用英文原汁原味地介绍给国际受众。那一年几十名译者参与翻译的《中华人民共和国人名录》出版，这是我国第一次将8000多名党政军副部级官员和人大、政协常委的简历用汉英对照的方式公布。如今领导人简历早已不是秘密，但在那个时代，这本英文版人名录是开创性的作品。某大国驻华使馆一次购买了9本，说他们每一个部门都需要一本。

20世纪末，中国加入世贸组织谈判进入冲刺阶段。出于多种原因，国际上对中国抱有严重的疑虑。为了配合相关部门的谈判，也为了让国际人士真实地了解中国改革的进展，身处国内外的一批译者参加了"中国加入世贸组织与改革开放"丛书的翻译，这是一套涉及各个经济领域，如基础设施建设、铁路管理、农业发展的系列作品。参与世贸谈判的同事赞扬了这套图书，翻译的付出得到了认可。

最近几年，《习近平谈治国理政》《摆脱贫困》《之江新语》《梁家河》等书的外文版在国际上引起热读热议。这种现象背后，翻译们放弃休息、挑灯夜战、呕心沥血的努力自在不言中。

一个很有意思的主题图书翻译案例是《毛泽东传》。这套长达205万字、六卷本的鸿篇巨著，内容跨度从1893年毛泽东出生开始，到1976年毛泽东逝世为止。虽然此前多名外国人撰写过毛泽东传记，但这本由中共中央文献研究室组织专门写作班子完成的巨著，才是关于毛泽东一生内容最为翔实、最为权威的传记。大概这是为什么中文版出版后，英国剑桥大学出版社就抢先争取到了该书的全球英文版权。然而，这样一本普通人读懂都不容易的专著，翻译是一个巨大的挑战。剑桥出版社寻遍了国内外的翻译，无法组成一个强大权威的队伍，最后联系到外文局。毛泽东是中国人民的领袖，如果其传记英文版不能在国内出版将是巨大的缺憾和损失。故我们以承担翻译为条件，要求剑桥出版社放弃其在全球独家出版发行英文版的权利。对这家世界闻名的出版社来说，这个要求过于离谱，实在难以接受，然而，因找不到翻译团队而无法出版又是一个严酷现实。最终剑桥大学出版社同意外文出版社在完成翻译后，有权出版在中国发行的英文版。翻译的决定性作用由此可见一斑。

二、翻译是再创作的过程

主题图书，反映的是时代重大课题，作者都是社会精英、领域权威，能被翻译成外文出版，必定思想内涵深刻，观点内容权威。主题图书的翻译自然不会像翻译一般资料那样轻松简单，要求译者具备扎实的语言功底、广博的知识、精神饱满的工作状态以及克服困难和时间压力的本领。人们经常对发挥出色的同传口译表现出高度的赞赏，然而主题图书的翻译，尤其是党政文献的翻译成果是白纸黑字，读者往往是国外高端人士，译者所承担的压力和作出的贡献绝不亚于任何一个口译。

主题图书翻译遇到的最大困难是，许多反映中国特色思想的话语在目标文字中找不到完全对应的表述。中国历史与西方发展史有着根本的不同，中国的表述与西方的表达形式有着巨大的差异。比如，中文主题图书里出现的加强企业、学校和军队的"思想政治工作"，在英文里就没有相应的表述，按照字面直译为 ideology and politics，不但不能帮助外国受众准确了解中国特色社会主义，反而导致他们对中国社会的误解。

中英文在写作风格上有很大不同。中文的术语在文章中不断重复不构成问题，但是在英文里重复，英文阅读感就会严重受损。比如，在主题图书中经常出现"同甘共苦"，这是中国共产党一贯倡导的工作作风。从中央到地方，从城市到农村，从军队到学校，各级领导都应该与基层同事"同甘共苦"。但是，同一本图书里朗朗上口的英文 share weal and woe 和 go through thick and thin 连续出现三遍以上，外国读者就会感觉文字表述欠缺美感。又比如，中文表达中副词使用频率很高，如"认真""全面""深刻""彻底"等，删除这些词，中文往往索然无味。但是，英文里通常情况下很忌讳出现连串的副词。翻译主题图书时必须牢记这些差异，才能达到译文流畅的目的。

主题图书有着深刻的思想内涵，然而中西意识形态的不同，让主题图书翻译的过程犹如在钢丝上跳舞。国外读者对中国历史变迁、文化传统和政治制度认知的缺失，给翻译增加了在行文上的压力，需要小心增删以便达到解疑释惑作用，同时还要知道由于长期的误解，哪些用到中国场景的英文词汇已经被英文语言使用者预先赋予了特殊的含义。有一本书中作者使用了"爱国主义"，负责润色的外国编辑把 patriotism 替换成 love of the country，因为他注意到近一段时间来，西方媒体把中国人民爱国情怀的表露，说成是中国出现了"狂热的民族主义"。为了防止外国读者误读这本著作，这位外国编辑巧妙地换了一个说法，虽然属于不得已而为之，但至少是在努力避免对中国的误解。

三、翻译需要担当精神

一方面，主题图书反映的是中国权威主流的信息，把中国理念、中国观点传输给外国受众，决不能字对字一翻了之。另一方面，外文的理解和解释权不在中国人手里。我们努力翻译，目的就是让外国读者正确理解原文内容。

在长期的翻译过程中，我们发现：每一个时代的主题图书都有着具有时代特点的话语体系；每一位作者，不论是党和国家的领导人，还是各个领域的权威人士，都有其鲜活的语言特色。比如，"鞋子合不合脚，自己穿了才知道""喊破嗓子不如甩开膀子"，这些语言虽然出自领导人之口，但是非常接地气。翻译得当，既体现了领导人话语的风格，又能引起外国受众的热烈反响。

由于历史原因，照字面直译曾经是常规做法。对于译者，这样既简单又不用担责任。在近年来的主题图书翻译过程中，翻译们展示了高度的责任感，放弃过去死翻硬译的传统，让今天的英文表述更加精准。比如，党的许多重要决定都是集中全党智慧、深思熟虑的结果，但是文件标题习惯上说"关于……的若干意见"。历史上，许多人就翻译成 several opinions，这既不严肃，也不权威，似乎随便说说而已。如今提倡根据文件内容，分别采用 decisions、regulations，甚至 measures，使中央文件在英文标题上具有权威性。又比如，"各地区各部门"由不同人讲，用在不同场合，所指对象不尽相同。过去把中央领导人讲话中的"各地区各部门"千篇一律翻译成 different localities and various departments，现在的办法则是根据不同情况精准翻译。

70 年来，优秀的译者始终以忘我、敢于担当的精神完成主题图书的翻译和出版。90 年代初，东欧地区剧烈动荡，国际上出现了对 nationalities 这个词的不同理解。有一股强烈的潮流认为，一个 nationality 就意味着一个独立的国家。外文出版社的译者立即动手把中华人民共和国宪法英文版里"各民族"的译文 all nationalities 改为 all ethnic groups，避免外国受众误读。原来的译法沿用多年，已经形成传统，不修改译文，别人也不会指责。但是，翻译们展示了自己高度的政治责任感和语言时代感，呈献给读者的是没有歧义、不易误解的译文。

四、翻译迎来新时代

展望未来，主题图书翻译工作量会继续增加。我们面临着数量和质量的双重挑战，需要有更多的高水平译者参与到这项工作中来。这是现实的需要，也是传播中国声音的迫切任务。可喜的是，越来越多的高校教师参与到这项伟大事业中来，增加了力量，也让长期从事翻译或者语言研究的学者在新时代实现专业拓展和升级。《之江新语》《梁家河》多个文版的译者不少都是活跃在高校的外语老师。高校教师的参与必然进一步促进高校的翻译教育，为中国国际话语体系的构建培养更多的后备人才。

与此同时，不断有外国译者加入主题图书的翻译队伍。外文是他们的母语，他们的译文阅读起来更加流畅鲜活，对读者具有更大的吸引力。不言而喻，他们对主题图书中包含的中国文化元素的理解不可能像中国译者那样深刻准确，因此，中外译者的结合是应该大力提倡的模式。

机器翻译会大大加快翻译的速度，给整个翻译行业注入活力。然而，任何一款翻译机器都是人创造出来的。主题图书内容范围广阔，语言新颖、敏感，到目前为止，还没有人工智能翻译能够胜任主题图书的全部翻译流程。但是，技术发展的速度往往超过人的预期，我们期待有越来越多的人工智能技术能更好地帮助人工翻译提高翻译效率。

公共突发事件与外宣翻译

原文为 2020 年 4 月 18 日第三届"京津冀 MTI 教育联盟高层论坛"北京大学网上论坛的发言。

在特殊时期,以这种形式跟大家交流。按照组委会的安排,我围绕公共突发事件的对外翻译谈谈自己的体会。

一、发生突发事件时,翻译不能缺位

今年最大的突发事件就是新冠肺炎疫情,这场疫情对各行各业影响巨大,翻译行业也是如此。想想取消了多少国际会议、论坛、展览,就能知道对翻译,特别是口译的影响有多大。

但是翻译界没有消极等待,而是积极应战,主动参与,踊跃承担疫情形势下的翻译任务。疫情就是命令,防控就是责任。这句话翻译界是认真践行了。早在 2 月初,中国译协就汇总了各地译协坚守工作岗位、成立应急机制、担当好翻译及语言服务社会责任的情况。疫情发生以来,中国外文局中国翻译研究院翻译审定工作机制及时响应,按疫病名称、传染防控、政策举措、相关机构、职业群体、场所名称、病理症状、复工复产、国际合作等多个类别，搜集梳理、翻译审定了数百条相关词汇的英文表达，分四批发布，供业界及相关人员参考使用。各地译协积极配合政府相关部门的管理需求，通过翻译帮助发布针对当地外国人的多语种疫情公告和管理规定。各个翻译服务公司积极为各级政府提供翻译服务，包括提供多语文件资料的翻译。中译语通公司完成的多语种疫情防控动态给政府部门提供了及时的信息和决策依据。从1月22日开始，中国网承担了国务院新闻办公室举办的新闻发布会的翻译。这是时间紧、敏感度高、难度大的工作，他们已经翻译了30多场，及时向国际社会传达了中国的声音。

在京津冀地区，各所大学的外语和翻译院系更是及时开通网络课程，努力做到停课不停学。尤其值得一说的是，除了教学工作外，翻译院系还完成了许多跨学科的工作，比如由天津外国语大学翻译与跨文化传播研究院院长王铭玉老师倡议、学校多个部门合作制作的抗击疫情多语种外宣视频，不仅用生动鲜活的方式对外介绍中国，也为跨学科对外翻译做出了新的尝试。北京第二外国语学院公共政策翻译研究院主动翻译了2月24日全国人大通过的《关于全面禁止非法野生动物交易、革除滥食野生动物陋习、切实保障人民群众生命健康安全的决定》。千万不要把这个工作只是当作一项普通的文件翻译，它的最大意义在于面对国际社会积极主动做好对外宣传。疫情发生以来，我本人就多次甚至反复接到外国朋友的善意提醒，说在他们国家很多人都把疫情的发生怪罪于中国人爱吃野生动物，建议中国从法律上禁止野生动物交易。他们完全不知道中国人大已经做出的决定。我把这个英文版提供给他们，至少这些朋友可以为我们做些解释工作。

北二外的学生被抽调到首都机场,担任"国门卫士",参与铸造"外防输入"的防线。

总而言之,正如中国译协在 2 月初的发布中所说的"疫情阻击战,翻译界在行动",翻译界在疫情发生后经受住了考验,充分显示了翻译工作者的家国情怀,展示了自己的社会担当,特别是表现出了高度的外宣敏感性和强烈的政治责任感。

二、翻译的基本素质

做好对外宣传的翻译,有几个必须遵守的硬杠杠,否则就是徒劳。比如,对外国人习惯的话语体系的了解,对他们思维习惯的把握,但至关重要的是对我们宣传内容里核心政策的理解。只有理解准确,才能保证传达的信息准确。

1. 政策理解

抗击疫情翻译中有这样一句话,"我们举全国之力予以支援,组织 29 个省区市和新疆生产建设兵团、军队等调派 330 多支医疗队、41,600 多名医护人员驰援。"把 29 个省区市和新疆生产建设兵团都翻译出来,一是句子冗长,二是这里四种单位,外国人很难理解。外籍专家把原译文改为:We mobilized the whole nation to offer support, and organized the dispatch of more than 330 medical teams comprising over 41,600 members from all geographical areas. 这样句子干脆利索。然而,仔细考虑一下,all geographical areas 的说法是否准确,有无问题?不知大家注意到没有,派出的医护人员并不是来自所有地区,那这句英文就显然不够严谨。所以这里只好不怕啰唆,还是用"from 29 provinces, autonomous regions, centrally-administered municipalities, Xinjiang Production and Construction Corps and the military in a race against the clock"。

还有一句话:"我们采取积极措施,支持医用防护服、口罩等疫情防控急需医疗物资的生产企业迅速复工达产、多种方式扩大产能和增加产量,对重要物资实行国家统一调度,建立交通运输'绿色通道',多措并举保障重点地区医用物资和生活物资供应。"如何翻译"对重要物资实行国家统一调度"?外国专家改为 coordinated,也就是协调调度,但是如果了解当时的实际情况,这个词显然分量不够,不能反映出举全国之力、国家统一防护物资的生产和运输的真实力度,所以后来我们确定为"We enforced nationally unified management of essential supplies..."。

2. 外宣敏感性

"无本地新增病例"翻译起来,你会发现是个非常敏感的词汇。有人问我是否可以用 indigenous,我说不能用。为了确保准确,我专门请教了外国专家,他们的反馈也是不能用。比如我们说 indigenous product,意思是我们当地的土特产。好事好东西,才能用这个词。如果用这个词,等于骄傲地告诉外国受众,这些病例都是我们自己的"特产"。所以中国翻译研究院发布的词汇里用的是如下表述:"to report no domestic cases; to report zero local cases; to record no locally transmitted infections"。

谈到敏感性,重要的一点是要了解国际流行的话语体系里哪些表述涉及我们的话语时具有特别的敏感性。比如,我们常说要坚持"党的路线方针政策",历史上我们翻译成"the Party's line, principles and policies"。但是,西方批评中

123

国时常说中国人没有言论自由,所有人都 toe the Party's line（或者简化为 toe the Party line）。由此可见,当西方受众或长期受西方话语影响的发展中国家的受众看到我们这句话时,他们头脑里就产生了一种似曾相识的印象,使我们的话语显得缺乏说服力。现在,我们更多地用 the Party's guidelines。

图片说明的翻译,尽管有时就一句话,也要考虑到说明文字和图片的配合。比如有这样一个图片说明:一个小朋友在 2019 年中国国际智能产业博览会参观。小朋友怎么翻译?他是学生,是儿童,是男孩还是女孩?此外,他在参观博览会,博览会那么大,他/她具体在看什么?如果图片说明翻译得不到位,就跟画面不匹配,甚至导致错误。这时要仔细看看照片,掌握确切的信息后再翻译。图片显示的是一个女孩的特写,她睁大眼睛盯着一个 VR 头盔展品。照片让你知道"一个小朋友"是个女孩,但看不出是小学生还是中学生;所谓参观博览会,图片上只有一个头盔。英文图解是这样的:A girl looks at an exhibit at the 2019 Smart China Expo.

3. 中文特殊表达方式的翻译

中文里四字格的表述简明扼要,清晰有力,但是英文里没有对应的表述形式,这给翻译增加了难度。

"内防扩散、外防输出。"这句话的难点是"内"和"外"具体指什么。英文是这样的,比较轻松地说清楚了:to prevent the coronavirus from spreading within the city/region or beyond。

"外防输入、内防反弹。"同样,这里的"外"和"内"所指也是需要译者在翻译过程中予以明确的。英文是这样的:to prevent the coronavirus from re-entering the country to cause a new epidemic。

"集中患者、集中专家、集中资源、集中救治。"这句话的难点是四个"集中",中文铿锵有力,给人一种强大的力量和战胜疫情的信心。但是,英文无法用四个同样的排比表述,当初确定的译文是这样的:to treat the infected in dedicated facilities by senior medical professionals from all over the country and with all necessary resources。

"闭环"这个词最近用得很多,如"入境人员闭环管理"。什么叫闭环,是 closed circles? 不同场合恐怕要有不同的译法,在这里,我们翻译成:to ensure a seamless and hermetic process for managing the quarantine and monitoring of travelers arriving in China, 这样才把很简单的八个汉字的意思用英文交代清楚。

4. 先学习后翻译

一般的专业词汇好办,中英文有完全对应的表述方式,但是有些看似对应,实际上又有很大的不同。最明显的一个词就是"方舱医院"。如果查字典,你看到的很可能是 modular hospital, cabin hospital, mobile hospital, compartment hospital, capsule hospital, field hospital, 这些可能都有道理,但很多情况下是指"野战医院"。但是,在武汉设置的跟平时的野战医院在建筑材料、使用功能方面又有很大不同。当时,可能有人看出这种不同,没有使用以上的英文,甚至用了 makeshift hospital。记得武汉方舱医院开放第一天,有些病人不愿意进驻,甚至说这是为了把他们丢在一边不管了。国外则指责说这是集中营。可见翻译准确不是小事一桩。

武汉的方舱医院的确是临建的,跟正规医院比,在医疗设备上显得简陋了很多，但的确又不像临时搭建的用房那么简陋，可以翻译为 temporary hospital，但它毕竟与其他正规医院在形式和功能上有明显不同，我们最后使用了 temporary treatment center，这样比较符合实际。

当然要学习的不仅是一些表述。北二外的学生在机场担当"国门卫士"，就需要学会边防入境的程序和做法，还要穿上防护服，学会如何从技术上保护自己。

中成药在抗击疫情中发挥了重要作用，影响巨大，但是中医药的翻译很不容易，既是新事物又是翻译难点。我听一位身经百战的老翻译感叹说，这次学习了很多知识。

5. 快速反应

突发事件的特点是在你毫无准备的情况下发生了，往往让人措手不及。要想在这种情况下发挥好翻译的作用，我们不能等、靠、要，要眼中有活，主动请缨，立即开始。上面介绍的成绩都是翻译界行动迅速才取得的。

三、突发事件对翻译的影响

1. 翻译的多种形态更加突出

可以说，有了这场疫情的突发事件，翻译将呈现更加明显的多形态。一方面过去大量的会议现场口译将减少，另一方面视频会议会增加。笔译工作量将会逐步恢复。

这次疫情突发让新闻发布会的翻译显得十分重要。国务院新闻办公室每天都有新闻发布会，有时在北京和武汉各举行一场，每场1.5万—2万字，当天完成翻译并发布。

各地翻译协助外办翻译相关管理规定，各个口岸翻译参与检测筛查工作,这些过去都很少。当然,陪同医务人员深入外国医院这种情况,也是在疫情暴发后开展国际合作才有的任务。

这些都是进行时,下一步抗击疫情如何继续,必然给翻译带来新的要求。

2.MTI 教育的重要性更加明显

从疫情发生以来翻译们所从事的工作不难看出,无论是和平安宁时期,还是突发事件时期,翻译的作用不可或缺。在越来越国际化的今天,MTI 人才培养大有可为。

关键是培养什么能力。显然,第一是双语能力。第二是对各项政策的理解能力。第三是国际传播的敏感性。第四是宽阔的知识面。第五是跨学科的特点。天津外国语大学师生制作的多语介绍中国抗击疫情的视频节目是跨学科的成果,这也说明今后的翻译不能是单打一,跨界才能让翻译更有活力,更具有竞争力,更好地为社会服务。第六是责任担当精神,其中包括团队精神。特别强调一点,翻译是多面手,职场需要的是既会口译,又能笔译,既能做翻译,又能从事外事工作的全才。如果一个人只做其中一样,其他一概不参加,那他很难融入一个团队。

3. 提高公众对翻译的认识更加重要

最后一点,这本不是翻译们的事,而是全社会的事,但是翻译自己不得不努力推动,那就是社会对翻译专业的认知。去年闹出了一个大笑话。关于雄安建设,我国重点建设项目,正式出版的中文图书封面把"雄安"翻译成 male safety。近日某地生产的口罩说明里,把"一次性"翻译得糟糕至极。这些错误都不是专业翻译人员造成的,产生的原因只有一个,即当事人和管理者完全不懂什么是翻译，专业的事不使用专业的人才。

为了社会的发展，为了国家的声誉，我们有责任呼吁社会，推动大家了解什么是翻译，如何聘用专业翻译。全国翻译专业资格（水平）考试越来越受重视，很多人在推动翻译立法，这些都是十分重要的，需要我们一起推动。

文化传承与社会服务中翻译的新定位
——使命、担当与价值

原文发表于《中华思想文化术语学术论文集（第四辑）》（2021年10月），增补了个别译例。

中国文化作为世界文化大家族中的重要成员，不仅属于中国，也属于世界。中国理应为世界文明的和谐发展作出自己的贡献。要使世界共享中华文明成果，对外传播能力是决定因素之一，而翻译工作作为文化传播的必经之路，是决定文化传播效果的直接因素和基础条件。从某种角度讲，这也是一个国家对外交流水平和人文环境建设的具体体现。100多年来，中国的翻译主要是把外文翻译成中文，近20年来，把中文翻译成外文的工作量快速增加。换句话说，中国的翻译业态已经从"翻译世界"转为"翻译中国"。对外文化交流的深入开展，使中译外的任务量大大增加。

无论是在发达国家还是在发展中国家，都有许多人期望中国在国际舞台上作出更大贡献。但同时，也有一些人对中国怀有偏见，对中国的发展存有疑问，而他们中有很大一部分人是因为对中国缺乏真正的了解。因此，中国越是发展，国际影响力越是增强，越需要讲好自己的故事。只有把全面、立体、真实的情况介绍给外国受众，才能加深他们对中国的了解，化解国际疑虑，密切中国和各国的关系，才能更好地发挥中国作为一个大国的作用。

从前，中国在国际上的声音非常微弱。现在，中国成为世界第二大经济体，面临着对外讲好中国故事、传播中国理念、赢得国际社会理解的急迫任务，尤其是要解决好"会做不会说，说了人家也听不懂"的难题。

从翻译角度看，一百多年来，中国花费了很大力气，把外国文学和各类资料翻译成中文。特别是实施改革开放以后，我们迫切需要学习世界先进科技和管理理念，外文翻译成中文是当时翻译的主要任务。进入 21 世纪以来，形势变了，中文翻译成外文的需求增大，我们要从过去的"翻译世界"转为现在继续"翻译世界"的同时，更加重视"翻译中国"。

翻译一直都是构建中国国际话语体系的重要媒介。翻译这门学问也许小众，但绝对具有巨大的影响。在当下，翻译所扮演的角色又有了新的变化。面对新冠肺炎疫情，翻译是一个极为重要的桥梁，能够帮助我们更好地阐释中国的观点立场，介绍中国所发生的一切，从而树立我们国家的良好形象，帮助世界了解一个真实的中国。在新形势下，翻译在文化传承与社会服务中有了新的定位：使命、担当与价值。构建中国国际话语体系，对接世界话语体系，助力中国深度参与全球治理，这是时代的重大命题，也是翻译工作者必须承担的时代重任和历史使命。

构建中国国际话语体系，首先要了解什么是国际话语体系、特点是什么、流行的国际主流话语体系对我们有哪些有利的地方、哪些不利的地方，特别是长期被西方把持的话语构建渠道给我们设置了哪些障碍、地雷、暗礁。我们对国际话语体系还需要深入研究，这是思维的问题。现在我们差的不是设备，而是"软件"，是面对不同国际受众的表达能力，是解说、讲述中国故事的能力。要有说"全球话"的思维，才能把握国际话语权。我认为，这是构建中国国际话语体系面临的首要任务。

此外，我们还要明确，我们的优势在于悠久的文明、正确的道路和巨大的成就。但是，在国际上，中文还不是通用语言。构建中国国际话语体系必须依靠外语。使用好外语，特别是利用国际通行的英语来构建中国国际话语体系，需要在数量和质量上加强我们的对外传播队伍。

话语权是自己争取来的，不是别人送过来的。中国故事走不出去，我们的基本理念人家不知道，指望人家去宣传我们的思想成果是不现实的。所以我们要打通内外话语体系，要做到讲话的时候能回答全球 70 多亿人的问题，而不仅仅是 14 亿中国人的问题，那样我们就会形成一个完整的话语体系。

下面我举几个具体的翻译方面的例子。

1.《中华人民共和国香港特别行政区维护国家安全法》通过后，国务院港澳办一位负责人在新闻发布会上说："中国人看别人脸色，仰人鼻息的时代已经一去不复返了。"那么这句话如何翻译？请看下面的两种翻译结果：

（1）The era when the Chinese cared what others thought and looked up to others is in the past never to return.

（2）The era when the Chinese were subservient to others and lived dependent on the whims of others is in the past never to return.

这两种都是外国人的翻译。第一种把中国人的话翻译得非常傲慢，符合外国人近年不断说中国人越来越傲慢的舆情。后一种是一位态度客观公正的外国人的译法。遗憾的是，新闻发布会当天外国媒体的报道几乎都采用了第一种对中国有污蔑性的译法。

2. 1月7日，我主持召开中央政治局常委会会议时，就对做好疫情防控工作提出了要求。

On January 7, when chairing a meeting of the Standing Committee of the Political Bureau, I laid out requirements and tasks for novel coronavirus disease control.

这是习近平总书记2020年2月23日一次讲话里提到的背景。这里"疫情"显然不能使用 Covid-19 的译法，因为这个英文专有名词是2月11日世界卫生组织开会时确定的。尽管习近平总书记讲话是在2月23日，但是他在1月7日的会议上提到这个疫情时，还没有任何人知道有 Covid-19 的说法。

中文是高度概括性的语言，英文是非常具象的语言。中文可以全篇都用"疫情"这个词，但是英文里需要翻译出来具体是什么疫情。所以，面对中文的"疫情"，英文有时是 novel coronavirus disease，有时是 Covid-19。关键是什么时候用哪个词，马虎不得。

3. 四万多名驰援的"白衣战士"奋战在抗疫一线。

More than 40,000 of these warriors in medical suits battled against the epidemic on the frontlines.

中文里说到医务人员，我们常常使用"白衣天使""白大褂"这些形象的表述。上面这句话里就是"白衣战士"。翻译成英文时，我们应该想一想，今天生活在国外的受众是否能理解 white angels, people in white suits 这些表述。须知，外国的医务人员主要穿蓝色或者绿色的医护服装，甚至有外国受众从来不知道医护人员有穿白色医护服的。所以我们不必在译文里强调 in white，直接翻译为 in medical suits 更便于外国人理解。

下面谈谈中国传统文化里的一些表述翻译时需要注意的地方。

4. 君子之德风，小人之德草，草上之风必偃。

请比较下面的两种英文表述：

（1）Confucius said, "The gentleman's virtue is like the wind, and the commoner's is like the grass. Let the wind blow, and the grass is sure to bend."

（2）Confucius said, "A man of virtue is like the wind, while a petty man is like the grass. Once the wind blows, the grass is sure to bend."

首先，第一种译法把"小人"翻译成 the commoner，英文指的是普通大众，与"君子"the gentleman 对应，打击面过大了。第二种译文对"君子"和"小人"的译法则更加清晰。其次，第一种译法说 Let the wind blow，显得唐突。谁让风刮起来，不是要在这里探讨的问题，第二种的译法则更加自然。

5. 投桃报李

a peach for a plum; reciprocating kindness with kindness.

这是早期的一种译法。但是，如果认真比较一下，受人一个桃子，还人家一个李子，似乎从水果的个头和口味上都礼数不够，故这种译法过于死扣"投桃报李"这四个字了。投桃报李的成语来自《诗经·卫风·木瓜》，如下：

投我以木瓜，报之以琼琚。匪报也，永以为好也！

投我以木桃，报之以琼瑶。匪报也，永以为好也！

投我以木李，报之以琼玖。匪报也，永以为好也！

我们查阅了大量资料，从《诗经》看，"木瓜""木桃"和"木李"是同一种水果，只是在古代叫法不同而已。这样原来的译法就站不住脚了。为了翻译准确，我们还查看了古代所谓"木瓜""木桃"和"木李"的解释。参考专家学者的研究成果，古代的这种水果与现在的观赏植物铁杆海棠的果实最为接近，而现在这是不能食用的一种果实。如果"按图索骥"翻译成 crabapple（铁杆海棠）也无法传达"投桃报李"的美意。最后我们确定的译法是用汉语拼音标出 Tou tao bao li，然后用英文对这句话的含义加以解释。

Tou tao bao li, the Chinese original, literally means when you give me a peach, I will also give you a peach in appreciation. The term generally refers to reciprocating gifts in kind as an expression of mutual courtesy.

6. 人类命运共同体

目前最常用的译法有两种，如下：

（1）global community of shared future

（2）global community with a shared future

习近平主席在 2020 年 5 月世界卫生大会开幕式上致辞，提出要构建"人类卫生健康共同体"。英文是这样的：global community of health for all。

句首已经说了 global，理论上所有人都包括了，但是句子末尾怎么又有 for all，是不是重复了？应该说，这种质疑是可以理解的。但这里情况特殊，这样做主要的考虑是 health for all 是世卫组织的宗旨，我们借过来用在这里恰如其分。

其次，多次有学者建议说把 health 前移，成为 global health community，然而用 health 修饰 community 这句话的意思就变了：a health community 的意思不是说"人类卫生健康共同体"，而是"医务界"了，那样跟习近平主席讲话的意思就不一致了。

7. 红色资源

（1）sites and heritage related to the CPC history

（2）heritage sites related to the CPC history

这是一个对中文文字背后的真实意思的理解问题。这里的"红色"指的是党的历史和传统。

8. 共和国是红色的。

翻译成英文，有以下两种：

（1）The People's Republic is red.

（2）The People's Republic has a revolutionary tradition.

上面的两种译法，显然第一种不可采用。如果了解西方针对中国的话语体系，就会知道那是"赤色中国"的说法，背景是制造"两个中国"。第二种译法才是这句话的正确英文表述。

9. 天下

- 天下乃天下之天下

All under heaven belongs to the people.

- 天下兴亡，匹夫有责

Survival of a nation is the responsibility of every individual.

- 我有三宝，持而保之。一曰慈，二曰俭，三曰不敢为天下先。

There are three things I keep and treasure. The first is kindness; the second is thriftiness; and the third is not venturing anything no others have done.

- 以国为国，以天下为天下。

Rule a state or a country with different methods.

- 大道之行也，天下为公。

When the Great Way prevails, the world belongs to all the people.

"天下"在中国是一个妇孺皆知的词语，我们往往会将其译为 under heaven，但是在部分外国媒体和学者的翻译中，带上了贬义色彩。因此，如果坚持 heaven 的翻译，不仅难以原汁原味地反映汉语中的意思，还会对外国受众产生不好的效果。因此，需要根据不同的上下文语境进行灵活翻译，如 the world，a nation 或者仅指中国等。

翻译是一项复杂的工作。翻译的一方连接着翻译的对象，但它不只是一个个简单的字、词，还关系着整个文化中的名物、典章、制度等一系列的背景，正是所有的这些才能共同构成某一个词，汇聚出一个复杂的含义。所以，当具备丰富含义的字词要通过翻译转化，传达给另一个传统，另一个生活处境中的人，里面确实包含着各种各样的问题以及可能。

要完成新时代赋予的使命，翻译界要继续努力，特别需要高校培养实践型的高级翻译人才，源源不断地为翻译界输送新鲜血液。大学教育在翻译人才培养、翻译研究和对外传播等方面具有举足轻重的作用，期待高校为中国文化对外传播提供智力支持，让世界更好地听见中国声音。

另外，媒体作为传播中国形象最直接、最有力的途径之一，近几年在对外传播能力建设方面有很大进展，影响力不断增强。但是面对挑战，中国媒体在海外的声音还是不够大。中国的对外传播不仅需要资金、设备等硬件上的投入，更重要的是加强"智慧"的投入——媒体人对当地文化要有深刻、全面的理解，不断换位思考，很多情况下，直接翻译、播放国内的节目是行不通的。我们需要下功夫了解外国受众的思维模式，研究透彻国际流行的话语体系，让我们的传播内容在当地受到欢迎。

习近平总书记指出，我们要把握国际传播领域移动化、社交化、可视化的趋势，在构建对外传播话语体系上下功夫，在乐于接受和易于理解上下功夫，让更多国外受众听得懂、听得进、听得明白，不断提升对外传播效果。这为我们指明了新时代做好对外传播的方向。作为对外传播的关键环节，对外翻译需要不断探索，迎难而上，发挥好自己在不同文化中搭建传播桥梁的光荣使命。

党领导下的新中国对外翻译出版事业发展回顾
——以中国外文局为例

原文发表于《中国翻译》2019 年第 5 期，第二作者为黄长奇。

对外翻译出版工作是中国共产党和中国政府对外传播中国声音、展示国家形象、开展国际交流的重要组成部分。在中国共产党建党 100 周年纪念日到来之际，回顾我国的对外翻译出版史不难发现，党的事业的发展壮大催生了对外翻译出版事业，反过来对外翻译出版事业始终致力于服务党和国家的外交外事和国际传播工作大局。

在新中国创建伊始，书刊对外宣传工作就摆在了党和政府工作的议事日程上：1949 年 10 月 1 日共和国成立当天即宣布成立中央人民政府新闻总署国际新闻局（中国外文出版发行事业局的前身），主管新中国的对外宣传新闻报道和出版工作。同年，国际新闻局即以外文出版社名义用英、法、俄、印尼文等编译出版了《论人民民主专政》等 8 种单行本图书，新中国对外翻译出版事业正式开启。

新中国对外翻译出版是在党和政府领导下的有计划、有组织、有规模的主动对外译介活动，这是由特殊的国情、世情决定的。新中国成立初期，冷战氛围下欧美政府和媒体对我党和新中国进行妖魔化宣传和信息封锁，迫使我们必须主动去介绍中国革命和社会主义建设的成就和经验，用事实戳破西方的谎言，争取国际社会更多的理解和支持。改革开放和进入新时代后，中国快速发展壮大，取得了举世瞩目的成就，但西方很多政客和媒体依然戴着有色眼镜和深度偏见看待中国，因此我们仍然需要主动对外译介，向世界展示一个真实、立体、全面的中国。另一方面，中国悠久的历史文化、文学艺术、语言文字等一直是国际社会所景仰并希望深入了解的，但由于中外语言文字的巨大差异，能够熟练地将汉语译为本国语的外国翻译家非常有限，因此由目的语国家主动译入的数量比较少。目前主要靠我们自己对外译介，由此形成了我国对外翻译出版的两条主线：政治类和文化类出版物。

中国外文出版发行事业局（简称"中国外文局"，对外称"中国国际出版集团"，2022年更名为"中国国际传播集团"）作为我国历史最悠久、规模最大的综合性专业国际传播机构，72年来一直致力于通过书刊的翻译出版和发行，向世界说明中国，帮助世界读懂中国，从而促进中外文明交流互鉴。1949—1979年，中国对外译介出版的9,356种图书中，98%都是以外文局旗下外文出版社的名义出版的（何明星，2012：7）。改革开放和进入新时代后，对外翻译出版呈现出多元化发展态势，但外文局始终是我国对外翻译出版事业的主力军和国家队，围绕党和国家的工作大局和对外政策，通过翻译出版多语种领袖著作、党和国家重要文献、中国传统文化与文学艺术作品等，对外讲述鲜活真实的中国故事，传播中国声音。

2019年，习近平总书记在致中国外文局建局70周年贺信中明确提出，要把外文局建设成为"世界一流、具有强大综合实力的国际传播机构"，明确了外文局在新时代的责任使命。可以说，外文局就是为外宣而生，因外宣而立，因外宣而兴。外文局图书对外翻译出版事业的发展就是新中国对外翻译出版史的一个缩影。因此，本文以与共和国同龄的中国外文局及其旗下的外文出版社、新世界出版社、华语教学出版社等为例，从政治和文化两大类别入手，分析新中国对外翻译出版物的内容重点及其发展变化，对党领导下的对外翻译出版事业作一个简要回顾。

一、政治类出版物的外译出版

政治类出版物主要包括领袖著作、党政文献、当代中国国情等类别的图书，旨在回答国外受众的如下问题：中国共产党为什么能带领中国人民取得革命、建设和改革的成功？中国共产党如何建设社会主义国家？

据统计，1949—1979 年 30 年间，我国用外语翻译出版的政治理论、政治法律类图书为 5,754 种，占整个中国文化外译图书总品种（9,356 种）的 62%（何明星，2012：7-8），其中，以《毛泽东选集》为代表的毛泽东著作占据了绝大部分的比重，体现了这一时期我国对外宣传的重点是介绍中国革命经验，提升中国国际形象和地位。1980—2009 年间，政治理论、政治法律类图书为 2,127 种，占整个中国文化外译图书总品种（9,763 种）的比例大幅下降为 22% 左右（同上：22），这反映了改革开放以后我国对外宣传的重点开始转向全方位对外说明中国，促进中外各方面的交流合作。

（一）领袖著作系列

中国取得革命胜利和建设社会主义的成功经验最集中体现在党和国家领导人的相关论述和讲话中。因此，领袖著作一直是我国对外翻译出版的重中之重。

新中国成立后，向世界广泛传播毛泽东思想，让世界各国人民，特别是广大亚非拉发展中国家人民了解和支持中国，是我国对外宣传的重中之重。20世纪60、70年代，全国几百名翻译精英在中联部、中央编译局和中国外文局三家单位的组织下，先后汇聚北京，轰轰烈烈地用18种外文翻译《毛泽东选集》1—4卷，并由外文出版社统一出版。这成为中国对外传播与出版史上的一项壮举。此外，《毛泽东著作选读》《毛泽东军事文选》《毛主席语录》《毛泽东诗词》以及大量单行本以39种文版出版，发行到世界上182个国家和地区（郭选，2009）。刘少奇、周恩来等其他一些领导人著作的单行本也有不少翻译成外文出版，例如，1950年出版的刘少奇《论党》一书在印度、日本和东南亚地区受到热烈欢迎（周东元、亓文公，1999：29）。1951年出版的刘少奇《论共产党员的修养》在许多发展中国家也备受关注。这些领袖著作传播了中国共产党的基本理念，介绍了新民主主义革命经验和社会主义建设经验，受到亚非拉国家的高度关注，为他们推翻殖民统治、争取民族解放提供了借鉴。改革开放以来，周恩来、刘少奇、朱德、邓小平、陈云、江泽民、胡锦涛等党和国家领导人的选集和相关著作也陆续翻译出版或即将出版。其中，《邓小平文选》等系列著作的对外翻译，为世界打开了了解中国改革开放和社会经济建设的窗口。1987年出版的邓小平著作《建设有中国特色的社会主义》英文版 *Fundamental Issues in Present-*

Day China（对应的中文名为《论当代中国基本问题》）曾在国际上产生巨大影响。这本书在翻译过程中突出了对外传播功能，针对国外受众的阅读习惯对中文版原著书名进行了修改，并增加了照片，极大地扩大了其传播力和影响力。

党的十八大以来，一系列阐释习近平新时代中国特色社会主义思想的著作正在源源不断翻译出版。迄今为止，《习近平谈治国理政》系列已出版 33 个语种，发行覆盖全球 170 多个国家和地区，成为改革开放以来中国翻译出版语种最多、发行量最大、发行覆盖最广的领袖著作。围绕习近平总书记提出的人类命运共同体、共建"一带一路"、文明交流互鉴、摆脱贫困、正确义利观等重要思想理念策划的《习近平谈"一带一路"》《之江新语》《摆脱贫困》等习近平总书记著作多语种版本也相继翻译出版，共同构成对外阐释中国共产党创新理论、解码中国奇迹、回答世界之问的权威读本，开启了对外出版的新时代。值得一提的是《习近平谈治国理政》多语种版本中，不少语种采取了国际合作翻译出版的本土化模式，更有利于该书在当地的有效传播；同时这些翻译出版合作项目本身又成为推进文明交流互鉴的重要载体。

（二）党政文献系列

除领导人著作外，党代会、全国人大会议和全国政协会议的重要文件、政府历年发布的白皮书以及中央其他重要文件和法律法规文件，也为世界了解中国社会主义理论、政策和实践提供了重要途径。

新中国成立之初，中国外文局（时称外文出版社）就开始系统地对外翻译出版党和政府的重要文告、政策、法令等单行本（小册子），对外介绍新中国的基本情况。共和国成立当年就出版了《中国人民政治协商会议第一届全体会议重要文献》多语种版本，其中包括具有临时宪法性质的《中国人民政治协商会议共同纲领》。1950—1951年，《婚姻法》《工会法》《土地改革法》等重要法律文件多语种版本陆续出版，1955年《中华人民共和国宪法》以六个语种翻译出版。

改革开放以后，法治建设成为党的重要工作之一。1982年通过的第四部《中华人民共和国宪法》作为法治建设的基础文件迅速翻译出版。1987年，两卷本的《中华人民共和国法律汇编》英文版翻译出版，收集了1979年至1986年全国人大通过的法律。当年10月，全国人大法工委举办中美律师座谈会，中国第一次把封面上印着中华人民共和国国徽的羊皮面精装英文版法律汇编提供给美国律师们。世纪之交，为配合中国加入世贸组织，《中华人民共和国公司法》等20多个法律单行本又陆续翻译出版，填补了法律翻译出版空白，展示了中国的法治建设成就。

重要党政会议文件汇编外文版自1977年（党的十一大）、1978年（五届全国人大一次会议）起正式恢复出版，由中央编译局牵头组织多语种翻译，外文出版社负责对外出版发行。1981年，具有划时代意义的《关于建国以来党的若干历史问题的决议》用12种文字对外出版。现在，五年一次的党代会及其重要全会，每年两会会议文件的官方外译本，已经成为国际上研究中国共产党和中国政府发展战略的重要依据。1991年出版的《当代中国重要文献（1978.12—1989.11）》英文版为国外受众全面研究中国对外开放政策的起源和初期发展提供了权威资料。

1991年11月，我国第一部政府白皮书《中国的人权状况》(中英文版)以新星出版社的名义出版,介绍了我国有关人权的基本立场和实践,对于国际社会正确了解中国的人权状况发挥了重要作用。此后,白皮书便成为我国开展对外传播的一种重要文字宣传品。从1991年到2020年底,中国外文局用多种外文翻译出版了135份政府白皮书。这些文件成为国际社会了解中国主张、中国态度的重要窗口。

中国共产党从创立到夺取政权,经过了28年艰苦卓绝的斗争。这些内容外国人自然可以在领袖著作外文版中读到,而外文出版社在20世纪80年代初也翻译出版了反映革命历程的《长征画集》《陈毅与赣粤边根据地》《伟大的道路——朱德传》《彭德怀自述》等图书。这些年颇受关注的《苦难辉煌》英文版也在纪念建党100周年之际翻译出版,激励我们不忘初心,沿着先辈开辟的道路继续前行。

(三) 当代中国国情系列

中国越是发展,世界越是需要当代中国的信息。1979年改革开放的号角刚刚吹起,中国外文局即根据形势的需要,将对外出版工作的重点从政治理论转为中国基本国情(周东元、亓文公,1999:483)。20世纪80年代外文出版社出版的10卷本"中国手册"丛书英文版和21世纪第一个十年出版的近30种"中国概览"丛书多语种版就是其中比较突出的代表,为世界了解中国历史地理、政治经济、教育科技、社会生活等各个方面的信息提供了系统权威的渠道。其中"中国概览"逐渐形成年度概况,成为对外介绍中国基本国情的常规图书。2005年陆续推出的"全景中国"大型系列丛书以34个省、自治区、直辖市和特别行政区为单元,由外文局和相关省区市外宣部门共同策划编写出版,每册独立成书,从不同的角度、图文并茂地介绍各地最具特色的看点以及历史文化、经济发展、社会生活等。全套丛书共34卷（中英文共68卷），填补了对外介绍我国，特别是系统地对外介绍地方的一个空白。

1978年党的十一届三中全会后我国将重心转到经济建设上，对外翻译出版也转向关注经济领域。1982年起，外文出版社陆续用英文翻译出版了《中国对外经济法规汇编》1—4辑，收入我国1979—1987年对外经济法规共计84部，为外国资本和企业进入中国提供了重要参考。然而，最能说明对外翻译出版重要性的是1986年出版的《答来华投资者一百问》，出版第一周就发行达7,000册，充分证明国外对中国信息的强烈需求。

为了帮助外国人了解中国的经济改革，了解中国社会主义市场经济发展历程，加速中国加入世界贸易组织的步伐，外文局翻译出版了数十种经济专业图书，为我方谈判人员提供了重要参考。我国参加世贸组织谈判的原外经贸部副部长龙永图专门写信称赞外文出版社1996年出版的10卷本"走向市场经济的中国"："由于这套丛书出版比较及时，又比较系统，对我们参加我国'入世'谈判的工作者来说，有一定的参考作用。"（汪祖棠、过桔新、房永明，2002：46）

党的十八大以来，特别是"一带一路"倡议提出并在全球形成共识和行动后，外文局旗下的出版社策划翻译出版了多套系列丛书，多角度对外讲述今天中国的发展。其中，新世界出版社出版的"中国共产党为什么能"系列中外文版通过大量生动的故事和案例，以及来自中外各界真实、生动的评价，塑造我党可亲可信的形象，用问答形式回应国内外关于中国共产党的热点问题和关注，揭示中国共产党取得诸多成功的秘密，形成了一套独特的"解读共产党系列"。新世界出版社与当代中国与世界研究院联合策划的"中国关键词"系列以中外词条及释义对照方式用15个语种向国际社会解读、阐释当代中国发展理念、发展道路、内外政策、思想文化等方面的核心话语，帮助国际社会加深对中国道路、中国发展理念与实践的了解与认知，是用中国话语阐释中国实践的一次成功探索。

中国外文局与国家创新与发展战略研究会合作策划、外文出版社编译出版的"读懂中国"丛书，邀请中外知名专家学者多维度解读处在深刻历史变革和伟大复兴进程中的中国，向国际社会解答好"我们从哪里来，我们向何处去？"这个根本性历史命题，讲述中国的发展与奥秘，分享中国智慧与经验。丛书第一辑共20种（中外文版40本）已全部出版发行，第二辑共11本。其中郑必坚著《中流击水：经济全球化大潮与中国之命运》由布什中美关系基金会赠送给包括多位美国前总统和其他政要、学者在内的基金会成员及其他相关机构成员，对于增进美国对中国的了解，消除误会和偏见发挥了一定作用。新星出版社策划的"丝路百城传"系列是以图书参与"一带一路"倡议这项伟大事业的文化探索，目前已经出版了中国、俄罗斯、阿根廷、意大利、立陶宛等国家的17个城市的城市传记，为加深丝路国家和地区间文化交流、促进文明互鉴作出贡献。

二、文化类出版物的外译出版

文化类对外出版物主要包括用外文出版的中国传统和当代文化、古今文学艺术、对外汉语教学等类别的图书，旨在回答国外受众的如下问题：中国文化何以能够成为世界文明史上唯一没有中断的文明？当代中国人是如何思考和生活的？

在共和国成立后的社会主义革命和建设时期，文化类作品的对外翻译出版作为政治类出版物的有益补充，也取得了一定进展，但由于受政治运动，特别是"文化大革命"的影响，缺乏连贯性和针对性。改革开放以后，随着中外交流的快速扩大，外国受众对中国文化信息的需求大大增加，出现了以"熊猫丛书""大中华文库"等为代表的系统对外译介中华文化的精品工程和以"中国文化与文明""环球汉语"等为代表的中外合作译介出版中国文化的大型项目，中国文化的对外翻译出现了一个高潮，并持续至今。

（一）中国文化类

习近平总书记指出："中国特色社会主义文化，源自于中华民族五千多年文明历史所孕育的中华优秀传统文化，熔铸于党领导人民在革命、建设、改革中创造的革命文化和社会主义先进文化，植根于中国特色社会主义伟大实践。"中国共产党高度重视中华优秀传统文化，在中国革命、建设和改革中，一贯继承、弘扬、提升中华优秀传统文化。帮助外国人了解当代中国，离不开对外翻译和传播中国的传统文化。

1994年立项的"大中华文库"是我国历史上首次采用中外文对照形式，全面、系统地向世界推介中国文化典籍、弘扬中华民族优秀传统文化的国家重大出版工程。它囊括了我国文史哲的经典之作。外文局所属的外文出版社、新世界出版社等积极参与策划并实施这个国家级项目，全国30多家出版社先后参与其中。第一阶段用22年时间出版了110种经典的汉英对照版图书，共207卷，1亿字。2007年启动了第二阶段多语种编撰项目，委托外文出版社集中组织申报实施，并于2011年开始得到国家出版基金的持续资助，以汉语与英、法、俄、西、阿、德、日、韩、葡等语言双语对照形式出版其中最经典的典籍共计193种。2018年又启动第三阶段，即"一带一路"沿线国家语言对照版的翻译出版计划，第一批启动84种，涉及29种语言。这套丛书在翻译出版上也采取了一种全新的模式，各个出版社通过组织中外译者翻译和购买已有译本版权等方式，集纳了国内外最优秀的译者之作，确保外文译本的翻译水准。

2011年，新闻出版总署对"大中华文库"出版工程给予了表彰。当年"天宫一号"发射成功，"大中华文库"被中央领导比作文化对外传播领域的"天宫一号"。我国国家领导人在出访时多次将丛书作为礼物馈赠给外国政要，丛书成为国家的文化名片。

"中国文化与文明"系列丛书是中国外文局和耶鲁大学出版社的一项大型合作出版项目，始于1990年，迄今已出版了10个选题。这是迄今为止中美之间规模最大的合作出版活动。1997年开始，中美学者共同撰写的《中国绘画三千年》《中国古代建筑》《中国文明的形成》《中国古代雕塑》《中国书法艺术》《中国陶瓷艺术》《中国丝绸艺术》等多部图书的中、英文版陆续出版，创建了一种前所未有的中外学者合作撰写出版模式。这套丛书出版后，陆续获得"中国国家图书奖""美国霍金斯图书奖"等出版奖项，在2008年北京奥运会期间，荣获国际奥林匹克休战基金会颁发的"拓展奖"。同时该套丛书的多个项目被翻译成其他欧洲和亚洲文字出版。

全面系统介绍中国学术研究成果的"学术中国"系列也

在21世纪第一个十年前后由外文出版社陆续翻译为英文出版，包括《中国通史纲要》《中国哲学史》《中国现代文学史略》《中国古代科技史》《西藏发展史》等17部著作，其中不乏本领域的奠基之作。许多研究中国的外国学者都全套收存了这套丛书。

中华传统医学一直深受国外受众青睐。《本草纲目》英文版全六册于2003年由外文出版社出版。这部历时十载编译、洋洋500余万字、六大卷的巨著是《本草纲目》这部中医经典著作的首部英文全译本（罗希文译）。为了帮助外国读者领会中华医学的精髓，译者添加了大量帮助读者理解的注释和附录。该书已经被国内外很多中医院校列为教学参考书。由国医大师程莘农院士主编的中国第一本国际针灸教程《中国针灸学》英文版由外文出版社在1987年出版后，一版再版，成为世界上学习和研究中国针灸医学的必读图书。20世纪90年代仅美国针灸学会的三千多名会员就人手一册。这本书目前已有27种语言版本，为中华传统医学的对外介绍立下汗马功劳。

图文并茂的大型画册是人们了解他国的重要媒介。2009年外文出版社出版的《从甲骨文到E-publications——跨越三千年的中国出版》是我国第一部多语种、全面介绍中国出版文化史的权威作品，其内容系统权威、设计独特考究，获得2009年"中国最美的书"称号和2010年国际设计大奖——德国"红点设计奖"。外文局两位记者骑车沿京杭大运河采访而成的《漫游中国大运河》于1987年翻译出版后，在国内外掀起了大运河热。朝华出版社出版的《古都北京》中英文版荣获1987年法兰克福、1988年莱比锡两项国际图书荣誉奖，

《宝藏——中国西藏历史文物》中英文版和汉英对照的《中国戏曲画脸全谱》分别荣获第六、第七届中华优秀出版物图书提名奖。中国画报出版社配合重大时间节点出版的中外对照主题画册，如《永恒的友谊：国际友人援华抗日映像》《百名摄影师聚焦脱贫攻坚》等，一直以权威的文字和图片赢得海内外读者关注。

（二）古今文学类

文学作品历来是对外翻译的一个重要方面，也是帮助外国受众了解中国共产党文化艺术方针的一个重要渠道。20世纪60年代，在中央领导同志的鼓励下，外文局作为"国家对外宣传的外文书刊统一的出版机构"，曾经制定过将中国文学系统地介绍给世界读者的庞大翻译出版计划，但因为受到"文化大革命"影响，只有部分付诸实施。据统计，1949—1966年间外文出版社翻译出版的英文版中国文学作品共计171部，包括古典文学、民间故事、现代名作和红色经典，其中重点是当代文学作品（倪秀华，2012：25-26），形成了新中国第一次文学对外翻译的小高潮。

改革开放以来，党的"百花齐放"方针激发了大量文学新作。1981年在杨宪益先生提议下启动的"熊猫丛书"用英、法、日、德文翻译出版了200余种，把中国文学的对外翻译推向了一个前所未有的高度，在海内外享有盛誉。同时，《红楼梦》等四大名著和《儒林外史》等经典作品，也在改革开放后陆续对外出版。以王蒙为代表的作家创作的大量文学作品被展示在外国读者面前。中国文学对外译介进入了第二个高潮。许多中国文学作品成为西方大学里东亚文学课程的教材。意大利、英国和中国合作拍摄的电影《末代皇帝》也是先向外文出版社购买了《从皇帝到公民——我的前半生》(*From Emperor to Citizen*) 英文版改编权之后才真正开始的。据统计，1980—2009 近 30 年间，我国用外文共出版了 993 种文学图书，约占整个中国文化外译图书总品种的 10%，比前 30 年的 190 种有了大幅度的提升（何明星，2012：22）。

进入 21 世纪，中国政府和出版系统采取多种措施支持中国文学的对外交流，越来越多的中国作家引起国际关注，中国文学翻译的文种比以往更多，版权输出的国家更多，涉及的出版社和作者也更多，中国文学的对外翻译出版出现了第三个高潮。外文出版社策划出版的"21 世纪中国当代文学书库"、其与人民文学出版社合作推出的"路灯"系列；新世界出版社与作家出版社合作推出的"中国文学"丛书；海豚出版社推出的"中国儿童文学走向世界精品书系"等多语种图书是这一轮高潮中的几个亮点。

（三）**对外汉语教学类**

语言作为文化的载体，是一个国家软实力的核心。因此，世界主要国家都提出并实施了语言对外传播战略，以树立良好的国家形象，提升本国文化的国际地位和影响力。早在 20 世纪 50 年代初，随着第一批东欧留学生来华，我国的对外汉语教学出版物的编写出版工作也随之开始。改革开放以来，随着中外各方面交流的扩大，出现了不断升温的全球"汉语热"。20 世纪 80 年代初以外文出版社出版的《基础汉语课本》和商务印书馆出版的《实用汉语课本》等为先导，面向国内外发行的多语种汉语教材开始出现并逐渐增多，在过去 20 年左右达到高潮。外文局较早关注到这个新兴出版领域，于 1986 年成立了专业从事对外汉语教学图书出版的华语教学出版社，迄今为止已出版对外汉语教材一万多种，在语种和版权输出数量方面一直占据国内领先地位。

华语教学出版社与美国耶鲁大学出版社共同开发、联合制作的"环球汉语——汉语和中国文化"多媒体系列汉语教材是对外汉语教学领域中外合作的经典范例。该教材一改传统的对外汉语教材的教学方法，创造性地以一套在中国各地实景拍摄的高清 DVD 剧集为核心，辅以纸质书、DVD、配套网站等多媒体立体化形式，创造了一种全新的趣味性、沉浸式学习环境，非常符合海外人士的学习心理和习惯，受到国外大中学校师生的高度评价。该项目于 2007 年正式启动，中美双方团队历时 5 年多、投入 300 余人联合制作，于 2013 年推出第一册，之后陆续推出第二、第三册，是对外汉语教学领域权威、领先的教学产品。华语教学出版社出版的《中学汉语》《华语阅读金字塔》等 150 余种教材通过竞标进入美国佐治亚、得克萨斯等多州教育厅中小学教材推荐目录。

三、结语

需要说明两点：一是我国的政治和文化类著作的对外译介是新中国成立 72 年来对外翻译出版事业中一直延续的两大主题，但改革开放以来，特别是进入新时代以来，随着我国综合国力的全面提升和各领域中外交流的深入，科技、教育、体育、军事等各个领域成果的对外译介出版也越来越丰富，限于篇幅本文没有涉及。二是我国的对外翻译出版是我们在处于文化和话语弱势，以及能够承担汉译外的外国人员严重不足的情况下采取的"送去主义"（季羡林语）模式，虽然在针对性方面存在一定的局限，但是在系统性、权威性和准确性等方面胜于海外自发出版的中国主题图书，在过去 70 余年里配合党和国家的外交、外宣方针和政策，在对外讲述真实的中国、促进中外文化交流、提升中国的国际影响和地位方面发挥了重要作用。

21 世纪以来党和政府加大了对出版业对外开放的战略规划和支持力度，陆续推出中国图书对外推广计划（2004）、中国文化著作翻译出版工程（2009）、经典中国国际出版工程（2009）、中华学术外译项目（2010）、丝路书香工程（2014）等一大批支持翻译、出版中国的工程项目，越来越多的海外学术、出版机构开始主动与我们合作，将我国政治、经济、文化、科技等领域的优秀成果翻译成本国语言出版。

外文局除在海外布局的 26 家分支机构外，其旗下各出版社还与全球 41 个国家的 61 家知名出版机构合作建立了 69 家中国主题图书海外编辑部，与国外出版机构共同策划、编辑、翻译、出版、发行更多中国主题图书，提高本土化出版发行能力。越来越多的国内出版社也开始发力"走出去"，加大与国际出版机构的版权交流和出版合作。在继续主动开展对外翻译出版的基础上，国际合作出版将成为我国对外翻译出版事业的下一个重点和亮点。

参考文献

[1] 郭选. 外文局与毛泽东著作的出版 [A]. 共同走过的路——"我与外文局"征文选 [C]. 北京，2009.（内部材料，未出版）

[2] 何明星. 中国文化对外翻译出版发展报告 2012[R]. 中国翻译协会、北京外国语大学. 北京，2012（内部材料）.

[3] 倪秀华. 建国十七年外文出版社英译中国文学作品考察 [J]. 中国翻译，2012（5）.

[4] 汪祖棠、过桔新、房永明（编）. 外文出版社 50 年历程（1952—2002）[C]. 北京：外文出版社，2002.

[5] 周东元、亓文公（编）. 中国外文局五十年史料选编（一）[C]. 北京：新星出版社，1999.

从一位阿富汗官员的经历看
对外翻译出版的影响力

原文发表于中国外文局官网（2021年7月18日）。

刘少奇《论共产党员的修养》一书英文版在1951年由外文出版社翻译出版，并发行到100多个国家和地区，为向世界人民讲述中国共产党的故事发挥了重要作用，其影响之大超乎我们想象。

1978年，国家林业总局刚刚从农林部划分出来，外事活动多，翻译人员少。那个年代，改革开放即将起步，许多单位都面临外事人员特别是翻译人员不足的难题。在许多部委和机构中流传着外文局翻译水平高、人员多的说法，于是大家纷纷到外文局调用翻译。我曾被原农林部借调过，林业总局外事司从农林部外事局独立出来不久，就来函借调我去参加联合国粮食及农业组织来华林业考察团的接待工作。那一路上发生了许多有趣的故事，最令我难忘的是一位阿富汗官员的经历。

考察中国的林业工作，不能不去黑龙江。考察团抵达牡丹江市后，市政府举行了招待晚宴。晚宴结束后不久，服务员给我打电话，说有一位外宾还没有回房间。成片的高大雪松点缀在宾馆大院里,我拿着手电筒到一棵大树又一棵大树下查看,很快看到一位来自阿富汗的考察团成员坐在一棵大树下。他年轻帅气,身材魁梧高大。这位团员平时话很少,在各个参观点和座谈会上,大多数时候都是在看、在听,从未发言。看我坐在他旁边,他逐步对我打开了话匣子。

他说,他以阿富汗农业部长的身份来中国考察林业发展,但是他的心思并不在林业上,他还是阿富汗执政党人民民主党的政治局委员,作为党的领导层成员,他需要考虑的主要不是林业如何发展,也不是农业如何发展,而是党的前途命运。他说,在许多问题上,党内的看法差异很大,导致领导层存在严重分歧;这几天他虽然人在中国,但整天考虑的都是党内斗争和党的前途。

他的这番话令我暗暗吃惊,没想到在这个来自20多个国家的30多位农林领域官员考察团中,居然有一个政治上的大人物。于是,我的兴趣也浓厚起来,耐心地听他叙述,时不时插话询问。

我把话题转到他如何成为人民民主党政治局委员上来。他说,他在上学时读过中国和苏联出版的一些书,还问我有没有看过刘少奇写的《论共产党员的修养》,他就是看了这本书才下定决心成为一名共产党员的。我追问他,这本书是中国出版的吗?他说他看到的许多书,特别是毛主席、刘少奇的书,都是一家名叫"外文出版社"的中国机构出版的。听到这里,我突然觉得外文出版社翻译出版工作的伟大。《论共产党员的修养》就是外文出版社1951年出版的。当时对我们来说,翻译出版似乎就是例行公事,海外读者距离我们很远,没想到我们的工作对周边国家有着这样的影响力。

从"翻译世界"到"翻译中国":历史的必然

原文为 2021 年 9 月 4 日在中国国际服务贸易交易会首届全国文化出口基地论坛上的发言。

100多年前,通过翻译,大量外国文学作品进入中国,那时几乎没有中国人从事中国文献的对外翻译。100多年前,通过翻译,《共产党宣言》进入中国,从一个角度催生了中国共产党的诞生和成长。人们常说,十月革命一声炮响,给中国送来了马列主义。其实,翻译,以文字形式,也给中国送来了马克思主义和列宁主义。

40多年前中国开始实施改革开放,中译外的项目有所增加,但内容大多局限于各地旅游文化介绍、招商引资材料。就整个翻译行业而言,人们完成更多的还是外译中。这是改革开放带来的翻译机遇,中国有太多的东西需要向外国学习,有太多的技术需要从外国进口。我记得20世纪70年代有人托我翻译电子笔的说明书,有人找我帮忙翻译电子计算器说明书,后来还有人找我翻译先是单卡,后来是双卡的录音机说明书,等等。

外译中,在此我们把它统称为"翻译世界",还要继续。作为一个学习型大国自身的需要和不同文明互鉴的必要,"翻译世界"将永远充满活力。但是进入21世纪以来,一个新的现象开始出现,这就是把中国的文化、历史、经济、时政、技术、生活各个领域对外翻译。近年这种现象已经成为一种大势所趋,力度越来越大,我们把这种现象称作为"翻译中国"。

从"翻译世界"到"翻译中国"是一种历史的必然。对于中国,这是国力提升的反映,对于广大中国译者来说,则是一种时代的使命。

"翻译中国"的兴起是由中国特定的文化背景、特有的文明史,以及今天我们面对的特殊国际环境所决定的。国际上有人需要了解中国,要跟中国交朋友、做生意,常来常往,自然有了解中国各个方面的需求。这种来自多渠道的了解需求随着中国的复兴变得越来越迫切,"翻译中国"自然成为一股潮流。

一、谁来担当"翻译中国"的重任

按照翻译界的规律和逻辑,人们最擅长的是把外语翻译成母语。一旦明白外语的意思,译者很容易找到恰当的母语再现外语的含义。所以,长期以来,中国翻译界形成了从事外译中的强大队伍,积累了丰富的经验,产生了巨大的实践成果。

而中译外应该是懂中文的外国译者的责任。的确,在19世纪就有在华西方传教士开始了中国古典作品的外译。就是在今天,也还是有许许多多外国学者辛苦地把中文翻译成外文。《习近平谈治国理政》自2014年出版发行以来,除中国自主翻译出版的8个外文语种外,其余20多个语种均由外国学者完成翻译的。

同时,我们也面对一个残酷的事实,从事中译外的外国学者人数极为有限,以至于那些翻译了《习近平谈治国理政》第一卷的学者,至今尚无法完成第二卷的翻译,更顾不上翻译第三卷了。一本书就让外国译者忙不过来,更不要说浩如烟海的其他中文作品了。如今还有大量影视多媒体产品需要翻译。

此外,我们不喜欢看到又无法回避的一个事实是,由于文化社会背景的不同和意识形态的差异,外国译者也无法令人满意地完成中译外的重任。更为令人担忧的是,近年发现有些外国译者故意曲解中文的原意,歪译或者恶译中文原文,以图达到在国际上丑化、污化中国的目的。如此,中译外的重担就历史性地落到了中国译者的肩上。

二、中国译者是"翻译中国"的主力军

中国译者生长在中国文化的土壤,生活在当代中国的社会环境,良好的中文功底让他们对于中文的理解具有天然的优势,这就具备了在翻译过程中忠实传达中文原意的基础。广大译者的家国情怀和时代担当让他们勇敢地挑起了"翻译中国"的重担。近些年,无论是文化的对外传播、中国国际话语体系的构建,还是在"一带一路"建设中,中国产品、中国技术和中国标准"走出去",中国译者都是响当当的主力军。

中国译者从事中译外,需要不断提高实践能力。中国译者的优势在于对中文的理解,需要特别注意能够"走得进去,跳得出来",形成融通中外的译文。中国译者必须了解外国受众的思维和阅读习惯,做翻译时要设想外国受众的接受效果,

要让外国人能够听得清楚、看得明白。他们对我们的译文是否会正面理解，还是会产生一大堆疑问？尤其是那些完全不懂中文，没有学习过中国历史，不了解中文文化，也没有来过中国的外国人是否能够理解我们的译文所要表达的信息？中国译者要避免"一翻了之"和想当然的做法。

同时，必须看到，由于"翻译中国"是新世纪的新任务，来势猛，发展快，而传统的翻译教育又是以外译中为主，无论从人数和质量上都无法完全满足现实需求。国际通用语种英文翻译人才队伍规模相对而言比较大，锻炼机会多，在许多单位形成了合理的梯队。但是，非通用语种由于教育基础相对薄弱，人才储备机制不健全，大多数语种还没有形成有力应对当今需求的局面。

以中国译者为主，不等于排斥外国译者。恰恰相反，最佳的翻译效果是中外的结合。中国译者对原文的含义理解透彻，但外语再好，毕竟不如母语自如，中外结合是"翻译中国"的必备条件和质量保障。由于中国译者人数多，外国译者人数少，自然中国译者成为首译者的情况多。为了保障译文表达方式贴近外国受众的思维习惯，请外国译者或者语言专家进行润色是当前最为可行的办法。当然，有些文学作品，条件允许的话，由外国译者初译，效果可能更好。在培养中国译者的同时，也需要发掘和培养理解我国国情、热爱中译外的外国译者，不断壮大外国人的中译外队伍。

三、构建"翻译中国"国家队十分迫切

"翻译中国"既然是长期任务，就需要一支能够胜任的国

家队伍。"翻译中国"内容广泛，需要译者内知国情，外晓世界。

使用好中译外人员，需要政治上和生活上的关心。要让译者深刻理解党和国家大政方针，给他们学习和提高的机会，及时传达上级的指示。译者学好，才能翻好。

需要加大中青年高端翻译的培养力度。长期以来，外语教育重视培养学生的语言能力和对外国文化的了解程度。这当然是打好外语基础不可或缺的措施。然而，时代的变化需要培养更多能够从事中译外的后备人才。这就要求在课程设置和实习实践方面适时作出调整。

谈到翻译专业教育，必然涉及翻译教师实践能力的提高。大多数情况下，教师的评审和晋升依据的是他们的学术研究能力，而不是翻译实践能力。传统的评价体系影响了教师参与翻译实践的积极性，从而导致实践型翻译教师数量的不足。

人才培养是一个完整的体系，需要一整套有利于高校教师热爱翻译、参与翻译的体系，提高中译外人才的培养能力。只有大学教师的对外翻译实践能力提升了，参与翻译实践的荣誉感增强了，高校才有可能培育出更多的实践型中译外人才。

翻译国家队建设要求译者自身要强，新时代译者应该"胸怀祖国、政治坚定、业务精湛、融通中外、甘于奉献"。译者追求的是中国文化的有效外译，中国对外话语体系的构建，自身职业素养的提高和专业化的水平。

四、增强社会对"翻译中国"的认知和支持

中译外人才说到底是中国国际传播能力提升的重要支撑力量。世界上有 70 多亿人口，真正懂中文的外国人则凤毛麟

角。目前,中国的观念、中国的文化难以用中文进行有效的对外传播,外语是讲述中国故事的关键渠道。

首先需要尊重和恰当使用译者。不是所有的译者都喜欢或者擅长从事中译外。如果有中译外的任务,从一开始就应该选择能够胜任中译外的译者,而不是随意找个懂外文的人即可。译者不应该成为召之即来、挥之即去的语言工具,而是国际传播的主力军。译者习惯于对原文提问题,不是他们偏爱挑刺,而是在话语转换过程中,需要追根问底,明白文字背后的真实含义,再考虑到不同文化之间的差异,才能构建起两种不同文字以及两种不同文化之间沟通的桥梁。各方应该帮助译者解答问题,提供他们架设沟通桥梁的工具。

其次,建设国家翻译队伍需要在物质和精神两个方面提供保障。中译外难度大于外译中,然而,事实上翻译报酬极为有限。翻译按照字数领取报酬,如果是出版物,还要等图书出版后才能领到报酬,这段时间少则几个月,多则数年。做翻译时的生活成本低,等几年后领到报酬时,生活物价早已不同。翻译工作往往集中在大城市,大城市生活成本高,很多翻译反映,仅靠翻译报酬难以体现自身价值。高端翻译看到其他领域的专业人才的收入,自然难以安心长期从事对外翻译。中译外队伍难以留住人才,大学翻译专业毕业生不愿意到中译外岗位就职,这种现象亟待改变。必须承认,中译外是一种特殊专业技能,高端中译外人才属于特殊人才,特殊人才自然需要特殊待遇。我们需要面对现实,制定对应政策,让翻译感受到从事这个行业的幸福感。

新技术的出现大大方便了翻译产业化,是对人力不足的巨大补充。然而,在当前,人工智能翻译更多地用在外译中上。中译外任务中那些中国特色突出、保密性高、表述需要绝对准确的任务,尚无有效的翻译技术给予帮助。一方面要积极开发技术,另一方面又不能完全指望技术。人的因素、人的素质仍然是做好中译外的第一要素。

　　培养和使用好中译外力量是全国的事情,而不是翻译界自己的事情,是关系到做好国际传播、讲好中国故事的根本大计。站在国家角度看,中译外强,则软实力强,国际传播能力强。

第二部分

国际传播与文化交流

全球化与中国对外宣传面临的机遇与挑战

原文为 2004 年 12 月中央党校省部级干部进修班（36 期）上的发言，略有删改。

经济全球化和社会信息化为我国的和平发展带来了难得的机遇，同时也提出了严峻的挑战。中国在政治、经济、外交、生产、生活等各个方面都引起全世界的关注，这对我们的外宣建设提出了更高的要求。

一、做好新时期的大外宣是党的执政能力的组成部分

当前我国迎来了大外宣阶段，也就是说，外宣受众不再局限于传统上研究中国问题的少数外国专家和来华人员。随着信息技术的发展，我们的受众不仅仅是 13 亿中国人，而很可能是 23 亿、33 亿，甚至更多的国际受众。我们在宣传上面对的新形势和新要求，都需要我们做到以世界的眼光观察事物，以国际通用的语言来阐述观点。这里所说的国际通用的语言主要不是指外语，而是外国人能理解的表达方式，也就是要按照中央文件中所指的"外宣三贴近"的原则，即贴近中国发展的实际，贴近国外受众对中国信息的需求，贴近

国外受众的思维习惯的原则做好宣传工作。

毋庸置疑，目前的实际情况距离"外宣三贴近"的要求还有很大差距。时代需要我们更加有效地做好专门针对外国受众的宣传。同时，考虑到内宣和外宣的差别及界线日益缩小和模糊，本来面对国内人民的宣传也具有了越来越多的外国受众，从事对内宣传工作也需要更加具有世界眼光。能否做到这些，绝不仅仅是一个技术问题，而是把握先进文化的前进方向的组成部分，是加强党的自身建设，站在更高的角度提高执政能力的一个重要组成部分。这也是我们党从一个革命党转变成执政党，而且是长期执政党，需要解决的又一个新的课题。

二、正视对外宣传工作面对的新形势、新挑战

首先我们必须明确，在夺取政权的长期革命中，特别是在战争年代，我们的宣传任务主要是揭露敌人，鼓舞斗志。当时，真正解决问题靠的是枪杆子，相比之下，宣传工作的分量要轻得多，并且，当时国内受众文化水平普遍较低，思想宣传工作的方式相对简单。

而今天，我们面对的国际受众情况截然不同。第一，他们的文化传统不同，因而思维习惯不同。第二，长期以来，外国受众，尤其是西方受众，受冷战思维的影响，对我国充满误解，往往不能从正面去理解我们的宣传。第三，中国的发展令一些国家不知所措，甚至难以接受，"中国威胁论"将长期伴随中国的发展和进步。第四，尽管外国人对中国兴趣越来越浓厚，但他们对中国真正的了解十分有限，这种天然

的无知也妨碍他们听懂我们的语言。

因此，常常出现以下情况：我们所做的正面宣传，包括我们的媒体宣传和对外交往中的讲话，他们经常误解；我们的正话他们反听；中文里约定俗成的词句令他们无所适从。比如，我们说"要努力建设文明卫生城市"。有些外国受众就想象，我们的城市现状"一定是又脏乱又野蛮"，从而"不宜居住"。再比如，我们说中国建设的是"社会主义市场经济"，有些外国受众就以此为由称："你们自己都不承认你们搞的是全面开放市场经济，怎么能让我们承认你们是全面开放市场经济国家呢？"

从上述例子我们可以看到，由于我国国际影响的日益增强，我们今天面对的受众不再局限于充满革命激情的广大人民群众，而是日益扩大的外国受众群体。这就使得我们传统的正面宣传工作难以满足现实的需要。我们必须接受这样一种现实：国际受众，也就是我们的宣传对象，包括一大批对中国的历史和现状知之甚少、充满误解且常戴着有色眼镜看中国的人群。他们出于自身利益，对我们难免持有怀疑心理，而他们整天接受的西方宣传又常常是对我们的歪曲，甚至攻击。

我们在解疑释惑的同时，还要面对财力雄厚但不一定对华友好的外国媒体。除常驻中国的外国记者发出的大量报道外，国外媒体还经常派来参访小组进行专访。据报道，英国《卫报》2004年10月派出15人的采访团到中国，在11月初用了60多个版面报道中国。英国《泰晤士报》2004年上半年出过两期关于中国的专版报道。一方面，我们可以相信，英国人写的报道肯定更能回答英国读者的问题，针对性更强；

另一方面，我们也不得不担心，这么大量地报道中国，一旦有误，影响也会很大。还是英国《卫报》，2004年11月22日的文章就称"中国的成就经常被夸大""中国也不能保证能成为世界强国""如果只是照目前的情况发展下去，中国与印度或巴西，表面上看来并没有什么不同。"11月13日英国《经济学家》杂志有一篇文章称"中亚普遍存在恐华症"。可见我们在宣传上面临的挑战是多方面的，也是巨大的。

三、提高自身国际化素质，把握对外宣传的主动权

第一，要从牢牢把握先进文化的前进方向和加强党的执政能力的高度加深认识。我们的宣传工作事关我国的国际形象，对争取国际社会对我国和平发展事业的理解，在世界范围内赢得支持，对引导国际受众正确认识中国特色社会主义具有十分现实的意义。这越来越成为我国发展大业不可或缺的一个环节。因此，应该从加强我党执政能力的高度认识做好新时代宣传工作的意义。对内要强调按照中央的要求，做到"坚持团结稳定鼓劲、正面宣传为主，……进一步改进报刊、广播、电视的宣传，把体现党的主张和反映人民心声统一起来，增强吸引力、感染力"，对外要做到"坚持用宽广的眼界观察世界，提高科学判断国际形势和进行战略思维的水平"。要让我们的对外宣传像我国的整体外交工作那样真正做到"审时度势、因势利导、内外兼顾、趋利避害"。我们的一言一行不仅要从全国的形势和需要出发，还要考虑到国外的大环境，做到立足中国现实，面对世界受众，讲国际化语言。

第二，要做到用宽广的眼界观察世界，引导国际受众正

面理解我国，必须了解国外受众的思维习惯。要使我们的宣传具有较强的针对性，避免误解，我们必须加深对国外受众思维习惯的了解。比如，世界发达国家生活节奏比较快，大型会议比较少，那里的人们不习惯阅读长篇大论的讲话；他们也不习惯我们国内比较常见的"穿靴戴帽"式的发言。新加坡《联合早报》2004年10月2日的一篇报道就用了《国际场合套话连篇，中国市长不会讲话》的标题。该文批评9月26日至27日在我国江苏省南通市举办的"首届世界大城市带发展高层论坛"上，许多中国市长的发言讲宣传的多，讲问题研究的少，总结起来就是一句话：我市形势一派大好。相比之下，其他国家的市长基本上是有一说一，用非常简练的语言描述自己城市的特色或特别值得借鉴的东西。我们需要认真研究国外受众的思维习惯，学会熟练地跟国际受众进行思想上的沟通，让我们的对外宣传真正起到消除误会、化解矛盾、树立形象和激发好感的作用。

第三，要落实"外宣三贴近"的要求，满足国外受众对中国信息的需求，各地方各行业的宣传必须各有特色。长期以来，我们习惯按统一的口径面对一切受众。在大的原则问题上，各地方各单位的宣传必须与中央精神保持高度一致，但绝不应该忽视在方式方法上突出自己的特色。如果从中央部委到地方省、市、县一直到乡一级的材料都谈加强党的执政能力，而很少结合各自所从事的具体工作，除去少数研究执政能力的国外学者之外，如何能满足外国受众了解中国建设和文化发展的需求呢？我们经常在电视上看到这样的镜头：谈到"三农"问题或解决农民工工资拖欠问题，往往是农民排队卖粮，卖粮后点钞票，或是农民工排队领工资，领到工资当众点钱。然而，这种镜头在外国受众看来过于简单化，他们得出的结论可能不是中国的形势好，而是农民生活困难。如果能让拿到钱的农民谈谈挣钱后的打算，或展示一下他们的消费，外国受众可能会感到更加真实和亲切。

第四，宣传工作要达到积极效果，必须全面体现"三个文明"建设，体现"以人为本、依法治国"的方略。《中共中央关于加强党的执政能力建设的决定》指出，要"有效发挥司法机关惩治犯罪、化解矛盾和维护稳定的职能作用"。一方面，党的十六大制定了依法治国基本方略。依法治国不仅是一个涉及政治建设和政治体制改革的概念，更是要在政治、经济、文化等各个领域坚持贯彻法治思想，不断推进国家政治、经济、文化、社会生活等各个方面的法制化和规范化。我国社会各界都在认真贯彻、全面落实依法治国基本方略。另一方面，西方发达国家的司法制度十分复杂，有时看上去甚至是在保护犯罪，但确实也有比较人性化的一面。无罪推定、减少或取消死刑、用痛苦较少的方式执行死刑等做法值得借鉴；有些虽不适合我国的国情，但也值得研究。

在我们的宣传中，有些做法可能过于传统化和简单化，没有体现中央决议中为司法机关设定的三大功能，没有跟上我国全面落实依法治国、建设社会主义政治文明的步伐。比如，电视镜头中过多地反映公安干警深更半夜抓捕罪犯，将犯罪嫌疑人从被窝里揪出来，按倒在地的情景。这本没有什么不对的地方，的确有助于以正压邪，能让群众出气、产生安全感，对潜在的违法者也有某种程度的威慑力。但我们如果放开眼界思考一下，这种镜头频繁出现，是否能够全面反映我国的法治建设呢？经常有外国朋友反映，国外的受众不太接受这种镜头。从政治文明建设和依法治国的角度，我们应该以更新的眼光，在宣传手段上力求有所创新。

我们在对外宣传上近年来取得了令人鼓舞的成绩，对内宣传也越来越重视通盘考虑国内和国际因素，这对介绍一个真实的中国发挥了巨大的作用。但是我们从上述例子也可看出，与中国在外交和经济上的国际影响力相比，在某些地方、某些场合，对外宣传有时显得跟不上形势发展和时代要求，导致宣传报道方面与经济快速发展之间的不平衡现象。其实这不足为怪。早在1857年，马克思就指出了文化发展与经济发展的不平衡关系。经济发达不等于文化必然发达，经济落后不等于文化处处落后。现在，我们有了较好的经济基础，关键是要下大力气，真正落实党的十六大提出的"要牢牢地把握先进文化的前进方向"。

要使我们的宣传报道和对外交流成为我国先进文化的一个组成部分，我们就必须树立面向现代化、面向世界、面向未来的社会主义文化观，更加主动和细致地了解外国受众的思维习惯，将正确引导舆论的任务和外国受众对中国的信息需求结合起来，用他们容易理解的方式讲述中国故事。要努力使我们的宣传成为展现民族精神的旗帜和反映国家进步、介绍社会发展的载体。在外宣方面，特别要注重解疑释惑，贵在提供全面鲜活的信息，产生积极效果。做好这一点，将是我们党执政能力不断加强的体现；做好这一点，需要刻苦钻研的学习精神、实事求是的科学态度、不断完善的沟通技巧，同时也需要全社会的广泛理解和支持。做好大外宣时代的宣传，树立中国良好的国际形象，营造对华有利的国际舆论环境，任务光荣而艰巨。

建设首都国际语言环境

原文为 2009 年 5 月 27 日北京市规范公共场所英语标识工作交流会发言。

在我看来，国际语言环境至少包含两个方面：一个是外语使用情况，比如外语使用频率、语种多少、水平程度等等；另一个是语言在国际交流和沟通中的有效性，即主人说的话客人能否完全理解。第一个方面是国际语言环境建设的基础，第二个方面则是对国际语言环境建设的更高要求。

一、首都国际语言环境建设的良好机遇和坚实基础

首都北京已经确立了自己国际大都会的地位，如今正是国际语言环境建设的最佳时机。这里不仅有世界上少数几个最庞大的外交使团、各种国际文化和商业常驻机构，还有 10 多万外国朋友在这里生活、学习、工作，每天更有上万外国游客川流不息，来往于北京和世界其他城市之间。

北京既有世界闻名的古代和近代建筑，也不缺少国际一流的办公楼、宾馆和会议中心。北京高等学府、科研院所、涉外机构林立，专家学者众多。北京还拥有国内最多的外语

媒体，既有中央级的电视、广播、网站、报纸、杂志和出版社，也有市级的外语媒体，还有各行各业以及常驻北京的外国人办的报刊。

如果衡量一个城镇的城市化建设水平需要看其普通话的普及程度，那么，对于北京这样的大都会，外语的普及程度就自然成为检验其国际化的一个标准。有专家曾经这样评价日本东京的国际化程度，说在东京听到和看到的每七句话就有一句是英文。我没有足够的资料来证实这个结论的准确性，但是日本产品的外文说明书足以证实其外语使用的普及度和准确度。很多人都有这样的感觉：买日本产品，看说明书的中文部分不如看英文清晰明白。

近年来，北京的国际语言环境建设发展相当迅猛。2008年奥运会成功举办后，北京已经形成了讲外语、讲正确外语的浓厚气氛。通过公示语的改进，北京的国际语言环境不仅在中国名列前茅，在世界大都会中也位居前列。

二、首都国际语言环境建设任重而道远

在经济全球化和信息网络化的时代，一个城市乃至一个国家的经济发展和科学技术水平在很大程度上受到语言国际化程度的影响。印度软件业的发达得益于印度人普遍较高的英语水平，我国香港和台湾地区的经济发展在很大程度上也得益于较高的国际化教育程度和外语水平。可以简单地说，一个城市的国际语言环境越好，越有利于其教育、科技和经济发展。

然而，语言环境的建设难度远远超过现代化大楼、街道

等公共设施的建设，需要强烈的国际意识、现代化的教育体系、改进自身条件的强烈愿望以及持之以恒的努力，更重要的是政府的坚定信念和保障措施。

我们在看到北京国际语言环境大幅度提升的同时，还要看到环境建设的长期性。比如外国客人来到这里，能否用外语订到合适的宾馆，能否从网上查到国际水准的文艺演出信息，能否在博物馆、公园等公共场所看到、听到准确易懂的外文介绍。

最近，有一个国内机构邀请两位美国学者，告诉他们具体地址和附近的宾馆。然而，距离最近、交通最方便的一家四星级宾馆，总机接话员不能用英文回答客人的问询，最终客人只好选择距离远但英文环境好的宾馆。

2009年5月有十几位美国教授和学生来访，他们希望在5月18日看一场文艺演出，并明确说第一选择是到国家大剧院，其次是水立方的水上音乐会。可是，就在这一天，国家大剧院没有适合西方人欣赏的演出，仅有的活动是纪念京剧大师杨宝森100周年诞辰"一轮明月"京剧名家演唱会，显然不太适合这批来华学者。水立方在筹备新的活动，当天不开放，且网站很久没有更新，暂停开放的消息还是从其他渠道了解到的。第三选择是保利剧院，这天的演出是"永远的邓丽君经典金曲演唱会"。到此，我们只能对这批外国客人说抱歉了，这天晚上没有适合西方普通来访者的文艺活动。

此外，北京是真正的国际大都市，来自世界各地、讲各种语言的外国人都有。无论在机场、宾馆，还是商店、公园，如今都可以听到和看到讲外语的外国人，除了英语和日语，他们讲的可能是德语，也可能是俄语。这也说明，在所有场合都用英文已经不能满足所有来京外宾的语言环境需求。当然，在初期，因为各种因素限制，我们只能保证英语环境，但是一流的国际大都市不能只讲英文。

三、国际语言环境建设要从中文表达入手

在改善国际语言环境的努力中，我们过去更多的是从准确翻译入手。准确翻译今后还是一项长期坚持的原则。但是，这还远远不够，时代需要我们跳出翻译这个环节，从中文表达的国际化入手。

2008年，英国外交部曾经联系过我们，反映时任英国首相布朗读了中共十七大报告，但是他有许多地方看不明白，也就是说，我们的官方译文他不能够完全理解。现实中，经常有外国人反映，我们的文章他们看不懂，我们讲的话他们也听不明白，甚至产生误解。

这些不解和误解产生于三个方面。其一，当今时代，外国人比历史上任何时候都更加希望了解中国。中国领导人的讲话，不仅13亿中国人在听，还有众多的外国人在听。这对我们建设国际语言环境既是机遇也是挑战。其二，外国人对中国的了解还十分有限，更不可能知道我们的每句话、每条政策后面丰富的文化和历史背景。其三，我们的表达还不到位，不够国际化，再加上翻译环节有时把握不准确，外国人不能十分准确地抓住我们讲话的精神实质。

要想让外国受众准确地理解我们，我们需要在"中国的内容，国际化的表达"上增强意识，狠下功夫。

第一，要把我们的语言纳入国际话语体系之中。提倡中

文表达的国际化绝对不是崇洋媚外，也不是无原则的一味迎合，而是要掌握并熟练地使用国际话语体系，真正实现跨文化交流。其实，中国人习惯的话语体系和西方人习惯的话语体系，并没有谁对谁错或者哪个更好的问题。话语体系同语言文字本身一样，不过是一种思想表达的媒介。如果把语言文字看作原料，话语体系就是深加工之后的产品。在现代化国际大都市的建设中，我们应该像学习西方先进科学技术和管理方法一样，了解和使用好国际话语体系。道理很简单，就是要把我们自己放到国际大平台上来说话办事。我们要牢记，如今的北京作为一个国际大都市，它的语言受众绝不仅仅是传统意义上的北京居民，而是常驻、临时来访者，或者是身在国外但对北京感兴趣的外国人。

用国际化的语言讲述北京的故事应该成为我们不断改善首都国际语言环境的一条宗旨。2008年奥运会后的北京，必然要在更高的起点上开展对外交流。这是时代赋予首都北京的使命，也是北京的政治、经济和文化地位决定的。

过去，在经济困难时期，有人看到野鸭飞禽，经常会想到抓来吃掉。今天，人们在谈论保护自然，提倡人和动物和谐共存，这说明社会进步了，人们的思维模式变化了，语言也就更加文明了。北京的国际语言环境建设应该跃过规范公示语的阶段，更上一层楼。这层楼就是使用更多的外语语种，用更加国际化的表达方式构筑一个国际化的语言环境。

第二，要时刻考虑到对方的文化背景。要用国际化的语言介绍北京，首先需要加深对外国受众思维习惯和文化背景的了解。即使在一般的商务和文化交流活动中，我们习惯于套用政治词汇，习惯于引用文件语言，甚至用政论方式介绍日常生活琐事；我们习惯于领导说了一句话，下面层层套用。比如，许多纪念改革开放 30 周年的对外文章、谈话都以"党的十一届三中全会以来"开头，外国人有时搞不清楚我们说的到底是哪一年，更不要说让他们真正理解十一届三中全会的意义有多大。面对那些完全不了解中国社会发展历程的外国受众，为什么不能换个说法，用"30 年前"甚至就用"自1978 年底以来"？

政治领域如此，在涉外导游方面也存在着对外国游客需求考虑不周的问题。北京旅游资源丰富，历史古迹遍布全城。我们的导游解说往往过于专业，反复引经据典，力求准确无误。然而，这样烦琐的解说在中国文化历史知识有限的普通外国游客耳中，变成一连串朝代名、人名、地名的汉语拼音，几乎成了天书。

每当我看到年轻的导游不辞辛苦，滔滔不绝地背诵朝代名称、历史事件、特别是名人诗句，而外国人似懂非懂甚至一脸茫然时，就觉得如果参观游览这种轻松愉快的跨文化交流活动显得如此艰巨，我们怎能指望在思想上与外国人顺畅地沟通呢？问题就出在，我们沉浸在自己的文化之中，而没有跳出来站到对方的角度做到深入浅出。

第三，要把翻译环节视为跨文化交流的过程。翻译环节在对外介绍中国方面起着不可替代的桥梁作用。我们都知道，字对字的翻译不是好的方法。

首先，译者本人对两种语言、两种文化都要有较深的把握。有人曾经把"有朋自远方来，不亦乐乎"翻译成英文，大意是"见到来自远方的朋友，很高兴"，似乎过于平淡，没有把原文的含义充分表达出来。我了解到，这句话译成德文后大意是"朋友从远方来，我们感到双倍的高兴"，更有意境，更能表达主人的热情，"双倍"的说法也符合德文的表达习惯。可见，只有具备深厚的语言文化功底，才能做好翻译。

其次，译者本人要有勇气，要在翻译过程中进行一定程度的再创造。对外国人没有任何意义的对内表达方式，要果断放弃。针对外国人的理解需求，可以增加一些背景知识。中文习惯使用大量的形容词，直译成英文往往效果不佳，甚至适得其反，因此可以适当删减。特别是近年来，受西方媒体的影响，外国受众更习惯新闻体的表达方式，通俗简练，直截了当。这种语言变化不能简单地解释为文采的丢失，恐怕是信息化时代生活节奏加快的结果。

第四，要提高形体语言的文化修养。有国外学者的研究成果表明，人类 40% 的信息是靠形体动作来表达的。过去，我们常说外国人讲起话来手舞足蹈，动作丰富夸张。其实，各个民族都有独具特色的形体表达。无声的语言，即形体语言，也是语言环境建设的一个组成部分。铲除代表不良习惯的形体动作，如在公共场所吸烟、随地吐痰等，也应该纳入国际语言环境建设的范畴。说到树立良好的形体语言，我们可以引以宽慰的是，北京已经走在了全国的前列。

文字语言也好，形体语言也好，看似都是语言问题，实则是一个国家、一个民族文化内涵的重要组成部分和思想水平的体现，是一个国家整体形象和软实力打造的有机组成部分。因此，改善国际语言环境需要的不仅仅是语言本身，更重要的是国际化的理念。随着中国国际地位的上升，这个问题会日益突出。我相信，随着北京政治、经济、文化更好更快的发展，首都国际语言环境建设必将取得新的成绩。

中文吸收外来语，也应遵循国际惯例

原文发表于 2010 年 5 月 20 日《环球时报》，略有删减。

最近一段时间，针对中文如何既吸收外来语，又不失自己的特色和纯洁性的问题，媒体上发表了许多意见，有些甚至是完全对立的看法。其实，这个问题不是中文独有的，也不是今天才有的。

语言和文字是人类交流的手段。既然是交流，就有你来我往，互相学习借鉴，从而把外语的一些词汇吸收到本民族的语言中。在全球信息化的时代，这种趋势只能更加明显。在这个交流、借鉴和吸收的过程中，有一条规律：往往强势语言输出多，弱势语言输入多。何为强势语言，又何为弱势语言？恐怕最自然的标准就是使用范围。在世界上，中文是使用人数最多的语言，是中国人自己创造的文字，且延绵数千年没有中断过。这就与那些由外国殖民者带入的语言或者由外国人生生为当地人创造的文字有着根本的不同。按理说中文应该是最强势的语言，然而国际翻译组织却把中文列为"非通用语种"。原因很简单，虽然讲的人多，但是中文基本只在中国使用，顶多是在有华人的地方流通，在国际上认知度和使用范围非常有限。

在过去一个世纪里，中国人探索现代化之路，不断把外语词汇纳入自己的语言体系，既有音译的吉普、坦克，也有意译的火车、飞机、电脑等等。凭着中国人的开放精神和好学态度，今后还会有外来语通过这两种方式进入中文词汇体系。

通过音译或意译吸收外来语，这是国际惯例。英文也吸收过一些中文词汇，远有茶（tea）、功夫（kung fu），近有关系（guanxi）、宇航员（taikonaut），但我从来没有在英美国家的正式出版物里看到过英文里嵌着汉字，它们无不是用罗马字母把中文字音译或者意译过去。过去看不到，就是在可以预见的未来，也不可能在英美官方文件和媒体上时不时看到嵌入的汉字。

然而，当前在一些中文书面文字里，有一种把外文直接嵌入的风气，这确实令人担忧。如果任其发展，汉字的地位必然受到威胁。在改革开放初期，为了表明向世界学习的开放态度，在中文出版物里引入几个英文字，是可以理解的，甚至在当时可以看作是一种进步。此外，到了发稿时仍然无法查到中文译名，迫不得已把外文抄入中文稿，也可以理解。很多事情都离不开时代的局限和特点，今天时髦的标志，明天就可能成为落后的象征。当年美国总统杜鲁门嘴里叼着烟斗，肯尼迪手举香烟是有派头的表示；今天的美国总统奥巴马仍然保持着吸烟的习惯，但是人们在电视上看不到，因为现在美国人认为，在公共场合吸烟是一种不文明的行为。

在中国，能开一辆有黑色车牌的汽车一度是富有的外企高管的身份特征。如今，轿车实现私有化，黑色车牌早就没有了当年的风采。许多现代化产品，过去我们只能仿造，而今，中国研发设计已经成为趋势。在这个背景下，机械地把外文嵌入汉字还能是进步的象征吗？

提倡把外文翻译过来再进入中文的文件或报刊，没有什么"排外"或"倒退"的意思，无非就是按照国际惯例行事。这样做，既丰富了中国的语言，使中文保持活力，也维护了一种历史悠久语言的民族特色。

作为职业翻译，我认为没有不可翻译的东西，无非是音译还是意译，是直译还是释译之分。越是以翻译为职业的人，越容易接受外来文化，也必然最愿意遵循国际惯例，把外语翻译成本民族的语言。再说，一味照抄外语，还要翻译干什么？不过，翻译人员也要精益求精，多考虑受众的方便，特别是外来语的新词，应该尽量译得通俗易懂，容易记，容易写，把 Coca-Cola 翻译成"可口可乐"，把 compact disc 译成"光盘"，都属于范例。

在如何吸收外来语的这场争论中，倒是国外英文主流媒体表现出的高度敏感性引人关注。在不止一篇文章中，我读到了外国媒体对我们提倡减少直接在中文里嵌入英文单词的关切和担心，他们似乎是在以另一种方式努力维护英文的影响力，继续拓展英语世界的疆界。

积极主动发出声音，努力主导地区舆论

原文为 2010 年 9 月 15 日在中国—东盟（10+1）新闻部长会议上的讲话。

中国外文局，每年以 10 余种文字出版 3,000 余种图书，编辑近 30 种期刊，运营 30 余家网站。中国与东盟各国的政治、经济和文化交往，贸易往来和人员交流，一直是我们介绍的重要内容。

外文局出版的期刊《北京周报》《今日中国》《人民画报》《人民中国》《中国报道》对东盟给予很大关注。2009 年以来，这些期刊以中、英、法、韩、日、西、俄、阿等语种，通过封面文章、专家访谈、观察评论、每月连载等形式，共发表关于中国—东盟的稿件 200 余篇，30 万字，图片 300 余幅，选题涉及"中国—东盟"政治经济、区域合作、文化旅游等多个领域。

2010 年，我们专门为上海世博会出版了中、英、日三个文版的《世博周刊》。配合东南亚国家馆日，《世博周刊》先后制作了有关东南亚、泰国馆、新加坡馆、越南馆、马来西亚馆、印尼馆等主题报道，刊登介绍各个国家馆开馆情况、各国风土人情、经贸文化往来等文章共 60 余篇共 18 万字，

图片近 100 幅。

外文局所属的中国网（网址 www.china.org.cn，www.china.com.cn）用中、英、法、德、西、阿、日、俄、韩、世界语 10 种语言传播中国信息，是通过外文了解中国信息的主要渠道。中国网各文版对东盟峰会、东盟外长会议、第六届中国—东盟博览会、中国—东盟自由贸易区论坛、泛北部湾经济合作论坛等重大活动都做了及时报道。

近两年，中国网共发布东盟相关稿件 16,500 余篇（其中，外文稿件 2,146 篇），发布图片 4,000 余张，视频新闻 60 余条，独家策划制作专题 30 余个（每个专题又包括数十篇文章和大量照片）。

中国网的品牌栏目"中国访谈"采访了泰国、印度尼西亚、马来西亚、越南、菲律宾等东盟国家的驻华大使。上海世博会期间，中国网对东盟成员国国家馆的活动做了大量报道，采访了泰国馆、马来西亚馆、新加坡馆的负责人。

外文局在中国内地有 7 家出版社，在美国、英国、德国、法国和中国香港有 5 家出版机构，是中国出版外文图书和对外版权输出的主要机构。涉及东盟国家的选题一直是我们图书出版的重要内容之一。我们曾派记者跟随泰国诗琳通公主乘火车去西藏，随后出版了大型画册《诗琳通公主天路行》。

外文局多年来对外输出版权数量在中国排名第一。从 2006 年到 2010 年上半年，我们向越南、印尼、泰国、马来西亚、新加坡等东盟国家共输出图书版权 313 种，其中包括"话说中国""互动汉语""孔子说系列""美猴王系列"丛书等。

我们也希望把更多的东盟地区的图书介绍给中国读者。继 20 世纪出版《李光耀传》后，我们目前正在与新加坡同行商谈在中国继续出版新加坡的图书。今年我们还出版了缅甸诗人、作家吴梭纽的回忆录。

外文局下属的中国国际图书贸易集团有限公司是中国最大的专业性书刊进出口公司之一,与东盟的新加坡、马来西亚、泰国、越南等保持长期贸易往来,每年向东盟国家出口图书、期刊近 30 万册。

我本人还担任国际翻译家联盟副主席,中国翻译协会副会长兼秘书长。作为国际译联副主席,我参与组织了每三年一届的亚洲翻译家论坛。1995 年第一届亚洲翻译家论坛在北京举行,2007 年第五届论坛在印尼茂物举行,2010 年 11 月第六届论坛将在中国澳门举行,第七届将于 2013 年在马来西亚召开。

在同东盟各国翻译家和翻译工作者的交流中,我感到翻译在中国—东盟关系中发挥着越来越重要的作用。各国翻译协会和翻译工作者应该以亚洲翻译家论坛等国际会议为平台,加强交流沟通,在国际翻译界提升本地区的影响力和话语权,为本地区的经济社会发展创造良好的舆论环境。

谈到地区舆论环境,我这里有一些数据与大家分享。

根据外文局国际传播研究机构提供的资料,西方主流媒体对中国—东盟的突发事件、敏感问题和负面议题似乎更加热心,而对中国—东盟双边重大合作以及地区重要议题的报道不够积极,这与中国—东盟主流媒体的态度形成鲜明对比。

首先,中国—东盟媒体对双边重大合作以及地区重要议题表现出较高的关注度,态度较为积极,报道量明显多于西方媒体。例如,关于中国—东盟自贸区正式启动,在同一个时间段内,世界媒体共有 1,047 篇英文报道,其中东盟八国

（除老挝、缅甸，以下同）媒体有307篇，中国媒体有180篇；西方六国（美国、英国、法国、加拿大、澳大利亚、日本，以下同）媒体有133篇，仅占中国和东盟媒体报道总量的27%。

与此相反，在涉及中国—东盟的突发事件、敏感问题和负面议题时，中国—东盟媒体报道量较少，西方媒体报道量明显突出。例如，关于香港游客在菲律宾被劫持事件，在我们研究的同一个时间段内，世界媒体共有英文报道633篇，西方六国媒体就有377篇，东盟八国和中国媒体分别只有78篇和70篇。一件发生在东南亚地区的孤立的悲剧，西方六国的报道量居然大大超过本地区的报道量。

从简单的数据对比我们不难发现，真正关心本地区发展和未来的还是我们自己，能够为中国—东盟合作创造良好舆论氛围的，还是我们自己的媒体。

中国—东盟有着巨大的合作潜力和美好的合作前景，本地区的舆论不应该任由某些西方国家置喙。当然，与西方发达国家相比，中国与东盟在经济上处于弱势，在新闻传播领域也处于边缘地位。这恰恰说明，我们要加强合作，主动发出声音，主导地区舆论。

中国—东盟的发展应该由我们自己主导，中国—东盟的舆论环境也应该由我们共同维护。作为媒体，我们的责任重大。

我们的新闻报道要客观、真实地反映地区发展的现状；我们要更加主动地发出声音，反映民众诉求和地区利益；我们要自立自强，维护本地区独特的文化传统；我们要团结协作，争取更多国际话语权，增强亚洲在国际舆论中的声音。

中国外文局，愿意与东盟各国新闻出版机构加强合作，在文字图片内容交换、人员互访交流和实习培训、互联网等新型媒体建设、图书期刊等新闻和文化产品推广发行等方面建立有效务实的合作机制；建立定期、经常性的对话沟通机制，比如，定期的青年编辑记者互访，同类媒体之间围绕不同话题展开对话或者举办论坛，共同建设中国—东盟多语、多媒体网站。总之，我们应该积极进取，做出更大的努力，共同提升亚洲在国际传播领域的话语权和影响力。

公共外交中的媒体与媒体的公共外交

原文发表于 2010 年 10 月 9 日，第二作者为于运全。

全国政协外事委员会在 2009 年的政协会议大会发言中给"公共外交"下了一个定义："公共外交是政府、社会精英和公众齐参与，运用各种现代传播手段，向世界介绍本国国情、解释本国政府的政策与观点，消除他国公众可能存在的误解，增进对本国的了解和理解，以便提升国家的形象和影响力，维护和促进本国的根本利益"。

为什么在当今时代，我们要强调公共外交？新闻媒体在公共外交中可以发挥什么样的作用？要想深入讨论这些问题，首先要从我们所处的时代环境说起。

时代环境通常是由空间环境和时间环境组成。我们常说现在是全球化、信息化的时代，这指的是空间环境。在这个空间环境中，一方面，中国发生的事情随时都可能成为世界关注的焦点，另一方面，不同文化和观念间的交融与碰撞异常活跃，社情民意对一国外交政策的影响日益深远。就时间环境而言，我们现在正身处后金融危机时期。这就意味着国际社会必须增进了解、深化合作，才能尽快摆脱危机的不利影响，实现互利共赢。特别是中国面对国际社会的兴趣、好奇、质疑，需要更加积极全面、多角度、多层次地说明自己，而这为中国开展公共外交提出了迫切的需求。

因此，正是我们身处的时代环境决定了公共外交大有可为。但也可能有人会说，公共外交确实重要，可惜它与媒体的关系不大，公共外交主要是政府、精英和公众的事情。其实不然。新闻媒体的使命往小处说，是要给人们提供信息，让他们了解自己身处的环境；从大处讲，是要通过信息传播和交流，让不同国家、不同族群之间能相互理解，和谐共生。因此，在目标的追求上，公共外交和新闻传播是一致的，它们都是要经过了解、理解、认同这几个层次，最终推动人类文化的发展和文明的进步。结合个人的经历和经验，我认为媒体在公共外交中主要承担了三种角色。

首先，它是一个中介。公共外交的核心观念是沟通与对话，而媒体则是公共外交必要的物质手段和载体。不管是政府、社会精英还是普通公众，要发表意见、传达信息，媒体的桥梁作用是难以替代的。而且，在信息化时代，媒体在全球议程设置、信息传播方面所发挥的巨大作用越来越受到重视，甚至被称为"第四权力"。然而有时媒体对于信息的传递和解读不总是那么客观。这个桥梁有时候不是直的，走着走着可能就偏到其他地方去了。

从亲身体验来看，作为一个长期从事翻译工作的人，我一直主张规范外来语的翻译。用母语来表达外来语，这是国际惯例。以英语为例，他们虽然吸收了很多外来的词汇，但都是用自己的母语进行转化后才使用的。谁见过美国和英国的英语文章里不时夹杂着汉字？反之亦然。

今年三月,英国《每日电讯报》记者在没有采访过我的情况下,写了一篇报道,叫《汉语遭英语单词入侵》(Chinese language damaged by invasion of English words)。这篇文章一开头就称我为"中国最资深的翻译"(the country's most senior translator),让我感到受宠若惊,但是往下一看,就发现作者给我安的这个头衔恐怕也是有水分的,因为他把我说的意思完全歪曲了。以 guitar 这个词为例,我的本意是在汉语中不要出现 guitar 这个英文单词,要写成它的中文音译"吉他"。但是看了那篇报道,所有的读者都会误认为我建议把"吉他"这个外来语剔除出中文,以保持中文的纯洁性。也就是说,以后再有人问你手里弹的是什么乐器,所有中国人都得回答:"我正在弹一种使用拨片或者手指演奏的能够产生动听音色的六弦琴"。

这位记者没有采访我,只靠道听途说写了这篇报道,根本不了解我作为一名职业翻译最想说的话是,不论是音译还是意译,我们都能够把外来语翻译成恰当的汉语,而不是完全照抄外语字母。翻译成母语,这恰恰是吸收外来语的最有效的办法。再者,如果都一味照抄,还要翻译干什么呢!更有意思的是,这位记者找到了我的好友——中国社会科学院的语言学家,跟他说有个人提出要把所有外来语都剔除出中文,这位教授当然反对了,于是这位记者就写出了一篇有正反两方面观点、看似公正客观的报道。当然,在一篇文章中吸纳不同观点的做法是值得肯定的,但是后来我与这位教授朋友联系,发现其实我们的观点很一致,对英国记者的文章,我们两个人都感到啼笑皆非。

不久,《泰晤士报》也做了类似的报道。显然这两家英国媒体对英语的推广甚为重视,对在中文里减少嵌入英文字母十分敏感。这也从一个侧面说明，他们对通过推广英语来实现英国的公共外交目标有多么热情和自觉。他们的这种敏感性是值得我们学习的。

总之，媒体作为中间介质，在公共外交中的作用是很大的，尽管这个作用有时也包含着消极的、负面的因素。

其次，媒体另一个重要的作用是引导公众。我们说公共外交的一个重要主体是普通公众，但其实，普通公众当中又有多少真正能做到"内知国情、外知世界"，而且能把国情和世界讲清楚呢？

就拿中国和日本来说，两国之间发生过很多事情，现在交往仍比较密切，但是中国的老百姓对日本真正了解多少呢？如果在街头随机采访中国人对日本的印象，恐怕年长一些的人要说高仓健（Ken Takakura）和横路敬二（Keiji Yokomichi），他们分别是30年前轰动中国的日本电影《追捕》中的男主角扮演者和反面角色的名字，年轻一点的会提到20年前的日本偶像剧《东京爱情故事》（Tokyo Love Story），再年轻的可能会说日本漫画，至于大和民族与我们相比究竟有哪些共性和特性，我估计很少有人认真思考过这个问题。

其实这种现象很好理解。我们每个人关注的东西都有限，房价、物价、孩子上学、老人看病已经够让人耗费精力了，好不容易到了休息日，看一场电影轻松一下，何必去想那些离自己非常遥远的事情呢？如果我们用专业的标准来要求普通公众，那就太苛刻了。媒体的意见领袖地位，决定它必须在引导公众方面发挥作用。

不过，公众知道多少还是个小问题，更大的问题在于他们对待自己民族以外的人类的态度。2010年3月山西发生了一起严重的矿难,紧接着4月青海省又发生了地震。不久我在报纸上看到一篇文章,作者是生活在中国的美国人。文字写道,有些外国人针对矿难和地震在网上贴了很多对中国尖酸刻薄的评论,言外之意就是中国人活该,这种论调让作者十分气愤。这也让我回忆起了2001年"9·11"事件发生后,一些媒体也报道了世界某些国家和人群爆发出的欢呼声。仔细想一想,这是多么可怕!

如果说人类只有两个共同点,那一定是对生命的敬畏和对爱情的执着,如果还有第三个,那才是对真理的追求。但是为什么面对人类的灾难,有些人会如此幸灾乐祸呢?能否设法把这种情绪化解掉,让每个人都懂得自己是人类的一分子,其他人也是平等的一分子,要爱全人类,敬畏生命,要尊重所有人,哪怕是你的敌人。当然这不是仅凭媒体的力量就能够做到的,但是媒体起码要做到以化解矛盾为目的,不应火上浇油。

此外,媒体人也是从事公共外交的重要主体。出于职业需要,媒体人一般应该具有比普通公众更为广阔的国际视野和良好的沟通意识与能力,同时,与专业的外交官相比,他们的活动方式可以更加灵活方便。而且,在受众看来,媒体人传递的信息也比外交辞令更接近事实真相,更容易被人接受。

所以,媒体是公共外交的中介,是不同文化之间沟通的传送带和润滑剂,媒体人是公共外交的重要参与者,媒体还承担着引导公众认知的重要作用。

近年来,中国外文局在中外交流方面做出的一些努力,都与公共外交直接相关。在这里我举几个例子。

中国外文局60年来用外文出版了大量介绍中国的图书,

有一些在国外产生了很大影响。比如我们跟美国耶鲁大学合作出版了"中国文化与文明"系列丛书，这套书由中美作者共同写成。其中《中国绘画三千年》《中国古代雕塑》成为中美领导人的赠送礼品和国内一些行业表彰优秀工作者的奖品。这个项目在中美两国都获得过图书专业大奖，最令人激动是这个项目在2008年北京奥运会前，获得了国际奥林匹克休战基金会颁发的拓展奖。我作为中方项目协调人，接触到的许多中美两国的朋友都认为这个出版项目有力地推动了两国间的文化交流。不同国家的专家学者围绕中国文化的各个专题，共同探讨撰写提纲，分头写作，互相修改，既展示了他们的一致，又坦诚交流他们的不同观点。通过这种合作，加深对本国文化和对方文化要素的理解。

2010年3月，在中印建交60周年之际，外文局主办了中印发展论坛，邀请印度驻华大使、印度媒体同行和商界参加，从经贸发展和媒体交流两个角度探讨了中印之间的合作交往。印度媒体同行一致表示这是一个很好的开端和尝试。

另一个让我们难忘的项目来自新媒体方面。中国网过去两年推出了"大使访谈"栏目，先后邀请了上百位外国驻华使节介绍他们的国情和文化，也邀请了60多名中国驻外大使介绍他们的外交经历，这为国内公众了解外部世界、增强国际意识起到了积极的作用。

经过多年的国际传播和公共外交实践，我们认识到：不管是中国媒体，还是外国媒体，要想在公共外交中发挥更好的作用，都应该加强与对方的交流合作。具体来说，要从以下几个方面入手：

第一，媒体人要深入了解被报道国的情况。如果大家每天都读外国的媒体报道，就会发现 2009 年上半年，也就是金融危机发生后的那一段时间，主流的声音似乎是只有中国才能救世界，对照今年同期，就变成了世界由于中国而不平衡、不安全。是媒体朝秦暮楚吗？其实这种在两个极端论调中来回摇摆的做法来源于对报道对象的不了解。在中印发展论坛上，双方的媒体人都提议两国记者一起就中印之间的一些共同话题进行联合采访，呼吁两国多为记者提供实地考察、全面了解对方的机会，以便进行全面客观的报道。这说明大家都有这种需求，在这方面，中外媒体之间应该加强合作。

第二，在某些领域中外媒体要共同探讨。西方国家的一些人总是希望中国能跟他们做同样的事情，其实很多矛盾、不解都来源于此。当然我们不否定其中包含善意期待，但我们的一个体会就是社会发展的阶段是与经济基础相一致的。在经济建设上，西方社会先走了一步，所以现在的很多事情都是以西方的做法为标准和导向的，但西方完全没必要急于让中国跟他们一样。文化、历史不同，有些方面的不同永远存在，而另外很多事情，等我们发展到那一步了，自然会去做。也就是说，我们之间不仅有东 8 区和西 6 区之间的"小时差"，也有处于不同时代进程而形成的"大时差"。"大时差"带来的是在具体问题上的不同观点。对于这些观点，中外媒体需要坐下来认真地探讨，不能人云亦云。媒体的影响力太大了，如果不经思考就把报道发出去，有时会激起受众的抵触情绪。

中外媒体共同探讨问题的另一个好处，就是能让双方了解一件事情对不同国家的人将产生什么样的不同影响。那么在做报道的时候就会对双方的观点给予同样的重视。特别是在涉及不同国家人民利益的时候，除了给出自己的解释，还要探讨这对于其他国家的人究竟意味着什么，这样一来或许就能将冲突消弭于无形。

上面提到的中印发展论坛，就是在朝这个方向努力。类似的论坛最近几年还有不少，比如东盟—中日韩（10+3）媒体合作研讨会从2007年开始到现在已经举办了三届，还有2008年开始的中阿新闻合作论坛和2009年在北京举办的世界媒体峰会，都很好地促进了中外媒体间的交流。

第三，中外媒体还可以合作推广语言，鼓励读者用外语阅读。从我们的个人经历来看，当我们用英文阅读了英国和美国的媒体报道之后，此前的很多疑问得到了解决。比如我们一度认为"个人主义"（individualism）这个英文词意味着百分之百的自私自利，后来才知道这样理解是不全面的。如果外国能够用中文阅读的人增加10%，他们对中国的了解肯定会大大加强。同样，如果中国有更多的人能够直接用外语阅读，对外部世界的理解也会加深。当然，我们不是否定翻译的作用，不同文化之间的交流仍将有赖于翻译的努力。

国内近期翻译出版了一本书叫《日本镜中行》（*Japan Through the Looking Glass*），作者是英国社会人类学家艾伦·麦克法兰（Alan Macfarlane）。他把对日本历史、文化和社会的考察比喻为到镜子中去旅行。我们认为国际传播和公共外交也是如此。的确，审视另一种文化时，我们往往在面前竖起一面镜子，首先看到自己。但是没关系，只要愿意，我们就可以抛弃先入之见，穿越镜子表面，走进镜子中去。期待公共外交的开展能让我们更多地在镜中相见。

出国人员的国家形象意识亟待提高

原文发表于《公共外交季刊》2011年春季号第5期。

据国家旅游局的统计，2009年我国有4,766万人次出境旅游。还有媒体估计，仅在非洲从事经贸活动的中国人就达60万。除政府官员外，中国的出国人员主要有以下几类：中国企业派出的从事经贸活动和基础设施建设的人员，公费派出的教师和学生及大量自费出国留学人员，国内旅行社组织的普通旅游购物人员，到外国参加各种会议和活动的人员，等等。通过自己的一言一行，这些人员自然而然地成为中国文化的传播者和国家形象的塑造者。他们是中国公共外交活动中规模庞大但组织力度较弱的行为主体。

一、中国人在国外的双重形象

在国外民众的心目中，中国人的形象通常是双重的，正面形象和负面形象同时存在。

在欧洲各主要城市，中国游客云集，为当地旅游业带来了新的商机。在同一个景点，往往可以看到七八个来自中国的旅游团。在巴黎老佛爷商场的 LV 专柜，可以看到在国内商场很少见到的排队购物长龙。在欧洲城市的名牌服装店，各个试衣间进出的常常都是中国人。在瑞士手表店，中国游客更是一掷千金，提走一大包名牌表也是常有的景象。他们以自己的钱包宣布中国人富起来了。20 世纪 70 年代，少数中国留学生在英国商店被店员当作小偷跟踪的现象一去不复返了。

与此同时，中国游客乘飞机、坐汽车不排队，在公共场所大声喧哗，在非指定地点随意吸烟的现象相当普遍。拿着经济舱的机票想第一个登上飞机的游客被国外机场工作人员揪出队伍的尴尬场面时有发生。如果在旅游景点，听到背后有人大声咳痰，擤鼻涕，不用看大概也能猜出来多是中国人所为。每当这种时候，就可以看到当地人或者皱眉，或者摇头，总之，厌烦甚至鄙视的心态不言自明。难怪海外导游普遍认为中国游客"难带"。

在经济全球化的大潮中，大批中国人踏上非洲大陆，有的是做小本生意的，把中国的廉价商品送到非洲人的家门口；有的是为履行大型经贸协议，从事开发建设的。无论从事哪一行，他们都能以中国人传统的吃苦耐劳和敬业精神打开市场，以"中国式的速度"修路建房，开山采矿。他们弘扬了中国人坚韧不拔的创业精神，传播了"和为贵"的双赢哲学理念。他们的辛苦劳动带动了当地的经济发展，赢得了非洲人的赞赏，也引起了欧美人的忌妒、警惕甚至攻击。然而，中国人每周工作 7 天，每天工作超过 8 小时的耐劳表现，中国人冬不惧冷、夏不怕热的吃苦精神不免与当地传统的悠闲生活方式形成了鲜明的对照。有时，中国人的这种工作、生活方式和经营习惯与当地居民的做法发生冲突。有的当地人甚至认为,外来的中国人打乱了他们长期以来形成的规矩,破坏了他们传统的平静生活,特别是当双方利益发生冲突时,当地人对中国人的尊重演变为反感;中国人对企业的严格管理对一些当地人造成了压力,甚至导致了劳资冲突。

以上种种,都不能以谁对谁错简而化之。中国游客涌入欧洲,给当地经济注入了活力,是当地旅游业请来的"上帝"。"上帝"是不应该被批评的。中国人没有排队的习惯与我们长期的短缺经济有关,就像中文里"吃"字使用广泛,可能跟祖祖辈辈需要解决温饱问题有关一样。中国人说话声音大,打电话似无旁人,随时随地吸烟,跟我们很多人来自农业社会的生活背景有关。这本来谈不上是什么错。然而,身在别人的国度,是否应该注意入乡随俗?在发达的工业社会甚至后工业社会,来自农业社会的生活习惯是否可以改一改?当我们深入一个世世代代都日出而作、日落而息、靠天吃饭的欠发达社会,我们的工作和生活节奏是否也应照顾到当地人的接受能力,防止我们自己水土不服?

我们中国人出国旅游,有钱购物受当地人欢迎,但不雅的行为有损国家形象;我们中国人出国工作,勤恳耐劳带来速度和成果,但其节奏也应与当地习惯协调,否则长此以往,双方可能会产生不必要的纠纷和冲突。这种双重形象表明,我们中国人在海外既"有"又"缺","有"的部分要保持,"缺"的部分要补上。

二、出国前的针对性培训是应急之举

过去出国工作学习,特别是援外常驻,都要经过几个星期甚至是几个月的培训，让出国人员充分了解我国的对外政策和国外的风土人情。现在，除少数公派人员还能受到类似培训以外，大部分人都是提起箱子就出国了。

这种状况必须加以改变。在外国人眼里，每一个中国人都是中国的缩影，中国人的行为和形象就是我国的国家行为和形象。中国的"走出去"战略面临着欢迎、怀疑和敌意等多种态度。在这种情况下，我们必须站在更高的角度来看待出国人员对中国国家形象的作用，让走出国门的中国人成为良好国家形象的塑造者。

面向出国人员开展有针对性的培训，弥补国人在外国所"缺"。要把公派出国人员的出国前培训这个优良传统发扬光大，并尽可能地扩展到所有的出国人员中。无论是企业外派人员，还是出国旅行团，各级各类涉外组织机构都应把出国人员培训列入工作日程表中。

培训内容要有较强的针对性。除我国对外政策（尤其是对目标国的政策）、目标国的历史文化与风土人情等一般性内容之外，还应增加跨文化沟通技巧、外事礼仪等技术性内容。对出国工作人员而言，目标国及合作企业的法规、制度、习惯和作风，是非常重要的内容。对一般旅游者而言，目标国民众的基本价值观及文化偏好，也是不可或缺的内容。

培训方式要有适应性。一般性内容可提供阅读资料，技术性的内容应由专业人员面授，必要时可采用情景模拟的教学方式。培训结束之前，最好有一个测试，帮助受训人员巩固学习内容。

出国前的短期培训，仅是应急之举。要从根本上改变国人在海外的形象，就要在全民范围内普及公共外交知识，这将是一项长期的工作。

三、普及公共外交知识是长期之策

公共外交作为国家整体外交的新形式，其自身也处在发展过程中。今天，公共外交的行为主体不仅包括政府机构，而且还扩展到媒体组织、商业组织和非政府组织，两国民众之间的交往也属于公共外交的范畴。由此看来，在全民范围内普及公共外交知识是完全有必要的。

鉴于我国的公共外交还处在起步阶段，公共外交知识的普及可采取分层次、分阶段的方式进行。首先是政府外宣、外事工作机构人员，其次是媒体与商业组织工作人员，然后是非政府组织工作人员和学生，最后是普通民众。

以案例方式进行公共外交知识普及，应该是一个行之有效的方法。案例教学在医学、法学、管理学等实践性较强的领域都被证明是更为有效的方式，公共外交知识普及可借鉴这种方式。为此，目前最为紧迫的工作是收集、整理、编写公共外交案例。这需要公共外交实践者、研究者与案例专家的精诚合作和共同努力：实践者讲述亲身经历的故事，研究者进行分析和评论，案例专家将两者结合起来编写出生动有趣、有启示和指导作用的案例。

每个中国公民，只要与外国人接触和交流，只要其信息被外国人所接收，他的行为和形象都将影响中国的国家形象，他本人也就成为中国公共外交的一个行为主体。可以预料，公共外交知识在全民范围内普及之时，必将是中国人在海外的行为和形象得以根本改善之日。

软性竞争力

——G20 时代国家竞争力的新思维

本文写于 2011 年 5 月 28 日。

2011 年 5 月 17 日，瑞士洛桑管理学院（International Institute for Management Development，简称 IMD）发布了《2011 年世界竞争力排名报告》，中国香港和美国并列第一，成为全球最具竞争力的国家或地区。我们都知道，IMD 自 20 世纪 80 年代以来，每年都发布《世界竞争力年报》（World Competitiveness Yearbook）。其对国家竞争力的评价指标主要有四项：经济表现、政府效率、企业效率和基础设施，涵盖的分项标准多达 331 个。

长期以来，随着国际形势的发展变化，各方对世界竞争力的定义和评价标准也有着不同的看法。在全球化深入发展、全球性金融危机的影响尚未完全消弭的今天，我们来共同讨论 G20 时代国家竞争力的新思维，具有十分重要的意义。

我本人是从事文化产业和跨文化交流工作的，所以我想从文化视角对国家的软性竞争力作些思考。

我认为，一个国家的软性竞争力包括文化、价值观、国民素质等方面。随着人类文明的进步和社会的发展，相对于自然资源、军事力量、经济或科技实力等有形力量，以文化、价值观、国民素质等为核心的软性竞争力在国家发展中的战略作用日益增强。这些因素对国家的长远发展具有强大的基础作用，是一个国家持续发展的重要智力资源和精神动力。

我对软性竞争力的概括和提炼主要来自中国和亚洲的经验。20世纪八九十年代，伴随着东亚的经济崛起，"亚洲价值观"引起了广泛的讨论。哈佛大学的杜维明(Tu Wei-ming)教授认为，东亚经济的快速崛起是东亚社会在吸收借鉴西方现代性的基础上，通过对儒家传统文化资源的创造性转换而形成的一种"新儒家伦理"发挥积极作用的结果。近年来，"中国模式""中国道路""中国经验"也成为国际舆论的热门话题。新加坡国立大学李光耀学院院长马凯硕（Kishore Mahbubani）在其2008年出版的《新亚洲半球：势不可当的全球权力东移》(*The New Asian Hemisphere: The Irresistible Shift of Global Power to the East*) 一书中，也强调了"亚洲价值观"在亚洲崛起过程中发挥的积极作用。他认为，亚洲崛起不仅是西方现代科技、市场经济、民主法制影响的结果，而且蕴涵着开明统治、家庭观念、和谐文化、重视教育、勤劳节俭等亚洲价值观的深刻影响。

在当前"后金融危机时期"，G20时代的开启更是将世界的目光引向了亚洲和新兴经济体，世界格局多极化趋势日益显现。亚洲国家的国家竞争力整体排名不断提升，成为世界经济发展的重要推动力。从软性竞争力的视角来看，亚洲成功的一个重要因素就是相对稳定的发展环境，大量年轻的、受过良好教育的人口，开放、包容的心态和合作精神。

更为重要的是，国家竞争力的核心是可持续发展能力。

而文化、价值观、国民素质等软性竞争力，直接决定了一国竞争力的可持续性。

文化和价值观是促进社会发展的强大动力。文化的作用可以用"文化力"来表示。它是指一个国家文化发展和文化积累所形成的现实力量，既包括这个国家文化的实力和现实水平，又包括它对经济、政治和社会生活等各方面的作用力、影响力和辐射力。在功能上，文化是推动社会经济发展的强大动力。任何社会的经济活动，如果缺乏文化含量和精神动因，最终必然是低效甚至无效的。文化为经济活动提供特定的人文环境，保证经济活动有序运行。文化发展是维护社会稳定的重要前提。积极健康的文化对于调节社会矛盾、整合民族力量、维护社会和谐起着不可替代的润滑作用。此外，文化还通过对人的教育、陶冶、塑造来发挥其对综合国力要素的潜在支配力和巨大影响力。文化的重要性得到了东西方学者的广泛共识。美国学者劳伦斯·哈里森（Lawrence Harrison）在探讨东西方不同制度国家的发展成败问题时指出，殖民主义和依附论，种族主义和种族歧视，地理和气候因素都不足以解释"半个多世纪以来人类争取繁荣和政治多元化的发展不令人满意"的原因，人们正在把注意力集中到文化价值观和态度在促进或阻碍发展方面的作用上来。非洲研究、开发和管理协会会长，喀麦隆学者丹尼尔·埃通加-曼格尔（Daniel Etounga-Manguelle）对比欧洲与非洲的发展路径与结果后说："欧洲只是地球的一角，人口占世界人口的很小一部分，却能够站稳脚跟，控制世界，利用世界为自己服务，这是因为它建立起了一种严格办事、努力进取和求生的文化。"提出"文明冲突论"的美国著名学者塞缪尔·亨廷顿（Samuel

Huntington）在谈到社会发展领域中文化的作用时，也认为文化是"对一个社会的成功起决定作用"的因素。

人才和国民素质是综合国力竞争的基础内容。 中国有句话："国以才立，政以才治，业以才兴。"人才是一个国家最活跃、最宝贵、最重要的因素。在知识经济时代，人才在经济社会发展中越来越具有基础性、战略性和决定性作用。培养具有创新精神和实践能力的人才，是增强一个国家综合国力的重要途径。从某种意义上讲，人才资源成为重要的战略资源，取得人才资源优势比其他资源优势都更为重要。

国民素质是经济发展的重要因素。经济发展依赖于生产力的发展，国民素质的全面提升是生产力发展的重要支撑。所有资源、技术、生产率等方面的变化都是由掌握一定科学技术和劳动技能的人的变化决定的。

国民素质也是社会发展进步的重要动力。人是社会的主体，人的全面发展是人类文明进步的重要内容。国民素质的提升，有助于解决社会发展中不断出现的各种问题，从而为社会的可持续发展提供不竭动力。

自我发展的能力是提升国家竞争力的源泉。 自我发展的能力包括学习、创新、交流、合作以及开放的民族心态等几个方面。在知识经济时代，学习能力越来越重要，越来越关系到个人和国家的生存与发展。唯有不断学习，才能适应不断变化的形势和环境。中国近年来国际竞争力的提升，与中国政府不断加强学习型组织建设关系密切。

创新是一个国家发展的不竭动力。当今时代，建设创新型国家已成为国际共识。国家核心竞争力越来越表现为对智力资源和智慧成果的培育、配置和调控能力，表现为对知识产权的拥有和运用能力。历史告诉我们，在世界发展的进程中，谁在思想、知识、科技和制度创新方面占据优势，谁就能够在发展上掌握主动权，在竞争中立于不败之地。国家竞争力的提升还离不开国际间的交流与合作。培养开放包容的国民心态，善于学习借鉴外来的先进文化，是大国崛起的必要条件。近代以来崛起的大国，无一例外都是在开放中发展自己的。当意大利成为文艺复兴的园地时，欧洲各国的学者纷纷来到意大利，接受它的先进文化；当英国成为先进的资本主义国家时，法国的一批思想家也到英国考察学习；日本为了振兴强国，派出政府考察团学习西方先进文化和技术，实现了"明治维新"。

当今世界，随着经济全球化的不断深入，国家间的依存度越来越高。应对国际金融危机的实践表明，国际间只有同舟共济，才能有效抵御不断涌现的各种新的风险和挑战。因此，国家竞争力的提升还离不开良好的"国缘"，而良好的"国缘"离不开认真听取别人的意见，尊重别人的观点，同时真诚地阐述和介绍自己的想法，也就是需要国际化的倾听和倾诉，开展有效的公共外交和跨文化交流。

综上所述，在世界各国的综合竞争中，核心是经济实力的竞争，关键是科学技术的竞争，实质是文化的竞争，根本是人才和国民素质的竞争。回顾历史，软性竞争力作为亚洲崛起的精神资源得到了越来越多的认同。面向未来，我们应更加重视文化、价值观、国民素质等软性竞争力的基础性作用，交流合作，互利共赢，全面推动亚洲的发展、进步与繁荣。

世界进入公共外交新时代

原文为在公共外交与国际传播论坛上的主题演讲，发表于《对外传播》2011年第9期，略有删改。

20世纪五六十年代，公共外交理念刚刚进入人们的视野，那时所有公共外交活动都依赖政府渠道和政府资源。今天，不同文化、不同观念间的交融与碰撞异常活跃，舆情民意对一国外交政策的影响日益深远，出国也成为人们日常生活和工作的组成部分，从而在公共外交领域引入了企业、社会组织甚至个人的作用。跨国公司海外业务的拓展自然不可缺少公共外交的因素。人们出国旅游、求学、就业，也必然反映一国人民的精神风貌，对这个国家的国际形象产生直接的影响。换句话说，一个国家每一个与海外有接触的企业和组织都是这个国家海外形象的塑造者，每一个走出国门或者接待外国来访者的公民都是这个国家的形象大使。

一、全球化信息化时代公共外交的新特点

在全球化和信息化进程日益加快的今天，越来越多的国家和地区意识到单纯地依靠传统外交已经不能满足国际关系

发展的需要，开始利用公共外交弥补传统外交的不足。新形势下，公共外交呈现以下显著特点：

第一，立意更高。全球化信息化时代的公共外交打破了传统的政府对政府的交往方式，开拓了政府对民众、民众对政府、民众对民众的沟通新渠道。公共外交的使命也不再局限于传递政府信息，而是要向整个外部世界解释自己是谁、要如何发展、要向何处去，以及要创造一个什么样的世界。因此，我们的公共外交要通过市场营销、战略沟通、文明对话、文化交流等多种形式，站在维护国家利益的高度上全面"管理国际环境"，潜移默化地转变世界对中国的看法，阐明中国和平发展的道路，阐释中国推动建设和谐世界的主张，为世界的和平稳定发展和人类文明的进步做出贡献。

第二，手段更新。信息化时代的传播手段更加多样，特别是卫星电视、互联网、手机等覆盖面很广，传播方式更加方便快捷，比传统媒体更具感染力，轰动效应更加突出。尤其是随着智能终端的发展，越来越多的人更加青睐移动互联网，无论是坐公交车还是乘地铁，随处可见人们在用手机或平板电脑上网，这已经成为非常普遍的现象。技术的日新月异为公共外交提供了更加方便快捷、丰富多样的沟通手段。

第三，互动更强。信息化时代互联网产生的一系列新型传播技术，使过去被动接受信息的人同时也成为信息的主动传播者，使很多百姓、媒体之外的人也能够参与到公共外交中来。公众不用只是盯着报纸、电视被动地获取信息，而是在互联网上搜寻信息，并且可以方便地发表自己的观点，与原本陌生的其他公众或组织甚至政府进行信息的交流和互动。过去连续发表声明不一定产生传播者所希望的反响，而现在一条推特可以让一个人顷刻垮台，也可以让一个局部的事件成为世界的焦点。

第四，时效更快。过去的信息传播通过图书要以年为时间单位，杂志以月和周为时间单位，报纸以天为时间单位，而在网络时代，应该以秒为时间单位。一切都发生在瞬间，通过微博、推特、脸书等新媒体平台，一条信息可以在几秒钟内产生爆炸效应。可以说，现代传播真正实现了事事、时时、处处的直播，而直播者既可以是政府，也可以是一个组织，还可以是个人。这对公共外交提出了更高的要求，也提供了难得的机遇。

二、新形势下中国公共外交的变革之路

开展公共外交是顺应世界潮流和时代发展的必然选择，是为国家的自身发展和对外合作营造良好环境的客观需要，是新形势下外交工作的重要开拓方向。近年来，随着国际社会对我国的关注度越来越高，公共外交在我国外交事业中的地位也在不断上升，发挥的作用越来越大。2009年7月，国家主席胡锦涛在第十一次驻外使节会议上指出："开展好公共外交直接关乎我国国际形象，是新形势下完善我国外交布局的客观要求，也是我国外交工作的重要开拓方向。"胡主席的讲话审时度势，高屋建瓴，第一次将公共外交提升到外交全局的战略高度，对新形势下推进公共外交具有重要指导意义。

面对当前复杂的外部舆论环境，我们必须通过开展公共外交，积极引导国际社会树立客观全面的"中国观"，更多地

理解中国的历史文化、发展道路、治国理念、内外政策，树立和维护我国和平、发展、合作、负责任的国家形象，不断增强国际话语权，确保国家发展战略和外交方针政策顺利实施。虽然近年来我们的公共外交取得了显著发展，但与发达国家相比，我国的公共外交起步较晚，受重视程度不够高，推广力度也不够大，大部分普通公众甚至政府官员，对什么是公共外交闻所未闻；面对突发事件和来势汹汹的敌意，我们的应对措施还不尽如人意。

我们应该看到：

第一，国家越是强大，越是需要开展公共外交，也更加具备开展公共外交的条件。美国是公共外交起步最早、规模最大的西方国家。1953年成立的美国新闻署将公共外交作为国家外交战略的重要组成部分，每年在公共外交方面的投入高达10亿美元。美国国务院有专门负责公共外交的副国务卿，有政府资助的专门从事公共外交的机构，企业有公共外交部门，大学有公共外交中心。这些大学里的中心往往横跨新闻传播学院和国际关系学院，专门招收公共外交专业的学生，同时开展专项研究，还为政府、企业和非政府组织提供短期培训和咨询。比如，知名学者约瑟夫·奈（Joseph Nye）就是哈佛大学"公共外交合作项目"的17位导师之一。

作为世界上人口第一、经济规模第二的中国，我们也必须推进自己的公共外交战略。中国有13亿人口，2010年全年，中国出境旅游人数多达5,739万人次，增长20.4%；出国留学人员总数达28.47万人，增长24.1%。每年进入中国的外国人士达2,000多万。中国的文化机构，包括孔子学院，正在努力传遍世界各地。无论从人数还是经济规模看，中国都应该成为公共外交大国和强国。因此，我们要尽早明确公共外交的中长期目标和短期目标，确定公共外交的主体及各主体相互之间的关系，充分发掘中国公共外交的资源，合理借鉴美国、日本等发达国家的经验。

第二，开展公共外交要善于主动出击，争取主动，牢牢抓住话语权。 事实证明，尽管中国坚持走和平发展道路，但在发展过程中，仍难免与西方发达国家，乃至部分发展中国家产生摩擦甚至冲突。在这种情况下，中国在国际社会的话语权尤为重要。我们要及时、准确地对外说明中国的和平发展道路，说明中国在重要国际问题和地区热点问题的立场和政策，说明我们推动建设和谐世界的主张和努力。这就需要我们主动出击，而不是疲于应对西方国家给我们扣过来的诸如"威胁论""责任论"的帽子。

我们尤其要善于利用对手为自己赢分，为自己赢得更多的主动权。以中非关系为例，近几年，一些西方人士无视中非关系的现实，指责中国在非洲搞"新殖民主义"，妄称中国在非洲掠夺资源、倾销商品、阻碍非洲民主化进程。面对这种情况，我们就可以通过公共外交手段，对比历史上以及当前西方在非洲的所作所为，让非洲的普通民众看到中非关系健康发展的本质，从而牢牢把握住解释中非关系的话语权。

此外，一些重大国际事件也是我们赢得主动权的良好机会。以 2011 年利比亚撤侨为例，中国政府高效的撤侨行动获得国内外一致赞赏。这次事件，具体生动地向外国民众展示了中国政府保护本国公民切身利益的决心和能力。美国中东问题专家埃利奥特·艾布拉姆斯（Elliott Abrams）为此在美国外交关系委员会网站上发表文章，引用孔子"见义不为，无勇也"的话,认为这可能会为白宫"上一课"。

第三,开展公共外交要随着技术的革新,变换手法,提高技能,但其核心是传播中国的价值观和特色文化,服务国家的长远利益。当前以互联网为代表的新媒体技术快速发展,深刻改变了信息传播方式和国际传播格局,公共外交的开展也要顺应这种技术发展趋势,让先进技术为我所用。在解决了技术问题之后,我们面对的核心问题便是,我们开展公共外交的最终目的是什么?答案就是要进一步传播和推广中国的价值观和特色文化。在公共外交中,文化的影响力最为深远。文化是一个国家的烙印,反映这个国家历史传承和创新发展。中国文化博大精深,在进行公共外交的过程中要准确、精要地表达。

2008年国际金融危机发生以来,国际社会对西方发展模式以及这种模式背后所承载的西式民主等价值理念提出了质疑,同时对中国模式的兴趣越来越浓,对中国模式的认识也越来越深入。马丁·雅克(Martin Jacques)等学者开始从中国传统文化及中国政治制度等角度,分析中国取得成功的原因。尤其当前美欧深陷债务危机,美国国内出现持续的"占领华尔街"等运动,为我们向世界展示中国追求和谐发展、合作共赢等价值观提供了良好时机,同时也利于我们展示中华民族勤劳、节俭、团结等优良传统。

第四,开展公共外交,必须掌握和运用国际通行的话语体系,善于用外国受众熟悉的语言介绍中国的观点。我们的对外传播要坚持"外宣三贴近"原则,即贴近中国发展的实际,贴近国外受众对中国信息的需求,贴近国外受众的思维习惯。在公共外交工作中,我们也要坚持这一原则。其中非常重要的一点就是，我们说话的内容、说话的方式一定要考虑受众，一定要让人家喜闻乐见，才能达到效果。

在这个过程中，提高中译外的水平至关重要。中译外首先是一个战略性问题。用外语对外介绍中国，绝不仅仅是纯粹的技术性工作，而是关系到中国国际形象的大事；改进和提高我国的中译外水平，是一个战略性的、全国性的任务。既然是一项事关国家形象的战略性任务，就需要全社会的努力：需要政府部门的指导和支持，需要翻译的使用者（这里指各级行政领导和各个翻译公司的客户）对中译外工作的理解，还需要教育界的创新，大力培养符合时代需求的翻译人才，特别是中译外人才，更需要翻译实践者的自身努力，包括学术上的不断进取和职业操守的培养。

第五，开展公共外交是全民行为，社会各界都有责任和义务。 公共外交是全民行为，人人有责。公共外交的行为主体不仅包括政府机构，还包括媒体组织、商业组织、非政府组织和普通民众。其中，政府是主导，民间组织、社会团体和社会精英是中坚力量，广大民众是基础。因此，社会各界都要充分发挥自身特色，承担起公共外交的责任和义务。

当前，要着力加强公民的公共外交意识。加强公民的公共外交意识，就是要让公众明白"国家形象，全民塑造"的意义，明白个人素质与国家形象的关系，理解普通个人在公共外交中所应扮演的角色。要让公众明白个人素质在公共外交中的影响，明白每一个人都是中华文化整体形象以及中国国际形象的组成部分，充分认识到在对外交往过程中，每一个人的言谈举止最终汇集成中华文明的完整形象。作为中华民族的一分子，我们需要共同努力，提升整个民族的自尊心、自信心、自豪感，增强民族凝聚力，体现中华文化与东方文明的核心价值，让中华文明的传承与发展迎来更加辉煌的未来。

第六，大国公共外交涉及人多面广，需要各个部门协调配合。公共外交人人有责，涉及方方面面，因此需要有稳定的机制保障，以便协调各方资源，统一各方步骤。我国在这方面已经采取了很多具体措施和尝试。2009年冬，外交部新闻司"公共外交处"更名为"公共外交办公室"。名称的变化，显示了中国外交工作的重要开拓方向。作为中国整体外交工作的"旗舰"，外交部近年来会同其他部委在紧密围绕北京奥运会、新中国成立60周年、上海世博会等重大活动以及应对国际金融危机、气候变化等主题，解放思想，开拓进取，积极探索公共外交新思路、新方法，多层次、多领域、全方位推进公共外交。

但毫无疑问，目前中国的公共外交机制仍在建设和磨合中，各部门的协调配合有待进一步加强。当前公共外交的主体还是政府，民间的作用还未有效发挥，即使在政府内部，各单位单打独斗的局面还时常出现。因此，我们要努力开拓中国公共外交新局面，逐步形成政府主导、多方积极参与的模式和全方位、多层次、宽领域的格局，促进中国与世界各国之间的沟通、了解与互信。这不仅对中国有益，也符合世界各国的利益。

世界发展日新月异，发展中国的公共外交意义重大，任务艰巨。在推动公共外交不断前行的路上，我们每个人，尤其是从事对外传播工作的人，责无旁贷。对外传播与公共外交有着天然的联系，对外传播的众多主体和渠道，以及所承担的使命,与公共外交是重合的。做好对外传播工作,提升国际传播能力,是我们实践公共外交、服务外交大局的应有之义。我们有理由相信,在信息化时代中国的公共外交,必然会在维护和实现国家利益上发挥更大作用。

如何讲好中国故事

原文发表于《公共外交季刊》2014 年春季号第 4 期。

对于中国梦的对外解说已经刻不容缓。要解读中国梦,需要把握好几个基本要素:一是要积极主动地讲述中国故事,二是要讲述与外国人的切身利益有关的中国故事,三是要用国际化的语言讲述中国故事。

一、积极讲述中国故事

现在国际上对中国的各种关心、兴趣、猜测和疑问并存,我们需要比以往任何时候都更加积极主动地讲述中国故事。**作为世界第二大经济体,中国要迅速习惯面对世界讲述自己的观点、立场。**

不论我们自己是真正的清醒和谦虚,还是习惯于韬光养晦与低调行事,在当今的世界,人们总是把中国当作世界第二大国来看待,把中国的话当作世界第二大国的话来倾听。英国学者凯瑞·布朗 (Kerry Brown) 认为,将来的世界在可以预见的时间内,将是一个老大与多个老二(中国、欧盟、俄罗斯等）共存的局面。我认为他的分析比较理性。我们清醒地意识到，除去我国的国内生产总值是世界第二外，在科技创新能力、军事实力、国际影响力等方面现在绝对不是，近期也无法很快成为世界第二，至于人均国内生产总值更是在190多个联合国成员国中排在中间位置。中国是大国，总体比较富裕，但是与许多国家相比，在很多方面又是小国和穷国。

几年前，在世界上刚刚开始议论中国的崛起时，李光耀就曾经讲过，世界上看中国不看中国的人均GDP，而是被中国的总体GDP所震撼。他认为，衡量一个国家的国际实力不是看人均水平，而是要关注这个国家总体的表现。我们知道，发达国家不适应也不情愿接受中国成为大国的一员。美国的心态不用说，仅仅是欧洲国家因为自己发展不顺、国际地位下降，就会把怨气和火气撒到中国头上。他们当中许多人更愿意看到中国的衰败而不是兴起。所以，在猜测和疑问之外，不断有唱衰中国的论调也很自然。当然，国际上想搭上中国发展的快车，为自己谋取利益的也绝不在少数。目前，国际上存在着一种悖论：既不愿意看到中国成为第二大经济体，又把中国当作世界第二来防备。世界上，有怕中国成长为真正的世界第二的，有抱着捧杀心理表态的，有真心希望中国强大从而能对抗真正的世界超级大国的。总之，人们自觉或者不自觉地把中国当作世界第二大国来看待。

中国需要努力创造一个能够让人家理解我们的国际环境。创造这样的环境，只能靠我们自己有所作为，包括更加积极地开展公共外交，即国际公关，更加积极认真而又诚恳智慧地阐述自己的理念。过去那种一门心思办好自己的事情，只做不说，或者多做少说的做法，已经完全不能应付我们面对的复杂国际环境了。在这种背景下,关于中国梦,不是我们自己想多讲或少讲的问题,而是外国人跟中国人讨论起问题来,会主动提问。2013年11月21日这一期的《纽约时报图书评论》就对6本西方出版的涉及中国梦的图书发表了书评,可见他们的关注程度。西方媒体上表达出来的观点代表了希望了解派、疑问派、否定派或唱衰派,无论哪一派,都希望加深了解中国梦对中国意味着什么,特别是对他们自己又意味着什么。许多发展中国家的媒体转载了西方的言论,质疑甚至诬蔑中国正常的国际经济行为,把中国抹黑成新的殖民主义。关于中国梦,我们要利用一切机会,在各种国际会议和研讨场合,通过多种手段、多种渠道,阐述和展示中国的观点和文化,打破西方媒体对中国梦解读的优先权。

二、讲述与外国人利益相关的中国故事

过去人们曾经一度认为,互联网使内宣和外宣的界线变得模糊了,现在中国的经济地位彻底打破了残存的任何界线。这是我们要逐步学会适应的新情况。我们必须清楚,本来是对内讲的话,外国人也在认真听。如果他们听不懂,或者产生误解,对中国就很不利。因此,我们讲述中国梦时,一定要讲清楚中国的发展对其他国家都意味着哪些机遇。当然我们也要承认存在挑战,但更多的还是机遇。中国的城镇化建设、西部发展战略、中国人对教育的重视、中国旅游大军奔赴世界各地,特别是中国企业的跨国经营,既是中国的机遇,同时也是外国的机遇。

直接跟外国人交流时,特别需要提醒他们,中国的发展

中他们有巨大的获利空间。比如,无论是城镇化建设,还是西部开发,中国都需要西方的技术和投资。中国企业海外投资,给资金投向国带来的不仅是资金和技术,更是发展机遇和就业机会。中国人重视教育,给外国提供了很多机会,包括到中国教课,向中国推销教材,接收中国留学生等。又比如,当前的中国海外游客属于中国人海外旅游的开拓者。他们看景点,但对购物兴趣似乎更大。他们愿意花钱,敢于花钱,而不像许多发达国家的游客那样,找一个地方住下来,游泳、晒太阳、读书,除去基本吃住行的支出外,花费不多。有媒体报道,一个北京游客国庆节期间出国7天,5天在购物,仅一个亲友托她代购的物品清单就多达20项。中国游客国庆节期间在英国的人均消费高达8,000英镑,即78,354元人民币,这个数字几乎是一个刚参加工作的英国人近半年的工资。哪个国家吸收的中国游客多,哪个国家获得的利润就高。等到中国游客也像西方发达国家那样,出国主要是度假休息,而不是疯狂购物时,吸收同样数量的中国游客,获取的利润可能就不如今天多。

我们必须承认,在国际舞台上,中国人是后来者。不论是国际投资,还是文化交流,我们都未能占领先机。特别是中国在亚洲、非洲和拉丁美洲开展国际经营,有一个被接受的过程,更是一个我们自己开拓市场的过程。尤其是,除去传统利益,中国企业的海外行为总是遭到西方媒体的错误解读。亚非拉国家的大多数媒体,管理者是西方培养教育出来的媒体人,甚至许多媒体的老板就是西方的资本家。

简而言之,我们需要传达的信息应该是:13亿人的中国梦需要世界来分享。中国梦绝对不是中国追求单独称霸的梦,而是一个追求共赢的梦。

三、用国际化的语言讲述中国故事

跟外国人谈论中国梦，应该多讲 13 亿人的个人追求，淡化国家梦的概念。我们阐述中国梦时强调国家富强、民族振兴、人民幸福三个元素，这是基于我们特定的民族传统与历史背景。然而，在国际上，一提到中国的"国家富强"，有人就感到紧张，就以为中国要建设强大的军事力量，认为中国有野心要改变世界格局，中国在谋求统治世界。中国人强调国家要富强，民族要振兴，是因为自鸦片战争开始的一百多年里，中国不断受到西方列强的欺压，甚至一度沦为半殖民地国家。几代中国人，特别是从辛亥革命到中华人民共和国诞生的几十年间，中国人一直努力争取屹立于世界民族之林。

最近西方有学者认为，中国人动辄就诉说自己一百多年的屈辱史，借此强调国家要富强，要实现中国民族的伟大复兴。的确，那些生活在没有受过外国侵略和掠夺的国家，特别是像美国这样靠开疆扩土成长起来的年轻国家的人们，对于我们追求民族振兴的心情是难以理解的，因为他们做不到感同身受。当然，也有人不愿意被提醒，是他们的国家曾经占领和掠夺中国。让这些人理解我们所说的中国梦的三个元素就有一定困难。这是我们针对西方人解读中国梦必须面对的现实。

面对这种情况，我们在讲述中国故事时，特别要注意实事求是：对我们的成绩和困难要有一说一，有二说二；讲成绩不要浮夸，讲问题不要遮掩。尤其是要通过我们的讲述，帮助外国人了解中国的历史，让他们不仅知道今天的中国，也了解曾经饱受外国欺凌的近代中国。

面向国际解读中国梦，一个不能回避的现实是：中国梦与美国梦有相通的地方，但因两国历史和文化不同，各自国家的梦又都有各自的特色。我们在指出相通之处时，还应该说明各国梦的不同，特别是中国梦与美国梦的不同。追梦过程可以互相借鉴，也可互相吸取教训。美国人普遍住大房子，开大型轿车，高消费，高耗能。美国梦包括一个黑人孩子可以梦想当总统，也的确有黑人当上了美国总统。然而，美国梦也包括当"世界总统"的愿望，有充当"世界警察"、按照美国制定的游戏规则管控世界的梦想。当中国成为世界第二大经济体后，美国媒体上就不断有言论说要"管控好中国"。显然，美国人在宣扬美国梦的同时，也在宣扬他们的社会制度和价值观，其中许多成分不可能成为中国人的追求。这种不同，也是需要我们认真对外解读的，以便让其他发展中国家放心。

对外解读中国梦，须注意掌握外国人可以理解和接受的话语体系。 要使用国际化的语言，还有一个重要环节，就是正确的翻译。关于中国梦的英文表达方式，现在媒体中混用的说法很多。China Dream 包含了外国人的中国梦，比如，13亿人都喝可口可乐，可能就是可口可乐公司的中国梦。China's Dream 带有国家的某种意愿，而 Chinese Dream 强调的是中国人民的追求，代表的是人们对个人幸福的向往。

可见，中国梦的对外解读还有很多方面有待研究，很多工作有待我们努力。

从一部外国人的著作看对外解读中国梦的长期性

——评《富强：中国通往 21 世纪的长征》

原文发表于《公共外交季刊》2014 年夏季号第 5 期，略有改动。

正当国内外就中国梦的概念进行深入研究，做出各种解说之际，美国资深中国问题学者奥维尔·谢尔（Orville Schell）和约翰·德勒里（John Delury）二人合作，在 2013 年出版了《富强：中国通往 21 世纪的长征》（*Wealth and Power: China's Long March to the Twenty-First Century*，Random House，2013）一书。该书将近 500 页，分为 15 个章节，在当前解读中国梦的英文著作中可谓鸿篇巨著。其最重要的价值在于，在众多外国人撰写的涉及中国近代史的图书中，该书第一次把中国人的寻梦之路和近 200 年中国遭受的屈辱史联系在一起，从而令其对中国的解说具有历史深度和现实意义。

一、从百年变革观察中国的寻梦之路

该书选择了中国近代史上具有变革思想的改良主义者、改革运动的领袖以及知识分子，共 11 人，通过分析他们生活的时代背景、各自的言论和行动，来介绍中国 100 多年来不断争取变革和发展的思潮。首先介绍的是魏源。作者认为魏源是第一个发现中国经过康乾盛世之后迅速走向衰落，呼吁中国要自强的思想家。作者指出，英国向中国贩卖鸦片，在敛取财富的同时，试图征服中国。魏源参加了对鸦片战争英军俘虏的审讯，更加意识到英国的不轨图谋。于是，在《南京条约》签署前，他大声发表政见，主张强国，捍卫自己，力争至少在亚洲称雄。作者的看法是，魏源不是儒学的继承人，反而更具有法家的思想。他的主张代表了一种法家和儒学的混合体。他时刻提醒国人警惕来自西方的威胁，坚持走富国之路。

作者介绍的第二位改良家是冯桂芬。在追述了英法联军火烧圆明园的事件后，就比较容易解释冯桂芬的自强主张了。冯的观点是中国不应该依赖西方，但是要学习西方有用的东西，努力在教育、经济、政治和科技方面缩小与西方的差距。因此，他也成为第一个引入西学、创办外语院系的人。有意思的是，作者列举的第三位改革家是慈禧。作者认为，慈禧是"中学为体，西学为用"的倡导者和实践者。她支持李鸿章的洋务运动，赞成修铁路、开设电报局、开矿山、办纱厂，支持"官督商办"，目的也是为了中国的强大和复兴。但是作者指出，慈禧过于追求个人享受，花大笔银两修建颐和园，使得李鸿章这样的"自强派"很难施展强国纲领，只好无奈地看着日本实现了自强，而中国没有取得实质进展。尽管如此，在慈禧统治下的中国，还是有一些地区在追求中华自强的努力中取得了进步。

在介绍梁启超时，作者称其为"新民"。作者说，像魏源和冯桂芬一样，梁启超也在询问，为什么西方可以富强，中国如何才能赶上。面对长期的内忧外患，梁启超认为必须改变传统的思维方式，摆脱儒学的思想束缚。作者认为，中国近代史上梁启超是主张通过文化变革、用新思维实现中国复兴的第一人。他主张变革中要开放，只有开放才能带来国家的强大。作者说，后来陈独秀在《新青年》杂志上鞭挞孔子思想、鲁迅在新文化运动中用小说批判社会黑暗、蒋介石的"新生活运动"以及毛泽东为新中国设计的蓝图，都从梁启超那里获得过灵感。

在两位作者看来，身处在中国"一盘散沙"时代的孙中山，因为长期在国外生活，对中国的落后程度看得更为清晰。他比梁启超更加主张西化，甚至迎娶中国最西式家庭的女儿宋庆龄为妻，还发明了集合西服和日装特点的中山装。孙中山性格刚毅，为人热情，具有坚定的信念，积极反对外国人的入侵。他比许多人更加清楚地认识到，中国的软弱是帝国主义侵略的结果。但是作者也认为孙中山有明显的不足。第一，他不是一个善于治理的人，缺乏经济管理经验，难以带领中国实现经济复苏。第二，他反清不反孔，主张回归中国传统文化理念，因此他不是一位思想家。作者认为，孙中山的唯一贡献就是实现了共和制。

在作者眼里，陈独秀深受中国历史文化的影响，但他是个造反者，孜孜不倦地努力改变中国贫穷落后的面貌。他最大的贡献在于创建了中国共产党。陈独秀也是一个悲剧人物。他像之前的许多改良主义者一样，也在追求新思维到了一定程度后，最终在观念上回归中国传统文化意识。

在评述蒋介石的章节里，作者引用了大量埃德加·斯诺（Edgar Snow）的观点。蒋介石追求中国的统一，想以此达到中兴，但是他仍然没有逃脱失败的命运。

　　因为这是一部写给美国读者的书，作者在很多情况下是在普及中国历史和中国文化知识。作者花费笔墨最多的是毛泽东和邓小平，每人各占了两个篇章。作者介绍了青年时代的毛泽东，说他早就具有造反精神，讨论了毛泽东的反孔情绪和"不破不立"的思想。作者说，梁启超曾经认为，"破坏亦破坏，不破坏亦破坏"，英法实现现代化在于发动了革命和内战。但是，梁启超后来放弃了"破坏"原有社会思想和框架的理念，而毛泽东却一生都在坚持"不破不立，不塞不流，不止不行"的主张。这是唐代韩愈最早提出的想法，毛泽东把它作为终生坚持共产主义革命的口号。作者分析了毛泽东与陈独秀的不同，历数毛泽东领导的各场政治运动。书中写道，毛反对清代以来"自强"形式的改良运动，坚持要对"体"进行革命，而不是简单地把改良作为手段的"用"。作者认为，毛追求"更大、更快、更好的经济成果"，但这并没有带来预期的效果，而他发动的最后一场群众运动"文化大革命"造成了最为严重的后果。毛泽东倡导的"造反有理"，不仅是要打倒党内的官僚主义，也是要与中国的传统文化彻底决裂。为了中国的强大，毛泽东晚年打开了与美国的关系。毛泽东虽然一生都在试图通过革命，剪断中国传统文化和社会的结构性联系，但是中国文化传统如此之强大，是根本无法抗拒的。作者认为，毛用了整整一生的时间，想让中国社会摆脱历史的束缚，想给社会注入创新性、实用性的活力。他不顾一切地朝着这个目标前进，尽管出现了很多问题，还是为后来邓小平实施改革预先铲除了4,000年的文化残余。

　　作者在对邓小平进行评述的章节中，首先勾勒出邓小平一生的经历,然后重点介绍了邓小平领导的改革开放。作者认为,当年冯桂芬提出的学习西方从而使中国实现自强的想法,是邓小平进行改革开放的根本出发点。邓小平提倡让一部分人先富起来,开办经济特区,以及在苏联解体后提出"韬光养晦"的主张,都是在努力实现中国的复兴。当他离世时,他已经把中国带上了历代改良派和改革家以及革命者曾经竭力追求的富强之路。作者以肯定的语气引用了中国人的说法,即毛泽东让中国站了起来,邓小平让中国富裕起来。他们认为,邓小平留下的历史丰碑,就是中国终于走上了通往富强的坦途。

在邓小平之后,作者选择了朱镕基作为第十个故事的主人公,认为朱镕基是邓小平选择的新一代中国领导人之一,事实也证明选择对了,因为朱镕基能够实现邓小平的富国之梦。

二、外国人认识中国梦的权威之作

纵观全书,作者对书中人物的评价,对他们之间关系的解说,以及对中国一百多年来追求强国之梦的描述,尽管有许多不准确的地方,但是这部作品仍然具有特别的意义。作者把中国历史上追求强国之梦的重要代表人物作为主线,通过介绍他们所处的时代背景,中国所经历的屈辱、面临的内忧外患,以及他们每一个人为了国家强大、不再落后挨打所持有的立场、主张和身体力行的努力,以讲述个人故事的方式,来阐释民族的兴衰、时代的潮起潮落。这种以人物为主线的写法,不仅增强了这本书的可读性,更为重要的还是一种创新。这种创新可以让读者在接触中国一百多年近当代历史的同时，了解为什么中国人有这样一个强国梦。换句话说，两位作者的一大贡献是，把中国的落后和中国几代人追求国家富强、民族振兴的愿望有机地结合在一起。如果读者对中国持有公正的态度，加上一定程度的同情心，阅读此书后应该知道中国人在近代史上经历了怎样的外来侵略，遭受过怎样的屈辱，被迫签下了怎样丧权辱国的条约，从而也就不难理解为什么中国人这么强烈地追求振兴富强的目标，也就能够意识到，为什么中国梦的核心不是简单地追求个人幸福。真心希望外国读者能够通过此书，了解为什么中国梦首先是国家梦、强国梦，其次是民族振兴梦，然后才是个人幸福。当国家弱小，民族受屈辱，无法主宰自己的命运时，个人幸福从何而来？

能够把中国近代的屈辱史和几代人的寻梦结合起来，帮助读者了解中国如何从一个弱小贫穷的国家逐步走上国富民强的道路，这在很大程度上取决于两位作者深厚的汉学功底和掌握的翔实资料。第一作者奥维尔·谢尔1960年进入哈佛大学，师从费正清（John King Fairbank）和赖肖尔（Edwin Oldfather Reischauer），1964年毕业。其间，他曾到斯坦福大学和中国台湾学习中文。他是一位高产作家，1967年作为合著者之一，参与了三卷本《中国读本》的写作，至今已经出版了15本著作，其中10本是关于中国的。谢尔长期从事新闻写作，20世纪60年代在台湾期间，就给《波士顿环球报》撰写专栏，曾在美国多家著名报社和杂志社担任记者，善于通过讲述人物故事来吸引读者。他长期研究中国，1974年首次来中国大陆访问，有一位在中国长大的妻子。为了这本书，其岳父还帮助他在深奥的中文文献中寻找相关素材。跟谢尔相比，约翰·德勒里要年轻许多。他 1997 年从耶鲁大学本科毕业，2007 年获得现代中国史博士学位。此后，他在多所美国大学教授中国历史，也曾在北京大学教书。他们在大学主修的专业以及后来多年的跟踪研究使他们掌握了大量的史料，能够比许多其他作者分析得更加深刻，得出更为明确的结论。

通过阅读浩如烟海的中国历史文献，他们认为，**当代中国的故事就是国家领导人带领人民走上复兴之路**，从而"也让中国社会比历史上任何时候都更有可能实现一个开放和民主的未来"。他们还认为，"富强"的说法来自"富国强兵"的概念，这个概念最早出自战国时期的商鞅。自 19 世纪以来，"富强"和"复兴"一直是中国人坚守的信念，以图恢复祖先曾经理所当然地享有的强盛。爱国主义者期待这个主张能帮助中国抵御外国侵略。尽管在中国古代这两个词汇具有某种程度的攻击色彩，但在 19 世纪，中国处在衰落之中，正在竭尽全力维护领土完整，"富国强兵"的目的是守卫国家而不是要征服外国。他们认为，与其把"富强"理解为 wealth and power（非常富足和强权），不如换一种英文表达 prosperity and strength（富裕和强健）。前一种译法强调的是财富拥有量和大国影响力；后一种译法突出的是本国的繁荣与昌盛。考虑到对外介绍中国，特别是对外解说中国梦面临的巨大文化差异，他们的这个意见倒是颇有建设性。

三、该书存在的局限性

虽然这本书值得称赞的地方很多，但是作者的政治立场和看待中国的特定角度，也给该书造成了很大的局限性。比如，最后一章是关于刘晓波。明眼人一看就可以发现，刘与书中写到的另外10位改革家完全不在一个层次上，根本不能相提并论。硬是把不能放在一起的内容归到一起，只能使该书大打折扣，大失光彩。

此外，作者使用的词汇明显反映了他们在政治上对中国的偏见，而这种偏见在作者的论述中反复出现，尤其当谈到中国国内持不同政见者时，作者十分明确地肯定这些人，而完全质疑中国大多数人的观点。对于中国未来的走向，作者也流露出一定程度的怀疑。

书中还有一些明显的技术性错误。比如，把林彪这个湖北人说成是毛主席的湖南老乡，把美国悍然轰炸中国驻南斯拉夫使馆后，当时的国家副主席胡锦涛在电视上发表讲话，说成是国务院副总理讲话。两位大名鼎鼎的中国问题学者竟然出现这样的基本事实性差错，不禁令人感叹：研究另外一种文化绝非易事，而他们的功夫还没有到位。

四、对外解说中国梦是一项长期任务

阅读此书，让人产生强烈联想的是，中国梦扎根于中国历史上的强盛，更来源于中国衰败后屡遭西方列强伤害的百年屈辱。西方大国，虽然有些也经历过从强盛到衰败的过程，但是没有一个像中国这样在短短一百多年里遭遇这么残酷的外国凌辱。西方国家长期处于强势地位，没有受过欺负，反而习惯欺负别人。要让这些国家的人们理解中国人的感受是有着天然困难的。正如作者写道：西方人早已熟悉自己的国家以胜利者身份崛起的历史，而中国探寻现代化的道路却反复地遭受意想不到的失败和重大的挫折,对于西方人来说,这的确有些不可思议。中国人为了复兴,从一开始就注意学习和借鉴西方各种体系,但是都没有成功。学习西方模式还带来了许多新的问题。要让西方人真正理解中国梦的内涵,的确要走很长的路。这本书再次让我们认识到,对外解说中国梦任重道远。

"一带一路"建设迫切需要深化对外解读

原文发表于《人民政协报》2014年10月13日第008版。

"一带一路"倡议提出以来，世界各国高度关注，丝绸之路沿线国家兴趣尤其浓厚。相关国家都在考虑如何从中获利。许多国家的各种智库纷纷设立专门的课题，探讨"一带一路"建设前景和自己的具体利益所在。

各国专家学者认为，古代丝绸之路除发展贸易外，还大大推动了中国和西亚乃至欧洲的人员往来和文化交流。

国际舆论指出，虽然"丝绸之路经济带"的主要目的是实现经济和贸易上的双赢，但相关国家在反恐和维护地区安全上也需要加强合作。尤其是考虑到三种极端势力在中亚和西亚一些国家的存在，只有安全上的良好合作才能保证经济和贸易上的良性发展。

目前，国际舆论对"一带一路"尚存多种疑问。

一是认为经济带如何建设，各国应该承担什么任务，建立什么样的合作机制，经济带能给各国带来什么具体的利益和机遇，中国的阐述不够明确。

二是认为中国的政治和经济会与美国的全球构想产生

冲突。

三是认为中亚地区政治局势不稳定，这必然严重影响经济带的建设；至于海上丝绸之路，则面临南海争端的困惑。

四是认为"一带一路"经过数十个国家，需要统一和简化海关规则和保险标准，最主要的问题是难以协调处于不同发展阶段的各国的规章制度。

五是中亚一些资深学者和外交官认为，美国的态度和做法对中亚国家有一定的牵制，俄罗斯在这个地区也有自己的传统利益。中亚国家看问题需要首先考虑俄罗斯的态度，这使他们参与"丝绸之路经济带"建设多了一层顾虑。

针对以上问题和疑虑，我们需要有针对性地做好对外传播和阐释工作。中亚、中东和南亚地区总体上对"一带一路"建设积极性最高；俄罗斯期待与忧虑交织；欧洲观望情绪较为浓重；美国和日本对此的敌意最为明显。

对前者，要进一步加强"一带一路"在更大社会群体范围的传播工作，并通过逐步开展合作项目，夯实民意基础。对俄罗斯，要加强解释工作，尤其是对其学界、媒体界与精英阶层，要加强联系和对话，持续沟通协调。对欧洲，尤其是东欧，继续加强推介工作，在合作意愿相对强烈的国家，开展试点项目，增进民众的了解。同时要创新传播方式，在沿线国家营造有利的舆论环境。

讲好中国故事，引领国际舆论

原文发表于《公共外交季刊》2015年春季号第8期。

当前，包括我国对外传播在内的公共外交工作面临很大机遇。中国经济在世界各个角落影响如此之大，中国人之外的世界58亿人的生活工作越来越多地与中国有关，这让我们的受众群体变得人多、面广。因此，当前我国开展公共外交，迫切需要加强对外传播顶层设计，主动设置国际话题；加强国际话语权的引领作用，强化大外宣格局；加强对外传播本土化影响力，赢得外国百姓民心；加强对外翻译人才培养和使用战略，提高对外传播实效。

一、加强对外传播顶层设计

中国已被历史性地推向世界舞台中央，中国的公共外交，包括对外传播面临难得的历史机遇。

这种机遇的**第一个特点是我国对外传播受众的人员组成发生了巨大变化**：过去关心中国的是少数专家学者、政界、商界人士。今天，越来越多的外国人在生活和工作中开始与中国有所关联，这让我们的受众群体变得人数多，覆盖面广。

这种机遇的第二个特点是受众多了以后，对外传播的话题深度和广度都加强了。面对58亿的潜在受众群体，中国需要在更加广泛的问题上，更加积极主动地发出自己的声音。作为世界大国，我们应该从过去常见的被动应对和只关注国内问题，转为主动设置国际传播话题，引领世界涉华舆论。

事实上，中国已经开始引领国际舆论，大多从经济建设开始，如"一带一路"建设、金砖国家新发展银行、亚洲基础设施投资银行等。

历史赋予了我们设置国际话题、引领国际舆论的任务。我们要找出吸引世界不同地区、不同人群关注的话题，主动发出自己的声音。与其让西方媒体引导世界跟着他们的话题转，不如我们采取主动，让他们跟着我们的话题转。

世界舆论西强我弱的局面尚未根本改变，世界复杂，中国人追梦诉求多样。在这种背景下，设置关系全球的话题，引领世界舆论绝非易事，需要加强顶层设计，兼顾各方，既有明确的大方向，又有多角度多层次的话题切入，也就是说要制定好大战略，讲好小故事。

二、加强国际话语权的引领作用

企业"走出去"，文化"走出去"，上亿游客走出去，让中国人站在了世界话筒之前。但是，有了发言机会，是否能掌握国际话语体系，用58亿人听得懂的语言来阐述中国，对很多中国人来说，还是一个新的课题。

比如，一些企业的对外介绍材料照搬对内口径，甚至直接把对内报告拿来翻译成外文。在介绍我们的公司时，总是习惯说"某年经国务院批准成立，在国家工商总局注册，受中央大型企业工委领导，某年成为国资委管理的大型中央企业。"在中文语境里，这样说有助于证实企业自身的强大背景和雄厚实力，让客户产生信任和尊重。但是，在英文语境下，这不但无助于获得客户的尊重，反而显得我们的企业不是一家自主经营的跨国企业。不如索性说，公司是哪年成立的，在多少个国家有业务，在哪个具体商务领域占有优势，以便尽快让外国客户知道我们是一家具有实力的跨国企业。

企业的对外介绍材料，包括高管的发言，经常不经意地引用我们国内熟悉的表达方式，特别是文件式语言，比如"总揽全局""三中全会以来""历史新时期"等等。在一些国内知名企业的材料上，很容易看到一些高度概念化、文件化的内容，比如，"从大局出发，促进转型发展"。还有一些中文里常见，但在西方很少采用的报告文学式的语言，如"未来充满挑战，我们信心满怀；未来充满机遇，我们整装待发""珍惜有限，创造无限，我们与您携手创造美好明天"。这样的表述语言很美，气势高昂，读起来很有韵味，内容很振奋人心。然而，至少在英语国家，受众很不习惯。

我们在国际场合讲话时，还喜欢谈谈天气，以营造良好的氛围，比如，"我们非常高兴，在这春暖花开的季节来到你们国家""在这春播的大好时光，我们进行了友好会谈，播下了进一步密切合作的种子"。问题是，讲话稿是按照国内气候写好的，但讲话地点是北欧，不仅不是春播的季节，室外还堆着厚厚的积雪。

我们需要加强对国际受众的了解，了解他们的语言习惯、思维模式、表达风格和理解能力，才能更有针对性地使用他们熟悉的国际话语体系，把传播中国落到实处。

全球化时代，传播没有国界。国内的意见言论，国外同样关注。为了不引起误解，让我们的声音最大限度地得到准确理解，即使我们的发言不是针对外国人的，也需要考虑到国外受众的理解能力。在遣词造句上，尽量使用世界通行的表达方式，力争每一句话都得到世界的正确解读。

全球化时代是公共外交的时代。公共外交强调的是每一个有机会接触外国人的中国人都应该肩负起传播中国的任务。当前，从事对外经济活动的企业家特别需要提高国际话语表达能力。建议相关院校增加公共外交课程，帮助有机会影响外国人的中国人熟练使用国际通行的话语。要建设一种"大外宣、小平台"的局面，即在全国大外宣的格局中，我们的官员、企业家、游客和民众都逐步成为一个个对外传播的小平台。

三、加强对外传播本土化影响力

长期以来，我们在对外交往中，习惯跟外国政府和上层打交道。搞好与官方的关系，对于我们开展活动至关重要。问题是，我们不善于针对外国民间做舆论工作。以缅甸为例，在当地的英文媒体报道中，涉及日本的正面报道超过对中国的报道数倍。原因之一是日本善于利用当地媒体为自己歌功颂德，日本援助的每一个项目都在当地媒体上做宣传。其结果是，当地媒体赞扬日本超过中国，当地百姓受媒体影响，对中国批评多，对日本赞扬多。相比之下，我们在缅甸曾大量投资，创造就业机会，造福当地百姓，很多当地百姓却不知情。遇有风雨，当地人站到我们的对立面，我们花了钱，反而成为受害者。

联想到当前的"一带一路"倡议，在做好国内对外传播的同时，我们需要把传播注意力更多地放到国外，利用各种活动机会，在沿线国家当地举办论坛，请当地专家学者发言，通过当地媒体的报道，让当地民众了解中国的倡议，看到"一带一路"将给他们带来的实惠。

当地媒体发出的声音最为直接，最有影响力。在西方媒体占据世界主导地位的情况下，广大发展中国家的媒体大量转发西方媒体的消息。原因之一是发展中国家媒体负责人大多在西方留过学。

作为国家战略的一部分，我们要为发展中国家培养更多的媒体人才。可以设想，如果其他发展中国家的媒体管理人员和实际操作人员，有5%来中国接受过培训，对中国有比较正确的认识，他们当中有些人一定会成为传播中国的正能量，至少在报道涉及中国的话题时，会更多地采用来自中国媒体的消息。

我们应该把同其他发展中国家的媒体开展交流，作为一项关乎国家生存发展，引导世界舆论的百年大计来办。在国际舆论斗争的大战役中，让更多的国家成为我们取胜的小战场。

四、加强对外翻译人才培养

在国际舆论战场上，外文是实现国际话语权的主要手段之一。

根据中国翻译协会的市场抽样调查，中国翻译市场呈现出从业人员多、工作量逐年增长的趋势。一个特别引人注目的变化是，从 2011 年开始，随着中国企业"走出去"，文化"走出去"，中国翻译市场已经从以外译中为主，转为以中译外为主。2013 年，中译外营业额已经占到总量的 60%。中国的翻译市场已经从输入型转变为输出型。

这种变化是可喜的，又是令人忧虑的。可喜的是，这说明中国"走出去"的步伐加快了。令人忧虑的是，中译外高端人才不足的问题愈发突出。有领导同志曾经询问为什么我国的非通用语种高级翻译这么稀缺。其实，一般通用语种，如英语、西班牙语、阿拉伯语、俄语和德语，能从事中译外定稿的高级翻译也同样缺少。缺乏中译外高端人才，在一定程度上制约着中国走出去，制约着中国话语权的提升。

随着科技的发展，翻译手段发生了很大的变化。翻译不再是简单的两种文字的转换，而是两种文化元素的转换，已经发展成为一种新的语言服务业态。中国需要开发自己的翻译软件，尤其是支持中译外的翻译软件。

一名优秀的外宣翻译，可以帮助提升中国的话语权；一名不合格的翻译，会使正面的表述产生消极负面的效果。因此，针对对外传播领域，特别是为了争夺话语权，要打破传统的研究领域，创新对外翻译，加大应用项目的研究。

要提升国际话语权，需要做好中译外高端人才的培养和使用，让他们有充分的荣誉感和使命感，从而吸引更多的人才投身中译外，形成在对外传播这个大舞台上，不同语种的对外传播人才上演一幕幕精彩节目的繁荣局面。

让人不留遗憾的外宣大平台

原文为 2019 年 9 月在庆祝中国外文局建局 70 周年座谈会上的发言

聆听了习近平总书记给外文局的贺信,感到非常亲切。习近平总书记对外文局 70 年来所做工作的肯定令人感动,对今后工作的指示令人振奋。

在新中国成立 70 周年之际,中国外文局也迎来了 70 华诞。我很荣幸能够有机会发言,与大家分享在外文局工作 40 多年的点滴感想和体会。

我是外文局对外传播事业发展的见证者。 从 1975 年初大学毕业来到外文局工作,到 2018 年秋天正式退休,43 年间我经历了 20 世纪外文局业务的转型,看到了新时代外文局的新发展、新气象。40 多年来,外文局已经从单纯的书刊传播单位发展成为包括书刊、新媒体、国内外交流活动在内的国际化传播和研究机构。

我是外文局对外传播事业发展的参与者。 40 多年间,外文局两次派我出国留学,让我有机会学习了解对外出版,有机会在国内外论坛上直接面对国外受众讲述中国故事。更加有幸的是,我全程参与了中国网的创办,参与创办了在外宣领域颇具知名度和影响力的《对外传播》杂志。我还以筹委会秘书长的身份参与了2008年在上海举办的第18届世界翻译大会，通过这次国际翻译界的盛会向世界展示了中国的发展成就和翻译工作的水平，确立了中国翻译协会的国际地位。外文局让我有机会为两任党的总书记担任口译员，让我有机会参与领袖著作的翻译出版。从20世纪70年代的《毛泽东诗词》英文版校对，到近年来《习近平谈治国理政》的翻译出版，能够为领袖著作翻译出版工作贡献微薄力量，我感到十分荣幸。

我是外文局对外传播事业走出低谷的共同奋斗者。20世纪90年代，外宣事业面临严峻形势，传统书刊业务大幅下滑，大多数外文翻译部门都"关门歇业"，人员流失十分严重。对此，我也曾倍感焦虑。在党中央的坚强领导下，坚定的信念帮助我们一道爬坡，采用新的传播手段，开拓新的市场，建立新的传播渠道，度过了那段艰难岁月，迎来了新的发展阶段。

我是外文局对外传播事业创新发展的追随者。我刚参加工作时，组织上就给我指派了一位老翻译当师傅，手把手地教我。40多年的岁月里，我有幸在11位外文局领导的指导下工作；我调到局机关工作后，先后与5任局总编室主任和5任局国际合作部主任共事；我与一代又一代的专业人员切磋业务、共同提高。40多年来，我向领导和同事们学会了认真做事、低调做人，学会了困难时不放弃、顺利时不骄傲，学会了对待文字工作一丝不苟、翻译没有最好只有更好，学会了对他人要宽容、对自己要严格，学会了对上级要尊重、对下级要爱护，学会了在同行面前要谦虚、在对手面前要坚强，学会了要善于学习、开阔视野。这些听起来容易，但做起来，特别是做到位，并不简单。对我来讲，40多年前这些话语只是一些概念，而后来成为我遵循的原则，至今受用。

当前，面对世界百年未有之大变局，外文局面临前所未有的发展机遇，也面对许多新的挑战。**一是传播内容在变**：习近平新时代中国特色社会主义思想的国际传播，让外文局的业务站到一个新的平台上。**二是受众在变**：从少数关心中国的专家学者到遍布五大洲、日益扩大且多样化的国际受众，让我们有了更广阔的传播中国的舞台。**三是传播手段在变**：多媒体、融媒体、新技术让我们有了更丰富的传播手段。**四是传播形式在变**：书刊本土化出版发行、主题论坛、书展影展活动、视频产品、课题研究、合作出版，使我们的传播形式更加多样化、国际化。当然，人员队伍始终在变，一代又一代新人的成长给外文局注入生机活力和发展希望。

在看到诸多变化的同时，我希望看到更多的进步和改善。解决这一问题的关键是，外文局在自强的情况下，还要帮助社会各界强化对外文局对外翻译队伍重要性的正确认识。今天的世界不合理且让人无奈的地方很多，比如国际传播主流语言仍然是英文而不是中文。因此，没有一支强大的融通中外语言和文化的对外编译队伍，就不可能完成构建中国对外话语体系的重任。而很多人把专业对外翻译等同于普通翻译，就如同把高雅艺术舞台上的芭蕾舞等同于街头巷尾的广场舞。同样，从事对外传播的记者和编辑人员必须了解外国受众的心理，他们的工作难度也大大超过国内传播。

为解决这一问题，我借此机会提三点建议：

一是采取多种措施，增强对外翻译人员的荣誉感。希望参与党政文献翻译的中青年业务骨干，在一项重大任务完成后有机会得到上级领导的接见和鼓励；在一些重要会议上，建议给中青年翻译代表特设旁听席位，让他们直接聆听党和国家的大政方针。

二是特事特办，提高对外翻译人员的待遇。从一定意义上讲，对外翻译是特殊行业，面对社会上众多的就业选择，高校毕业生从事对外翻译的意愿不高，导致后继乏人。建议通过设立党政文献翻译基金、青年对外翻译基金等方式，把青年人的精力和时间从工作简单报酬又高的其他社会翻译，引导到对外翻译工作上来。

三是提高对外翻译高级职称人员的比例。外文局近3,000人的队伍，具有高级职称的只有十分之一，与许多其他事业单位相比差距较大，不利于人才队伍的发展壮大。建议中央有关部门能够高度重视对外翻译的重要性和特殊性，给予更多支持，增加外文局的对外翻译高级职称名额。当然，我们外文局的同志也要努力提高自身水平，让对外传播事业更具吸引力和凝聚力。

让世界倾听更多的中国声音

——访中国外文出版发行事业局原副局长兼总编辑黄友义

原文发表于《中国纪检监察报》2019年10月14日第005版，略有删改。

2019年是中国外文局成立70周年，习近平总书记近日在致中国外文局成立70周年的贺信中指出："希望中国外文局以建局70周年为新的起点，把握时代大势，发扬优良传统，坚持守正创新，加快融合发展，不断提升国际传播能力和水平，努力建设世界一流、具有强大综合实力的国际传播机构，更好向世界介绍新时代的中国，更好展现真实、立体、全面的中国，为中国走向世界、世界读懂中国作出新的更大的贡献。"如何讲好中国故事、传播好中国声音、提升中国话语国际影响力？围绕这些问题，本期栏目邀请中国外文出版发行事业局原副局长兼总编辑黄友义为我们一一解答。

中国越是发展，国际影响力越是增强，越需要讲好自己的故事

记者：习近平总书记在致中国外文局成立70周年的贺信中指出，希望中国外文局更好向世界介绍新时代的中国，更

好展现真实、立体、全面的中国，为中国走向世界、世界读懂中国作出新的更大的贡献。在您看来，当前，讲好中国故事、传播好中国声音的意义在哪里？

黄友义：随着中国国际影响力的日益增强，世界越来越需要中国，中国也离不开世界。尤其是中国经济规模持续增长，引起世界瞩目的当下，更需要我们向世界讲好自己的故事，帮助世界了解中国。

无论是在发达国家还是在发展中国家，都有许多人对中国在国际舞台上发挥自身作用、作出更大贡献寄予厚望。但同时，也有一些人对中国怀有偏见，对中国的发展存有质疑，而他们中有很大一部分是因为对中国缺乏真正的了解。因此，中国越是发展，国际影响力越是增强，越需要讲好自己的故事。只有把真实、立体、全面的情况介绍出去，才会产生共鸣，才会密切中国和各国的关系，才能更好地发挥中国作为一个大国的作用。

以前，中国在国际上的声音非常微弱。现在，我们需要向世界介绍新时代的中国，世界需要倾听中国的声音。作为世界第二大经济体，中国面临着对外讲好中国故事、传播中国理念、赢得国际社会理解的急迫任务，尤其是要解决好"会做不会说，说了人家也听不懂"的问题。

过去我们是在"翻译世界"，现在在继续"翻译世界"的同时，我们更加重视"翻译中国"

记者：《习近平谈治国理政》一书近年来陆续在国内外出版发行，且发行量可观。在您看来，这本书能够得到国外读者的欢迎,原因在哪里?

黄友义:世界越是动荡,越是需要了解中国为什么能够长期持续稳定发展。随着中国经济的持续发展、成就的日益增多,国际社会对中国的关注度越来越高,各国执政党想了解中国共产党为什么能得到人民的拥护、能带领中国人民走向小康;各国商界想了解中国的政策和未来走向,从中找到自己在中国的发展机会,找到跟中国合作的渠道;各国学者研究中国,一个能让他们研究出成果的重要对象,就是中国领导人的讲话精神。

那么,这些外国人通过什么渠道来深入了解中国呢?很显然,了解中国最好、最简洁的办法就是了解中国领导人在思考什么、在表达什么。

可以说,对中国各方面最权威的解说、对中国内政外交最精辟的阐释,都在《习近平谈治国理政》这本书里。我觉得世界需要了解的是一个真实的中国,这就需要把我们的发展历程告诉他们,把我们发展当中遇到的问题告诉他们,也要把我们的不足告诉他们。你读《习近平谈治国理政》就会发现,书里面提出了许多新思想、新观点、新论断,深刻回答了新时代条件下党和国家发展的重大理论和现实问题,集中展示了中共新一届领导集体的治国理念和执政方略。比如关于党建的篇章中提到经济发展步入新常态,在这里习近平总书记讲了什么叫新常态,面对新常态,我们怎样制定新的发展理念,等等。这些内容都非常鲜活,对中国人有用,对外国人也有借鉴价值。这本书在国外受欢迎,可以说是对中国发展成就的一种肯定和印证。

记者:新中国成立 70 年来,尤其是改革开放以来,中国经济文化取得显著发展,国家的综合实力、国际影响力显著提升。具体到中国外文局或者翻译界来说,有没有一些明显的变化或新的趋势?

黄友义:面对世界百年未有之大变局,外文局面临前所未有的发展机遇和变化。我之前曾说过,过去我们是在"翻译世界",现在在继续"翻译世界"的同时,我们更加重视"翻译中国"。改革开放的起步就是学习国外的先进文化、先进技术和先进管理经验。广大翻译工作者花费精力,把先进的国际知识展示给中国人,直接推动了中国经济社会的转型和发展。如今,中国成为第二大经济体,中国的影响力显著增强,国际社会对中国展现出日益浓厚的兴趣,满足他们的这一需求,就要依靠对外传播来完成。

这种变化是可喜的,因为这说明中国走出去的步伐加快了,但同时也给我们带来巨大的挑战,需要我们付出更多的努力。从事对外传播的记者和编辑人员必须了解外国受众的心理,了解当前对外传播的意义,学会创新表达方式,让世界听到更多的中国声音。

要有说"全球话"的思维,才能把握国际话语权

记者:经过几代人的奋斗,当前我们解决了"挨打"问题、"挨饿"问题,但是"挨骂"问题还没有得到根本解决。所以现在我们越来越多地提出要建构自己的话语体系,掌握话语权。在您看来,我们应该如何提升中国话语的国际影响力?

黄友义:现在的有利条件是世界愿意听到中国的声音,我们有了最多的机会面向国际介绍中国,也就是说,不像过

去那样被封锁。现在的挑战在于,从心理到技巧,我们是否具备强大的构建中国国际话语体系的能力。

构建中国国际话语体系,首先要了解什么是国际话语体系,其特点是什么,当前国际主流话语体系对我们有哪些有利的影响、哪些不利的影响,特别是长期被西方把持的话语构建渠道,给我们设置了哪些障碍、地雷、暗礁。对国际话语体系还需要深入研究,这是思维的问题。现在我们差的不是设备,我们差的是软件,是表达能力,是解说、讲述中国故事的表达能力。要有说"全球话"的思维,才能把握国际话语权。我认为,这是构建中国国际话语体系面临的首要任务。

此外,我们还要明确,我们的优势在于我们悠久的文明、正确的道路和巨大的成就。但是,在国际上,中文还不是通用语言。构建中国国际话语体系必须依靠外语。对于如何使用外语,特别是利用国际通行的英语来构建中国国际话语体系,需要在数量和质量上提高对外传播队伍。

话语权是自己争取来的,不是别人送过来的。中国故事走不出去,我们的基本理念人家不知道,指望人家去宣传我们的思想成果是不可能的。所以我们要构建融通中外的话语体系,要做到讲话的时候能回答70多亿人而不只是中国近14亿人的问题,那时我们就会形成一个完整的话语体系。

记者:中国发展取得的巨大成就以及对世界日益加深的影响,使越来越多的外国人开始关注中国的政策、中国的文化。中国文化博大精深,在对外传播中,我们应该怎样向世界介绍新时代的中国,让外国人更好地理解中国?中国外文局是如何向世界讲好中国故事,提升国际传播能力和水平的?

黄友义:应该努力让我们的国际传播更加精细化、分类化。外国受众有共性，但是又有不同的需求。我们首先要搞清楚针对哪些受众说什么。对象搞清楚了，就能知道他们各自的兴趣点在哪里，思维习惯特点是什么，然后，用他们能看得懂、听得明白的语言介绍中国。

中国是国际大国，跟外国受众打交道，必须要设身处地了解受众的兴趣点，这样才能把话说到位，说到人家的心里去。中国文化的对外传播，目的是让外国人了解中国，拉近和中国文化的距离，最终能够比较客观地接受我们。

有的外国人说中国的作品不值得一看。怎么打破这个误解？就是能让他坐下来看你的故事。看了以后他会怎么想呢？噢，原来中国人的想法跟我们一样，同样有丰富的人生追求；中国人不是另类，并不可怕。我认为，在当前阶段，如果能让外国普通读者得到这种印象，就是一个很好的效果。

长期以来，外文局高度重视并了解自己的受众，各国家、各地区、各种语言的受众有共性需求，但是又有各自不同的兴趣点，他们之间有时需求差别很大。把自己的故事讲得接地气，这是我们长期追求的目标。尤其是在翻译环节，我们坚决反对"一翻了之"的做法。作为外宣人，我们首先做好中国人，然后做好国际人，这样才能让我们所讲的中国故事具有国际传播能力。要做到这一点，我们应该在说话和下笔之前，先深刻思考，了解我们要表达的内容外国人是否需要，能否理解。心里装着受众需求，我们的故事讲出来才能吸引人，容易被人接受。

学习党的十九届五中全会公报，加强中国文化国际传播

原文为 2020 年 11 月 14 日在博鳌国际文创论坛上的发言。

西方人介绍他们的基督教文化，阿拉伯国家介绍伊斯兰文化，有一些很小的国家也在推广他们的文化。其实中国的文化源远流长，最值得向外介绍，但是我们做得不够。近日我们看到党的十九届五中全会公报里着重体现了习近平总书记这种要把中国文化传播出去的精神。

新冠肺炎疫情发生以后，中国十几亿人把自己隔离在家里，牺牲自己的方便，为的是尽快控制住疫情。国内疫情基本控制住以后，我们很快开始帮助其他国家，大量的医疗防护物资运到国外。但是，我们却受到了很多批评、质疑和污化。2020 年二三月份很多外国领导人给我国领导人打电话或致信，对中国抗击疫情表示慰问和支持。一些西方主流媒体却说，中国驻外大使给他们驻在国政府施加压力，让所在国的总统、总理给中国领导人打电话表示支持和慰问。他们声称中国人太孤立了，特别渴望外国人的支持。

为什么中国对世界经济和安全贡献这么大，却总是遭受质疑和欺负呢？我认为文化差异是一个重要原因。我们在经

济强大以后,应该把对外文化传播作为一项重点任务。

一、推动文化传播

  欧盟把中国视为"制度性对手",对中国经常发表质疑、抵制、污化和制裁的言论,指责我们热衷于在国际上推广自己的治理模式。中国只是分享一下治理经验,给予一些国家适当帮助,特别是强调与"一带一路"国家共商共建共享,我们没有像西方那样强加于人。西方媒体还污蔑我们的"一带一路"建设是制造债务陷阱。到目前为止,共有十几家中国新闻机构在美国被定性为外国代理处,包括外文局的杂志在美国的记者站,美方要我们提交各种各样的信息,随时接受他们的检查。我们对外国媒体是非常客气的,他们对我们却是越来越严厉。

  西方对我们在文化上采取的一系列严厉措施,体现了他们的焦虑与担忧,他们惧怕中国文化的强大和传播,其根本原因是思想认识上的巨大差别。中国说要构建和谐世界,但他们认为是"零和游戏",有你没有我,有我没有你;中国说要构建人类命运共同体,他们说这怎么可能,我们的利益是冲突的;中国说要包容发展,特别是增强发展中国家在世界经济上的话语权,他们说中国破坏世界格局。在习近平总书记提出"中华民族伟大复兴"之后,西方的学者和媒体一直在质疑,最后统一为BBC的分析:中国要一统天下。他们太歪曲我们的想法与倡议了!

  我们须着力推进文化的传播,因为中国在世界各地都有经济利益,硬实力须靠软实力配合来打开局面。过去我们认为只要把工作做好，给人家援助，支持人家，跟人家合作，实干就行。现实不是如此。这使我想起习近平总书记的话，"失语就要挨骂"。

二、讲好中国故事

现在，中国在国外有各种传播渠道，但是存在着不会说的现象，导致说出来以后效果不好，甚至可能产生反效果。我们迫切需要提高讲述中国故事的能力和艺术。面对不同的国际受众，我们要讲述他们能够听懂，愿意听的中国故事，做到第一敢说，第二会说，这是我们需要在文化方面弥补的本领。理想的局面是企业讲企业的故事，大学讲大学的故事，个人讲个人的故事，汇集成讲述中国故事的大合唱。

我们自己做的事情要迅速地讲出去。新冠肺炎疫情发生后，一些西方人说疫情是中国人吃野生动物导致的，甚至有对中国比较友好的外国人给我们打电话，建议我们把水产和农产品市场关掉。美国人把我们的水产市场称作 wet markets，而这个词是贬义的，专指脏乱差的水产市场。我们绝对不接受这个词。

其实，中国一直努力寻求彻底改变滥杀和食用野生动物的陋习。借着抗击新冠肺炎疫情的机会，2020 年 2 月 24 日，全国人大迅速通过了一个全面禁止野生动物非法贸易的决定，从而在法律上解决了滥杀野生动物的行为。这个决定很快由北京第二外国语学院公共政策翻译研究院译成外文并对外发布。看过这个决定的一个美国人对我说，过去冤枉我们了，原来我们一直在禁止滥杀野生动物，这一次又强化了措施。

他说应该让更多的美国人知道我们禁止野生动物贸易。但是我们发现，我们做的这种工作，西方主流媒体和政客从来不会替我们传播。如果我们自己不主动讲出来，他们会继续说我们允许滥杀野生动物。

过去我们中国人多做少说，或者只做不说，并认为这是一种美德。但那个时代过去了，现在谁先说谁就占有先机。我们不仅必须说，还要学会怎么说。

有外国人说过，中国人讲话有一个特点：国家领导人讲的话，到省里、市里、企业，所有人都在说一模一样的话。中国人难道没有自己的话吗？看来，面对国际受众，**我们要学会说话**，特别要学会讲自己的故事。感动不了自己的话，跟外国人说，他们也听不进去。我们需要考虑，我们在对谁说、跟他们说什么、通过什么办法来传播、对不同的人应该有哪些不同的侧重点。我们强调中国独一无二的五千年文明史，除此之外，**更需要讲的是当今的中国**，特别是从文化旅游的角度帮助别人来了解今天的中国。

现在越来越多的人关注中国，但他们中的大多数对中国的了解非常少。我们以前对外传播主要面对研究中国的专家学者、少数社会精英，但是现在要面对大量不同的外国人。比如，中国每年接收几十万外国留学生，他们的父母、兄弟、姐妹和朋友都会因此而对中国感兴趣、关心中国的现状，而这些人与研究中国问题的专家学者不同，他们对中国知之甚少，如何向他们介绍中国就成为一个新课题。当我们的企业到海外经营时，当地的百姓也会因此而关注中国。我们往年有大量的旅游者出国，走街串巷买他们的东西，住他们的旅馆，给他们带来生意，当然有时也给他们带来烦恼，比如说话声音过大、不注意公共环境卫生等，这些积极和消极的因素都引起他们对中国的关注。

如今，总的趋势是关注中国的外国人数增加了，这是好现象。但随之而来的一个巨大挑战是，他们对中国不了解，甚至还带有先入为主的偏见。针对他们讲好中国故事是当今非常现实的任务。我们在传播中国文化时，需要考虑受众的多元化。

三、正面表述未必得到正面理解

中外语言的差异是巨大的，中文有五千年的历史，英文才有一千多年历史。两种语言背后是两种不同的文化，两者之间存在巨大的差异。

首先，文化传统上有很大的差异。我们的文章、讲话稿、年度总结、单位介绍，有着浓郁的报告文学色彩。因为文化不同，外国的企业宣传很少是这样的，除非是文化创意和文学作品。

我们企业的介绍文字很多是针对国内受众的。比如下面的内容：

"春江浩荡暂徘徊，又踏层峰望眼开。"面对机遇和挑战，我公司<u>在上级领导的关怀和正确领导下</u>，在社会各界一如既往的大力支持下，一定能够<u>与时俱进、开拓进取</u>，与同仁一起<u>乘风破浪，高歌猛进</u>，共同实现<u>"筑富民之路、创现代文明"</u>的伟大事业！

对于这些描述外国人难以接受，他们看不懂，迷惑不解，甚至会问："What are you trying to say?"（你到底想说什么？）我们应该明确，对外传播不是简单的字面上的传播，而是文字背后文化元素的传播。很多中文抒发的美感，在外文里无法产生类似的效果，不仅如此，甚至会起消极作用。许多企业介绍和高管致辞内容，都是从网络上参考而来，雷同的表述很多。我们在对外传播的时候，要考虑规避这些问题。

其次，我们的军事化语言也特别多。我们说中国坚持和平外交，但我们讲话的时候，听起来可能高度军事化。比如，吃饭要快一点儿，就说"速战速决"；完成任何工作都要"打一场人民战争"；制定计划就是"排兵布阵"；谈"一带一路"建设必然要有"桥头堡"；改革肯定是"攻坚战"；做事情一定要"打好组合拳"；到一定程度就是"决战时刻"。在外国人听起来像是打仗，只有将军可能才这样说话。这种表达方式我们自己习以为常，但是在进行民间话题的对外传播时，需要避免使用过多的军事化用词。

除此之外，我国的公司或者城市介绍里经常有一大堆数字，几乎每个数字还要紧跟一个百分比。我们本意是想把事情讲清楚，但是却很难让人记住。一连串数字直接翻出来以后，外国受众往往不能完全吸收理解。不是所有外国人都是经济学家，一听数字就明白是怎么回事。当今是读图时代，可以考虑多采用图片、图表让大家了解。如有外国人真需要深度研究，他会有办法找具体数字。面对一般的外国人，没有必要把他们都当作经济学家，用一大堆的数字把他们了解中国的兴趣打消。

中文有很多美文，特别是排比句，比如大建设、大开放、大调整、大提高、大经济，但是这样的美文在对外翻译的时候产生不了美的效果。还有一些我们脱口而出但外国人不明白的语汇，比如"建国以来""新中国成立以来""革命成功之后"。外国人听不懂这些表述，与他们交流，需要做一定的变通。

此外，很多介绍专业化术语太多，没有明确阅读人群。如果给专家看，不用解释，许多专业术语他们全都懂；如果给普通受众看，则不需要那些过于专业的术语。比如"第一产业、第二产业、第三产业的所有常住单位一定时期内生产的全部货物和服务价值超过同期中间投入的全部非固定资产货物和服务价值的差额，即增加值"。如果面对懂经济的人根本不需要做这样的解释；如果是不懂或对此不感兴趣的受众，这么长的专业定义对他没有任何意义。美国有人研究过，在互联网时代，七秒内抓不住对方的眼球和注意力，下面什么话都不要说了，因为他的兴趣已经转移。

四、选好翻译，精准传播

我做了一辈子翻译，在此谈一谈翻译在对外传播中的重要性。中文里充满具有高度概括性的词汇，很多外文则需要非常具体的描述。比如中文可以直接说"农场养了三只孔雀"，但翻译成缅甸文，需要区分是几只公孔雀、几只母孔雀。因为公孔雀是一个词，母孔雀是另外一个词。新冠肺炎疫情发生以来，中文可以用"疫情"这个词高度概括目前的状况，不用具体说什么病引发的疫情，但英文就得说清楚到底是什么疫情。

我们在翻译一篇文章时遇到一段这样的话，讲话时间为2020年2月下旬，讲话中不止一次谈到"疫情"。根据英语具象的表达习惯,不能简单使用一个高度概括的代词pandemic（疫情）。但是何时使用Covid-19,何时使用novel coronavirus disease颇为敏感。世界卫生组织是在2020年2月11日研究确定了新冠病毒病的英文名称为Covid-19,若把中文里2月11日以前的"疫情"这个词翻译成Covid-19,等于告诉外国受众,中国人早就知道这场疫情叫Covid-19。因此,2月11日前的"疫情"必须翻译成novel coronavirus disease,即新冠病毒病。这个例子说明:**有翻译任务时,一定要找职业翻译。企业界的经理人是职业的,翻译必须也是职业的。**

一位企业负责人在介绍自己的公司时说:"我们的宗旨就是四个字——合作共赢。"翻译成英文不一定是四个字。如果是没有经验的翻译,很有可能会说:"The purpose of our corporation can be described with four words: cooperation and win-win for all."很明显这里英文不止四个词。外国人先听说公司宗旨是四个字,但是实际听到的是五个词,会产生疑惑。所以在翻译这种短语的时候,无论英文是几个单词,一定要提醒外国受众这里指的是汉字,这样他听到的不是四个字时也能够理解,不会认为是翻译错了。上面那译文可改为:"The purpose of our corporation can be described with four Chinese characters which mean in English: cooperation and win-win for all."

中文里很多形象逼真的东西是无法完全翻译出来的。比如说改革要有勇气,要拿出"明知山有虎,偏向虎山行"的干劲来。那么,"人虎相遇",是人把老虎打死,还是老虎把人吃掉?都不对。人死,等于改革失败;老虎也不能打死,那是受保护的珍稀动物。如果直接翻译这句很形象的话,外国受众会对此产生各种联想和疑问。实际上译为拿出"最大的"或"前所未有的勇气"就可以了。

2020年5月有一位人大代表说，为什么外国领导人新闻发布会不翻译成中文，而中国总理、外长召开新闻发布会都要翻译成外文？还有人认为提供英文翻译没有体现我们的文化自信。他们的本意是好的，但是忽略了一个现实问题：世界上会中文的人，能够理解中文奥妙的人基本都在我们这块960万平方公里的土地上，而懂英文的人遍布全世界；在很多地方讲英文不需要翻译，因为几乎谁都听得懂，而讲中文必须要翻译，否则外国受众听不懂。外国人在不能完全听懂中国话的情况下，自觉不自觉地会误解我们的意思，少数外国翻译更是有意识地把我们正面的话翻译成反面的意思。这种案例有明显增加的趋势。鉴于这种现状，中国人的重要讲话和文献，必须主动翻译成外文，才能保证准确地传达中国的信息，这是我们讲好中国故事的应有之举。需要等到什么时候，中国人才可以像英法国家那样，自己讲自己的语言，不用翻译成外文，外国人也都能准确理解我们的意思呢？只能说，这个日子距离今天还很遥远。因此，对外翻译，尤其是精准的对外翻译，作为讲好中国故事的必经之路，将是一项长期的任务。

与翻译相似的是医学专业。医学分中医、西医，翻译分外译中和中译外。社会上有没有中西医结合的好医生？有，尽管这样的医生属于少数。翻译界自然也有中译外、外译中都出色的人员，但也是少数。再进一步看，西医分内科、外科、胸科、心脏科等等。翻译也是一样，有的人善于翻译文学，有的善于翻译法律，有的善于翻译时政。通常情况下，一个病人需要做手术，肯定是看西医，还要根据病灶，确定看西医的哪一个科。如果想慢慢调理身体，则要找中医。同样，当你有资料需要翻译时，你得看看是需要中译外，还是外译中，还要看是哪个门类的资料，这些理清楚了，才能知道找什么样的翻译能完成你的任务。也许，某个翻译你让他翻译文学他不会，但翻译科技材料他可以。如果做到像看医生一样精准地选择翻译，你就会得到高质量的服务。否则，翻译人员自己难受，而你可能花了钱还对翻译结果不满意。

五、努力跨越中外文化鸿沟

2019年一本关于雄安的图书，封面上的英文书名把雄安的地名翻译成 Male Safety，网民中有很多人转发这本书的封面，嘲笑这个极端低级的错误。有关部门发现后，觉得翻译事关重大，专门选出一百多条中国各大经济项目的关键术语交给翻译界翻译。翻译界各个部门都参与进来，经过几番商讨，最后由国务院新闻办公室把定稿予以公布，大家才有了标准译法可以遵循。

顺便介绍一下雄安的地名到底应该怎么翻译。如果按照汉语拼音，就是 Xiongan，但是外国人一般不能正确发出这两个音。如果加一撇，写成 Xiong'an，外国人发音就容易准确了。有学者对此有不同意见，认为加上一撇破坏了汉语拼音的规则。但是考虑到我们的翻译结果是给外国人看的，让他们认识雄安，首先要让他们能够说出雄安这个地名，那这一撇就十分重要。

跨越文化鸿沟，要研究西方的话语体系，尤其是西方针对我们的话语体系。为此,我建议大家读一读《一九八四》这本书。作者叫乔治·奥威尔(George Orwell),这是他的笔名,他的真名是埃里克·布莱尔(Eric Blair),20世纪40年代在BBC工作,属于思想比较进步的编辑。因为他讨厌BBC造谣、编造假消息和管理层听不进基层的意见,就萌发了一个想法,写一本讽刺小说。但如果让别人看出他是在讽刺BBC,他将失去他的工作。因此他换了一种语言,把这个场景描绘成他心里向往的一个国家——苏联。

这是一部文学作品,不是回忆录,也不是政论著作。在这本书里,主人公所在的国家整天与其他国家打仗,国家经济崩溃,人民穷困潦倒,买什么东西都得排队。国家领导人的外号叫"老大哥",施行极端独裁统治,对人民无时无刻不在监视。学过英文的人大概都知道有一句话:"Big brother is watching you.",即"领导在盯着你呢"。书里有很多我们熟悉的语言,如"党的领导核心""党领导人民掀起建设新高潮""产量又提高了""人民拥护老大哥的领导""敲锣打鼓上街游行庆祝生产取得新成就"等等。这种语言是苏联式的,很多也是我们20世纪50年代从苏联那里学来的。但是,我们熟悉和经常使用的语言,在这本书里成为反面的语言。当我们介绍中国的情况时,如果完全用这本书里的英语表述,西方受众就会产生似曾相识的感觉,从而从反面理解我们的话语。

这本书写于1948年。最初奥威尔将小说命名为《欧洲的最后一个人》(*The Last Man in Europe*),后来作者同出版社的编辑商量确定书名为《一九八四》。那时二战结束不久,逐渐形成东西方两大阵营,冷战开始,双方都希望用一些文化作品来揭露对方,宣传自己。这部本来是要讽刺西方的小说却让西方捡了一个大便宜。既然书里使用的是苏联的语言，似乎描述的是社会主义国家，西方将计就计，立即将其翻译成20多个语种，发行数百万册，还拍了一部同名的电影。从宣传技巧上看，西方做得很专业。令人悲哀的是，这本书的语言实际上构成了冷战以后西方针对社会主义国家的话语体系。如果我们与外国人沟通时，不了解西方话语体系的背景，滔滔不绝地讲我们习惯说的话，外国受众很容易就跟这本书描述的情况挂上了钩。

这本书里社会主义国家使用的很多词汇都有了特定的含义。因此要跟外国人打交道，需要把这本书读透。看懂这本书，就了解了什么是西方话语体系，就能在话语体系上做到知己知彼。顺便说一下，这本书国内市场上中、英文版都有。中文有四个版本，建议看董乐山先生翻译的那个版本，他有个译后感，把这本书的来龙去脉介绍得很清楚。

在国外，很多人把这本书作为一本反共读物。20世纪80年代文化部部长王蒙受邀到伦敦，到那里召开的国际出版家大会上作主题演讲。他作完报告后，英国主流媒体集体采访他。《泰晤士报》记者首先发问，说："王蒙先生，你是作家，同时你又是中共中央委员，还是文化部部长，担负管理职责。我的问题是，中国有出版自由吗？"

王蒙部长智慧超人，善于在国际场合维护国家形象。如果他简单地回答"有"，就掉进了对方设置的陷阱，记者紧接着会问早已准备好的第二个问题：某人的书在中国为什么不能出版？当年西方出版《一九八四》是将计就计，借进步人士揭露西方社会的书来诬蔑社会主义。王蒙部长采取了同样的策略，机智地回答说："《一九八四》在中国出版了。"我在现场当翻译，眼见《泰晤士报》记者一下子愣住了，他万万没有想到《一九八四》可以在中国出版。在他眼里，这种反共书籍中国是绝对不能允许出版的。王蒙的巧妙回答打乱了记者的计划，令其无以言对。所以他马上说："我没有其他问题了。"在此强调，这本书作者本意不是像几十年来西方宣传的那样，揭露和攻击社会主义制度，而是借用苏联的语言来批判西方，他所揭露的是西方新闻机构的虚伪和西方资本的顽固统治。由于西方媒体的将计就计，这本书成了反共教材，由此在西方造成的影响如此之大，对西方以英文为主的国际话语体系构成了长远深刻的影响。**我们要做文化传播，必然要通过这本书了解他们的话语体系。**

减少文化上的鸿沟有利于提高中国文化的海外影响。这些年人们经常提到公共外交，这个概念是美国人20世纪50年代首先提出来的。随着全球化的发展，公共外交过去是以政府为主，现在变成以企业为主。比如有美国人提出，所有旅行社在把游客送到国外旅游之前，应该给他们每人分发一个小册子或者就是一页纸，提醒他们目的国的文化特色。这样游客到了国外就知道，哪些该说哪些不该说，哪些能做哪些不能做，以此树立自己国家的良好形象。

世界上从事旅游业的很多人都觉得日本游客在国外形象比较好，中国游客似乎不如日本游客给人的印象好。我们国家往海外派人、办公司，应该增加多种形式的培训，哪怕不是面对面的培训，哪怕仅是通过一张纸或者一条手机短信，让公民知道目的国的文化和法律环境，知道该怎样尊重对方，展示我们的文化底蕴，维护我国的声誉，树立中国的良好形象。

公共外交谁来做？每一个普通百姓都要做。比如，外国人到了首都机场，出租车司机就代表着北京给他的第一印象。司机是什么形象，外国人对中国人的第一印象就是什么。同样，海外中国企业和中国游客的所作所为，都在不知不觉地讲述着中国故事。

很多地方政府制作形象宣传片，我们中国人看了觉得非常美，但是做外宣不是中国人说好就算好，还要请外国专家一起看。比如西湖细雨蒙蒙，古诗说浓妆淡抹总相宜。中国人觉得有一种特殊的意境美，看了肯定想去，但是有些欧洲人却说不想去，因为没有阳光。我们很多地方拍的形象宣传片都是淑女从月亮门里款款而出，缓缓迈步，呈现无限中国文化之美。西方游客需要的是什么呢？阳光明媚，动作利落。西方人的喜好从可口可乐广告中可见一斑，其特点是节奏快、阳光足。我们做纪录片和宣传片用于对外传播，就要考虑当地受众喜欢哪一种方式，不能想当然地以为我们眼里的美，他们一定也会喜欢。事实往往不是这样。

在海外从事国际传播，日本人有些做法值得我们参考。日本人在国外举办一个论坛，或者参与一个会议，即使花费不到一万美元，也要在当地报纸媒体上有所介绍。传统上，我们中国人习惯只做不说，即使说了，也未必能说到当地人的心里去。一个有效的做法是，让当地智库替我们发声。我们经常把当地智库对中国的赞扬发回来给国内老百姓鼓劲儿，这应该做，但是，更重要的是要让当地智库在海外媒体上替我们说话。我们的企业在这方面做得还不够。我们有很多企业在周边国家开展"一带一路"建设项目，我们在当地做的许多好事，当地主流媒体没有报道，当地智库没有人替我们发声，这不能说明我们在开展公共外交方面是成功的。当然，从历史上看，我们不善于表达也很自然，因为我们国际化的时间比别人短。

六、礼貌外交，相互尊重

要学会尊重他人，讲礼节，守时间，提升自己的形象。有人反映，现在有一些中国企业家越来越摆架子，对当地人不够尊重。吴建民大使的《交流学十四讲》中提到，他在法国出任大使时，有一个外国企业家跟他说："如果中国某公司代表再到法国来，不要介绍她来我们公司了，我不太愿意与她打交道。"吴大使问："为什么？你们合作得很好呀。"中方是女士，法方是男士。法国男士说中国女士对他一点儿也不尊重，每次握手只伸出3个手指尖。其实，这是因为文化不同造成的一个误会。中国的女士讲究矜持，但在西方，握手如果只是象征性地伸一下手，不是实实在在跟对方把手握住，他们认为这是极大的侮辱。到西方访问跟对方握手时，中国的女士一定要把整个手伸给对方，让人家握住，这是对当地主人的尊重。如果某个外国人，握手只给你一个手指尖，这不是矜持而是一种侮辱。

还有极少数人在海外教外国人中文时，教人说脏话，影响很不好。非洲国家有记者曾对我说，中国派到非洲的人都是监狱里面放出来的。我问他有什么根据。他说中国人教他们的中文都是骂人的脏话，让他们无辜地在其他中国人面前丢脸。的确有一些公司，把工人派出去时，没有对工人进行相应的培训，但是这种培训是国际化企业必须要做的。我们的企业走出去，从管理人员到普通工人都要进行适当的外事交往培训。

雇佣更多国际化人才帮自己树立国际形象。前些年我们在文化传播上搞创新，为了显示领导人亲民，喜欢用漫画来展示国家领导人形象。但是这种做法不适用于对外传播。因为在国际上，无论是欧美国家还是日本，凡是领导人以漫画形象在媒体上出现的，都是讽刺性的。有外国受众看了我们的漫画，误以为我们也在嘲笑自己的领导人。

对外传播要考虑到外国受众的文化习惯。有外国人建议，要想改善中国的国家形象，需要上百个英语非常流畅又有一定专业背景的中国人，在外国媒体上随时回应国际关切。实际上我们不仅要有上百个这样的人，甚至要有上千个这样的人，也需要成千上万这样的涉外企业管理人员站在世界舞台上替中国大声疾呼。

文化"走出去"中的话语转换

原文根据2021年5月7日中宣部举办的文化"走出去"培训班讲座录音整理。

文化"走出去"需要做好话语转换。什么叫文化"走出去"呢？这是我们中国人对自己讲的，因为我们的文化需要传播到世界上，所以我们说要"走出去"。但是对外国人讲，需要换一种说法。比如有一本书是讲京剧"走出去"的，这本书里有三位副国级领导写的序。其中文化"走出去"出现了12次。在翻译时，译者没有一次是按照"走出去"来直接翻译的，而是翻译成"把京剧展示给外国受众""向外国受众提供京剧知识""围绕京剧和外国观众进行文化交流""请外国受众欣赏中国京剧"等等。只要涉及外宣活动，我们所讲的话就需要换一个角度，换一个说法，站在受众的角度考虑。现在的外宣任务更加重要、更加艰巨，也就更加需要重视话语转换。

一、要正视中外文化差别

"中华民族伟大复兴"中"复兴"一词在英文rejuvenation

中已经包含"伟大"的意思。译文里再加上一个 great，就如同中文里把"伟大"连续说两遍，外国人听起来就会感到莫名其妙。外国人总在追问，中国的伟大复兴要复兴到什么程度？我们在翻译中，great 这个英文单词一般不会出现，因为 rejuvenation 就是很伟大、了不起的事情。对于"伟大复兴"，西方人一直想找一个他们认可的解释。最后有一家英国媒体提出了关于我们所说的"伟大复兴"的定义，即中国要"一统天下"。由此可以想到西方人是怎样看待我们的，为什么国际舆情会出现对华不利的情绪。

历史因素。我们的文字是从甲骨文开始创立的，并随着时代发展不断演变和完善，但是方块字本质上没有变化。中国文化数千年来一脉相承，几千年的文明形成的思维习惯和西方人的思维习惯自然有很大差别。对于文化传统，不能说谁对谁错，只能说风格各异。我们的语言，有文字的历史至少是 3,700 年，英文则是在 1,300 多年前才基本形成的。3,000 多年的中文和 1,000 多年的英文，不仅在时间上有很大差别，在认知和表达上也自然有所差别。另外，与英文相比，中文没有那么多外来的元素，基本是中华民族文化发展的结晶。英语则有英伦三岛的土著语言，有来自北欧的海盗语言，有日耳曼的语言，还有法兰西的语言。英文里很多大词都来自法语。两种语言在时间上相比，历史积淀差异太大，语言和背后的文化不能完全对等、互通就是自然而然的了。

文化因素。历史上，殖民者传播出去的不仅是他们的语言，更有语言所代表的文化思想和社会制度。中国没有海外殖民的历史，这是我们这个古老的国家为世界做的一件好事。倘若我们在历史上对其他国家进行过殖民活动，中华传统思想，包括和合理念、中庸之道和天下大同等各种思想，就早被别人所接受了；我们的语言，也早就变成世界语言，至少变成东南亚或者亚洲地区的通用语言。而现在我们的语言，虽然讲的人最多，但只局限在中国的土地上。我不是说应该去殖民其他国家，而是分析汉语和英语、法语等语言相比，使用范围没有那么广的原因。

文风差异。我们最熟悉的是积极正面的、鼓舞人心的表述。新闻类表述里不乏报告文学的文风，比如，我们讲述一个正面的案例时，总是习惯说"这是多么伟大的一个群体呀"或者"这是一个多么了不起的成就啊"。我自己写中文时也这样，这是我们习惯的写作风格。但是英文里没有这种风格。英文要么是纯文学，要么就是西方的新闻体。结论性的语言巧妙地埋藏在文章的叙述里，避免在文章结尾替受众做出总结性感叹。不难想象，我们在对外宣传报道中，如果出于自己的习惯，经常把新闻写成报告文学，其说服力就容易打折扣了。

媒体影响。我们面对的国际话语体系，是冷战期间西方世界用英语构建的。不仅在西方，他们的话语体系很大程度上还控制了发展中国家。部分原因是发展中国家用的教材来自欧美国家，而发展中国家媒体的社长、总编，相当一部分都深受西方教育影响，在西方或上过大学，或参加过培训。即使在非洲某个国家，其教材和教育理念也深受西方的影响。所以，我们不仅是面对西方，面对发展中国家也有同样的困难。

20世纪90年代，英国前首相布莱尔曾经提到"中国将来的崛起是非常困难的"。很多人当时不理解为什么会很难，以为等中国经济强大了，说话分量自然就重了。近些年我们才看清楚，中国崛起的困难之一是，西方会采取一切措施阻碍中国崛起。90年代初期，我们的外宣工作进入一个非常艰难的阶段。那时我们就想，等中国经济发达了，中国成为世界经济贸易大国，西方就不能再看不起中国了。后来我们发现自己太天真了。我们越发展，有些人就越害怕，就会采取更多的、更严厉的措施来抵制我们。但是我们没必要气馁。西方统治世界用了几百年，我们从改革开放开始，跟他们打交道才几十年。

文化传播面临新的挑战。我们真正取得话语权，只有三四十年的时间。而我们的文化、历史、语言跟外国又有那么大的差别。我们既要积极进取，也不必过于焦虑，让外国受众理解并接受必然需要经过一段很长的过程。我们从事中国文化的对外传播，任重道远。

我们应该有充分的信心和定力。我们不可能弯道超车，不能指望在文化传播上用几十年时间就战胜几百年的西方帝国，我们也要习惯面对来自西方的各种评论和指责。比如"一带一路"建设，他们说我们是在制造债务陷阱。其实，世界人民都知道，发展中国家的债务是西方制造的。首先，对于他们的这种歪曲和攻击我们要习惯。其次，我们要反制。在他们攻击和污蔑我们之前，我们要学会主动揭露他们。现在我们已经逐渐开始有些办法了。我们要主动设置话题，不能总是被他们谩骂。我们要敢于披露他们的问题，让西方媒体跟着我们的节奏，让他们忙着抗议，让他们疲于否认。我们被动的时间不会太久了。中国在对外传播上会越来越成熟，文化宣传能力会越来越强，办法也会越来越多。

中国迫切需要提升软实力，营造有力的国际环境。曾任新加坡外交部常务秘书、新加坡常驻联合国代表的国际关系问题学者马凯硕近些年频频发声。他的新书《中国的选择：中美博弈与战略抉择》(Has China Won? – The Chinese Challenge to American Primacy)就是站在亚洲人的立场上撰写的，可以看出他对中国的同情和对西方霸权的反感。书中有这样一段话："从历史上看，中国在解释或捍卫自己的观点方面一直很笨拙。……很难找到一个能以幽默和敏锐见解有效解释中国观点的优秀发言人。"如果你是外国人，你是中国的朋友，你一定会觉得他的话很有道理。在对外介绍中国方面，我们的确需要继续努力。当前，我们需要改进的空间很大，特别要防止我们的讲述不仅得不到理解，甚至引起相反的效果。

二、中国故事从哪里讲起

传播什么，对谁传播，怎样传播？当我们要拍一个宣传片，出一个小册子，我们的受众到底是谁呢？我们发现，有时候我们做的是把中国学者写给中国人的内容直接拿来翻译给外国受众，这样做效果当然不会太好。我们需要提高针对性，但这做起来并不容易。

我刚参加工作的时候，向领导请教我们的外宣对象是谁。领导说是那些研究中国问题的外国专家。在那个时代没有很多外国人需要了解中国。四五十年前，专门研究中国的智库学者人数不多，全球加起来也就1,000多人。今天中国的受众是谁呢？多得一句话说不清。中国的经济规模和国际影响力增加以后，我们的受众无限增量，但今天这些扩大了的受众群体与过去少数长期研究中国的专家学者相比，一个很大的区别是他们对中国不了解，或者说他们对中国的认知较差。现在的受众呈多元化分布，这使我们提高对外传播的针对性增加了难度。

讲个人的故事，讲感动自己的故事。近些年外宣系统一直在努力研究如何构建中国的对外话语体系。一想到对外话语体系，人们往往就首先想到外交话语。实际上，我认为应该是不同的人讲不同的故事，讲感动自己的故事，这样涉及的领域就无所不在。千万不能省长、市长、校长、外交官、公司高管说的话都一样，一定要各有各的故事，讲各自领域和专业的话，这样才能吸引受众。如果大家不注意表达自己的特性，都念稿子，一定会削弱受众对我们观点的理解和接受。

多媒体，多形式。我们的对外传播形式要更加国际化。传统上我们中国人的幽默感不够，越是在涉外场合，我们越严肃，甚至有人表现得有些紧张，因此就照本宣科，讲大道理。有外国人问我说，你们翻译治国理政有关论述印象最深的是什么？我可以说是中国特色社会主义理论。如果我这么说，作为一位译者，我就和理论家的回答没有区别了。作为译者，我觉得将内容变成自己的语言，外国人听起来更容易接受。所以，有一次在国外一个大城市举办的论坛上，外国人问我，怎么体现习近平新时代中国特色社会主义思想的一个重要方面是"以人为本"。我回答说："习近平主席强调，房子是用来住的，不是用来炒的"。就这么一句话，没想到四百多人的会场突然爆发出掌声。事后我猜想，世界上各个大城市都有同样的房价问题，所以习近平主席在中国讲的一句话在国外引起了共鸣。这就是我用自己的语言介绍自己的体会产生的效果。如果我试图从理论上去回答,可能就不会只简单说这样一句话。对外交流要掌握国际性的话语,增加中国元素,以引发共鸣。

三、现有问题分析

正面表述未必得到正面理解。我们过去的宣传有一个原则:以正面宣传为主。中国企业网站的介绍文字中,经常是从成立到现在面面俱到,像个总结报告。在为一家企业翻译介绍材料时,在征得企业同意后,我们把整篇介绍里最能引起外国客户关注的内容,从末尾提到前面,突出该企业的国际经营状况,重点介绍在哪些领域占有优势。一份两千字的介绍,经过压缩和调整,变成四百字的介绍,都是树立公司国际形象最需要的内容。至于公司受谁领导、如何注册、历史沿革等对外无效的内容,则没有必要翻译。

经济宣传不要通篇都是数字。我们的文章经常是专家写给专家看的,直接翻译给外国受众,不经过加工直接使用是不行的。

比如,介绍一个城市的地理位置时,不需要介绍其具体的经纬度。不要说外国受众,就是普通中国居民,也未必很在意自己城市是东经多少度,北纬多少度。我看过纽约市的介绍材料,不说经纬度,而是说纽约的地理位置相当于东半球的北京。这样受众就知道这两个城市的气候和温度差不多,如果从纽约到北京,天气如何,应该带什么衣服,一清二楚。

浙江省的对外介绍就写得很好。第一句话,"浙江省地处中国东南沿海,长江三角洲南翼,东北与中国最大的城市上海为邻,省会是杭州。"很简单地把地理位置说清楚了。第二句话不像很多地方介绍面积有多少平方公里,下辖多少个地区、多少个县,而是说"七山一水两分田",其地貌特征就勾勒出来了。第三句话说浙江有多少岛屿,是中国岛屿最多的省份。这样短短三句话,生动活泼地展现出浙江的地理特色,短小、生动、实用,给人深刻的印象。

中国特色表述经常给受众带来困惑。首先,专有名词的翻译很关键。"社会主义革命、建设、改革开放阶段"中的"建设"一词,历史上一直翻译为construction。这三个阶段,外国人看到前面是夺取革命能够理解;后面改革开放,四十年来他们听得比较多,也能理解;就是中间的construction,他们理解为"基本建设"。所以有人问我们修建什么项目,还说我们盖了那么多高楼大厦,修筑了那么多道路,construction是不是指这些?实际上我们讲的"建设"不仅包括经济建设,还包括各方面的社会发展。但是中文里高度概括的"建设"说法约定俗成,让中文编辑改写成外国人容易理解的说法,他们也很为难。我们对外传播的根本目的是要把中国故事讲出去,对这些在我们看来丝毫没有问题的表述,外国受众理解起来有困难,在翻译过程中要注意进行适当的转换,这里"建设"翻译成英文可以用economic development或者reconstruction来取代construction。

世界知识产权组织2020年的一个创新指数报告显示"中国现在排名第14位,十八大以来累计提升12位"。但是大多数外国人不知道十八大是哪年召开的,不清楚提升12位用了多长时间,也就无从理解提升速度到底是快还是慢。为了帮助外国受众理解，翻译时我们在"十八大以来"前面加上"2012年"，这样速度有多快就一目了然了。曾经有一本英文版文件汇编，近20篇文章，绝大多数文章的开头都是"十八大以来"。我们就把这句话翻译成"2012年秋在北京举办的中共十八大以来"。外国受众读了前面几篇文章，后面就知道十八大是哪一年召开的了，这时就可以直接说"十八大以来"。

其次，中文里的美，不一定在外文里也产生美感。"大"字当头的表述相当普遍，如"大建设""大开放""大调整""大提高""大桥经济"等。用英文思考的外国受众对这种表述很难接受。再比如，"丹桂飘香"在我们的表述里很多，令人产生如痴如醉的美感。问题是许多国家没有桂树，当地百姓不知道丹桂飘香多么令人陶醉，我们在国外讲话说丹桂飘香，他们产生不了美的联想。更为严重的问题是，一个人这么写，大家都这么写。这样的表述是我们的习惯，但在对外传播中并不总是能得到我们想达到的效果。

文件式语言不适合外国受众。中文里重复性表述较多。外国受众看到后会说我们看不起人，总是把他们当傻瓜，话说一两遍不行，还要说第三遍。中文重复有时是为了加重语气、突出重点、铿锵有力，这是我们的习惯，而外国受众很反感。

有一次在欧洲举办中欧公共外交对话，国内去的参会者是身份很高的官员、专家、学者。中方两位主旨发言，第一个人引用了毛泽东、邓小平的话。第二个人引用了孔夫子、邓小平和习近平的话。德方首席发言人说，今天是欧洲人和中国人讨论公共外交话题，是与会者之间的对话，不是国家领导人之间的对话，他不理解为什么中国的同事不说自己的观点,说的都是其他人的话。实际上,这位德国与会者的观点跟德国前总理默克尔的观点完全一致,但是他不直接引用默克尔的话。这是欧洲人的语言习惯。这里不是说谁对谁错,而是我们在跟他们打交道的时候,他们认为中国人不说自己的话,缺乏诚意或主见。与他们交流,除了引用古代哲人和历届领导人的话以外,一定还要说自己的话,这样才能提高针对性和传播效果。

我们都熟悉的一句话是:"落实好十九大、十九届二中、三中、四中全会精神。"如果按照原话翻译,外国人就不能理解,一中全会为什么不提。我们知道一中全会是选举领导核心,而不是就某一个或若干个主题做出专项决议,所以我们谈到历次全会精神时,一般不提一中全会。对外能不能换一种说法,以免外国受众产生其他想法?译文可以这样表述,即"十九大和十九大以来历届全会精神"。

谈到"精神"这个词的翻译,如果每次见到中文"精神"统统翻译成 spirit,那就糟糕了。曾经有外国人批评我们的英文,怎么中国到处都是幽灵(spirit 也有幽灵的意思)。"红船精神""上海精神""北京精神""大庆精神"等,要翻译其实质,可能要翻译成"革命传统""指导原则"等,而不能简单译成 spirit。

四、选好翻译是有效传播的关键

翻译,我认为是对外传播的最后一公里。打通这最后一段距离,传播效果就大不一样;打不通则可能前功尽弃。关键需要明确任务:如果是把外文翻译成中文,就找善于外译中的译者；如果是把中文翻译成外文，就找擅长中译外的译者。译者最怕什么？就怕一个项目给别人翻译完成后，再拿来给自己审定。如果初译者不专业，审核译文的难度之大，真不如自己重新翻译效果好。试想，先让一位中医给病人开刀，手术中间再让西医大夫补救，他会感到很棘手。如果一个地方、一个企业、一个机构有外宣翻译任务，首先需要了解哪些人适合中译外，找对了翻译，作品质量才有保证。

人们经常发现国内文化场所指示牌的英文译文存在多方面的问题。首先是译文表达的错误。比如，在"中华第一龙"博物馆，英文译文竟然说这里埋的是龙的骨头。龙是传说中的神兽，没有人看到过真正的龙，怎么可以把真的龙骨埋在这里！实际上，这里发掘的是用贝壳装饰而成的龙的形象。再比如，某抗战博物馆的中文介绍里有句话是"用血肉之躯在广袤的平原上筑起一座座丰碑"，英文表达的意思却是：这个地方建了一座座用人肉、人骨堆砌的碑。其次是排版问题。要特别留意场馆内文字介绍的每一段落前的空格是否一致，字体是否一致。

中译外应该由谁来做？当然应该由外国人来做。但是我们遇到了一个非常特殊的问题，就是世界上会中文、了解中国的外国翻译凤毛麟角。

最近两年，尤其是疫情发生以后，出现了一种值得警惕的新情况：有些外国译者成心恶搞，利用翻译歪曲中文原意。翻译是有国家立场的。2020年《中华人民共和国香港特别行政区维护国家安全法》新闻发布会在北京举行，国务院港澳办副主任说"中国人仰人鼻息的时代一去不复返了"。一个外国译者曲解了这句话，翻译成中国人要一意孤行，影射我们是"战狼外交"。好在第二天有另一位外国人指出，前一天的翻译不对。但是第一天外国媒体报道的都是曲解的意思，从新闻传播角度看，错误信息已经发出，无法挽回。

2020年底我在微信上看到，美国情报总监说，中国正在对200万士兵进行基因编辑，目的是让中国军队变得更强大。美国情报总监竟然说出这样不靠谱的话，是不是有人把他的原话翻译成中文时出错了？我查了英文原文，他果真是这么说的。追查错误的原因，我发现美国译者对中文理解有误，把"传承红色基因，建设世界一流军队"翻译成"对士兵进行基因编辑"。

中文有个特点，在同一篇稿子里有些话可以不断重复。比如，"新中国成立以来，某地的经济有很大发展"。下一段可以说，"新中国成立以来，该地的文化事业有很大的发展"。在同一篇稿件中，"新中国成立以来"可以出现多次，毫无问题。但是英文表达习惯不同，不宜重复，而是使用很多代词。我们的对外传播要达到好的效果，在译文里减少重复，多用代词，非常关键。

德国前总理施罗德一直抱着对华友好的态度。我们有个活动在德国举办，虽然我国出席活动的最高代表是位部长，但施罗德还是愿意来参加活动。国内准备好的讲话稿是这样开始的，非常简单："尊敬的施罗德先生"，英文是 Respected Mr. Schröder。我在修改译稿时发现，中文这样说符合我们的表达习惯，无可非议，但是直译成英文就显得对他不够尊重。我改成"Your Excellency Gerhard Schröder, Former Chancellor of the Federal Republic of Germany"。首先要用 Your Excellency（阁下）的尊称，其次要把他的姓名说全，还要加上他曾经担任的最高职务——德意志联邦共和国前总理的头衔，目的是让镜头在他身上多停留一会儿——在谁身上停留的时间长，就对谁表示出一定的尊重。

2020年我们见证最多的活动是疫情以来举办的各种新闻发布会。有国务院新闻办公室的发布会，有国务院防控机制的发布会，还有各个省区市的新闻发布会，一天好几场。绝大部分主持人的开场白都是"新闻界的朋友们"，在会上发布消息的各部门领导也常用这句话作为自己发言的开始。这完全符合我们的表达习惯，中文没有错。但是如果有西方记者出席发布会，直接把"朋友们"翻译成 friends from the press 或 journalistic friends 就不妥当。西方记者会认为发言人跟他主动"套磁"，想主导他的报道基调，这在某种程度上会引起西方记者的警惕甚至是防范心理。这种情况下翻译成 ladies and gentlemen from the press 比较合适。当然，我们注意到，在美国有时发言人会说得更加通俗一些："Hello, everyone from the press"。另一个办法是主持人或者发言人直接说"各位记者"。总之，在发布会上面对外国记者，不必称朋友，防止他们产生排斥情绪。

任何文化产品都有一个如何翻译好名字的问题。比如，有一本书叫《凝望长安：唐代文化与艺术》。最初的英文译名是：*A Close Look at Chang'an: The Culture and Arts of the Tang Dynasty*。我认为这个英文书名有两个问题：第一，对于外国人来说，唐朝他可能知道，但长安不像西安那么出名，Chang'an 是地名还是人名，他看不明白；第二，书名里最好少出现汉语拼音，就像我们如果看到一个文化产品的名字由两个外国人名或地名组成，也会感到莫名其妙一样。我们最后把副标题改为 Splendors of a Golden Era in China，主标题仍然是 The Culture and Arts of the Tang Dynasty，少了一个他们不知所云的汉语拼音，同时新的副标题起到了为主题铺垫宣扬的作用。

为使对外传播取得好的效果，我们在翻译书名或者影视片名时，每次都拿出至少三个方案和外国人一起讨论，从中选出一个，也许还会讨论出一个全新的方案。一个翻译项目，一定是最后再确定题目，也不会完全交给一个人去完成。建议大家在文化翻译工作中，不论是电视片还是其他文化产品，一定要在名称上多下功夫，充分发挥画龙点睛的作用。

《习近平谈治国理政》的书名里用了一个"谈"字。我们在讨论确定英文书名的时候，反复研究如何翻译好这个"谈"字。能不能翻译成 on（论）？中文没有说"论"，肯定有不说的道理。如果说用 on 超越了中文"谈"的含义，翻译成 talks about，speaks on，discusses 则高度不够。我们参考了许多外国领导人的著作，最后回避了是"论"还是"说"的英文单词，把作者的名字首先呈现给读者，后面加上 The Governance of China。新加坡学者马凯硕在一个国际论坛上说："你们注意到没有，中国和西方的不同在于，你们西方老想把你们的制度强加给其他国家，而中国从来不输出意识形态。你们看看习近平主席的书，主题就是讲中国的治理。"这个书名，体现了中国不把自己的制度、自己的治国理念强加于人。

孔子学院曾经拍过一部纪录片——《汉字五千年》，由外文局组织翻译成多种外语。有一个简短的介绍，含有两段文字：

《汉字五千年》是国家汉办/孔子学院总部制作的大型人文纪录片，该片通过文献资料、考古研究、访谈调研等多种表现形式，从汉字的起源、演变和发展，到汉字对中华文化一脉相传的重要作用，展现了五千年波澜壮阔的汉字发展史。

《汉字五千年》已译制成英语、法语、德语、俄语、西班牙语、日语、韩语、阿拉伯语和泰语九个语种图书及 DVD，将为各国孔子学院及汉语学习者提供生动活泼的多媒体中华文化读物和音像教材。

我们的翻译受人委托，把这两段文字准确翻译成英文，在提交译文时，顺便问了一句这两段话要用在哪里。对方回答要制作一张海报，张贴到国外举办的一个文化展览上。我们立即意识到，这个译文不适合做海报。如果这两段密密麻麻的文字都印在一张海报上，在高大宽阔的展览大厅里，谁看得见？好的翻译要考虑到每一个翻译成果以什么形式呈现，海报就不能有这么多文字。于是我们把译文缩写成三个短语，都是推广纪录片的关键词：第一，中国第一部关于汉字的纪录片；第二，本片共有八集，既有光盘又有图文并茂的图书；第三，产品以多语种发布。说到语种，中文习惯按照语言大小排列，一般会把英文排在前面，而外国人的思维是按照字母顺序，即 ABC 的顺序来排列各种文字，所以我们就把代表各个语言的英文单词按字母顺序重新排列，阿拉伯语（Arabic）排在最前面。这种排列方式便于外国人找到自己想要的语言。介绍全国各省区市时，北京作为首都排在第一的位置是完全正确的，然后我们习惯的排序是华北、华东、华南、西南、西北，最后是香港、澳门和台湾。试想，一个外国人要查看安徽的资料，一定会去查看字母 A 打头的地名，但安徽在 34 个省区市中不会排在最前面，需要查看很久才能找到。我们是按几个大的地区分，而不是按照地名的拼音字母顺序排列。从效果出发，我们应该考虑，凡是对外介绍，在排列各地方行政区划的时候，应按照字母顺序来排，这样有利于外国受众查看。这是一种读者意识，在传播学里至关重要。

机构名称的翻译也很有讲究。2011 年我国成立了一个新的部级机构——国家互联网信息办公室，英文名称的确定花了很长时间，直到 2014 年秋要在乌镇举办首届世界互联网大会才确定下来。为什么迟迟定不下来呢？大概很大程度上跟翻译有关。一开始的译名翻译得不错：Cyberspace Affairs Office of China。但是，机构名称的缩略名非常重要，因为现实中外国人使用缩写名称更多。其实我们也是一样，平时称呼一个机构和单位，大多数情况下不会说出全名，而是使用缩略名。按照前面的译文，缩略名就是 CAOC。正常情况下没有问题，但是如果有人用汉语拼音方式调侃，读出来就不雅了。第二种译名是 State Cyberspace Affairs Office，缩写是 SCAO，仍然容易被人恶意调侃。我们认为，只要保留 Affairs Office 这个译名，就难以克服这个困难。后来我们建议放弃 Affairs Office，改用 Administration，正式的译名是 Cyberspace Administration of China，缩写为 CAC。这样的缩略名使用起来就不会产生歧义，也不会给人留下恶搞的机会。

如今，机器翻译使用越来越多。是不是机器翻译能解决所有的问题？答案是：目前还解决不了。比如，领导人讲话机器翻译基本上解决不了，因为很多都是新表述，语料库里根本查不到。再比如，新冠肺炎疫情开始暴发时，我国的各项方针政策，如"内防扩散、外防输入"等，所有国内国外的语料库都没有一个准确的译法。由此可见，机器只能解决一部分问题，比如外译中，又比如法律文本，因为内容有较高的重复率。一些词汇反复出现，机器翻译就可以提供译法。

机器翻译不是我们的敌手，而是我们的帮手。过去许多资料没有足够的人力来翻译，现在机器可以翻译。当然，译前编辑和译后编辑是不可缺少的。可以说，随着机器翻译的使用，又出现两个新的专业，学习翻译的人还要学习译前编辑和译后编辑。机器翻译能快到什么程度呢？现在英译中机器每秒钟能完成16,800字，而人工翻译一天才3,000字，这已经是全力以赴了。时间特别紧，工作量特别大，译文又不需要十分精准时，机器翻译的确是合适的选择。这样翻译出的材料能做什么？可以作参考性阅读，但不能作为正式出版物销售，因为不准确。

什么时候机器翻译不能用？2019年4月，第二届"一带一路"国际合作高峰论坛举办时，钓鱼台国宾馆门前有个易拉宝路标上写着"出口"，英文是Export，好像国宾馆是在做出口总统的贸易。我们把问题反映上去之后，很快得到了纠正，英文改正为Exit。2019年北京世界园艺博览会在英文翻译上下了很大功夫，但是难免有疏漏。如大厅立的牌子上显示"小心地滑"，英文译文是Wet The Floor。这个错译就成了一个大笑话。只有懂行的人，使用过关的翻译软件，才能达到比较好的效果。大家看到社会上的错译，大多数情况下，是非专业的翻译使用了不可靠的翻译软件造成的。

五、跨越文化鸿沟，树立国家形象

中外文化鸿沟无处不在。吸引 14 亿中国人的广告，跟吸引外国人的广告角度就不太一样。有一次我在国际航班上的航空杂志里看到各国航空公司的宣传广告。各个航空公司都注意突出他们的字母标识，力图让人记住他们的名称。我国四川航空公司也在国际航班上做了广告，很有开拓国际市场的意识，但是其广告上，图占据突出的位置，其次是公司的中文名称，最不突出的就是英文名称 Sichuan Airlines。虽然是给外国人看的，但英文字母小得难以辨认，比同一广告页上任何一家外国航空公司的英文名称都要小得多，怎能让外国乘客记住公司的名称？原有图案完全可以压缩甚至舍弃，中文字号适度压缩，突出英文名称。也就是说，我们的广告也许应该有两个版本，一个针对国内受众，一个针对国外受众，针对外国乘客的广告就要突出英文名称。

出版印刷方面，如果是中文和其他文字合排，需要考虑版面的空间安排，按照外文需求，留够版面。许多汉英合排的出版物，按照中文设计版面，结果英文因字号太小成了摆设，受众根本看不清楚。我们出版多语种图书时，要以英文版为设计母本，这样才有足够的版面留给外文。此外，排英文的时候还应该注意底色的选择。在图书的封底上，请有国际影响力的人撰写推荐语。此外，不同地区的文化风俗、偏爱的颜色、版面语言也都是需要认真考虑的。其中，版面语言与用图像说话密切关联，版面设计往往具有多重含义，不是简单地寻求艺术美感，各种因素需要统筹考虑，才能达到较好的国际传播效果。

强化国家对外翻译机制，
助力国际传播能力提升

原文发表于《英语研究》第十五辑，2022年6月出版。

　　对外翻译对于中国具有特殊的意义。一方面，中华文明博大精深，无论是历史资料还是当今题材，都有海量的内容需要翻译成外文。另一方面，世界上没有足够的外国译者从事中译外工作。以国际传播和文化交流需求为导向、以中国译者为主的对外翻译机制，已经成为实现中华民族伟大复兴的中国梦不可或缺的组成部分，对于增强中国的软实力，向国际受众呈现中国智慧、中国魅力，介绍一个真实、立体、全面的中国，发挥着重要作用。事实上，70多年来中国走出了一条符合自己发展需求的翻译道路。

一、组建国家翻译机构是中国特色翻译制度的实施保障

　　1949年新中国成立后，中央领导人就从满足对外和对内发展需求的战略高度，制定了相应规划，陆续成立了中国外文出版发行事业局、中共中央编译局和中国民族语文翻译局三个国家级翻译机构。

中国外文出版发行事业局这个名称的正式启用是在1963年。1949年10月设立了国际新闻局，除了书刊翻译出版，还包括对外广播和对外新闻发布，后来对外广播和新闻发布这两个功能演变为中国国际广播电台和新华社对外部，留下图书、杂志出版和发行部门以外文出版社的名义专职从事对外翻译和出版。无论是1949年成立国际新闻局，还是1952年成立外文出版社，还是1963年更名为中国外文出版发行事业局，尽管组织形式上有很大变化，但其根本宗旨始终是对外介绍中国。

在成立对外传播机构的同时，根据把"马恩列斯"全面介绍进中国的需要，设立了中共中央马恩列斯著作编译局，简称中央编译局。党的十九大之后，中央编译局并入中央党史和文献研究院。

中国是个多民族国家，帮助边远地区的少数民族及时了解党和国家重大方针政策离不开翻译，所以国家民族事务管理部门设立了中国民族语文翻译局，主要从事蒙古文、藏文、维吾尔文、哈萨克文、朝鲜文、彝文和壮文的翻译出版。

中国外文局，从语种到翻译人员数量一直保持全国第一，始终发挥着对外翻译出版国家队的作用。在1949年到1979年的30年间，外文局所属各个出版社几乎囊括了中国所有对外图书的翻译出版。近年来，全国越来越多的出版社参与对外翻译出版，这是可喜的现象，但外文局始终保持着高质量、翻译权威、规模最大的对外翻译出版龙头地位。在不同历史时期，外文局曾经用多达50多种文字翻译出版介绍中国各个方面的图书和杂志，如今又增加了网络和影视等新媒体作品。面对百年未有之大变局，对外翻译出版需求量巨大，外文局这样的机构重任在肩，不可或缺。

回顾过去，可以看出一条清晰的脉络：外文局的历史跟中华人民共和国的历史是同步的，外文局的工作记录了中华人民共和国的步伐。70多年间，外文局的隶属关系发生了多次变化。最大的变动有这样几次：1963年在原外文出版社的基础上成立国务院直属机构外文出版发行事业局；1982年成为文化部的内设机构；1989年成为中央外宣领导小组以及后来成立的中央对外宣传办公室（国务院新闻办公室）代管的单位；1993年明确为中共中央所属事业单位至今；2014年中央外宣办并到中宣部以后，外文局的对外翻译和传播业务由中宣部管理。

从国家的角度看，如何管理外文局这样一个机构，长期处在探索之中。其隶属关系的变化反映了我国不同时期对外传播任务的特点，也与不同时期国家机构管理的指导思想和管理模式有关。比如1963年在原外文出版社的基础上，成立国家的一个事业管理局，而不再是一个规模有限的对外翻译出版机构。当时，中国不仅要面对西方做好对外宣传，还要同苏联展开意识形态的斗争，外宣任务加重，机构扩充，由国务院直接管理可以在资金保障、人力支撑和管理渠道上更加方便有利。

20世纪80年代，我国实行改革开放政策。就整个翻译界而言，把外国先进的技术、文化和管理经验翻译成中文的业务量剧增；同时，改革开放需要让更多的外国人了解中国的国情和方针政策，对外翻译需求也迅速增加，翻译界同时从两个方面为国家发展服务，任务突出且急迫。1982年国务院进行了机构改革，外文局与文化管理和对外文化交流相关的机构合并，通常称为"五合一"，组成了历史上规模最大的文化部。可以想象，中国的文化事业庞大，文化战线管理复杂，国家需要一个专门的对外翻译出版机构，为改革开放营造良好的国际环境。所以在20世纪80年代后期，人们意识到中国还是需要一个相对独立的对外宣传机构。这时，外文局从文化部划出，外宣业务由中央对外宣传领导小组管理，其人事、财务、基建和事业发展等分别对接国家人事部、财政部和发改委。党的十九大之后，党和国家机构再次做了调整，作为中共中央所属事业单位，外文局的对外翻译和国际传播业务仍由中宣部代管。

需要强调的是，无论隶属关系怎么变化，外文局从事对外宣传的主业从来没有变，上级对外文局的要求和关心从来没有变。党和国家的历代领导人都对外文局的工作有过重要指示。毛主席给外文局的工作提出具体要求，给外文局的刊物题写过刊名；周恩来总理5次到外文局视察，具体的部署更加频繁。2019年外文局成立70周年时，习近平总书记发来贺信，鼓励外文局要"建设世界一流、具有强大综合实力的国际传播机构"。这些都说明，国家对外文局这样一个专门从事对外翻译传播的机构有很高的期待。

二、国家翻译规划始终为中国的建设发展和国际形象服务

社会上比较熟悉的是我国的文学对外翻译项目，如早在1951年创办的《中国文学》英文版，外文出版社的"中国传统文化"丛书项目，包括"四大名著"的翻译，楚辞、唐诗、

宋词、元曲和民间故事的翻译等。改革开放以来又实施了众多文化文学翻译项目，如1981年启动的"熊猫丛书"，1990年起步的"中国文化与文明"丛书，1994年开始的"大中华文库"，2009年启动的"21世纪中国当代文学书库"，等等。国家有关领导部门则推出了一系列对外图书翻译和推广项目，包括"中国图书对外推广计划"（2004），"经典中国国际出版工程"（2009），"中国文化著作翻译出版工程"（2009），"中国文学海外传播工程"（2010），"中华学术外译项目"（2010），"中国近现代文化经典文库"（2013），"丝路书香出版工程"（2014），等等。尤其是《习近平谈治国理政》的多语种对外翻译出版，都是国家翻译规划的成果。

只要我们了解了国家设立外文局的本意，就会发现外文局的主业是围绕党和国家的需求大局而展开的，是国家整体的有机组成部分。就像外语学院的老师主业一定是外语教育，经济管理学院的老师一定以经管教学为主一样，离开这样一个基本原则和事实来形容外文局的工作，或者为外文局的工作定性，或者用外国的表述贴标签，都不能准确反映外文局的实际，也不能理解为什么由外文局实施各个翻译项目。

基于各种历史和现实的、文化和政治的因素，我们不能指望其他国家能够系统地把中国介绍给他们的受众。不可否认，从传教士来华至今，很多外国人特别是汉学家热衷于翻译中国，对中国文化的国际传播做出了积极贡献，值得我们尊敬。但那些多是基于个人专业和兴趣的翻译，是零散的、不成系统的。不仅如此，我们看到有些外国学者和媒体有意无意地错译中国。我们需要外国人帮助讲述中国故事，但是我们不能完全指望外国人替我们向世界翻译中国。面对世界上这么多需要沟通的受众,讲述真实、立体、全面的中国,我们自己需要有规划,要满足对外传播需要。

有一个始终需要关注的领域,即中国基本国情的对外传播。道理很简单,外国人不都是中国文学爱好者,外国受众也不都是中国某个学术领域的专家,最大的受众群体还是对中国知之甚少,但因为其生活和工作多少与中国发生了关联,在一个时间段内急需了解中国的那些外国人。这就需要我们做好对外翻译出版领域常说的基本国情介绍,而基本国情涉及面极为宽广,包含历史、政治、经济、军事、科技、法律、语言、教育、民族、旅游、气候、婚姻、丧葬、戏剧、音乐、建筑、民间艺术、妇女儿童、日常生活等等。

外文局在成立之初就按照这个需求开展了法律、政治和人文领域的对外翻译。1978年起,中国掀起改革开放大潮,大力吸引外资,积极发展旅游业,这给国情翻译带来了巨大的需求,很快催生了一个"中国基本情况"的翻译项目,之后有"涉外法律法规"的翻译项目。到了中国考虑加入世界贸易组织时,又有了"中国经济与改革"系列丛书翻译出版项目。由于这些项目及时回应了外国人的需求,出现过一周之内一本书卖出数千册的情况。在"传统中华医学"翻译出版系列里,《中国针灸学》在20世纪90年代成为美国中医协会3000多名会员人手一册的读物。

外文局的工作人员始终具有强烈的使命感,初心不改,无论国际风云如何变幻,都始终如一地坚持把中国的各类信息提供给外国受众。设立专门的对外翻译出版机构,是国家对外交流的刚性需求,而外文局专司对外翻译和国际传播,其每一个项目,尽管形式、规模各有不同,服务国家、满足国外对中国信息需求的宗旨始终不变。

许多学者非常关注"四大名著"的翻译，将其看作中国文化"走出去"的一面镜子。外文局早在20世纪60年代就对传统文学的对外翻译做出了规划。国家的翻译规划是从对外传播的角度，从国家形象构建和软实力建设的高度进行的顶层设计，是国家整体形象建设的一个重要组成部分。要想展示中国文化的博大精深和无限魅力，自然不能少了"四大名著"。继外文出版社从20世纪60年代开始到90年代完成了"四大名著"英文版的翻译出版之后，最近30年，中国的"四大名著"以及其他文学作品有了多个版本，其中一些是民间或商业化的翻译项目，这些更多的是从市场和学术需求角度来设计的。但是，一个有趣的现象是，无论是从对外传播还是从满足国内市场需求的角度出发，文学翻译在选题上大多都是殊途同归，不谋而合的。

这里需要强调两点：

第一，国家翻译项目包括纯商业化项目里不会包括的内容，比如政府白皮书。从20世纪90年代到现在，我国发布了100多种白皮书。特别是近年来，出现过一年之内发布10多种的情况。外文出版社曾有在同一个时段翻译三种白皮书的经历。翻译这类出版物都不是为了满足商业需求，而是为了满足国家政治和外交的需要。就像各国维持自己的军队不是为了赚钱，而是为了维护国家安全一样，国家的许多翻译出版项目也着眼于国家的发展大局。

第二，国家翻译项目传达国家的政策声明，代表的是国家级水平，对译文水平要求高，时效性强，往往是时间紧、任务重的项目。为此，必须维持一支国家级的专业翻译队伍。

随着中国的发展，国际传播的需求增加，这支翻译队伍必须在规模和水平上得到加强。对外翻译队伍是否强大，是中国文化是否强大、中国软实力建设水平高低的一个标志。高校作为翻译人才培养基地，肩负着重要的责任和义务。

三、应急性国家翻译实践的现实需求

重大突发事件无一不是国际传播的重要选题，凡是具有广泛国际影响的突发事件，翻译都不能缺席。无论是早在1962年的中印边境自卫反击战，还是2008年拉萨"3·14"打砸抢烧事件或2009年新疆"7·5"暴力犯罪事件，无论是2008年汶川大地震，还是2020年新冠肺炎疫情，外文局都及时翻译了相关资料回应国际社会需求。这种翻译不仅要求速度快，文种也多，有时针对一个事件翻译的选题就多达近200种。特别是这次新冠肺炎疫情，作为一个公共卫生突发事件，给翻译实践带来了新的挑战，对国家翻译实践颇有参考作用。

首先，关键时刻不能指望别人替我们说话。疫情发生之后，不管我们多么具有自我牺牲精神和支援他国的国际主义行为，我们仍看到和听到了各种误解、污蔑、攻击和污化。不仅没有别人替我们说话，国际社会对中国观点的误译、错译、恶译反而明显增多。这是我们国家在追求中华民族伟大复兴过程中必须面对的挑战。

其次，对外翻译必须及时。特别是在多媒体时代，谁先发声往往决定了国际舆论的走向，谎言重复一千遍就成了事实的案例层出不穷。这就需要一支快速反应的翻译队伍。疫情发生之后，各单位完成的翻译材料最初都是在网上发布，保证了时效性。

再次，中外文化和历史不同，语言形成的背景不同，比如中文和英文之间存在巨大差异，百分之百的直译、字对字的死译，传播效果不佳。我们国家历史上没有侵略过别人，也没有殖民过他国，也就没有像西方殖民大国那样，把自己的思维习惯、文化传统和语言表述移植给他国。换句话说，中国传统的语言表达方式外国人不熟悉，中西语言差别巨大，这给对外翻译提出了特殊挑战。作为一个大国，我们需要快速学会一言一行都从全球 70 多亿人，而不仅仅是从 14 亿中国人的范围来考虑，要思考我们所说的话，对方是否能像我们期待的那样来理解。我们必须掌握现在流行的国际话语体系，在这个基础上构建中国的国际话语体系。这个任务很大程度上需要通过翻译来实现。

最后，正是因为考虑到中外文化和语言的巨大差异，我们的对外翻译绝不能单打独斗，一定要与母语为外语的外国专家学者合作。为什么我们有些译作和出版物在外国受众那里没有达到预期的接受程度？其中一条原因是中式外语导致误解甚至反感。外文局 70 多年来所坚持的基本业务流程是：所有译文一定要经过外国人的润色才能正式出版。当然，国家翻译机制也需要相应的资金来维持，"缺斤短两"的取巧做法是难以产生高质量、传播效果好的译文的。

四、构建满足时代需求的国家翻译机制

2021 年 5 月 31 日习近平总书记指出，必须加强顶层设

计和研究布局，构建具有鲜明中国特色的战略传播体系，着力提高国际传播影响力、中华文化感召力、中国形象亲和力、中国话语说服力、国际舆论引导力。要加快构建中国话语和中国叙事体系，用中国理论阐释中国实践，用中国实践升华中国理论，打造融通中外的新概念、新范畴、新表述，更加充分、更加鲜明地展现中国故事及其背后的思想力量和精神力量。

无论是国际传播能力的顶层设计，还是构建中国话语和中国叙事体系都有赖于中译外这个媒介。面对快速演变的世界局势，中国比以往任何时候都更加需要关注对外翻译问题。

过去70多年，中国已经形成了自己的翻译机制。新时代需要一个符合新形势、运转更有效、以效果为导向的国家翻译体系。为此，需要创新方式和方法，改变某些领域的传统做法。比如，长期以来，从事翻译的总体人员多，但从事中译外的人员少；从事翻译理论研究的人员多，但从事翻译实践的人员少；评价翻译人才重视理论功底，但轻视实践能力。对于中译外这个特殊的职业，社会认知有待提高。社会上很多人以为只要会外语就可以做翻译；很多人把各种专业的翻译混为一谈，对中译外和外译中的特点和区别说不清道不明；还有人以为只要是翻译，不论翻译什么，不管什么方向，都是可以召之即来、挥之即去的社会服务人员。更普遍的现象是，人们只管眼前有翻译可用，对梯队建设不上心，缺乏翻译人员储备机制，甚至在一段时期内，把中译外翻译看成是赔钱的负担，导致中译外队伍势单力薄，军心涣散，规模萎缩。

国家翻译机制不仅包含要翻译什么，更需要解决谁来翻译的问题。对外翻译将长期承担讲好中国故事，传播好中国声音，展示真实、立体、全面的中国，加强我国国际传播能力建设的重要任务。现在看，任务是明确的，关键是需要有人去完成。无论历史上还是当今国际上，翻译都是从外语翻译成母语，这是翻译行业的本质特点。世界上只有少数国家需要从母语翻译成外语，而中国是唯一需要这样做的大国。中国人从事对外翻译，就如同水往高处流，必须逆流而上，知难而进。无论是国家双循环的经济建设，还是日益复杂的国际斗争，无论是实施"一带一路"建设的需求，还是构建人类命运共同体的使命，无论是加强中国对外话语体系建设，还是支撑我国更好地参与全球治理，都需要一支多语种、实践型、专业化的翻译人才队伍。这支队伍应该是以我为主、中外结合、多语种、多媒体、多部门、宽领域、各有分工、形成合力的特殊队伍，而用好这支队伍必须依赖一个相应的运转机制。

令人高兴的是国家已经把培养好、使用好对外翻译队伍提到工作日程上来，提出了建设和维持一支"胸怀祖国、政治坚定、业务精湛、融通中外、甘于奉献"的中译外高端翻译人才队伍的规划。国家的顶层设计包括翻译人员的语种、教材的编写、正规教育和岗位培训，以及翻译人员的荣誉和待遇等诸多方面。相信一系列具体措施的逐步落实将形成翻译人才育得出、用得上、留得住的局面。

如何突破中外文化差异，让世界更好地了解中国

原文发表于中国新闻网 11 月 4 日《东西问》专栏，略有删减。

近年来，随着中国综合国力和国际影响力的不断提升，西方对中国的关注越来越多，但往往伴随着对中国的误解，甚至污名化、妖魔化。为何中国倡导和平共处，向西方传递友好交往的信号，却总是遭到冷遇？原因之一在于深层的历史文化隔阂。研究如何讲好中国故事，已经成为构建中国可信、可爱、可敬国际形象的迫切任务。

一、中外文化存在巨大差异

作为一个大国，中国的话语体系必须顾及全球。中国经济对世界影响如此之大，我们的讲话内容国际上都会有人密切关注。因此，站在全球角度，讲国际化的语言是一种必然。这个过程，对外翻译所起的作用非常明显。

中外文化存在巨大差异。中国人认为通俗易懂的概念，外国人未必能够理解和认同。例如，我们说"和为贵"，构建"和谐世界"，而西方很多人的理念是"零和游戏"，认为你发

展了,就是威胁和侵占了他的利益。再如,中国要实现中华民族伟大复兴,换句话说,就是中国人民要过上好日子,中华民族要立于世界民族之林。然而,BBC却将"中华民族伟大复兴"曲解成"中国要一统天下"。

中外语言之间也存在很大差异。中文自甲骨文开始,沿袭了中国语言文字的传统。中文的历史有3000多年,而英文的形成只有1000多年,且来自欧洲不同的文化传统。

二、要用跨文化的方式讲述中国故事

面对不了解中国历史文化、不懂中国语言的外国受众,我们要用他们习惯的表达方式讲述中国故事,提高这方面的能力。例如,我们习惯介绍一个地方用"奇峰怪石""云雾缭绕""潺潺流水""鸟语花香"这种诗情画意的描述,但往往忘记告诉外国游客去这个地方乘哪种交通工具最方便,穿什么衣服最舒适,有哪些宾馆可以选择。再如,中国外交政策的基本目标是和平与发展,但如果我们总使用大量军事术语,如"桥头堡""速战速决""人民战争""打好组合拳"这样的词汇,不利于构建中国爱好和平的形象。

翻译要在两种文化之间架设好沟通的桥梁。例如,中文有一个出现频率极高的词汇——"工作",如我们要做好国际传播工作、要抓好防疫工作、领导要做好员工的思想工作、每个工作人员要做好自己的本职工作。母语为英语的人讲同样的事情,work这个词出现不会超过两次。再如,有外国语言专家统计,我们一篇7000多字的文章里,"发展"这个词出现了近400次。重复在中文里不是问题,而在英语世界传播效果就会大打折扣。

　　国际传播不仅仅是语言表达问题，对外话语体系还要顾及中外习俗差异。例如，夏天人们打着五彩或七彩条纹的遮阳伞，只为欣赏其五彩缤纷的颜色，而西方会有人认为，"中国同性恋打出了自己的旗号"，因为在西方，缤纷的彩虹是同性恋的标志。

三、翻译是中国走向世界的必经之路

　　硬实力的增强并不一定带来软实力的提升。提高中国的国际传播能力还需要从多方入手，长期努力，了解他人，提高自己，可谓任重而道远。

　　从"翻译世界"到"翻译中国"是历史发展的必然，也是时代赋予我们的使命。"翻译中国"在当前阶段只能以中国人为主，外国人为辅。中国译者要有时代的担当，勇敢挑起对外传播中国的重担。今天，面对百年未有之大变局，如何向不同文化传统的外国受众讲好中国故事，树立中国可信、可爱、可敬的国际形象，是摆在我们面前的紧迫任务。我们既然能把国家建设好，就一定能把中国的故事讲好。要做到这一点，需要全民的努力。当越来越多的人能用融通中外的方式对外介绍中国，中国的国际形象必将大幅提升。

从公共政策翻译看外语人的时代使命

原文为 2022 年 7 月 9 日在中国公共政策翻译论坛上的主旨发言。

最近一段时间，从政府层面到学术领域都非常关注国际传播以及国际传播能力建设。公共政策翻译是国际传播领域一个最重要的环节。面对国际环境百年未有之大变局，中国需要构建更强大的国际传播意识和传播能力，要做到这一点就离不开公共政策的对外翻译。公共政策的翻译，是"一仆二主"的业务，既要忠实原文，又要考虑到读者的接受程度，在两者之间寻求一种平衡。这说起来容易，做起来难度很大。

一、公共政策翻译与忠实性原则

公共政策翻译大部分情况下翻译的是党政文件、规定、政策等等。首要原则是忠实原文，译者能够发挥的幅度非常小。因为政策是有关方面制定的，译者不能擅自解读，所以译文一定要做到忠实。我注意到，一些学者认为部分领导人讲话的译文口气过于强硬，建议将文章里经常出现的 you must、we should 等表述改得"柔软一点"，如 It seems to me、

I think、perhaps、we may 等。我理解他们是认为这样更便于跟受众沟通。但是译者没有这个权力,因为我们翻译的是国家的决策,或国家领导人的讲话。比如领导人讲话,相当一部分是对内的,讲话方式多是给下级作指示,提要求,要求各行各业应该怎样做。比如,在双碳控制方面应该怎么做,环保方面怎么做,队伍建设怎么做,粮食安全怎么做……所以尽管有一部分学者,特别是国内学者认为我们用词太严肃、太生硬,但是我们作为译者,没有权力自己更换其他的表述。

我最近注意到,北京市党代会的报告里面有一个非常有意思的现象。我们都知道传统上公共政策,包括党代会的报告,都是高度文件化的语言,但是这次北京市党代会有很多相对口语化、带有地方特色、比较通俗、特别接地气的表述。比如说"北京是减量发展的超大城市",减量还要发展,这是北京的特点,这样就得创造一些新的译文。国家植物园开园不说"向社会开放",而是用很口语化的"挂牌";北京的街巷要做到"有里有面""朝阳群众""西城大妈",都是老百姓的口语表达;还有我们熟悉的要"做好后冬奥的文章",要"写好这篇大文章"等。严肃的政策文件出现大量通俗化、口语化的表达,这可能代表着一种新的话语体系。

二、公共政策翻译:译者和对外传播者的角色差异

对于整体严肃的文件和这种口语化的表述,译者在翻译时不能随便发挥,只能忠实地翻译,但是如果译者自己到论坛上去发言、讲话,那就可以有很大的个人发挥余地了。我在海外参加过几次关于《习近平谈治国理政》的学术论坛,

有人问我:"你作为译者,怎么看这本书?有什么体会?"我表示我的体会就是 Three Ps。

第一个是 People first,即以人为本。我记得在南非约翰内斯堡一个 400 多人的会上,讲到 People first 时我引用了习近平主席的话:"房子是用来住的,不是用来炒的"。当时 400 多人的会场突然响起了掌声,吓了我一跳,因为我没有任何思想准备,在国外做个发言,人家能给鼓掌。后来我意识到,因为发展中国家的城市都面临着同样的问题,房价太高,所以大家有一个共同的期待。习近平主席的一句话在遥远的非洲引发了共鸣。

第二个就 Prosperity(繁荣),主要讲中国的经济,讲中国发展肯定是侧重于经济。

另外一个就是 Peace(和平),在韩国就讲中韩关系,在美国就讲中美关系,在非洲就讲中非关系,在中东就讲中国和中东、阿拉伯地区的关系。

三、公共政策译文可读性的重要意义

在忠实原文的基础上,需要考虑可读性(Readability)。我们的译文要让国外读者能理解、能接受。我们翻译的目的就是用外语传播中国理念,用外语推动国际交流,用外语影响外国受众。如何能达到有效传播的目的呢?

首先要了解受众的思维模式。作为译者,一个作品完成以后,要收集意见,当然形式是多种多样的。2022 年 7 月 2 日《习近平谈治国理政》第四卷英文出版,我们就马上开始收集反馈意见,主要是外国受众的反馈意见,看看我们的译文能不能被人所理解和接受。在翻译当中，考虑到受众的需求，我们经常需要做一些增加注释的工作。因为很多讲话文件都是对内的，比如"六稳""六保"，对内不需要解释，但是对外翻译如果不加译者注，外国受众是无法理解的，所以译文必须要增加解释。在翻译的时候可以通过注释，也可以通过文字上的调整加以说明。

例如文章里第一次出现"十八大以来"的时候，翻译就要把"2012年"加上，补充时间概念。道理很简单：只说"十八大以来"，一般外国受众不知道从哪年开始。

其次就是用词的选择，例如"进入深水区"最初译为 deep waters。外国专家提出异议，认为进了 deep waters 基本就意味着必死无疑。比如江河湖泊有的地方竖着牌子，上面写着"水深危险"，英文就是 deep waters，意思就是很危险，后来我们就改用 uncharted waters。

四、公共政策翻译中的数字化表达

还有一点很重要，就是在翻译中，我们要怎样去做翻译和怎样看待翻译？这里有一个中国特色的表达问题。我们的语言里，数字化表达特别多。这种情况下怎么办呢？比如只翻译"四个自信""两个维护"这几个字不行，需要增译，就出现了 Four-sphere Confidences。有时候甚至不得不改变词性，如过去采用的 Three Represents，现在的 Two Upholds。但是要尽量避免这类做法，这类表述太多，读起来很别扭。

最近的一个例子是"两个确立"，目前我们看到两种翻译方法：中国共产党十九届六中全会决议英文版中的 Two

Establishments 和《习近平谈治国理政》第四卷中的 Two Affirmations。这两种译法各有道理。六中全会是在 2021 年底召开的,半年多来,关于"两个确立"的译法大家一直在讨论。

第一个问题是语言问题。establishment 用复数的时候,通常是指两个建筑。我们问过英国人和美国人。美国人说那一定是两个建筑物。英国人说得更具体了,他说他第一个想到的是两个酒吧,而这是我们中国人绝对联想不到的。面对政治决议里这种数字化的、高度概括的表述,给 establishment 加上复数,就影响外国人理解我们的话语。

第二个问题是政治含义。需要明确这里到底是指"确"还是"立"。在中文里"确立"是一个词,如果只读中文,谁也不会产生问题,但是要找到完全对应的英文,就无法回避到底是"确"还是"立"。翻译的过程,首先是学习的过程,学习我们党史上有几次"确立"。第一次,在遵义会议上确立了毛泽东在党内的领导地位,那是因为长征一路打过来,大家认为还是毛泽东的主张正确,毛泽东的理念被实践证明了,大家已经接受了,然后才确立他的领导地位。毛泽东的地位不是生硬的"立",而是得到了确认。第二次党内比较重要的一次确立,是 1945 年在七大上确立了毛泽东思想的指导地位。那也是因为从 1935 年到 1945 年,经过游击战争、抗日战争等等,证明了毛泽东思想适合中国的国情,所以党内形成决议。这也是毛泽东思想在形成了影响力以后,已经被大家在思想上、组织路线上接受了,然后才得以确立。更近的一次确立,就是确立了邓小平理论的指导作用,但是党内通过决议确立邓小平理论的指导作用是在他退休以后的 1992 年。换句话说,我们党内的几次确立都是在既成事实、明确无误的情况下作出的决定，重点就是确认。通过学习，"确"和"立"应该以哪个为主就非常清楚了，对应的英文也就明确了。最后定稿时，我们决定用 Two Affirmations 来表示。

五、搭建翻译研讨、实践、总结的平台

不仅是公共政策的翻译，面对各种翻译任务，译者在对外翻译的过程中总会遇到这样或者那样的问题。怎么解决呢？就是要多研讨、多实践、多总结。比如"社会"这个词，在中文话语体系里用得非常多。"社会车辆"在不同场合就有不同的说法。北京冬奥会期间，三条道要分出一条道给冬奥的车专用，否则会比较拥堵。所以北京市交通局就规定，社会车辆可以在公交车道上行驶。这里"社会车辆"指什么呢？指的就是 non-Olympic vehicles 或者 all other vehicles（can drive on the public bus lanes）。另外，如果某个单位，例如一所大学门口竖立个牌子，上面写着"社会车辆禁止入内"，又是指什么呢？这里是指"非本校的车辆"，就是 non-university vehicles 或者是 non-authorized vehicles。在不同场合，"社会"一词有不同的译法。我看到一个博物馆向社会开放，结果居然翻译成 open to the society。博物馆、展览馆都是社会的一部分，这里把"社会"翻译成 society 逻辑有问题，英文上似乎在说它向自己开放了，实际上应该用 open to the public。再比如，"社会办医"是谁办医？我们中文的话语体系很有意思，本来医院不管是公立还是私立，都是社会的一部分，但是当我们说"社会办医""社会医院"时，指的是"私立医院"，可以翻译成 private hospitals 或者是 nongovernment-run hospitals。疫情来

了以后,"社会清零"这个词用得很多,之后又出现"社会面清零""社会面管控"等。现在大家都明确了怎么翻译,就是在不同的场合要有不同的译法。

除去实践以外,很重要的一个方面是要加强研讨,一个可喜的现象是研讨在深度和广度上都在加深。外语院校和外宣机构的合作在这两年不断深化,建立了各种平台。过去大家不太关心的一些翻译问题,现在很多学界的研讨会上都在探讨,这是一个很好的现象,值得坚持下去。

用电影解读中国

文本写于 2022 年 9 月 12 日。

英国导演柯文思（Malcolm Clarke）利用 8 年时间拍摄了 4 部以中国为主题的纪录片，涉及中美关系、香港问题、武汉抗疫和脱贫攻坚，给平静的国际纪录片影坛增添了浓墨重彩的一笔。

此前，柯文思的拍摄足迹遍布全世界 80 多个国家，4 次获得奥斯卡提名，2 次获得奥斯卡奖，拿到 16 座艾美奖奖杯。这样一位功成名就的大牌国际导演为什么要长期住在中国，拍摄中国呢？

以国际视野聚焦中国

其实早在距今 40 多年前的 1981 年，他就曾经踏足中国，参观旅游了几个月。用他自己的话说，那时他看到的中国是西方"工业革命以来美欧地区从未见到过的贫穷"。为此，他感到非常吃惊。然而，更让他感到惊叹不已的是，30 多年后他再次来到中国所看到的巨大变化。用镜头拍摄了世界各地之后，2013年他第二次来到中国，拍摄一部反映中美互相依存的片子。然而，这部名为《善良的天使》的片子耗时超过预期，2019年公映时，中美关系正发生着巨大的变化。于是，他深入美国大学校园，利用播放电影的机会介绍中国，推动美国人对真实中国的了解。就在此时，香港的街头动乱又吸引了柯文思的目光。他来到香港，见到的景象与西方媒体的报道之间存在巨大差异。他于是决定用镜头弥补媒体没有讲述的事实，推出了《香港：被掩盖的真相》。2020年初武汉的疫情引发了国际上的各种议论。柯文思决定在武汉封城仅仅两个多月后带着拍摄团队赶到武汉，深入抗疫一线，记录武汉人民和4万多名来自各地支援武汉的医护人员与病毒的搏斗。他说，拍摄期间他们看到了"最出色的中国人民"，决心用镜头"准确、不带偏见地"反映中国人民的斗争事迹。

一旦关注了中国，柯文思就看到了许多外国人看不到或者不愿意看到的东西。他注意到，西方媒体对2010年开始的脱贫攻坚战几乎没有报道。于是他马不停蹄，再次调转镜头，深入大山农村，用四个短片组成了《柴米油盐之上》。片中四个独立的真实人物组成了中国人民打赢脱贫战役的四个生动故事。这部片子以小见大，以点带面，反映了普通中国人的不懈奋斗和艰苦努力，见证了中国人追求美好生活的辛劳和汗水，分享了他们成功后的幸福和喜悦。

以真实情感讲述中国故事

如果说，是柯文思作为国际摄影家的经历，让他决定把镜头对准中国，是他遍游世界的角度，让他看到了国际电影界缺失的内容,因而他决定留在中国,那又是什么让他拍摄出与众不同,能够真实反映当今中国的激动人心的故事呢?不是也常有一些新闻工作者、文艺工作者同样来到中国,拍摄的作品往往却是阴暗消极的吗?

应该说,柯文思有着超群的独立思维和国际主义情感。他明显察觉到西方关于中国的叙事缺乏真实性。他发现,对于许多西方人来说,中国仍然是神秘莫测,不可思议的,而这种无知,往往变成对中国的恐惧。这让他发现了向世界"讲述中国故事的机会,"他"要以影片构筑沟通不同文化的桥梁,让世界上其他地方的人也能看到"他在中国的所见所闻。有了这种使命感,他发挥国际导演的艺术才能,利用独特的视角,讲述着一个又一个不被外界知道的真善美的故事,展现了中国人英勇不屈的奋斗历程。在《柴米油盐之上》的每个小故事末尾,都有一段情真意切的旁白,帮助不了解中国的外国受众弥补关于中国国情的基本常识,拉近外国受众与中国的距离。在他看来,在中国拍摄,他远离自己的家乡,但他同时又把中国当作自己的家乡,把中国人民当作自己的拍摄世界。

柯文思拍摄的片子不是给中国受众看的,而是以西方受众为目标,帮助他们见识真实、立体、全面的中国。他拍摄的场景在中国,但是他片子的影响在国外。这样一项国际事业也自然得到了中国同行的全力支持。柯文思进入中国以来,他的得力助手就是从加拿大留学归来的中国青年导演韩轶。相似的情感,同样的目标,共同的追求,让他们组成一个高效出色的团队,仅用了 8 年的时间就推出了从未有过的题材广泛的系列纪录片。

虽然柯文思的片子不是给中国观众拍摄的，但是，中国已经全面进入国际传播时代，急需人们能够以融通中外的方式对外介绍中国。这些片子就是我们学习如何对外讲述中国故事的最鲜活的教材。无论是专家还是学生，都可以从中看到新的传播角度，学到宝贵的知识和技巧。

柯文思说过："21世纪将是中国的世纪，对此我毫不怀疑。"我们殷切地期待，在当年斯诺（Edgar Snow）、伊文思（Joris Ivens）等国际友人开辟的外国记者和摄影家讲述中国的道路上，柯文思将给人们呈现更多的感人作品。

第三部分
翻译人才与教育

推动翻译专业学位教育、资格考试与行业管理有效衔接

原文为 2007 年 7 月 27 日在中国翻译协会首届全国翻译论坛上的讲话。

很高兴参加首届全国翻译论坛,与在座的从事翻译教育、翻译实践、翻译人才评价和行业管理的各位专家学者,特别是国务院学位委员会办公室的领导一起,交流有关翻译人才培养的经验。下面,我想着重就翻译专业学位的设立(即职业翻译人才的培养)、翻译资格考试的实施(即翻译专业人才评价体系的建立)与翻译行业管理三者之间的有效衔接谈谈自己的看法。

一、翻译资格考试与人才评价体系的建立

全国翻译专业资格(水平)考试(China Accreditation Test for Translators and Interpreters,简称 CATTI)是受国家人事部委托,由中国外文出版发行事业局(以下简称"中国外文局")负责实施与管理的一项国家级职业资格考试。该考试已纳入国家职业资格证书制度的统一规划,是一项在全国实行的、统一的、面向全社会的,对参试人员在口译或笔译方

面双语互译能力和水平的评价与认定。报名参加考试的人员不受学历、资历和所从事专业的限制。

设立这一考试的目的是为了满足我国对外交流的需要，适应社会主义市场经济的发展和我国加入世界贸易组织的需要，加强翻译专业人才队伍建设，科学、客观、公正地评价翻译专业人才水平和能力，同时进一步规范翻译市场，加强对翻译行业的管理，使之更好地与国际接轨，从而为我国的对外开放和国际交流与合作服务。

2003年3月底，国家人事部正式下发《关于印发〈翻译专业资格（水平）考试暂行规定〉的通知》（人发〔2003〕21号），委托中国外文局组建翻译专业资格（水平）考试专家委员会。2003年7月16日，英语专家委员会成立；2004年5月18日，法语、日语专家委员会成立；2005年6月，俄语、德语、西班牙语、阿拉伯语四个语种专家委员会成立。

2003年6月，中国外文局成立了全国翻译专业资格（水平）考试工作领导小组（以下简称"考试领导小组"）和全国翻译专业资格（水平）考试办公室（以下简称"考试办"）。在国家人事部指导下，考试领导小组负责对考试筹备和实施工作中的重大问题进行研究、决策。考试办作为考试领导小组的办事机构，负责考试的日常管理工作。

2003年8月，国家人事部印发《关于印发〈二级、三级翻译专业资格（水平）考试实施办法〉的通知》（国人厅发〔2003〕17号），明确中国外文局负责各级别翻译专业资格（水平）考试的实施与管理工作。人事部人事考试中心负责考务工作，国家外国专家局培训中心承担口译考试考务工作。

2003年10月，中央编办印发《关于中国外文局翻译专业资格考评中心机构编制的批复》(中央编办复字〔2003〕136号),批准成立中国外文局翻译专业资格考评中心。这是新成立的一个专门的事业单位,其主要职责是承担各语种、各级别翻译考试的命题、阅卷和题库建设工作。

2005年,受中国外文局委托,中国翻译协会负责对翻译专业资格(水平)证书持有者进行继续教育或业务培训工作。中国翻译协会为此专门印发了《关于组织全国翻译专业资格(水平)证书持有者继续教育(或业务培训)的通知》和《关于组织全国翻译专业资格(水平)考试证书登记工作的通知》。

关于考试的基本情况,目前简单地说就是"七、二、四",即考试分为七个语种:英语、日语、法语、阿拉伯语、俄语、德语、西班牙语;两大类别:笔译、口译,其中口译又分交替传译和同声传译两个专业类别;四个等级:资深翻译与一级、二级、三级口译/笔译。目前,七个语种的二级、三级口译/笔译,再加上英语同声传译考试,共有29种58个科目。

2007年,还要对考试科目进一步完善,比如,将研究英语一级翻译考试的试点。

2003年12月,英语二级、三级口译/笔译考试首次推出;2004年11月,法语、日语翻译考试首次推出;2005年起,英语二级、三级笔译和口译考试在全国推行;2005年下半年,英语二级同声传译考试首次推出;2006年上半年,阿拉伯语翻译考试首次推出,同年11月首次推出了俄语、德语和西班牙语翻译考试;自2006年起,法语、日语的二级、三级笔译和口译考试在全国推行;自2007年起,阿拉伯语、俄语、德语、西班牙语的二级、三级笔译和口译考试及英语同声传译考试在全国推行。

2005年全年，考试报名总人数突破1万人次；2006年报名总人数接近1.8万人次；2007年上半年，报名人数首次突破1万人次。从2003年至2007年上半年，累计考试报名人数突破4.5万人次。从2003年至2006年底，累计考试合格人数约7,000人次。

翻译考试作为国家职业资格考试之一，日益受到社会有关方面和人员的关注。有的高校已把翻译资格考试纳入教学大纲，要求翻译专业的研究生毕业要达到二级水平。中国翻译协会于2005年开始吸纳个人会员，明确获得全国翻译专业资格（水平）考试证书的人员可申请成为中国译协的个人会员。

翻译考试也在我国港台地区和国际社会引起了一定程度的关注。台湾译协、香港大学先后派专人来外文局考察；日本译协会长提出要探讨资格互认问题；新加坡有关部门来函来电希望我国的翻译考试能在新加坡设立考点；韩国有关机构也与中国外文局建立了联系；法国驻华使馆派文化官员前往考场观摩；浏览考试网站的国家和地区已达50多个。

翻译专业资格（水平）考试制度的特点，归纳起来有以下五个方面：

一是面向社会，打破了学历、资历、职业的要求；二是突出翻译实践能力要求；三是对翻译人员的专业技术职务评聘方法进行了改革，确立了科学化、社会化的资格评价方式；四是引入了行业协会在翻译人才培训和管理方面的积极作用；五是人才评价的影响扩大到海外。

由于翻译行业具有对外交流的特殊性，翻译资格考试的报考对象不仅包括中国公民，还包括在中国工作的外籍人员。

有关数据显示，每年都有来自日本、新加坡等国家的外籍人员报名参加翻译资格考试。2007年4月29日，在第三届两岸经贸文化论坛的闭幕式上，国家人事部负责人正式宣布，为进一步促进两岸人才交流，自2007年向台湾居民再开放15类（项）专业技术人员资格考试，其中包括由中国外文局负责实施与管理的翻译资格考试。

二、翻译专业学位与翻译资格考试的有效衔接

随着翻译行业对应用型人才的需求扩大，翻译专业学位的设置已经成为必然和现实。这一新兴的专业学位教育如何实现与翻译职业评价体系的有效接轨，从而成为国内甚至国际上通行的"职业学位"，已经成为人们关心的问题。

翻译专业学位和翻译资格考试，一个是翻译专业人才的培养方案，一个是翻译人才的评价方法。虽然两者的工作形式不同，但两者在目的、导向以及作用方面还存在着很多相同的地方：

首先，两者都是为翻译行业提供高层次、实践型、专业化人才的渠道，对提高我国翻译队伍的整体水平发挥着各自不可替代的重要作用；

其次，两者的服务对象都是有志于从事翻译工作，并以此为今后职业发展方向的人员；

最后，两者在工作内容上的着眼点都是翻译人员从业的实践能力和应用能力。

可以说，翻译专业学位教育和翻译资格考试在管理层面上进行合作，具有良好的基础。在国家人事部及人事部专业

技术人员管理司的关心、指导下，为更好地推动我国翻译教育事业及翻译人才评价事业的双发展，翻译专业学位将与翻译资格考试进行有效衔接。

目前，国际、国内有两种衔接模式可以借鉴：一是获得专业学位的毕业生直接获得相关专业的职业资格证书；二是学生获得专业学位必须通过相关专业的职业资格考试。目前，经中国外文局与国务院学位委员会商洽，双方已经达成了初步共识：第一，翻译专业学位的设置并不能代替翻译专业资格（水平）证书；翻译硕士专业高年级学生在修满规定课程学分后，参加二级翻译资格考试可以免考"综合能力"科目，只需报考"翻译实务"一个科目。第二，翻译硕士专业学生必须先获得二级翻译专业资格（水平）证书才能获得学位证书。这种有效衔接，符合双方的共同目标，符合研究生教育的实际情况，不但具有积极的引导作用，也具有较强的可操作性。

通过上述办法，翻译专业学位教育就能够同职称制度、行业准入制度及行业规范管理有机结合，真正达到国际上通行的"职业学位"标准。

三、翻译专业学位教育、翻译资格考试与翻译行业管理的密切联系

随着中国经济的发展和中外合作交流领域的扩大，翻译服务以及与之相关的翻译培训、出版和技术市场不断拓展，已经发展壮大成为一个产业。但翻译作为一个新兴行业，仍不够规范，缺乏健全的准入制度，翻译专业培训也远不能满

足市场对翻译人才的需求,翻译质量难以保证。因此,建立一个科学、规范、有力的行业管理机制势在必行。

目前,中国尚没有一个政府部门来主管翻译行业。中国翻译协会作为中国翻译行业唯一的全国性专业组织,顺应时代的发展,在2004年第五届全国理事会上修改了章程,明确了中国译协作为学术性、行业性团体的性质,确定了中国译协将积极参与行业指导和行业管理。这是中国译协与时俱进,实施行业自律和管理的具体表现,对于中国译协未来的发展具有重要意义,也将对中国翻译事业的繁荣产生积极的影响。

翻译专业资格(水平)考试的实施、翻译专业学位的设置,都为翻译行业管理打开了思路,同时也提供了支持和保障。

当一个翻译专业学生拿到硕士学位时,他同时拥有全国翻译专业资格(水平)二级证书(相当于中级职称),还能够成为中国翻译协会的个人会员,从而进入了翻译行业管理的范围。这对于一个即将走上工作岗位的人来讲,可谓一举多得;对于国家则是培养了一个合格的专业人才;对于翻译行业意味着职业翻译队伍的壮大。因此,翻译专业学位教育、翻译专业资格(水平)考试的实施和翻译行业管理三者之间的有效衔接,是一项利国、利民、利翻译事业的创新举措。

社会需要专业型、复合型和实用型翻译人才

原文为 2009 年 6 月 21 日中国翻译职业交流大会主题发言。

在全球信息化和经济全球化大潮下，中外政治、经济、科技、文化等方面的交流与合作日益增加，翻译工作日益社会化，形成了一个发展迅速的新兴产业。翻译产业不仅需要大量专业化、知识型的口笔译人才，同时也需要大量懂管理、营销和技术的复合型人才。

下面我想从中国翻译协会和用人单位的角度谈一谈翻译人才的需求问题。

一、翻译是一个大有可为的行业

首先，我想给有兴趣进入翻译行业的人士打打气：翻译虽然不是一个暴利行业，但的确是一个大有可为的行业。这表现在两个方面：一方面是市场需求巨大，另一方面是人才缺口巨大。

我国的翻译市场到底有多大？由于翻译行业尚未纳入国家统计系统，目前还没有一个准确的数字。但有信息资料反

映，2003年全国翻译产值为110亿元，2005年为200亿元，2007年可能已经达到300亿元。尽管这些数据未得到国家权威部门的确认，只能作为参考，但这从侧面反映了中国翻译市场潜在的发展空间。

这样庞大的市场需要有一支同样庞大的翻译队伍来承担，但我国翻译行业人才严重不足。据国家人事部统计，2006年我国在岗聘任的具有翻译专业职称的职业翻译仅有3.5万人；自2003年开始的全国翻译专业资格（水平）考试，到2008年底已吸引了8万人次报考，但其中仅有1.3万人次获得了证书。当然，还有很多既没有参加考试也没有评定翻译职称的自由职业者和兼职译者也在从事翻译工作，其中有些人做得非常专业。但从市场整体情况来看，合格的翻译人员还是供不应求，而且缺口非常大。这对于翻译服务企业而言是一种劣势，但对于有志于进入翻译行业的人而言，则是大展宏图的良好机会。

但翻译并不像有些媒体宣传的那样是一个金饭碗。事实上，我国翻译人才市场的竞争非常激烈，特别是在中低端市场，竞争尤为激烈。只要想一想我们每年有多少外语专业的学生毕业，就明白形势的严峻了，因为"懂外语即会翻译"的观念仍然盛行。

社会、翻译行业到底需要什么样的人才，个人如何在激烈的竞争中胜出，在翻译行业找到一份满意的工作呢？

二、社会需要专业的翻译人才

专业的翻译人才有两层含义：第一，经过专业培训，具备一定翻译专业技能的人才；第二，具备相关专业学科知识的翻译人才。

外语专业的人都知道，长期以来，翻译在高等教育中不过是外语专业学位下设的一门课程、一个方向，翻译的专业性长期以来未得到社会的广泛认可。但这种情况在2006年有了里程碑式的改变。这一年，教育部正式批准在高校设立本科翻译专业，翻译终于正名，成为一门独立的专业。2007年，国务院学位委员会又批准在高校设置翻译硕士专业学位，开展翻译专业学位研究生教育，培养高层次、应用型翻译专业人才。据不完全统计，目前全国设立翻译专业院系和翻译研究机构的高等院校已达60所，翻译学科体系已经逐步建立。除高校系统外，社会上的专业翻译培训机构也越来越多，提供多样化、个性化的培训服务，在培养社会需要的专业人才方面发挥了重要作用。

还有一个里程碑式的变化是2003年国家人事部推出的全国翻译专业资格（水平）考试。这项工作由中国外文局负责实施与管理。该考试已纳入国家职业资格证书制度的统一规划，是一项在全国实行的、统一的、面向全社会的对参试人员口笔译双语互译能力和水平的评价与认定，标志着我国翻译专业人才评价体系的正式建立。

以上这些发展都在向社会传递一种声音：翻译是一门专业，需要由经过专业培训的合格人员来承担，这是保证翻译质量的基础。

在这里我还想特别提一下中译外人才的培养问题。由于历史和现实的原因，中国的口笔译人员注定要承担大量的中译外工作，这种情况不是短期内可以改变的，甚至会多起来。

因此，培养擅长中译外的翻译将是一项长期而艰巨的任务。我们都知道从事中译外难度大，这方面的人才培养难度同样也很大，这就给各个翻译院校提出了一个严峻的课题。

从翻译用人单位的角度看，合格的中译外人员在外语水平较高的基础上，还必须具备扎实的中国历史、文化、政治等方面的知识储备。更进一步说，他们必须做到内知国情，外晓世界。把"中共中央委员会"翻译成"中共全国代表大会"、把"提高执政能力"翻译成"扩大统治地盘"之类的错译，显然暴露了翻译人员不了解国情的缺陷。

还有一类专业人才是具备专业学科知识的翻译人才。医学方面的资料一定要由具备医学知识的人员翻译，金融方面的资料则需要具备一定金融知识的人员翻译，否则译文质量无法得到保证。因此，我们一方面鼓励各专业的人员学好外语，另一方面也呼吁外语专业的学生多学一些其他专业的知识。

三、社会需要复合型人才

上面谈到，翻译是一门专业，需要专业知识和技能，但仅有这些是不够的。我们生活在信息化、全球化时代，需要掌握多方面的技能，例如计算机和网络操作能力，有效的信息搜索能力，使用翻译辅助工具的能力，等等。我们高兴地看到，有些教育培训机构已经发现这种需求和机会，开始这方面的探索。北京大学软件与微电子学院的语言信息工程系于 2007 年率先设立了全国第一个计算机辅助翻译硕士专业学位，致力于培养具备翻译技能及语言信息处理技术的人才，并正在与北京大学 MTI 教育中心加强合作，探索复合型人才的培养模式。

此外，随着翻译产业的发展壮大，翻译项目管理、人力资源管理、市场营销、技术开发、桌面排版、本地化项目测试等相关领域的人才需求越来越大。如果能在外语优势之外，还具备以上一至两种专业知识背景，将大大增加就业的砝码。

四、社会需要大学毕业就能立即上岗的人才

长期以来，外语人才和翻译人才的培养注重语言能力和理论基础，这是完全必要的，但也存在着一种不足，就是缺乏最基础的职业训练。大学毕业生走上翻译岗位后，用人单位觉得不好用，不实用。比如，做口译不做笔记，依靠年轻记忆力好，但事实上往往几个数字、人名或者机构名称出现之后就慌乱了；有的人事先不做准备，到了现场遇到稍微专业一点儿的内容就翻不出来了，更不要说事后整理会谈笔记。还有的翻译在做口译时，自己加入很多口头禅，译文听起来十分别扭；有些从事笔译的人员，不查字典，不查资料，对于需要回译成外文的内容懒得去查原始资料，导致胡乱翻译。

用人单位需要的是适应能力强的多面手。翻译人员还要当好领导的助手、秘书、外事接待人员等。翻译在外事场合要端庄大方，要协助领导当好主人。可是，常有翻译时间观念差，工作不守时，在工作场所找不准自己的位置和角色，跟外国人说说笑笑，把领导扔在一边，或者不盯着领导的目光，跟领导没有密切的配合。还有的翻译知识面过窄，翻译起来断断续续，令双方都听得难受。笔译初稿交给上级或有经验的翻译审阅修改时，行与行之间要留出足够的间距，也

就是我们常说的 double space，但是很多年轻翻译都不知道。其实，这些都是在从事翻译工作之前很容易解决的问题，学校要有针对性的培训，个人要有悟性，不断提升职业素养。

"中国翻译工作者协会"于 2004 年正式更名为"中国翻译协会"，就是为了更广泛地团结语言服务行业的所有从业者，为推进中国翻译事业的发展共同努力。欢迎翻译行业的有志之士成为中国译协大家庭的一员，共同开创中国翻译事业更美好的明天！

关于建立国家翻译人才库的提案

原文为 2013 年政协提案。

党的十七届六中全会作出了推进社会主义文化大发展大繁荣的重要决定，将中国文化"走出去"提到了国家层面，党的十八大也对提高我国文化整体实力和竞争力、增强中华文化国际影响力作出了新的战略部署。

文化"走出去"所需要的国际化人才首推翻译。翻译作为对外交往和国际交流的使者，是中国文化"走出去"的重要桥梁与纽带，可以帮助人们克服语言乃至文化的障碍，将中国文化和文明成果介绍到国外，也将世界文明的成果引进中国。在世界多元化、信息海量化的今天，翻译的作用更为突出。

一、建立国家翻译人才库意义重大

与国家文化发展大局下翻译极其重要相对应的，是我国翻译人才，特别是高层次中译外人才的极度短缺，这已经成为中外交流，特别是中国文化"走出去"的一个瓶颈。中国的文化源远流长，在世界独树一帜，创造了不可胜数的文学精品，但是直到 2012 年才有了第一个中国籍作家荣获诺贝尔文学奖，其中一个重要原因是缺乏同时具有很高的翻译能力和文学素养的翻译人员将这些文学精品传播出去。

造成翻译人才短缺，一个不可忽视的原因是国内目前翻译人才资源非常分散，未能得到很好的利用。根据中国翻译协会和中国翻译行业发展战略研究院发布的《中国语言服务业发展报告 2012》显示，截至 2011 年底，全国共有语言服务类企业 3.7 万余家，全职翻译从业人员约 64 万人，更有规模庞大、难以计算的兼职翻译人员。但由于缺乏统一的人才数据库，大量的翻译人员各自为战、资源分散、水平良莠不齐。一方面，有能力的翻译人员很难得到社会认可，社会地位不高；另一方面，用人单位很难找到水平高、具有相关专业背景的翻译人员，翻译市场鱼龙混杂。因此，建立全国统一的翻译人才库势在必行。

二、对国家翻译人才库的构想建议

1. 国家翻译人才库的宗旨应是汇聚与中文相关的国内外多语种翻译人才，特别是高层次、专业化的专家级人才，为国家对外经济、文化交流提供智力保障和人才支持，推动中国文化更好更快地走向世界。

2. 国家翻译人才库有别于其他商业性人才库的最大特点应是：提供真实的、权威的翻译人才技能与培训信息，并可提供第三方查询认证，为国家重大翻译项目提供高质量的人才支持。

3. 国家翻译人才库功能应是团结一批海外华人翻译和汉学

家，通过海外引智拓展中国文化走向世界的渠道和范围；规范和完善翻译人才评价体系，统一翻译人才评价标准；为国家相关职能部门提供翻译专业人才动向和供需等基础信息；适时开展面向社会的商业化人才供需对接和人才政策咨询服务。

4. 国家翻译人才库的载体平台可以是国家翻译人才网。翻译人才网除提供分层级、分语种、分类别、分领域的翻译专业人才信息检索服务外，还可提供有关国家机关和企事业单位的招聘信息，有关人才方面的政策信息，人才信息验证服务，翻译考试和培训信息等服务，为人才的培养、选拔和使用提供一个专业的平台。

三、国家翻译人才库建设工作迫在眉睫

在文化大发展的国家大局下，尽快开展国家翻译人才库建设工作，既有利于翻译行业的健康可持续发展，又有利于翻译人才资源的集中整合，从而有利于国家改革开放工作的深化，营造有利中国发展的良好国际舆论氛围，有利于加快中国文化"走出去"的进程。

中国外文局作为国家对外传播的专业机构，拥有全国最大的中译外专职人才队伍和专家资源，同时，还主管着中国翻译协会，受国家人社部委托实施国家级翻译人才评价体系——全国翻译专业资格（水平）考试，掌握最权威的包括国际翻译界在内的社会翻译资源。因此，建议由中国外文局牵头，外交部、广电总局、新华社等翻译人才集中的部门共同组成调研组开展调研，尽快建立国家翻译人才库。

"一带一路"建设与复合型翻译人才培养

原文为 2016 年 6 月 18 日在第八届亚太翻译论坛（西安）大会上的发言。

"一带一路"倡议提出后，中国加快了参与国际经济的步伐，开放程度更高，更加需要复合型翻译人才。教育部门和用人机构在这个问题上也形成共识。产学研的结合出现许多新的气象。

今天在这里讨论的不是学术教育，而是专业人才的培养。民办学校出于办校宗旨和后起优势，没有重学术研究、轻实践能力的包袱，普遍高度重视学生实践能力的培养，在培养复合型人才方面应该做得更好。

"一带一路"建设是国家发展大政方针。对外语人才而言，"一带一路"提供了难得的培养人和使用人的机遇。当前，中国经济迅速走出国门，海外投资连年增长；中国文化"走出去"的投入加大，各种项目日趋增多。这些情况都直接带来了翻译市场的变化，突出体现在两个方面：一方面是中译外业务量快速增长。2011 年，中译外首次超过外译中，2013 年更是以 60% 的比率大大超过外译中。中国翻译市场由外译中为主转向中译外为主的趋势还将继续。今年 4 月，对外经济贸易大学的一项调研显示，大多数企业预测今后三年中译外的需求会继续增长。另一方面是，中国的国际化步伐需要更开阔的视野和更全面的技能。仅仅会一门外语，无法承担中国国际化的重任。这些变化对国际化人才提出了新的要求。

先讲一个故事。中国和刚果（布）政府合资投入1,500万美元在刚果建设了一个农业实验园。中国派出专家培训刚果农业部选派的学员，通过课堂教学和农田实践，教授学员培育优良农副产品品种。在中国专家组，有一位法语毕业生。她不仅负责课堂翻译，还负责外联，接待官员，也接待周末到实验区购买蔬菜水果的当地人。她的外语优势迅速使她成为专家组的骨干。她热爱学习，很快掌握了大量基本的农业知识，甚至可以直接给刚果学生上课。她实际上成了中国在当地交流的总管、多面手，这让她真正体会到了以外语为基础实现中国与刚果在农业方面畅通交流的意义，真正实现了自己的人生价值。

在"一带一路"倡议的背景下，我们应该培养什么样的翻译人才？我个人认为，今后的培养重点应该放在以下五个方面：

第一，坚实的语言基础。市场上需要的翻译人才应该张得了口，写得了文章。我们在社会上看到的许多翻译错误往往是非翻译专业人员造成的。翻译专业人才一定要具备比较扎实的汉语基础并掌握一门外语的基本功。

第二，掌握计算机辅助翻译技术。双语语音识别已经实现，这大大方便了一般生活性翻译。但对于专业翻译而言，数字化查寻的方便与风险同时存在，一是方便得令人离不开，二是容易出现错误。目前还没有一个完全让人满意的汉英双语语料库。但是，随着语言大数据技术的进步，计算机辅助翻译必然承担越来越多的翻译工作量。一个完全不会使用计算机辅助翻译功能的人进了翻译公司就不能胜任工作。然而，过度依赖计算机辅助翻译，忽视译后编辑，常常无法准确完成翻译任务。

第三，宽广的知识面。我们经常看到一些翻译错误，比如不分语境一律把白人翻译成高加索人，把蒋介石翻译成常凯申。很多外语专业的毕业生说不出、念不准"一带一路"沿线国家的外文名字。在中译外时，把香港人刘遵义的名字按照汉语拼音书写，结果受众不知道指的是谁。2016年是美国大选年，很多英语专业学生不知道如果在名字前面或者后面加上职务，不能只写名，必须要有姓氏。

第四，熟悉基本国情。翻译人员的个人兴趣不同，但是从事中译外工作必须对国家的基本国情有深入的了解。无论是口译还是笔译，"中共十八届三中全会""全国政协""十三五规划"等中国特色的表述会经常出现。翻译专业的学生必须不断丰富和积累这些外文表达方式。比如，提到20世纪中国的领导人毛主席，英文一定是Chairman Mao，而今天的国家主席，英文应该是President。

第五，良好的职业道德。没有一个出色的译员只做翻译，不管其他。翻译这项职业的特点要求译员具备高度的时间观念，能够胜任业务秘书、生活助理、礼宾官、记录员等基本职能。应该说这些方面的基本功只能在实践中训练，但是学校有责任让学生知道，这些能力是他们当好译员的基础，而不是可有可无的。学校要帮助学生树立充当多面手、遵守职业道德的强烈意识。有些方面看似不是问题，实践中就会成为影响翻译很好完成任务的障碍。比如，在会谈时，译员声音过小，几十人参加的会见，只有主要领导和外宾听得到，座位稍远的记录人员都听不清。

  复合型翻译人才的培养随着翻译专业本科和研究生教育的兴起和发展日趋成熟，但是在教材、师资和实践基地等方面仍然存在着明显的短板。许多翻译专业毕业生突出的短板是知识面不够宽、翻译实践能力太弱。为了促进翻译人才培养的良好发展，有许多可以借助的平台，其中包括全国翻译专业学位研究生教育年会、中国翻译协会和全国翻译专业学位研究生教育指导委员会每年联合举办的全国高等院校翻译专业师资培训、各省区市翻译专业院校横向联系的各种研讨机制等。建议学校更加注重实践基地建设，增加学生在校期间的翻译实践活动，实现翻译人才培养与毕业生就业岗位之间的无缝衔接。

未能实现的梦想更是智慧的反映

——读《风疾偏爱逆风行》有感

原文发表于 2017 年 11 月 1 日《中华读书报》。

李景端先生是我们这个时代杰出的出版人，他的与众不同，体现在他创办《译林》杂志，进而创建译林出版社，也体现在他"退休了也没闲着"的老黄牛精神。如果一段时间没有看到他关于出版或翻译的文章，似乎就缺少了什么。他的与众不同，还体现在中学没读完，竟上了四所大学，后来从中央的机关干部到地方机关当秘书，最终踏进出版行业的不寻常经历。至今他老骥伏枥，是翻译出版界的知名人物，他这几十年经历，真可谓波澜壮阔！

他的远见、创举、胆识和成就，在《风疾偏爱逆风行》这本书中跃然纸上。然而，还有许多事情同样精彩，却没有写进书里。他在翻译出版的探索中，有过事不如愿，也有过想到了却做不到的遗憾。可贵的是，即使这些未成功的探索，也同样展现了他的智慧，反映了他的追求。出于客观因素等多种原因，有些事未能实现，这不代表他不努力，而是说明他的某些想法，往往比别人想得早，看得远。对此，我就亲历过两件事。

一是他较早就筹划中国文学作品的对外翻译出版。对外介绍中国的文学，包括古代经典和当代作品，不仅是几代翻译出版家的追求，也是中国政府的计划工程。早在20世纪50年代，我国就创办了英法文版《中国文学》杂志。到了60年代，外文局进一步制定了规模化翻译出版中国文学作品的计划。80年代又在《中国文学》杂志基础上，扩建了中国文学出版社，在文学对外翻译出版领域形成外文出版社和中国文学出版社比翼齐飞的局面。实际上，从70年代初期开始，四大名著、鲁迅选集、明清小说等数百部中国作品，逐步翻译出版对外发行。以叶君健、杨宪益等为代表的老一代翻译家，为此付出了巨大的心血。

不过，这些成绩与广泛引进外国文学相比，差距仍然很大。就在这样的背景下，大概是在90年代初，有一天李景端突然来到外文局。我是在外文出版社自己的办公室里接待老李的。此前，他已经拜访了许多资深对外翻译出版专家，包括杨宪益夫妇。当时他50多岁，翻译出版业务能力炉火纯青，把译林办得风生水起，办事风风火火，说话语速极快，感染力极强。我30多岁，当社领导没多久，见到他就是见到了老师。老李说明了打算进入对外翻译出版领域的设想，考虑系统地翻译出版中国文学作品，把更多的中国文学著作推往国外，并且以商量的口气问，虽然外文出版社已经出版了杨宪益的《红楼梦》英文精装版，他是否可以出版其他形式的版本。由于当时国内外形势的变化，我们的对外出版进入了一个困难阶段。了解到老李的抱负，我和我的同事精神上为之一振，感到当前中国文学的对外翻译不是多而是太少，现在译林有意加入进来，我们不再孤军奋战。然而，我们心里也有一丝担心，国内外能把中国文学翻译好的译者就那么多，译林的参与，必然导致跟外文社争译者、争市场的情况。

老李走后，我们外文社的领导专门开会研究。当时对外出版面临许多困难，包括资金的缺乏和市场的压缩，尤其是当时有一种潮流，强调对外翻译出版要赚钱，这明显不符合实际。在这种背景下，外文出版社只能把非常有限的资金用在最急迫的时政类图书的翻译出版上，每年能够出版的文学作品很有限。与外文社不同，译林的中文出版物在国内有巨大的市场，故不愁资金。现在他们加入文学对外出版中来，对国家、对作者都是好事，应该站到全局的角度予以欢迎和支持。然而，译林后来没有像我预期的那样，连续不断地推出中国文学著作的外文版，似乎老李的宏大规划并没有实现。我们单位自己的对外文学出版没有做强，老李那里也没有做大。遗憾的是，我们一直没有找到合适的机会一探究竟。

一晃将近30年过去了。《中国文学》杂志当年在困境中关闭了，近几年中国作家协会的英文刊物《路灯》（*Pathlight*）创办了。越来越多的出版社在从事对外翻译出版，还有许多中国作品被海外出版社翻译成外文在当地出版发行。当年老李想做的事没做成，今天却有这么多人为"走出去"在努力，这表明他当年的判断与设想是对的。近来，他又不断撰文为"走出去"建言，强调不但"走出去"，还要力争"走进去"，主张以包容的态度对待不同译法，允许各行其道，让读者选择，促使外国读者更好地读懂和喜欢中国故事。这些见解，都值得人们重视和研究。

二是2005年中国译协经过竞争，击败阿根廷，赢得2008年在上海举办的第18届世界翻译大会的承办权。这将是第一次在我国召开国际翻译界大会，意义重大，但筹备工作困难也很多。我作为筹委会秘书长，要为举办主论坛和分论坛筹集资金。

2007年,筹备工作进入紧锣密鼓阶段。有一天老李突然找到我,提出了一个令人拍案叫好的建议:请10位中外作家和10位翻译家同台对话。这既能吸引作家和译者的关注,更能为中国文学的国际化搭建一个平台。对我来说,请来20位国内外著名作家和翻译家,需要一定的费用。在赞赏他的高见的同时,我提出能否帮助筹集赞助。热情的老李,此时虽然已经退出了领导岗位,但仍然答应为中国翻译协会牵线。于是,在他的帮助下,我们到了南京,面见凤凰出版集团领导层,介绍计划,申请赞助。集团领导表示这虽然是一个好点子,但是与当时他们的业务有一定距离。因此,中国译协没有拿到凤凰集团的赞助,这个分论坛也就胎死腹中。

然而,老李的设想,如今在更大范围、更高层次得以实现。仅中国作协举办的汉学家文学翻译国际研讨会,已经举办过四届。在这些论坛上,中国著名作家铁凝、莫言、何建明、李洱、李敬泽、余华、刘震云等,与来自各国的中国文学翻译大家,共同探讨如何把更多的文学作品介绍给国际读者。文化部创建了中国文化译研网,利用这个平台,线上线下组织外国汉学家从事文学作品的翻译。国务院新闻办、国家新闻出版广电总局等部门,都实施了政府的对外文学翻译出版项目。当年,老李推动我想做而没有做成的事情,现在已经实现机制化了。看着发展的大好局面,回想老李当年的前瞻性建议,不能不对老李更加敬重三分。

老李给自己的传记性著作取名用"逆风行"三字,在我看来,他就是那个风头。他经过的地方,一定都会水草丰盛,鲜花盛开,争红斗艳!

多语种+视域下的国际组织语言服务人才培养

原文为2018年9月6日在长三角国际组织人才培养学术论坛上的发言。

40年前,我几乎成了一名联合国的雇员。1978年中国政府决定向联合国贸发组织(UNCTAD)派遣几名同传人员。大家知道,那个时代翻译是政府派遣而不是联合国各个组织自己考录的。负责此事的外贸部在全国选拔人员,我是其中之一。我把材料报到贸发组织,得到了认可,但是我所在的工作单位,也就是我到2018年为止一共服务了43年的翻译出版机构希望我能留下,于是我谢绝了到联合国工作的机会。

那一年我虽然没有到贸发组织做同传,却在国内给联合国粮农组织派到中国的两个考察团(study missions)当翻译,由此开始了与联合国系统不同形式的工作联系。

世界上的国际组织众多,除了联合国这样的官方机构以外,还有许多民间的、学术性的组织,比如1953年在联合国教科文组织支持下成立的国际翻译家联盟(Federation of International Translators)。我在这个联盟担任了三届理事和两届副主席。

为国际组织服务,是一项很光荣的工作,也是要求非常高的工作。我的体会主要有三点。

第一点体会是需要具备扎实的语言基础（linguistic skills）。英语是国际上最流行的语言。当然法语和其他联合国工作语言也十分重要，但是如果全球只讲一种语言，就今天看，还是英语。

语言是一个人修养的体现。不同场合需要使用不同类别的语言，对象身份不同，工作环境不同，需要恰当的语言，不能想象用街头买菜的语言去跟专家学者讨论立法问题。这给我们学习外语增加了很大的难度。语言是一个人国际化程度的反映。大家都讲英语，但是地方口音差别很大。在国际组织，你无法选择交往的对象，学习英语就必须学会适应世界不同地区的口音。语言是一个人知识面的镜子。不同国际组织涉及不同的专业领域，给国际组织当翻译之前，必须恶补相关知识。说外行话是不被接受的。

中国在国际组织里任职的人员偏少。最近我看到一组数字，一方面是中国将成为联合国第二大会费承担国，缴纳的会费占比超过12%，另一方面，中国在联合国系统的总人数约450人，仅占联合国人员总数的1.09%。造成这种情况的原因很多，其中之一是专业人士外语不够好，也就是英文法文水平不高，而外语好的人专业水平不够。就营业额来说，中国工商银行是世界第一大银行，但是在国际金融组织里其影响力不是第一。工商银行的高管对我说，每次开国际会议，等到行长级别的高管讨论时，各种文件已经起草完毕，生米熟饭，要想做大的修改根本不可能。他的感觉是金融机构里起草文件的专业人士几乎没有中国人，中国银行界的理念就很难写入最早的文件版本当中。亚洲基础设施投资银行行长金立群先生就多次说过，亚投行是国际性金融组织，其工作人员首先必须会英语。不会英语，就无法进入亚投行工作。

第二点体会是需要专业精神（professionalism）。很多人只看到电视里翻译人员给领导人做口译，感觉很高尚光鲜。也有人认为只要口语好，就万事大吉。特别是有的学生认为，我就是当翻译的，其他事情一概不管。其实，除去少数单位的少数岗位可以只做翻译，其他事务一律不闻不问之外，大部分翻译人员从事的都是复合型的工作。在国际组织里，也不是只有翻译岗位，更多的是各类专业岗位、组织活动和行政性质的工作。中国面临的挑战是如何让更多外语基础好同时又熟悉某个专业领域的人员进入国际组织。

这里所说的专业精神，不是仅仅从事翻译专业，而是要承担与翻译有关或无关的各种专业事务。如果一个人参与的是国际工程类的组织，就应该成为某一个工程领域的专家；如果是在金融组织里，就应该是金融专家。我的一个朋友，本来是大学英语老师，到了国际金融组织，成为该机构内令人尊重的中国代表，有时可以起到左右会议的作用（tipping the balance），靠的不仅是高超的英语水平，更多的是其金融专业知识和国际交流技能。

有一次我给联合国来华渔业考察团当翻译，不仅需要尽快熟悉养鱼知识，还要负责其他许多事务性工作，比如每一顿正式午餐和晚餐上几十人的桌签摆放，要让每一个国家的代表都有机会坐到第一桌上，尽量不要把交战国代表的桌签摆到一起。代表中有的要看病，有的要购物，有人带的是假钞，各种事务都要学会应对，尽可能让每一个位客人开心满意。这些都跟语言关系不大，但又是在国际组织内经常遇到的事务。

正如人们常说的，机会属于有准备的人。2001年世界银行决定通过互联网推动全球经济发展。当时的行长沃尔芬森（James D.Wolfensohn）先生提出要在每一个国家建设一个门户发展网。他来到中国，中国政府的有关部门决定让中国网参与世行的这个项目。世行和中国政府的工作人员简单地向我们做了介绍，要我们马上起草一个门户发展网建设和运营方案。我们三个人此前从来没有接触过世行的任何事务，不要说英文，就是用中文起草都很困难。为了争取到这个项目，我们迅速阅读了他们带来的材料，简单商量一下，分工写方案。凭借临时补充的知识以及平时从事网络新闻编译的能力，为节省时间，顾不上吃饭，终于完成了方案的起草，当天送交双方领导审阅。第二天，沃尔芬森先生出席了中国门户发展网的开办仪式。

17年过去了，中国门户发展网已经成为亚太地区扶贫和发展的重要媒体，每年举办多项活动，包括与世界银行、联合国粮农组织等举办中国扶贫国际论坛（China Poverty Reduction International Forum）、全球减贫伙伴研讨会（International Workshop on Global Poverty Reduction Partnerships）等活动。这个网站不仅在推动全国的减贫工作、向世界介绍中国的扶贫进展、推动实现联合国可持续发展目标（SDGs）方面颇有建树，还培养锻炼了一支国际化的网络传播队伍。

第三点体会是要具备国际交往的基本功（**international communication skills**）。在国际组织里，各方诉求不一，经常发生利益冲突。各国代表源自不同的文化背景，看问题的角度往往不一致。大家一起共事不仅仅是唇枪舌剑，还要善于站在对方角度思考问题,争取求同存异,和平共处,解决问题,推动工作进展。有时,幽默打趣比正式交涉也许效果更好。

在国际组织里,想要有所作为,必须善于交流。有些人虽然工作踏实,谦虚谨慎,但是太不善于与他人交往,比如一起喝杯咖啡,一起吃饭聊天,一起聊聊家常。有的人只参与自己感兴趣的话题讨论,对别人感兴趣的事情不予理会,这样很难建立起有效的工作关系。

为了筹备2008年在中国举办的第18届世界翻译大会,2006年,我到国际翻译家联盟的一个地区中心去做宣讲,但是该地区一些规模较大的行业协会对中国不了解,竟然有人当场提议国际翻译家联盟应该排除亚洲国家的翻译组织,主张建立一个新的国际翻译机构。对于一般的误解,我耐心解释;对于无理指责,我采用幽默的方式予以回击。两年后这位当面指责我的国际同行来到上海开会,在上海四天的所见所闻,完全打消了他此前的误解,我们也从此成了朋友。

中国 MTI 教育：缘起、发展与前景

原文发表于《中国翻译》2018 年第 5 期，访谈学者曹新宇，东南大学教授，曾在南京农业大学任教。

全国翻译硕士专业学位教育（Master of Translation and Interpreting，以下简称 MTI）发展至今，已有 11 年的历史，2018 年则是 MTI 学位点正式招生 10 周年。为了深入了解 MTI 专业学位设置的缘起、建设现状和发展前景，笔者专访了全国翻译专业学位研究生教育指导委员会主任委员、中国翻译协会常务副会长、中国外文局原副局长兼总编辑黄友义先生。

一、MTI 专业学位教育的缘起

曹新宇（以下简称"曹"）：黄老师，您好！MTI 专业学位的设想是在怎样的大背景下提出的？

黄友义（以下简称"黄"）：动力来自两个方面。一方面是国家的顶层设计。国务院学位办收集、分析并综合各方意见，发现社会需要更多专业型人才。我国的研究生教育从 20 世纪 80 年代以来培养的一直是学术型、研究型的硕士或博士。到了 21 世纪初，随着经济的快速增长，国际交流的日益

频繁,大家开始意识到,研究型人才渐趋饱和,对实际操作型人才的需求越来越大。

我从1986年开始参与外文出版社翻译人员招聘考试工作,考试成绩最好的是1988年毕业的学生。之后,来自同一院校的学生,在校期间同样成绩很好,同样的考试难度,汉译英考试成绩却不如以前。为什么会是这样?我一直感到困惑。2007年成立"全国翻译硕士专业学位教育指导委员会"(2011年更名为"全国翻译专业学位研究生教育指导委员会"),我开始跟高等教育界有所接触,才意识到这跟课程设置有关系。高校培养的都是学术型的研究生,而随着翻译事业的发展,用人单位越来越需要学生一毕业就能上岗从事翻译实践工作,甚至是上午来报到,下午就接到翻译任务。遇到口译工作,马上去做口译;有笔译任务,马上去做中译外或者外译中。用人单位发现招聘的新员工无法立即开始工作,就对新员工进行培训。有时候几个月,有时候需要三四年才能培养出一个能够胜任实际操作的翻译人员。这种人才需求就提出了设置专业学位的必要。

另一方面,一些高校外语教师自己也从事翻译工作,是翻译高手,既有翻译实践能力和经验,又从事翻译教育。他们意识到高校的翻译要为社会需求服务,要转型。像谢天振教授、许钧教授、柴明颎教授、仲伟合教授和穆雷教授等,都积极推动高校开设翻译专业学位。许多高校和政府部门都意识到了专业学位教育的必要性,企事业用人单位同时呼吁,MTI教育就应运而生了。

曹:当时提出开设MTI专业学位有没有遇到阻力?

黄:应该说是水到渠成。政府部门有顶层设计,社会上有呼吁，一部分高校也意识到应该转型，因此大家达成了一个共识。如果说有人持一些保留意见，我觉得主要是一部分高校的部分老师。比如年龄较大的老师，几十年来一直研究和教授外国语言文学的理论，现在突然要求他去教翻译，这的确很难！轮到谁都会有同感。

曹：MTI 的学制是两年，但是大家普遍觉得两年时间不够。当时设计两年的学制是出于怎样的考虑？

黄：专业硕士学位的学制各国不同。我们的专业型硕士最早的考虑是招进来的学生已经有一定的翻译实践经验，再回到学校深造提高，达到硕士水准。如果深造之前有几年的实践经验，两年的学制是足够的。但是 2008 年的金融危机对中国造成了很大的冲击，影响之一就是学生就业难。中国出口少了，企业受到影响，经济发展放缓，学生就业就成问题，因此教育部门就进行了调整，开始招收应届本科毕业生。好在很多在校本科生已经有一定的翻译实践经验，对这部分学生来说，两年就可以了。当然，也有不少本科生缺乏翻译实战训练，实践能力不足，所以才引发了你刚才所说的问题。目前大部分高校 MTI 都实行两年制，但是也有的是两年半，甚至三年，就是要解决这个问题。

二、MTI 专业学位教育的发展现状

曹：经过十年的建设与发展，到 2017 年，全国已有 215 个 MTI 专业学位授权点。总体而言，MTI 培养质量呈现怎样的态势？

黄：一般来说，MTI 培养质量与社会经济发展成正比。

经济越发达、国际交流越频繁的地方，实习基地越多，师资力量越强，学生培养质量也就越高。

曹：截至 2017 年 1 月，全国 MTI 累计招生 44,111 人，累计向社会输出 27,000 余名毕业生。这些毕业生都去向哪里？

黄：一部分毕业生去了国家部委和企事业单位，另外有相当一部分继续读博或出国深造，还有很大一部分从事教育行业，特别是在经济和国际交流欠发达的地区。

曹：有的学者认为 MTI 毕业生去当老师，违背了 MTI 专业学位教育的初衷。您是怎么看待这种说法的？

黄：我认为从事教育行业与 MTI 的培养目标并不完全矛盾。首先，专业学位毕业生要保证能就业。其次，MTI 毕业生在教学过程中，不可能不受自己翻译教育经历的影响。比如中学教师，他会把一些比较实际的、学习翻译为社会服务的理念传授给中学生。学生自然会认识到，学习外语不仅可以研究外国语言和文学，更重要的是还可以为中国文化走出去服务。

曹：一些 MTI 专业学生毕业后不愿意去做翻译，其中一个原因是认为翻译工作辛苦，而且没有上升的空间。您怎么看待这个问题？

黄：我认为，在校学习期间，学生很难预料到自己将来的发展。我举一个例子。有一年我去刚果（布）访问，遇到大连外国语大学法语系的一位毕业生。中刚两国政府投资 1,500 万美元合建了一个农业示范园，并由中国热带农业科学院选派一个专家小组对当地的农业技术员进行培训。专家组由一些博士组成，都是男性，唯一的女性就是大连外国语大学毕业的这位翻译。

我跟她聊天的时候，她非常兴奋。她刚毕业到热带农业科学院工作的时候，主要做笔译，当时很难看到自己有多大的潜力，能发挥多大的作用。到了刚果后才意识到原来翻译也可以做很多事情。一开始专家给刚果学员讲课，她做口译。培训班反复办，反复讲，讲课的内容她都学会了。后来培训的内容就由她直接来讲，学员的提问则由专家来解答。这样就节省了专家的时间，提高了效率。

在示范园区需要跟各个部门打交道，比如政府、金融、水电等，当地政府也经常组织不同部门和地区的人来考察商谈。刚开始一般由专家组组长介绍情况、回答提问。到后来，组长只要起个头，后面就由她用法文直接去谈了。

一到周末，当地人来买新鲜的水果和蔬菜。这不是一个简单的买卖活动。当地人从来没有看过西瓜可以吊在棚子上生长，也没有看到过这么多品种的新鲜蔬菜，非常兴奋，对中国的技术赞叹不已。这位法文翻译既当售货员，又给当地人介绍各种情况。她十分忙碌，生活工作非常充实。她感到，一个农业示范园可以赢得信任、赢得朋友，同时又宣传了中国，是多么了不起！

实际上，翻译有时候不是今天学了马上就能用上，也许明天、下个月，甚至明年才能真正用上。MTI学生一毕业就去做翻译的并不是太多。我曾经遇到一位MTI毕业生，他被分到某省县一级的商业局。县商业局的工作使用英文并不多，后来他参加了公务员考试，考上了中央一个单位的外事部门，工作中翻译任务就非常多了。政府部门有时候不直接从大学招人，而是从基层选拔有实践经验的工作人员。

再说，即使是职业翻译也不一定整天都做翻译。比如外交部的翻译人员，大家在电视上看到的只是他们为国家领导人做口译的场景，其实大部分时间他们也要做笔译，这是大家看不到的。除此之外，在外事系统，还有信件往来、人员接送等工作。再比如央企、中央部委或者地方外办的工作人员，大部分时间也不一定做翻译，要跑护照，开会时要筹备会议、迎来送往，甚至具体到排座位、摆桌签。如果一位MTI毕业生说："我是高翻学院毕业的，你怎么让我做这些事情！"这种认识是有问题的，说明他还没有意识到职场是怎么一回事。

翻译一定是多面手，必须具备较强的综合业务能力。目前国家和社会对翻译有大量的需求，但是毕业生自身素质能否满足岗位需要又是另一个问题。毕业生的知识储备是不是丰富，办事能力够不够强，都会影响就业。关键是MTI学生要在学校学好做职业翻译的基础本领，某一天单位要你去翻译，你才能完成好任务。

曹：您在2003年的时候就谈到了翻译专业资格（水平）考试和翻译职业化转向的问题。您能否谈一谈目前专业资格考试和学位培养结合的情况？

黄：专业资格考试和学位培养的结合有一个过渡期。从没有专业资格考试，到有专业资格考试，再到专业资格考试与研究生教育挂钩，这是一个发展的过程。自2013年以来，国务院分批取消了434项资格考试。当时有关部门来咨询翻译考试的意义，对翻译资格考试进行评估。如果没有职业翻译，发生在中国的事情怎么传递到国际上？没有翻译，习近平总书记的讲话怎样向世界传达？没有翻译，如何向世界讲述中国的故事，如何提升中国话语体系的国际影响力？现在我们欣喜地看到翻译资格考试不仅保留了下来，而且被列入国家资格考试目录。

曹：2005年第17届世界翻译大会的时候，您提出翻译质量和翻译协会责任的话题。您长期担任外文局副局长和中国翻译协会秘书长，现在又担任中国翻译协会常务副会长，您认为政府部门、行业协会和高校之间应该是一个什么样的关系？

黄：这个问题目前大家提的比较少。政府部门制定政策，进行顶层设计，高校在教学中具体落实，行业协会则代表各行业的翻译工作者。三方在一个平台上，各谈所需，互相理解，就能对行业乃至产业起到很大的推动作用。比如高校缺乏翻译师资，翻译协会可以与高校联手，去发现哪些业界的翻译适合当导师，哪些企事业单位适合建设实践基地。翻译协会可以发挥的另一个作用是和高校一起落实政府的决策。双方在落实的过程中如果发现某些方面需要政策上的支持，就向有关部门反映。政府听取大家的意见，形成决策。如果三方形成这样的良性循环，就能促进事业的发展。

曹：您认为这三方已经进入良性循环了吗？

黄：良性循环就是三方中每一方都清楚地认识到，政产学研结合非常必要。这些年创建的各种协同创新中心就体现了这种三方协作的精神。比如全国翻译专业资格（水平）考试办公室和中国外文局翻译专业资格考评中心大力推广翻译专业资格考试，希望有利于教学和学生就业。语言服务行业需要翻译，可以从获得专业资格证书的人群中寻找。专业资格证书考试学生通过率的高低，可以证明高校的教学效果。另外，行业系统也需要向高校提供用人单位反馈意见，为高校课程设置提供参考。

曹：刚才您提到高校师资缺乏的问题。翻译专业学位教育一直存在师资队伍建设不强的问题。有的学校无法配置科技翻译老师,有的缺少法律翻译老师,有的可能缺少文学翻译老师。这样的问题以后应该怎么去解决?

黄:这是一个很现实的问题。任何一个学校都很难保证各个门类的翻译老师都有,因此要发展自己的特色。如果每个学校都培养文学翻译,就业怎么解决?专业学位建设要扬长避短,形成自己的特色和强项。特色首先是跟所在大学的专业特色相结合,还要跟所在地区的特色结合,比如北京、上海和西部地区的特色就不同。最理想的状态是各个院校熟悉并发挥自己的特色,同时了解社会需求,并具备相应的师资力量。

三、翻译专业学位教育的发展前景

曹:MTI 教育的目标是培养德、智、体全面发展,能适应全球经济一体化及提高国家国际竞争力的需要,适应国家社会、经济、文化建设需要的高层次、应用型、专业性口笔译人才。您认为 MTI 教育的发展应该怎样与当前国家的需求结合?

黄:MTI 教育的发展应该与国家需求结合。中国文化走出去、"一带一路"倡议的实施和区域国别研究,翻译专业,不管是本科还是研究生阶段,都应该抓住机遇。中国比以往任何时候都更接近世界舞台的中央,有大量的工作需要翻译人员参与。

中译外是当前一个不可回避的话题。中国有很多新理念。其他国家研究中国的理念,有的可能是抱着"搞垮你"的想法，但更多的国家是想学习中国。有的国家和地区动乱不断、政权更迭频繁，他们希望了解中国是怎么做到持续快速发展的。因此对外讲好中国故事，传达好中国的信息，就上升到了一个非常重要的位置。

2017年6月，我到埃塞俄比亚首都亚的斯亚贝巴参加中非智库论坛，宣讲习近平总书记的《摆脱贫困》。这本书是总书记当年在福建宁德地区当地委书记时候的讲话汇编，重点是讲如何摆脱贫困。我们翻译了英文版和法文版，当地人读了之后非常有感触。埃及一位前外长，现在是一家智库的负责人，希望能出版阿文版。他说北非地区大部分阿拉伯国家人民都面临着摆脱贫困和加快发展的问题。

可见，中国的发展对广大发展中国家是有借鉴意义的。这些国家要学习我们在发展过程中解决问题的方法和理念，这就需要中译外。至于对外交流的具体项目对翻译的需求就更多了。我想强调以下三点：

第一，我们学习和研究外国语言文学，可以了解外国人的思维模式，可以知道怎么跟外国人沟通。翻译专业的学生要在传统的外国语言文学研究的基础上再往前走一步，把自己关于外国语言文学的知识转变成传播中国故事的本领。

第二，中国过去在国际上没有话语权。虽然近年来中国的经济发展很快，每年对世界经济增长的贡献率可达30%，但是我们的话语权是每年增长30%吗？恐怕没有。过去，中国没有讲话的机会，现在参加各种国际会议和论坛，走出去和请进来，包括海外经济项目、出国旅游，都是讲话的机会。怎样构建中国自己的话语体系，并让外国人理解和接受，MTI学生也是有用武之地的。

第三，中国现在积极参与全球治理。习近平总书记的治国理念、构建人类命运共同体的理念，要通过外语传播出去。这些任务关系到中国的国际地位，关系到中国的发展。这些任务历史性地落到了当代中国人的头上。

曹：刚才您提到提升中国的国际话语权、中国参与全球治理，这些都涉及与世界其他国家和地区打交道，涉及国际化问题。您怎么看待MTI专业研究生培养国际化的问题？

黄：MTI学生培养国际化的问题太重要了。如果说有一种人应该有特别强烈的国际化意识，那就是学外语的人。国际化不是空话，不是一种形式。国际化不仅是习惯吃西餐，或者见到外国人知道怎么跟他打招呼。国际化意味着至少要对异国的文化传统有所了解，因此首先是要有跨文化意识。了解他国的文化，在与其他国家打交道的时候才能知己知彼，才能占上风。

其次是受众意识。我们说的话直接翻译出去，外国人懂不懂？比如我们行政体系中的县处级，过去翻译成county and divisional level。county是清楚的，但是外国人怎么能理解divisional level就是处级？改成county and equivalent administrative levels就能听懂了。这就是一种受众意识。

为什么今天要特别强调受众意识？过去关注中国、需要中国信息的是少部分专家学者。这些专家学者了解中国的政治、历史、文化和法律，懂得中国的话语体系，所以中式英语他们也能懂。现在受众群体扩大了，但是他们对中国的整体了解度大大下降。这时候，翻译就要设身处地。比如习近平总书记的讲话大部分是针对党员干部讲的，怎么能让普通外国人读懂呢？我们将总书记讲话翻译成外文的时候，考虑最多的就是要让普通人能读懂。

曹：高校在人才培养过程中，怎样实现国际化？

黄：在培养过程中，我们的学生和老师走出去是一步；聘请外国专家教授来讲课，举办论坛或座谈，是一步；MTI项目中有外国留学生又是一步。但最重要的是思想意识的国际化，这是核心！

前面我提到跨文化意识。国际化首先是要了解其他国家。这种了解绝对不是说有多少人口，什么肤色，哪年建国。这些太肤浅了，是中小学生和本科生要了解的知识。比如白宫有个部门叫 White House Communication Office。这个部门非常重要，特朗普在任一年多的时间里，这个部门的负责人换了五次。有人把它翻译成"白宫通讯办公室"或"白宫通信办公室"，还有"白宫联络办公室"，这些都不准确，不足以说明这个机构在美国政府中的重要性。在白宫以 Office 命名的部门相当于正部级单位。这个机构用一个我们熟悉的名称就是"白宫宣传部"，或者"白宫宣传办公室"。如果觉得"宣传"这个词不够时髦，可以用"传播办公室"。我们很多媒体采用的翻译表述至今还是错的，主要就是因为不了解对方的情况。

再比如"一带一路"倡议，首先要知道"一带一路"相关的基本知识，沿线有哪些国家，这些国家的英文名是什么，首都在哪里，更要了解文化环境和法律环境。农业院校的学生，还要了解当地主要种植哪些农产品，打算推广的农作物符不符合当地的国情，打算出口的农产品对方需不需要。当然了解外国没有捷径，必须通过阅读和研究来积累。

另外孔子学院的发展和运营需要懂外语、具有跨文化交际能力的工作人员，MTI 教育也可以与汉办、孔子学院合作，派送外语教师或 MTI 学生到孔子学院去。总之，国际化既包括教育形式，也包括教育内容。两者都需要，但更要加强的是内容，比如对国际知识的掌握、对中外话语体系的理解和使用、通过翻译进行不同文化转换的本领等。对今天的翻译专业研究生来说，最重要的任务是提高国际意识、拓展国际视野、成为服务"一带一路"建设的跨学科人才和参与中国国际话语体系建构的跨文化翻译人才。

曹：刚才您多次提到对外传播中国理念的重要性。我们如何提升 MTI 学生的对外传播意识？

黄：可以开设对外传播类的课程。我曾经在新闻传播领域工作，所以特别希望 MTI 教育中能开设对外传播类的课程。讲好中国故事是每一个人的事情。讲好中国故事不是一天两天的事情，而是长期的任务。怎么跟外国人打交道？人家提问，我们怎么回答？我们的听众是来自美国还是来自非洲，是做什么职业的？不同的听众想要听的信息不一样。这些都是对外传播涉及的内容。有一位教翻译的老师做过一次实验，让学生把家乡所在省份的特色文化用外文讲出来。学生无从下手，自己说不清，别人听不明。如果学习过对外传播就很简单了，比如用一些案例，来自陕西的同学讲兵马俑，来自云南的同学讲少数民族，外国人就会感兴趣了。

曹：在 2017 年 MTI 教育年会的时候，您曾经说过 MTI 教育前程似锦，为什么您会持这么乐观的态度？

黄：因为社会需求量大。"一带一路"绝对不是三年五年的事情。世界银行在全球有两万名雇员。亚投行是中国倡议的政府间性质的亚洲区域多边开发机构，雇员不懂外语能工作吗？如果我们的 MTI 毕业生能源源不断到亚投行及其项目去工作，天地会非常广阔。经济文化走出去，讲好中国故事，现在有干不完的活，需要大量年轻人来分担。另外，中国越来越开放，到国外参加各种论坛或会议，进行采访和报道，都需要精通外语的人才。还有参与国际组织。过去我们经费少，在国际组织也没有什么地位。现在我们的经费充足了，但是我们派不出去人，特别是国际组织里的工作人员。比如，某国际组织要起草一个决议，如果我们能参与其中，就能将我们的想法、理念和利益贯彻进去。现在参与起草的往往是西方几个主要国家，最后到上层讨论时，我们只能修修补补，而不能把我们的想法从一开始就贯彻进去。如果每个国际组织中都有一定数量的中国人，情况就会有很大改善。前提是这些人会外语，而且外语过硬。

现在的实际情况是，社会的需求高校还不能完全满足。很多高校的专业老师能用英文讲自己的专业，特别是实施"一带一路"倡议以来，非洲和东南亚地区各国的部长以及各个级别的官员到中国来参加培训，专业老师可以直接用英文授课，MTI 毕业生是否也可以用外语来讲相关专业？对于MTI 教育来说，绝不能局限于传统的外国语言文学来考虑问题。"一带一路"需要的是复合型人才，外语要过硬，还要懂金融，或者基建，或者工农业某个领域的内容。

曹：师资是目前制约 MTI 教育发展的大问题。实践经验丰富的教师可能没有博士学位，没有接受过系统的学术训练，个人发展无法得到保证。这个问题可以有什么对策？

黄：我们各项政策配套不够，结果是用一个标准来评价两类人。高校用学术的一套体系来同时评价学术型的教师和专业型的教师，这有很大的问题。如果用口译场次和翻译字数来评价翻译专业的教师，就可以解决专业型教师的个人发展问题。不过这种两类人一个标准的情况迟早会转变，虽然路途遥远，但是我们要呼吁，大声疾呼。另外我们目前探讨开设翻译专业博士项目（Doctor of Translation and Interpreting，DTI）的可能性，也是解决翻译专业教师发展的一种办法。我国高校学术型研究生培养历史悠久，专业型学位发展的时间相对较短，所以需要一代代人去推动。现在实现不了，不要气馁，应该清醒地、用平常心去对待历史造成的现状。试想，当初如果没有那几位教授的积极推动，怎么会有今天的MTI？

曹：黄老师，非常感谢您接受我的采访！

四、结语

MTI教育发展十余年来，从一个完全新生的事物，到逐渐获得社会的认同，筚路蓝缕，取得了较为丰厚的成绩。尽管目前仍然存在人才培养理念不清、人才培养方案不妥、师资队伍建设不强、教学方式方法不新、实践教学基地不用、教学管理方法不变、职业资格证书不接等问题（仲伟合，2014：42-43），但是教育主管部门、行业协会和高校的专家学者一直致力于规范人才培养过程，提升人才培养质量。

全国翻译专业学位研究生教育指导委员会定期召开工作会议，在翻译专业学位教育发展的不同阶段，有针对性地为培养过程各环节中的关键问题提供参考意见和决议。全国翻译专业学位研究生教育年会为所有培养单位提供了解教育主管部门决议和文件的机会，以及互相沟通学习的机会。中国翻译协会会刊《中国翻译》刊登关于 MTI 教育的研究论文和会议讲话稿，为设有学位授权点的院校提供决策参考，也促进了高校专任教师的教研相长。

另外，《翻译硕士专业学位研究生指导性培养方案》(2007 年版和 2011 年版)、《翻译硕士专业学位基本要求》《全国翻译专业学位研究生教育兼职教师认证规范》《全国翻译专业学位研究生教育实习基地（企业）规范》和《翻译硕士专业学位授权点专项评估方案》等文件和规范的出台，MTI 系列教材的编写与出版，全国 MTI 师资培训的定期举办，全国翻译专业学位研究生教育研究项目的设立，实践示范基地的建设和推广，翻译专业博士项目论证的推进等一系列工作，都是 MTI 教育健康积极发展的体现。

参考文献

[1] 黄友义. 中译外：当前一个不可回避的话题 [J]. 中译外研究，2013 (2)：9-13.

[2] 中国网. 黄友义谈《习近平谈治国理政》的影响：讲好中国故事就能产生共鸣 [EB/OL]. (2018-02-08) [2018-04-20].http://www.china.com.cn/fangtan/2018-02/09/content_50462682.htm.

[3] 仲伟合. 我国翻译专业教育的问题与对策 [J]. 中国翻译，2014 (4)：40-44.

[4] 仲伟合. 十年扬帆，蓄势远航：MTI 教育十年回顾与展望 [J]. 中国翻译，2017 (3)：7-9.

抓好应用型翻译人才培养机制建设，满足时代对应用型翻译人才的需求

原文为第八届全国应用翻译研讨会发言，发表于《上海翻译》2019年第4期。

全国应用翻译研讨会是各种涉及翻译的研讨机制中坚持得比较好的一个，至今已经举办了8届，吸引了各地众多学者和实践者。其生命力来源于研讨会对准了时代的课题，注重应用翻译的理论研究和实践经验交流，高度对接了社会需求。借此机会，我向大家汇报三点想法。

一、新时代更加需要应用型翻译人才

从第七届研讨会到现在的两年时间里，我们看到应用翻译领域里的快速变化，比如国际组织后备人选的培养已经成为一个重要话题，多所高校翻译学院或外语学院在这方面进行实践和探讨，22所大学开办本科国际组织课程，且大部分都放在外语学院。我们注意到有的高校正在探讨创办公共政策的翻译课程和人才培养。长期以来，我们在对外介绍中国方面下了很大功夫，但是对中国的公共政策解读不够充分，而中国的规模如此之大，中国许多政策的影响力和关注度不

再局限在中国人之间,因为出于实际需要,越来越多的外国人在研究中国的各项国策。我们看到人工智能翻译在全球各地取得快速发展,这既冲击着原来的翻译模式,同时也更新着翻译业态。我们还看到,已经有学者提出了开设翻译服务专业的比较完整的设想,目标是在转型中提高翻译教育服务社会的功能。我们还应认识到,国际社会某些国家对中国的围堵和许多国家对中国的期待呈现双增长,因而用外语进行对外宣介的需求增加,对外翻译任务越来越重。

我认为,这些新变化都使得我们的研讨更有现实和历史意义。

二、正视不足,努力补短板

随着"一带一路"倡议的推进落实,中国经济利益遍布世界各地,涉及外交、军事、商务、法律、文化、基础设施建设、对外传播等一系列领域和学科,当然进一步催生对应用型翻译人才的需求。

一方面,中国越是发展,越是引起某些西方国家的不安和焦虑,它们对中国的态度也就越加强硬,对中国从舆论到经济和军事的围堵自然也会加码;另一方面,发展中国家对中国的期待亦更加强烈。在这一背景下,我们需要加大讲好中国故事的力度,解疑释惑、打破围堵,也需要更多的人能够利用各种交流机会和交流形式面对面去向国际受众说明中国。这都给翻译提出了新课题、新任务。

与此同时,我们在应用翻译人才培养和发挥作用方面也有待做出更大的努力。应该说,这些年翻译界和翻译研究界不是没有重视人才培养，恰恰相反，近10年我们对应用型人才培养的力度非常大，问题在于需求增长更快。

具体说：第一，当中译外的需求明显增加后，中译外人才的需求也不断加大，目前无论从数量到水平都不能满足现实需求。第二，需要加大力度利用外语优势，参与国际交流人才培养，比如，中国将成为联合国会费第二大缴纳国，会费占比超过12%，然而，中国人在联合国的工作人员中只占1.09%，导致中国在联合国的贡献与中国的话语权和影响力完全不相称。除去联合国系统，国际上还有很多政府间组织和非政府间的专业组织都需要中国人在里面发挥作用。第三，整个社会的外语水平继续提高，但是出类拔萃的高级应用型翻译人才难以满足需求。第四，在懂外语、会翻译的庞大群体中，多面手有待增加，社会需要的是"上得了厅堂，下得了厨房"的复合型翻译人才：既能做外译中，又能做中译外；既懂语言又有相关国情知识、具备表达立场和对外话语的能力。第五，开设翻译专业的学校不断增加，直接适用的教材缺乏，有经验的教师队伍力量不足。中国翻译协会发布的《2018中国语言服务行业发展报告》显示，62.5%的MTI高校没有与政府、企业、科研机构或其他高校联合培养语言服务人才的经验；75.7%的MTI教师认为实践教学课程的比例不够；67.1%的MTI教师认为教学与实践需求脱节；82.9%的MTI教师认为应该通过建立校内外语言服务实训基地来提高教学效果。第六，国家发展了，社会对翻译的需求加大了，但是社会上对翻译的重要性依然认识不足，对翻译作用的认识远远不到位，这也导致翻译人员缺乏荣誉感。

以上因素都与应用型翻译人才培养密切相关。我们需要认真看待这些问题，不断找出改进的办法。

三、依靠创新与传承促进发展

面对以上问题，需要有创新的作为，找出符合时代特点的对策，也需要翻译界继续发扬长期以来扎扎实实、甘当幕后英雄的优良传统。

首先，要实实在在地承认问题。比如，改革开放头40年，中国经济上主要是招商引资，有了一套成熟的做法，有了一支富有经验的队伍。近几年，中国经济开展国际化经营，大踏步全方位走出去，企业遇到的一个问题是缺少国际化人才。面对这种情况，企业界的措施之一应是加大走出去人员的培训。形势变了，需求变了，需要补短板。

我们翻译界面临同样的挑战。形势变了，任务变了，业态变了，人才培养模式也要不断改变和完善。翻译界的发展壮大、翻译界的前途、翻译界的地位等都在于我们是否能适应变化，及时调整，跟上形势，满足新出现的需求。

其次，要大胆创新。例如，有的学校打破学科界限，翻译和新闻专业合作，开展涉及中国对外传播的研究，设置培养对外传播人才的课程；有的学校在探讨如何增加语言服务的课程，甚至有学者建议开创语言服务专业（包括帮助企业走出去）；有的学校开办国际组织人才培养课程，甚至作为一个专业来办；更有学校在积极创造条件准备开设翻译专业博士项目；有的学校在更多地利用新技术，让翻译课程更加方便传授、方便学习。我认为这些都是令人高兴的发展变化。当然在学科和专业设置方面，我们还需要以创新的思维，推出更加符合时代需求的计划安排。

再次,翻译界,当然包括翻译教育界,要自强,要以积极进取的精神改观和开阔自己的业务视野。不要墨守成规,而是主动与政府部门、科研部门、企业界寻求合作。通过开展各种活动,尤其是利用好传播手段,把相关信息及时传播到社会上,帮助社会提升对翻译的认识,提高翻译的社会地位,给我们自己创造更加有利于发展的社会环境。

回顾两年来的变化,看着我们在翻译研究和实践方面的成就,看到一批又一批翻译人才走上岗位,我们完全有理由相信,到下届研讨会时,大家会有更多、更深刻、更实用的经验互相交流。让我们乘着国家各项事业发展的东风,使应用翻译及其研究发挥更大的作用。

关于人工智能背景下商务翻译与翻译教育的点滴思考

原文为 2019 年 7 月 8 日在人工智能背景下商务翻译的机遇与挑战高层论坛暨全国首届商务翻译大赛会议上的发言。

本次大赛和论坛的主题是"人工智能背景下商务翻译的机遇与挑战",具有十分鲜明的时代特色,很有创意。我就本次大赛和论坛谈谈我的几点思考。

一、人工智能翻译是不可忽视的时代主题

近年来,人工智能翻译发展迅速,我们几乎天天可以听到和看到人工智能在翻译领域取得的突破。人工智能大大加快了翻译速度,拓展了翻译领域,对完成日益增加的翻译工作量给予了及时的帮助。人工智能让翻译更加高效,更为轻松。

另一方面,人工智能翻译毕竟是仍处于发展中的一项技术。过去人工翻译依靠经验,现在人工智能同样需要以人的实践作为基础。既然是发展中的技术,就自然会有许多不足,甚至错误。

不少人都在问一个问题,人工智能翻译是否真的能够代替传统的人工翻译呢?这将是我们今天会议以及今后一段时

间都要涉及的话题。在我看来，今天的人工智能在情感表达、深刻理解，特别是中国特色话语表达方面还有很大的局限性，人工翻译仍然不可或缺。从目前来看，最佳的方式是人工翻译和人工智能相结合。

二、人工智能给翻译教育提出问题与挑战

人工智能的发展改变了我们的世界，促进了教育信息化的发展。学生获取知识的途径越来越多样化，特别是随着学科交叉以及知识快速更新，知识的相对确定性也发生了变化。人工智能改变教育，自然也会改变翻译教育。这就决定了对翻译专业学生的培养必须转变方式方法，让翻译教育更符合大数据时代的需求，培养更多有知识、有能力、有创新、有担当、会学习、会应用的创新型翻译人才。

时代给翻译教育和人才培养提出了全新的问题与挑战。目前，世界主要大国已经就人工智能时代的教育采取了积极的措施，一场重大的变革迹象已经显现。人才培养作为整个教育工作的根本任务，在新的发展阶段必须有新思路、新要求、新目标和新举措。

在我看来，人工智能时代的翻译人才培养工作似乎有以下特征值得关注：

一是应具有深度思考、分解问题的能力。人工智能时代，一些中低端重复性的翻译工作可以被人工智能取代，但对于那些不可重复的翻译工作，尤其是在面对不同场景时，如何进行深度思考并快速把一个复杂的翻译问题进行分解，还需要大量依赖人脑和实践经验。

二是应具有科技、人文素养等知识融合的能力。新时代如何讲好中国故事、实施"一带一路"建设、实现中国梦都需要具有综合素质和超强综合能力的翻译人才。这类翻译人才的培养重在创新能力,而创新能力的关键在于融通。

当前持续进行的中美贸易战,形式是贸易和商务,实质上涉及政治、意识形态、经济、科技、文化、军事等各个领域。在这个背景下,国家更加需要大量复合型人才。今天的社会需要外语功底好、熟悉公共政策、善于对外表达和具备专业知识的人才。我们都知道需要什么样的人,但是怎么培养,学科如何设置、课程如何进行、教师如何适应需求,则是我们需要认真探索的问题。

三、注重培养学生的家国情怀、国际思维和创新精神

我们每个人所从事的工作非常具体甚至琐碎,但都是全局工作的一个组成部分。翻译,涉及中国与世界的关系,商务翻译与中国的现实和未来紧密相连。我们在从事具体工作的同时,一定要胸怀大格局,瞄准大方向。

在这里给大家推荐一部新的纪录片,中外电影人合作,用了六年时间完成拍摄。电影名叫《善良的天使》,英文是Better Angels,出自片头基辛格关于处理中美关系的一句话。贯穿整部影片的是一个个鲜活的人物和平凡但特别具有说服力的故事。其中一个在中国结婚生子的美国人有句话很经典:"I have an American dream, but it is made in China."因此,美国要跟中国切割,似乎不那么容易实现。

我推荐此片,是希望通过它帮助我们更真实地了解我们

面临的形势和未来，学习如何讲述中国的故事，如何应对日益变化的涉华国际舆论环境和现实挑战。同时，片中所有的中国人讲的话都配有英文字幕，所有美国人讲的英文都配有中文字幕。这样的双语片也是学习翻译的现成教材。中国需要向世界传播自己，世界需要倾听中国的声音。作为世界大国，中国面临着对外讲好中国故事、传播中国理念、赢得国际社会理解的急迫任务。商务翻译同样也是构建中国国际话语体系的组成部分。

在外文局四十三年：与大师们相识的岁月

原文发表于《我与外文局征文选——我们的初心与使命》，中国外文局，2019年。

2019年是中国外文局成立70周年。如果说有什么事情对我是一触即发就想说一说的，那就是我在外文局工作期间结识的大师级的专家学者，也包括那些"70后""80后"的后起之秀。写这样一篇回忆，最大的危险是挂一漏万。另外，在外文局的工作历史上，被简称为"编印发"的各行各界都是人才辈出，今天也只能压缩到翻译这一个领域。

1975年我刚到外文出版社，英文部的负责人就给我指定了一位师傅，告诉我翻译上遇到问题直接找师傅请教，还特别提醒，我翻译的稿件先不要提交给稿件调度员，要先交给这位师傅过目，他修改认可后方能算完成翻译环节予以提交。我的这位师傅就是梁良兴，于2019年因肺癌离世。

那时候，人们习惯在自己的桌子上摆一排字典和参考书。我第一次走到他的桌边就发现，他面前的一排图书字典在距离桌面一寸多高的地方是一道黑线，就如同我们乘船游江，经常可以看到的沿途的吃水线一样。原来他那时抽烟很多，烟灰扑到书上，形成了这条扎眼的黑线。

然而，过了一段时间以后，我才意识到，我只看到了表象，没看到实质。梁良兴老师桌子对面是另一位大师级的人物，在 20 世纪 80 年代初期担任过英文部主任的赵书汉。大概他发现了我对梁良兴老师的"烟线"有所关注，有一天他从老梁的桌上抽出一本字典展现给我。他说，做学问要向梁良（当时老同事都这么称呼他）学习，你看他字典的每一页都是黑的。果然，老梁这本字典几乎每一页空白的地方都是黑乎乎的：上中部是他细笔小字的各种记录，下部是带着烟灰的手指反复翻阅留下的痕迹。看着他的字典，我惊叹不已。这时老赵补充说，你看梁良对每一个词、每一个释义研究得多么透彻，做翻译就得像他这样。难怪 80 年代初期外文出版社请来的一位外国文字专家说："有梁良兴，就没必要请我们外国人了，他的英文水平之高足能顶替我们。"

现在回顾起来有三点感叹：一是那时的经济条件差，老梁抽不到带过滤嘴的烟，烟灰沾到手上，被带到字典纸上；二是那时的字典纸实在结实，老梁反复翻阅，居然没有撕裂；三是当年老梁抽烟太多，他晚年罹患肺癌，大概与当初烟瘾大有关，呜呼哀哉！

20 世纪 70 年代，那是一个大师云集的时代。作为年轻人，我每天早上先到办公室拖地，再到水房打开水。然而，许多老翻译同样来得很早，擦桌子、整理桌面，有人还吃着早点。与真正严肃的翻译工作比较，这看似是漫不经意的时间，却是我学习的大好机会。他们常常议论头一天稿件中遇到的问题，探讨解决方案。

我上班第一周，就听一位从美国回来的老翻译说，他正在审核的一篇稿件中，给"庄稼培土"一词，上道工序处理得不对。他说,其实很简单,就是 banking。老同事说得轻松,我却学了一个新的英文表达方式。从此,我总是一边打扫办公室,一边认真倾听他们聊天,这成了我的晨课。俗话说,近朱者赤。听大师级的人物聊天,就能丰富自己的知识。

这些老同事还包括彭瑞复。他是联合国在纽约成立时的第一批中英同传之一,他的英文口语犹如美国本国人。我参加工作不久,领导派我去做同传。说实话,虽然北外英语师资雄厚,教学有方,但是我还没有真正接受同传培训就已经毕业。现在突然让我做同传,毫无信心可言。领导说:"请老彭带着你,你跟着他学着做。"就这样,一位是从联合国回来的同传高手,一个是百分之百的新丁。第一场同传,我主要是听老彭翻译。他的速度、节奏、精准令我惊叹。更重要的是,我发现他还不时加进一些讲话人并没有说,但是对外国听众来说至关重要的解释性表述。比如,中方讲话人说到国务院决定如何,老彭迅速地在 State Council 后面加上 China's Central Government。这种译者的补充在交传和笔译当中好办,因为有足够的时间,但在同传中不时地加进背景补充,还能对讲话人的话语一句不漏地传递,可见老彭的语言功底和译者的责任感。

外文局有一批既是行政领导又是业务带头人的双肩挑大师级高翻。林戊荪曾经当过北京周报社的总编辑,在 20 世纪 80 年代后期又担任外文局局长。与他接触后,我才真正理解了什么叫作人品好,学问高。

他担任局长时,我是外文出版社领导成员之一。有一天在林局长主持的会议上,我汇报了我们出版社的重点图书选题后,他当场做了一些指示。当天下午外文出版社领导班子开会，有一个环节是我汇报上午林局长主持的会议精神。我谈到自己对林局长关于一本书编辑环节的指示有所保留时，脱口而出："老林糊涂。"话音未落，老林深入基层推开了我们会议室的门。我的话他听得一清二楚，他笑着说："我不糊涂。"当时我的尴尬、窘迫可想而知。然而，老林跟着大家哈哈一笑，化解了我的窘境，而这也从来没有影响他对我的支持和爱护。这就是老林。曾经有人让我用一句话评论老林，我说他是我心目中胸怀最宽广的领导，他的头脑里从来没有"打击报复"这个词。

21世纪初，中央对外宣传办公室主任赵启正跟美国一位教会领袖进行了一系列的谈话，目的是通过一个无神论的中国官员和一个美国宗教领导人的对话，对外阐述中国。10多个小时的录音需要整理出来，编辑成书。赵主任让我推荐人，我首先想到的就是老林，因为我知道，老林中文功底深厚，英文水平高超，学识渊博。他20世纪40年代在美国读大学时专业就是哲学，请他翻译、整理、编辑这部史无前例的外宣作品再合适不过了。果然，一般人无从下手或者一知半解的工作，老林驾轻就熟，还顺便纠正了录音中的口译错误。这个项目以《江边对话》为题出版后，赵主任满意，美方谈话人也十分满意。该书影响深远，除中英文版外，还出版了多种外文版。老林就是这个成功外宣项目里中外沟通交流的一座坚实的桥梁。

才华横溢是许多高翻的真实写照。徐明强英语好，业界都知道。其实他在许多方面的才华、成就毫不逊色于他的翻译才能。20世纪70年代是人们依靠广播获取新闻的时代，家里的无线电往往是最为贵重的财产。徐明强就是大家的无线电修理工。电脑出现后，他又成为第一批购买和使用电脑的翻译，并

367

且为外文出版社引进了整个外文局第一套电脑排版系统，解决了困扰出版速度的排版和印刷瓶颈。80年代我凑够了钱，买回家一台286电脑，对于需要安装什么软件、怎么安装，我毫无概念。他晚饭后骑车到我家帮我安装软件。这是一项颇为耗时的工作，他要将十多张光盘中的软件一一安装。他坐在我的电脑前，听着机器里吭吭的声音，耐心地等待一个光盘又一个光盘的认读和安装。劳累了一天，我看他一会儿就闭上了眼睛，但又能准时睁开，接着从事下一道工序。

他还是摄影爱好者。有一天，他夫人派他出去买菜，他却溜达到了当时出售照相机最集中的西四大街。那天，菜没有买回来，但是他却能告诉摄影爱好者西四哪个店、哪个柜台有哪个型号的照相机。当然，他的多才多艺主要展现在对外出版事业上：他懂翻译，会编辑，谙熟排版，操作过从中文原稿到英文成书的所有工序；不仅撰写过介绍北京的专著，还编写了一部出版专业的汉英字典。

在外文局有一大批非英语的高翻。受语种传播的限制，他们更加默默无闻，但是，中国70年来对外传播的道路上，他们留下了一行行不可磨灭的脚印。

作为新中国派到日本的第一批记者、退休前担任文化部副部长的刘德有，20世纪70年代后期和80年代初期曾经担任外文局副局长。正是在这段时间，我有幸零距离感受他的魅力。他是政府高官，又是日语高翻，曾经是翻译界的学习对象，他还是笔耕不辍的作家。在这些光环和才华之外，他更是一位谦逊和蔼的学者。

我怀着浓厚的兴趣拜读过他的《在日本十五年》。大概是在20世纪70年代后期，有一天我随意翻开一份时政类报纸，其中一篇文章是这样开头的："历史上往往有这样的时刻"。在这份报纸里，这个开头十分新颖，一下子抓住了我的眼球，读起来才发现是老刘的文章。老刘不仅文采斐然，更谦虚大度。他曾经给中央最高领导和日本政要担任口译，他经历过中日两国关系的许多关键时刻，但是每当我问起他的经历，他从来不谈那些辉煌时刻。我曾经想，他服务过的都是开国领袖，做了那么多年翻译，一定有很多美好的记忆。有一次我请他谈谈给领导人当翻译的体会，期待着他兴致勃勃地高谈阔论或者披露秘闻，然而他对那些成功的案例只字不谈，只简单地说："出丑、出汗啊！"

我这种学习英文的人，因为英文用途广泛，就没有动力学习第二外语，即使大学里学过，也懒得复习。然而，我周围那些非通用语种的翻译们，经常能够用英语语出惊人。

我与曾经担任常务副局长的赵常谦共事多年，人们都知道他是乌尔都语专家。然而，他的乌尔都语水平再高，我也无法体会，因为我一个字也听不懂。但是，他的英文功底我是领教过的。有一次午饭后闲聊，他突然用英文问我 crane 是什么意思，我说"仙鹤"。他追问，还有呢？我只好回答不知道。老赵告诉我在工程领域，这个字可以指"吊车"，还有"电线杆支架"的意思。一时真让我怀疑到底我们谁是英语专业的。后来我看到他用英文写的文章和信件，如果事先不知道，定会以为英文是他的第一外语呢。

工作时间长了，我认识了外文局许许多多英文好的非通用语种学者。北京周报社的林国本是全国著名的日语专家，他 70 多岁时仍是我国中日同传的领衔人物。直到他 2015 年猝然长逝，他一直是我通过英文了解日本、翻译日本的老师。

我随时在电话里问他一个涉及日本的词汇，他马上用英文给我拼写出来，他俨然就是用英文了解日本的百科全书。

外文局还是外国语言专家汇集的地方。我的第一篇译文被爱泼斯坦（Israel Epstein）修改得满篇红。一开始，我不熟悉他的笔体，就拿着稿子去请教。他说话嗓音洪亮，底气十足，对我的问题都一一耐心解释，对我来说这不仅是文字上的指导，还是耳朵的享受。我翻译的第一篇稿子题目早已忘记，但还记得跟打仗流血有关。就是那一天跟他学习了 bloody 和 sanguinary 的区别。我用的是 bloody，现在看起来显然太过于口语化了，与文章风格不符，他改成 sanguinary，在那之前，我还根本不知道这个词。

80年代初，我们发现教外国人学习汉语的教材品种太少。领导安排美国专家陈必第（Betty Chandler）和我编写一个汉语口语小册子，后来以《学说中国话》为题出版。那是一个不讲究署名的时代，所以那本书的作者为"程荒"，分别代表我们两个人。

远在人们讲段子形成风气之前，我从沙博理（Sidney Shapiro）那里听来了许多美国的笑话，多数是调侃美国律师的，可见美国人对律师又爱又恨。这对我来说，既学习了英文，又了解了美国社会。美国翻译家平卡姆（Joan Pinkham）指着我的译文告诉我，译者没有看懂的地方，绝对不能照字面翻译，必须先去补课，彻底明白后再着手翻译。

美国记者、新闻教授格拉姆斯（Sara Grimes）让我知道，当天的采访，一定要当天形成文字，因为明天还有新闻要写。还有，英国专家戴乃迭（Gladys Yang）给我们讲课说，阿诗玛的名字照汉语拼音写出来，英国人读起来无法上口，她去掉一个字母，拼写成 Ashma，一个活脱脱的人物跃然纸上，且朗朗上口；美国学者、《三国演义》译者罗慕士（Moss Roberts）用中文给我讲过三国的故事；《西游记》译者、英国汉学家詹纳尔（William John Francis Jenner）纠正过我对故事里面一些人物的误读；澳大利亚汉学家杜博妮（Bonnie S. McDougall）介绍我读《两地书》。从我与他们的接触可以看出，这些老一代汉学家可谓学贯中西。

外文局的中青年翻译当中绝不缺少出类拔萃的才俊。中国网总编辑王晓辉从事互联网外宣工作，硬是挤出时间撰写翻译文章。他的第一部著作很快就要出版，第二部距离出版也不远了，两部书同样值得期待。显然，他在汽车上、机场里、会议间隙中一分钟也没有停止思考和写作。

我曾经认为世界上最难听的语言就是德文，大概我听到的德文都来自反法西斯的英美电影，就像我国抗日主题电影里日本人的语言被戏剧化一样。这种印象直到我认识了北京周报社社长李雅芳才被彻底改变。一次跟她聊起德文，对我的印象她完全不能认同，她说："我说两句德文你听听看。"听完后我的结论是，的确电影里的德文不是真正的德文，而真正的德文，跟英文一样悦耳。

外文出版社副总编辑许荣分管多语翻译出版，总是风风火火，朝气十足。看到她一边看着书稿，一边电话不断联系工作，我不由得感叹，当个业务管理者真不容易啊！因为参与《习近平谈治国理政》英文版的翻译工作，有缘与外文社的年轻翻译切磋。我的体会是他们翻得快，译得准。

今日中国杂志社的英文翻译孙雷跟我说过，介绍少数民族地区的文章，一定要有当地少数民族的声音，这从故事当中人名的拼写就能一目了然，可谓对国际传播的规律认识深刻。

新世界出版社译审韩清月在翻译中的钻劲令我折服。我既喜欢跟她讨论翻译，又怕跟她讨论翻译，因为她总是对每一个字、每一个词穷追不舍。

黄长奇曾在中国翻译协会秘书处工作多年。为了筹备2008年在中国举办的第18届世界翻译大会，我们跟国际组织的书信往来猛然增加。第一次她就直截了当地向我指出，你把某某的名字拼错了。被一个年轻同事发现自己的错误，本来是一件丢人的事情，我却比自己受到表扬还要高兴。高兴的是她的眼力，高兴的是她的直率，从此我们开始了毫无障碍的长期合作。

中国网英文部主任陈超对自己的职称不上心，但是只要向他请教网络传播和英文翻译问题，他总是秒回，永远可靠。中国网多语部主任朱颖是北外法语专业研究生，几次接触后，我发现她不仅法语好，英文同样好。随着我逐渐退出工作岗位，我跟中青年同事的接触少了，但是我真心想说，他们给外文局的翻译事业带来了活力，带来了希望。

回顾过去40多年，我要感谢外文局这个单位，为我提供了工作的舞台；要感谢那些曾经共事的同事，他们的帮助成就了我的职业；更要感谢在我成长的关键时刻，给我创造学习机会、培养我翻译技能、锻炼我翻译能力的领导，包括上面没有提到的英文造诣极高的外文社总编辑罗良、副总编辑赵一鹤和英文部副主任朱惠明。特别是朱惠明，在20世纪80年代初期为我争取到去美国留学的机会，使我成为局内第一个两度留学的翻译。正是得益于此，我后来也积极推动一些中青年翻译外派留学，包括第二次留学。

MTI 的重要性及其生命力

本文写于 2020 年 5 月 6 日。

从新冠肺炎疫情发生以来翻译界所从事的工作不难看出，无论是和平安宁时期，还是突发事件时期，翻译的作用不可或缺。中国的发展道路越来越国际化，MTI 人才培养大有可为。

一、培养具备什么素质的人才

这取决于社会的需求。专业学位的出现就是响应社会需求。MTI 老师教授什么，学生学习什么，答案就是社会需要具备什么能力的翻译人才。

一是口笔译综合能力。到底是口译能力还是笔译能力？如果是职业翻译，你就会知道两者应该兼而有之，互相促进。当然，工作岗位不同，对口译和笔译的需求不同。但凡是好的翻译，一定两个方面都不会太差。现在许多学校的课程设置是分口译和笔译方向的。对于专业外语院校这样设置非常合理，但是，这不意味着任何一个院校都应该如此设置。以口译为主的院系，也应该让学生具备一定的笔译能力。这个能力一定会帮助学生更好地做口译，甚至在口译工作少的时候，还有工作可做，还能发挥作用。很多学校只有笔译方向，最好也要有口译课。原因很简单：等学生到了职场上，绝大多数单位的工作不会截然分为笔译和口译，很可能这几天让你做笔译，突然有一天让你去做口译，这很正常。

二是对党和国家各项政策的理解能力。现在翻译行业有一个特点，而且今后还会更加明显，就是中译外工作量的增加。做好中译外的基础是一个译员对国情，包括国家政策有比较深刻的理解。如果稍加注意，你会发现，中文里，无论口笔译，经常出现"规模企业"或者"规模以上企业"。何为规模企业？只有理解中文内涵才能翻译准确。又比如，中央有"六稳"要求，译员要知道"六稳"是哪六个方面（to ensure stability in employment, the financial system, foreign trade, inbound FDI, investments, and anticipations）。北京市政府有"畅融工程"，译员要了解在哪个领域实现谁和谁的畅融。（这里指实现银企对接的活动。对应英文：match-making events between banks and businesses under the "Easy Financing" project）中文里说是"银企"，译者还需要了解"银"是只有银行，还是也包括非银行金融机构。各地区各部门各个单位都有自己的政策，不能光翻译字面，要了解政策的实质，才能准确表达。

三是国际传播的敏感性。跟翻译联系最密切，换句话说检验翻译成功与否的一个标准，就是看我们对国际话语体系的了解程度。国际话语体系里涉及中国的很多词汇都有其特定的含义。这个问题，无论中译外还是外译中都同等重要。

我们常听到外国人说中国大陆时称 mainland China，西方的文章都这么写，我们使用的西方教材也是如此，因此很多中国人以为就应该这么说。但是，这个说法具有"两个中国"的含义。另外，我们如果引用美国之音的报道，我们不会说美国政府官方广播电台美国之音，但是国际流行的英文话语体系里引用中国媒体的消息时，一定会说 Chinese government newspaper，Chinese official news agency 等。在英文语境里，加上这些修饰词，其含义就是告诉受众这些机构的消息不可信。以上是两个最简单明了的例子，比这复杂的问题就更多了。

国际流行的话语体系是以英文为主，二战之后形成的，具有冷战特点。我们要学会辨别其字面背后的意思，才能在与外国人沟通时，特别是在中译外时把握好用词和话语。毕竟，中译外的本质是介绍中国，是通过翻译这个环节构建中国的话语体系。

四是宽广的知识面。知识面的宽窄往往决定翻译的速度和质量。这个道理不言自明。

五是跨学科的特点。翻译专业首先要服务所在学校的重点学科，突出自己学校的特色。比如，一所以建筑为重点专业的院校的翻译专业硕士研究生有天然的优势成为建筑专业的翻译，这样遇到涉及建筑的翻译资料或者会谈，自己就能在众多翻译当中脱颖而出。当然，不是每个学校都容易做到这一点。不能或者不需要配合本校的重点专业，也不是就没有方向，国家的需要就是翻译专业要对应的方向。比如，对外传播是中国需要重点加强的领域，翻译专业学生就要掌握相关领域的知识，懂国际关系，懂传播手段、技巧和规律。

最近天津外国语大学师生制作的多语介绍中国抗击疫情的视频节目就是跨学科的成果。这也说明，今后的翻译不能是单打一，跨界才能让翻译更有活力，更具竞争力，更好地为社会服务。

六是责任担当，其中包括团队精神。特别强调一点，翻译应该是多面手。职场需要的是既会口译又会笔译，既能做翻译又能从事外事工作的全面人才。如果一个人说，他只做其中一样，其他一概不参与，那就很难融入一个团队。我经常能听到一种反映，说翻译专业硕士在工作岗位上只做翻译，其他事情不伸手或者不会。我看问题出在学生上学期间缺少了一课。可以聘请专业翻译人士给学生做讲座，介绍一下在真正的翻译岗位上，除去做翻译，我们还要当秘书、做礼宾、干服务。单位聘一个人是要用一个人，我们不能只当翻译，不管其他。

二、翻译专业硕士的就业

经常有一种说法，说 MTI 毕业生很少从事翻译业务，甚至以此来否定 MTI 教育。我认为这样讲过于笼统。首先，百分之百做翻译的岗位极少，大部分外事翻译岗位需要翻译，但不是全天都在做翻译，甚至大部分时间做的不是翻译。这一点是由翻译工作的性质决定的。比如，在一个政府的外事部门或者公司的翻译岗位工作，接待、调研和外事秘书性质的工作所需要的时间一定会超过真正做翻译的时间。但是为什么要招聘翻译呢？关键就是真正需要翻译时，这个工作人员在翻译能力上一定过硬。

在有些专业领域，机器翻译承担了很多工作，许多人成为译后编辑。但是如果没有翻译专业知识，没有会翻译、能翻译的基本功，无法成为合格的译后编辑。

顺便说一下，机器翻译对翻译专业帮助很大，我们来不及翻译、不需要很精准翻译的材料，它是个好帮手。对专业色彩突出的材料，机器翻译也有很大优势。但是，它又不是来取代人工翻译的。如果人类不打算从今以后一切活动都依靠机器，人与人之间不再见面，不再直接说话，不再直接互动，作为人的翻译就有自己继续存在的位置。其实，很明显在有些领域机器也无法取代人工翻译。我的体会是，欢迎机器翻译，能利用的时候充分利用，但是不能完全指望机器翻译。此外，机器翻译能力的提高也需要专业翻译人员的帮助和培养。

三、翻译硕士专业学位与翻译专业技术职称的衔接

国家开设专业学位的目的是为专业领域输送专业人才，而专业领域都有一个专业技术职称的考评。所以，教育部、人社部和国务院学位办三个单位2012年就发文，要求翻译专业的学生参加翻译专业资格（水平）考试。

鉴于这是新的学科，需要有一个培育的过程。现在没有规定MTI学生必须通过二级考试、获得相应的证书才能毕业。但是，作为一个方向，将来学生毕业时手里应该有两个证书，一个是专业硕士学位证书，由教育系统颁发，另一个是专业资格证书，由人社系统颁发。

按照计划，从2020年开始，对MTI的评估就有一条涉

及学生参加翻译专业资格考试的情况。

四、课程设置和教材使用

因为历史的原因，许多院校的 MTI 课程特色不明显，专业不突出，实践能力弱，这是可以理解的，也是需要重点改进的。强化翻译实践能力的培养，让学生一毕业就能够胜任翻译工作，而不是仅仅探讨理论，撰写学术论文，这是 MTI 与学术型学位的根本区别所在。在这个原则下，设置课程和选择教材，尤其是需要聘请合适的行业导师，给学生介绍职场的需求，帮助学校教师完成一个完整的教育过程。

成功的译员不是依靠理论学习成长起来的，一定是通过实践磨炼出来的。有业界导师反映，给 MTI 学生上课难度很大，原因是他们缺乏实践，对业界导师所讲的内容没有体会；也有老师反映，第一年上课，第二年实习，学校无法掌握实习情况。果真如此，很难想象毕业生能够胜任翻译岗位要求。因此，必须加大在校期间的翻译实践，增加实践性课程，指导学生多做翻译。实习阶段必须保证从事的是与翻译有关的活动。有的人反映，让学校开那么多翻译实践型课程办不到，因为没课可开。我认为，MTI 教育要帮助学生打开翻译的视野，熟悉各类翻译。如果只是理论加文学翻译课程，很难让毕业生应对市场要求。MTI 教育阶段在某种意义上是为今后做翻译打基础，在学校也很难准确预测一个人毕业后从事哪个具体领域的翻译。因此，在学习期间，学生们应该有机会接触时政、经济、文化、科技、法律各类翻译，要既有中译外，也有外译中，既有口译又有笔译的训练。

翻译教指委的指导方案要求学生在校期间完成15万字的翻译量，这是有道理的。翻译是最能体现实践出真知的职业。

MTI学生毕业论文是大家议论最多的话题。理想的情况是，对专业学位学生毕业考核时要看其作品，比如学生完成的翻译，撰写的翻译体会，而绝不应该是套用学术型学位的论文模式。可惜，由于各方面的原因，还没有真正建立起应有的毕业考核模式。这看似是学生的考核问题，实际上涉及师资队伍建设、师资考核机制、人们对专业学位教育的认知等深层次的问题，还有待探索和深化改革。但是，就目前而言，至少应该鼓励学生写翻译体会、翻译实践报告，而不是理论性的学术论文。这是比较容易做到的，如果不这样做，那就是对MTI的认识太不到位了。

按照学位办的设想，专业学位的评估2020年会有很大的改变。据此，MTI的评估将更加倾向于对学生实践能力的培养，对教师获得的荣誉称号、学术论文的篇数等不再有硬性规定。当然，对于从事翻译专业教育老师的评价也更应该侧重他们的教学能力和专业实践能力。

国家翻译队伍里的外国学者们

原文发表于中国网，2020 年 11 月 23 日。

他们是一个特殊的群体，如果留在自己的国家，英国、美国、澳大利亚，也可能在他们各自的领域里事业有成，成绩辉煌；也可能早已腰包鼓鼓，甚至高官厚禄；也可能一辈子碌碌无为。无论如何，那样的话，他们将与中国无缘，人生变得平淡无奇。然而，在中译外这片广阔的田野里，有了他们，就如同增添了及时的甘露，开出的花朵更加绚丽，结出的果实更加丰硕。耕耘中，他们也成全了自己的事业，收获了中国人的高度尊重，甚至无限的怀念。这是一支强大的智慧力量，是横跨数十年的文字大军。我有机会跟他们当中少数人相识，一道工作，颇为荣幸。在此，给大家介绍其中几位。

艾德勒（Solomon Adler）

在我心目中，索尔·艾德勒是一位传奇式的人物。1941 年他被派到美国驻华使馆工作，任务之一是协调美国援助国民党事宜。目睹国民党官员在获取美援方面中饱私囊、贪得无厌的高度腐败，他坚定地相信，国民党必败，共产党必然赢得胜利。因为他的政治立场，1946年被撤职回到美国。作为一名左翼人士，在美国很难有合适的工作。艾德勒先是去了英国，后来到了新成立的中华人民共和国。他参与了新中国建设的各项工作，我听人们谈到最多的是他参与了《毛泽东选集》四卷的翻译润色工作。可惜年代久远，加之当年只顾听，没有记录下来，那些国内的老翻译们经常谈到的艾德勒翻译《毛选》的例子我已经无法详述，总体感觉就是，当大家在翻译时遇到一个英文单词或者句子争论不休的时候，似乎都依靠他一锤定音。

因为1949年前后他的所作所为，美国政府一度视他为国家的叛徒，他也长期无法回美国探望亲人。直到尼克松访华后，根据两国的协议，他才有机会回到离别十几年的美国探亲。他的夫人帕特·艾德勒是英国籍，入境美国时，被美国有关部门关在海关折腾了一整天。艾德勒20世纪80年代因病去世，但是在老一辈翻译家那里，他的名字经常被人提起。

爱泼斯坦（Israel Epstein）

第一次跟爱泼斯坦面对面是1975年在他的办公室里。我刚刚参加翻译工作不久，按照工作流程，要把我翻译的一篇稿件送给他修改。没多会儿，他把我叫到他的办公室，给我讲述他的修改。我的稿件是用老式Underwood牌英文打字机打出来的，double space专供别人修改。我只记得原来的白纸黑字返还回来时几乎满篇红色，用词不当，句子顺序不畅，更别提信达雅。文章的标题我早已经忘记，应该是关于中国革命战争时期的内容。时至今日我只记得他在稿件上写的一个词是sanguinary，就是那一天跟他学习了bloody和sanguinary的区别。我用的是bloody，回忆起来显然太过于口语化了，与文章风格不符，他改成了 sanguinary。在那之前，我还根本不知道这个词。这是我第一次接受他手把手的帮助。

在办公室大家都称呼他艾培（Eppie），我把他看成良师益友，倒不是因为他负责修改我的译稿，而是从那以后几十年的交往中，我不断地从他身上获取智慧和力量。艾培是记者出身，当年作为记者曾经到延安采访，1951年他从英国来到北京参与创办《中国建设》杂志，1979年担任总编辑。他一生中，采访和写作的时间超过修改译文的时间。早在1947年他就在美国出版《中国未完成的革命》一书。我第一次去他家，是1975年他从西藏采访回来，喝着他带回来的酥油茶，听他介绍采访见闻。为了准确地对外介绍西藏，他曾经四次赴藏。《西藏的变迁》成为西藏民主改革后第一本由外国人直接撰写的专著，在国外影响很大。无论是担任一般的改稿专家还是杂志总编辑，艾培对中国翻译尤其是年轻翻译的帮助，不仅仅在于学会几个英文表述，而是从根本上意识到这样一个理念，用他的话说就是，好比外国读者都是大学水平，但是对中国的认知仅仅是小学水平，给外国人看的文章、图书必须考虑外国人对中国的认知程度。

跟艾培相识30年里，见面次数很多，听到他最多的问候就是："What are you working on?" 30年间从来没有听到他为了自己的待遇和生活提出任何问题。在他的晚年，唯一一次打电话找我不是谈书稿和翻译人才培养问题，是让我帮他找一位熟悉电脑操作的年轻人到他家处理电脑故障。一生中，他写中国，讲中国，在国内接待外国来访者和到国外参加会议、探亲也都会介绍中国。然而，他自己的传记《见证中国：爱泼斯坦回忆录》在美国就是找不到主流出版商。看过他稿件的多家外国出版社都表示此人经历非凡，书稿引人入胜，但是不增加对中国的批判就无法接受。当然，艾培绝对不可能接受外国出版商的意见。最终，该书的美国英文版是由外文局在美国设立的长河出版社出版的。艾培一生致力于传播中国，培养中国对外翻译专业人才，赢得了同事们的高度尊重，也得到了党和国家领导人的充分肯定。在他80周岁时，江总书记在人民大会堂接见他；他90岁那年已经坐上了轮椅，胡总书记亲自到他家看望他。这两次都由我在场翻译。记得胡总书记一落座，就谈起阅读艾培回忆录的感想，也一下子把艾培带回到了在延安的日子。艾培指着摄影记者、在延安出生的周幼马（艾培老友马海德的儿子）说，在延安，那时我抱着他，现在他抱着我（指从床上搬到轮椅上）。令人宽慰的是，清华大学新闻与传播学院设立了伊斯雷尔·爱泼斯坦研究中心，他丰富独特的外宣理念得以传承。

沙博理（Sidney Shapiro）

我们都称呼他老沙。他1915年出生在美国，1947年来到中国，2014年99岁高龄时在北京去世。有人记得他，是因为他翻译过《水浒传》；有人把他誉为"红色经典翻译家"，因为他比任何一个人翻译的近当代小说都多，包括《新儿女英雄传》《保卫延安》《创业史》《林海雪原》《月牙儿》，还有经典作品《家》《春蚕集》《李有才板话》《小城春秋》《孙犁小说选》《我的父亲邓小平："文革"岁月》等著作。沙博理还著有《我的中国》《四川的经济改革》《中国古代刑法与案例说明》《中国古代犹太人：中国学者研究文集点评》《马海德传》等。他还出演过三部电影：《停战以后》《长空雄鹰》《西安事变》。

沙博理一生中获得多个奖项，去世前不久刚刚获得"中华图书特殊贡献奖"。他能获得这个奖项还有一段故事。"中华图书特殊贡献奖"是一个鼓励中国图书对外传播的政府奖励项目，每年颁发一次，奖励那些在国际上写中国的作家、翻译中国图书的翻译家和出版中国著作的出版家。从2005年开始，迄今已经举办了13届，《狼图腾》英文译者美国人葛浩文就是第四届的获奖者之一。沙博理在获奖提名人员当中颇有竞争力，因为他不仅翻译中国，还写作中国，作为长期在外文局工作的语言专家，他还是对外出版队伍里重要的一员："中华图书特殊贡献奖"三类奖励对象他一个人都占全了，这是多年参加评奖的人员里绝无仅有的。2014年他终于进入获奖终审名单，但在审查他的具体条件时突然发现他早已加入中国国籍，而评奖条件里明确规定这项奖励颁给外国人。鉴于他的情况特殊，主持评审工作的领导决定暂时休会，等大家再回到会场时决定先讨论是否需要修改评审条件。那天的结果是评委们决定把评审条件中关于外国人的规定改为包括加入了中国籍的外裔人士，随后投票时沙博理全票获得该奖项。这样做的理由很充分：作为一个开放的大国，中国也还会收到外国人士的入籍申请，也许将来某一年又有汉学家申请入籍，不能因此把这部分特殊群体排除在获奖人选之外。

沙博理翻译的最后一本书是《我的父亲邓小平："文革"岁月》。虽然这个期间他就生活在北京，但是有些情况他并不太清楚，就把我叫到他的家里，向我了解当时的社会情况；我则看他如何处理各种表述，向他学习翻译。再后来，因为年事已高，他不再翻译，但是仍积极参加全国政协的活动，出席各种会议，包括到国外演讲介绍中国。即使后来不再远行，也通过写文章和跟外国人通信来介绍中国。

他始终保持着快乐、睿智的精神状态，热爱生活。他时不时通过邮件发一两个英文笑话，跟朋友们分享轻松一刻。他的生日是 12 月 23 日，我们经常要征求他的意见，到哪个饭馆给他庆祝生日。他也常常拿着中国日报上介绍的新开张的西餐馆作为生日聚会的地点。他越是年长，我们对他的称呼越是年轻，以至于在他生命的最后十年，我们许多人都称呼他为 young man。然而自然规律无法抗拒。到后来，老沙不止一次托人带话让我去他家，我原来以为他有什么事情要说，后来发现，他让我坐在他的身边，我们只是默默地坐着，他已经没有了往日交谈的兴致和精神，不由令人伤感。

2014 年他的去世意味着一个时代的结束，至今没有任何一位出生在海外的外国人或者中国人在翻译红色经典作品方面能够与他相比。

戴乃迭（Gladys Yang）

很多人有一种印象，似乎戴乃迭的作用就是润色其丈夫杨宪益先生的译文，其实她独立完成的译文也很多。有一次，我就听她给我们讲述她翻译民间故事《阿诗玛》的经验。她说道，翻译要想到读者的阅读感。比如阿诗玛的名字按照汉语拼音应该是 Ashima，但是这样英国读者发音会很困难，所以她果断地把名字改为 Ashma，使之更容易上口，也让这个人物更加亲近。

在我的记忆中，戴乃迭高高的个子，炯炯有神的眼睛。无论是在办公楼里见到她，还是在大院里看到她带着自己的外孙玩，还是在她家里聊天，她永远给人一种典雅而又可亲的感觉，总保持一种与众不同但又平静如水的神态。20 世纪 70 年代末 80 年代初，在中国的街头巷尾很少能见到外国小孩。在外文局的大院里，我听到戴乃迭的一个外孙说另外一个孩子：You are being very naughty! 小大人一般的孩子，标准的英式英语。我当时想，这句话一定是孩子从外婆那里学来的。

陈必第（Betty Chandler）

来自美国俄勒冈州的美国人，1937年来到岭南大学学习，1959年到外文局工作。她在改译稿时不留情面，敢于大幅度修改，一笔英文字，十分漂亮。20世纪80年代初，出版社发现教外国人学习汉语的教材品种太少，领导安排陈必第和我编写一个汉语口语小册子，后来以《学说中国话》为题出版。教材的编写过程基本是她写英文，我配上汉语拼音和汉字。不仅跟她学习英文表达方式，还学到了其他知识。那是一个人们生活还非常清贫的时代，我们理发通常都是亲戚、同事之间互相帮忙，很多单位的办公室里都有公用的推子，当然那时还是手动的。自然，我对正规高档理发店里的服务流程根本不了解，更不要说涉及女性的头发护理了。陈必第写了一句英文：I want a shampoo and set. 每个英文词我都熟悉，但是因为知识面的欠缺，我不知道 set 用中文怎么说。她脱口而出："做头发。"说实话，此前我根本不懂什么叫"做头发"。那是一个不讲究作者和译者署名的时代，出版时领导决定那本书的作者署名为"程荒"，分别代表陈必第和我二人。

许多外国人在其学术生涯的某一个或者某几个阶段来到外文局，参与翻译、编辑，包括译稿润色的工作，成为国家对外翻译和出版事业的参与者。

罗慕士（Moss Roberts）

罗慕士1966年获得哥伦比亚大学中文博士学位，两年后到美国纽约大学教书，一直到现在。虽然已经 80 多岁高龄，他仍然孜孜不倦地讲着《三国演义》的故事。他研究三国，阅读三国，教授三国，当然也翻译三国，且翻译了不同版本介绍三国的书籍。当然，其中最为著名的是 1991 年在美国和中国同时出版的英文版《三国演义》。在动手翻译《三国演义》全译本之前，他已经翻译了节译本，于 1976 年在美国出版，成为大学读物。1983 年到 1984 年他来到北京专职翻译《三国演义》。外文出版社为此特意给他安排了老翻译家任家桢配合他的翻译工作。罗慕士自己曾这样说："任先生认真细致地校对了全部译稿，并与我分享他的学识和经验，他的建议极大地提高了译文质量。"

詹纳尔（William John Francis Jenner）

詹纳尔 1962 年毕业于牛津大学，算起来应该是戴乃迭的校友，只不过戴乃迭 1940 年在重庆与杨宪益结婚时，詹纳尔才刚刚出生。人们提起他，往往首先想到的是 20 世纪 80 年代他完成了《西游记》的翻译。其实，早在 1963 年到 1965 年期间，他就在外文出版社完成了溥仪传记《我的前半生》的翻译。据他本人回忆，当时出于对英文版权的保护，一边筹备出版中文版，一边翻译英文版。凭借扎实的功底和出版社提供的各种便利条件，他很快完成了这部作品的翻译。若干年后，意大利导演拍摄电影《末代皇帝》，就是购买的这本书的英文版权。此外，詹纳尔还翻译了《鲁迅诗选》等图书。

在一篇题为《东游记》的回忆性文章里，他说 12 岁的时候，偶然读到了亚瑟·威利（Arthur Waley）翻译的《美猴王》，从此与孙大圣结下不解之缘。《西游记》的翻译实际上是他 1965 年在外文社工作时开始的。后来，他回到英国利兹大学任教，赶上中国处于特殊的历史时期，出版社也无暇顾及他的翻译。直到 13 年之后的 1978 年，外文出版社再次联系他，催促他完成翻译。他找到已经翻译了三分之一的书稿，修改完善，并于 1979 年回到外文出版社在他曾经工作的办公室继续翻译。以后若干年，他年年利用假期回到北京，集中精力完成翻译，直到 1986 年全书最终出版。翻译《西游记》他特别在意读者的阅读感受。可以想象，把一部基于中国文化、有着浓厚佛教和道教色彩的民间传说性作品翻译给文化和宗教背景完全不同的英文读者，其难度之大，几乎可以与玄奘西行取经相比。在这种情况下，译文的流畅远远高于学术上的阐释。确定了英文读者能够得到跟中文读者同样的快乐这一目标，詹纳尔放手发挥。他不再看亚瑟·威利的《美猴王》，为的是不重复前者的表述，同时也不刻意回避使用相同的表述。他尤其看重《西游记》的叙述方式与其他历史名著不同，更像是讲故事。他的译文追求给读者带来娱乐，而不是把译文变成生涩的学术研究硬塞给读者。在他看来，故事比语言重要。受众需要记住的是故事情节而不是英语语言。语言不能太现代，因为原著是在几百年前的明代撰写的。英文要大众化、泛区域化，不能读起来给人一种好像故事发生在某一个具体的英语国家的感觉。四个人物的语言要与各自的性格相匹配，不能都讲玄奘的一种语言。他追求的目标是语言顺畅轻松，以至于让读者感受不到是在阅读一部译著。为此，他必须调整句子结构，做必要的删节。他特别注意不要为了说明一些佛教和道教的概念，时不时出现学术思想的解释，干扰读者享受故事。

他在北京翻译《西游记》期间，我经常有机会跟他见面，遇到翻译上的各种问题，常常向他请教。在没有互联网的时代，翻译们遇到问题需要请教，不外乎三个渠道：一是查看大英百科全书；二是打电话或写信向专家请教，比如我翻译考古文章时，就向社科院的考古专家或者文物局的专家请教；三是最多也最为方便的，就是向同一个部门的外国人和老专家请教。说起来惭愧，有一次我向詹纳尔请教一个词如何翻译成英文为好，他首先纠正了我对一个汉字的读音。这个一方面说明我的中文功底不牢，另一方面说明了他中文的老道，不得不服。

杜博妮（Bonnie S. McDougall）

杜博妮是一位成名早、作品多，翻译理论和翻译实践齐头并进的汉学家。她1980年到1983年在外文出版社工作时，任务之一是翻译《两地书》。那时，她刚刚完成《何其芳诗选》的翻译。她的主要工作还包括修改中国译者的各类翻译稿件，但翻译《两地书》已经成为她的主攻方向。作为一位认真的学者和翻译家，在翻译这本书时，她对鲁迅和许广平的生平做了深入了解，其中一次是到鲁迅博物馆参观座谈。那天我陪她去鲁迅博物馆，座谈时她准备之充分，背景了解之翔实，令我非常惊叹。后来，我才知道她此前通过信件跟《〈两地书〉研究》的作者、馆长王得后联系过，这次座谈非常深入细致，为她更好地把握翻译环节起了很大作用。

杜博妮是澳大利亚人，她的丈夫韩安德是瑞典人，也是一位儒雅的汉学家。杜博妮虽然已经退休，但还是经常参加汉学会议，到中国参加文学翻译活动。韩安德近年则一直参加"中华思想文化术语工程"的翻译和润色。

格拉姆斯（Sara Grimes）

美国人萨拉·格拉姆斯是报社记者出身，后来从事新闻教育，20世纪80年代初期来中国前是美国马萨诸塞州州立大学新闻系教授。当时她不会中文，主要从事英译文的改稿。但是，记者的功底让她在润色稿件方面具有很大的优势。我们也都知道，如果我们的译文过不了她改稿这一关，一定是我们的表述有问题。当时为了满足日益增多的外国游客的需求，外文出版社决定翻译出版《西湖揽胜》一书的英文版和日文版。因为文化接近，日本版译文交给日本语言专家后，很快修改完毕付印出版。英文版的译稿交给格拉姆斯后，她发现英文读者看不懂的地方超过能够看懂的地方，而西方游客需要的内容书里又没有提供。要让一本本来写给中国读者的书稿适合欧美游客的口味很难。于是，出版社领导决定发挥格拉姆斯采访撰稿的本领，派她到杭州实地采访调研，然后改写这本图书。我的任务是陪同她采访，给她做翻译。一路上当地学者详细介绍每个景点以及背后的人文故事，格拉姆斯边问、边听、边看、边在本子上记录。晚上把采访记录打成文字稿，交给我核对。两天下来，我发现她的记录详尽准确，然而这都是边走边记的，很多时候是爬着台阶做记录的。出于好奇，我也试着边走边看边记录，结果我无法识别自己的记录，更不要说会做她那种规矩干净的记录了。显然，这种功夫不是短期就可以练就的。

从杭州归来两周后，她拿出了完整的书稿，基本上保留原作的框架和风格，但是在表述上完全站到了向外国游客介绍西湖文化和风景的角度，没有了此前西方读者感到晦涩深奥、不知所云的表述，取而代之的是对一个风景秀丽、令人向往的地方的描述。新书出版，销路畅通，浙江的同事最为满意。两年后，格拉姆斯回到马萨诸塞州州立大学，申请终身教授资格，展示的作品就是英文版《西湖揽胜》。她的努力成就了这本介绍西湖的英文图书，而这本书也成就了她终身教授的事业。

平卡姆（Joan Pinkham）

很多中国译者认识平卡姆是通过阅读她的《中式英语之鉴》一书，我认识她是因为她作为外文出版社的英语专家修改过我的译文，她也是对我批评最严厉的外国语言专家，但是这次痛斥让我彻底懂得了没有搞懂原文就不要翻译的根本道理。20世纪70年代，中科院组织专家对青藏高原进行了大规模的科学考察，我参加了《青藏科考》一书的翻译。图书内容专业性很强，涉及多种学科，翻译难度可想而知。一天，她把我叫到她的办公室，拿着她正在修改的我的译稿，向我提了几个问题，我的回答令她很不满意。她问的问题都是关于高原科考专业的，而我对许多科学理念根本没有搞明白，就照字面翻译，显然，话说不清楚，逻辑表达混乱。她突然提高嗓音说：“既然你没搞懂，为什么要翻译？告诉你，我翻译的原则就是，没搞明白，绝对不动手翻译！”虽然她的语气很严厉，但是她讲的是真知灼见——既是经验之谈，也是她长期在美国从事翻译工作的深刻体会，何况她历来说话直率，干净利索，从不拖泥带水。她说话如此，译文也是如此。经过这次振聋发聩的谈话，不懂原文的意思就不要翻译，从此成为我遵循的原则。

较真是平卡姆的特点，也正是因为这一点，她把参加《邓小平文选》等中央文献译文润色工作中发现的问题，集中整理后编写了《中式英语之鉴》。作为一名美国的英法互译职业翻译，她对中译外的实践和人才培养做出了特殊的贡献。

上述几位参与中国对外翻译和出版工作的外国人大致可以分为两类。一类以爱泼斯坦为代表，他们先是参加了中国的革命，后来加入了中国国籍，把毕生精力献给了中国的对外传播事业。他们不仅是最初的访客，也在中国革命最需要的时候毅然加入中国的外宣队伍，成为跟我们志同道合的新中国建设者。很难想象，当年面对西方的封锁，如果没有他们的参与，我们的对外翻译会是多么困难。在对外出版方面，他们的意见一向得到高度重视。比如爱泼斯坦曾经提出把1949年之前外国人写中国的图书重新整理出版，一是帮助外国读者认识历史，二是填补对外图书品种的不足。这个建议当时得到朱镕基总理的批准，国家拨专款出版了一整套名为"中国之光"的外国人写中国系列丛书。沙博理更是希望与中国同事不仅同一个办公室工作，还要"同吃同住同劳动"。1977—1978年我在五七干校劳动，就跟他朝夕相处过一段时光。由于他在，自然在干校里凝聚了一批外语专业人员，几乎天天晚上在一起听英文广播，谈论中外关系，切磋对外翻译，探讨对外出版。

另一类跟中国翻译出版结缘的外国学者又分为两个小类别：一类是汉学家，他们一生都在通过翻译、写作和教学研究来传播中国文化，如罗慕士、詹纳尔、杜博妮；还有一部分人并不是学习中文出身，但是出于对中国的好感和好奇，拿出自己一段时间在中国工作。虽然背景不一样，他们都以自己的方式帮助了中国的对外翻译和文化传播。同样，他们都展示了严谨的治学态度，执着的职业精神。

当然，由于背景不同，又没有加入中国籍，他们对我们的文化传统和社会制度在认知上跟爱泼斯坦他们那一代不可同日而语。其实，他们的到来就是一种体现在当代对外翻译上的文明互鉴。他们用自己的专业帮助了中国，也从这个事业中获得了自己的成就，与此同时，也让他们身边的中国同事零距离了解了外国人的思维模式和文化行为。这对我们从事翻译是一种鲜活及时的帮助，我们可以从平时接触中发现彼此的差异和共性，加之日常工作中需要不断磨合，这大大增加了我们对外国读者的清晰认识。

落实全国研究生教育会议精神，推进翻译专业学位教育高质量发展

原文为 2021 年 1 月 25 日在国务院学位委员会学科评议组、全国专业学位研究生教育指导委员会工作会议上的发言。

2007 年，经国务院学位委员会第 23 次会议审议，在我国设立了翻译专业学位。目前，全国共有翻译专业学位硕士培养单位 258 个，每年培养翻译专业硕士近万人，为国家培养了一大批适应改革开放和社会主义现代化建设需要的高层次、应用型翻译人才。2020 年全国研究生教育会议召开前夕，习近平总书记对研究生教育工作作出重要指示，翻译专业学位研究生教育战线的同志们倍感振奋、备受鼓舞。我们深刻体会到，习近平总书记的重要指示为我们做好新时代翻译专业学位教育工作指明了方向，提供了根本遵循。借此机会，我就翻译专业学位研究生教育指导委员会的工作做一汇报。

一、学深悟透总书记重要指示，进一步明确工作方向

习近平总书记在指示中强调，研究生教育在培养创新人才、提高创新能力、服务经济社会发展、推进国家治理体系和治理能力现代化方面具有重要作用。总书记的重要指示，

既充分体现了党和国家对研究生教育事业的高度重视和殷切期盼，指明了研究生教育在我国人才培养体系中的重要地位，也是我们做好高层次翻译人才培养的根本宗旨和奋斗目标。我们深信，翻译专业学位教育必须服务于党和国家事业发展大局，必须坚持立德树人、服务国家的方针，才能不辜负总书记的期望，实现高质量发展。

二、把握大方向，抓好翻译专业学位教育关键环节

教指委由国务院学位委员会、教育部、人社部组织，负责协助主管部门做好专业学位教育发展的咨询、评估、交流等工作，是重要的专家组织，必须抓好立德树人的关键环节。从翻译专业学位讲，首先是指导学校凸显立德树人和服务需求的时代特点。近年来，我们推动教师把《习近平谈治国理政》外文版作为翻译专业教材，使专业教育与思政教育有机结合。2014年以来，三卷本、多语种的《习近平谈治国理政》成为翻译专业学位研究生教育最权威、最鲜活的教材。习近平总书记提出"一带一路"倡议，给翻译专业教育指明了新的发展方向，提供了广阔的舞台，为此，教指委提出了"一带一路"走多远，翻译任务就有多重，翻译服务能力有多强，"一带一路"就能走多远的口号，并持之以恒落实到教育教学的各个环节。

三、把握方向使命，推动翻译专业学位教育主动服务国家需求

自觉服务党和国家事业发展大局，是翻译专业学位教育

的职责和使命。长期以来，翻译教指委反复强调，外语教育要大力转型，从传统的外国语言文学转向利用外语服务国家需求，服务区域经济社会发展。

第一，努力推动各个院校拓展中译外课程。100多年来，我国主要是把外国文学和各类资料翻译成中文，但进入21世纪，形势变了，中翻外的工作量剧增。我们提出，翻译专业教育要跟上"从翻译世界到翻译中国"的变革，引导学生学会用外语讲述中国故事。教指委先后组织参加《习近平谈治国理政》，以及党代会、两会报告翻译的专家进入课堂，举办讲座，开展宣讲辅导。

第二，争取相关主管部门支持，安排师生直接参加全国性大型对外交流活动。近年来，在"一带一路"国际合作峰会、"一带一路"智库论坛、"亚洲文明对话大会"等大型国家对外活动中，都有翻译专业的师生参与到会议同传和资料翻译工作中。有的教师从过去被动的幕后翻译转到登台发言，利用自己的外语优势，传播中国理念。教指委给从事口译的教师争取了到国外参加《习近平谈治国理政》新书发布的机会，组织并开展了"中非智库论坛——我与《摆脱贫困》"等系列活动。

第三，牵手行业机构，组建产学研联盟。近年来，机器翻译水平日新月异，对传统翻译模式提出了挑战。教指委牵手科技公司，组建语言大数据联盟，200多所高校的师生在网络上服务国家建设。教指委积极推动翻译技术教育，不仅写入培养方案，还支持出版教材，举办翻译技术讲座，开展翻译技术大赛，帮助学生掌握翻译职场上的工作本领。

第四，搭建专业学位教育和专业资格考试的桥梁。教指委与全国翻译专业资格（水平）考试管理部门合作，组建了九个语种的专家委员会,吸收数百名翻译专业教师分别参与翻译资格考试的设计、大纲和教材的编写,参加每年两次的命题和阅卷。成立专门的翻译资格考试推进委员会,请校院领导参与指导翻译资格考试,通过翻译资格考试的专业学位研究生逐年增多。

四、以落实全国研究生教育会议精神为契机,努力实现翻译专业学位教育高质量发展

现实告诉我们,对内服务经济社会发展,对外深度参与全球治理,翻译不可或缺。中国越是发展,越是需要强大的翻译队伍提供语言支撑。面对百年未有之大变局,中国的翻译力量不是多了,而是不够。

事实表明,促进经济双循环,构建中国的国际话语体系,中国的故事必须由中国人来讲,对外翻译必须由中国人来定稿。这就需要翻译专业学位教育在现有基础上,实现高质量发展。为此,教指委将努力推进以下几个方面的工作:一是服务国家需求,更加重视系统性的中译外翻译人才培养;二是推进评价机制改革,从根本上改变翻译作品在评审中不能作为依据的现象,提高教师参与翻译实践的积极性;三是提升师资水平,争取各级部门和机构支持,给翻译教师提供更多的实习挂职机会,增强实践能力。

我们相信,在总书记重要指示精神的指引下,在国务院学位委员会、教育部的领导下,翻译专业学位研究生教育一定能够百尺竿头更进一步,实现翻译人才培养的创新引领、卓越发展。

忆老林

原文发表于中国外文局官网，2021年2月17日。

1月27日晚上接到林局长去世的噩耗。虽然老林人已远去，但这位敬爱的领导和同事的音容笑貌犹在。

受命于困难时期

1988年初，老林被文化部任命为中国外文局局长。那是外文局历史上最困难的一段时期。1986年，局长范敬宜调任《经济日报》总编辑，留下副局长支撑局面。1982年，外文局与文化部、对外文化联络委员会、国家文物局、国家出版局等五个机构合并为新的文化部，外文局成为文化部的一个职能局，外文局下属各单位变成文化部的直属单位。文化部当时仅下属事业单位就有上百个，在那么大一个以全国文化艺术管理为主的部委里，外文局的工作肯定不是排在最前面的，一年多没有局长也就不难理解了。

听到林戊荪就任局长，许多老同事都说他是懂业务的，言谈之中表示了赞许和期待。但是，我也听到一种说法，说

"老林可厉害了，他一直在《北京周报》工作，他当局长，出版社日子不会好过"。此前，我跟老林没有接触过，甚至没有机会打一声招呼。从那以后，作为外文出版社领导之一，我经常参加他主持的会议。第一次参加他的会议，我就感到他一点儿也不严厉，就是一位可亲可敬的大学者。

他就任局长后，召开了一系列座谈会。有一天在会上，有几位老同事谈到历次运动中自己和他人受到的冤屈，非常悲愤，也表示了对现状的不满。我后来猜想，一定是这些老同事了解老林，觉得终于可以把心里话倒出来了，所以发言甚为激动。老林在总结时，代表局领导对这些同事表示理解和关心，说到动情之处一度哽咽。其实，那些同事受到的不公，跟老林没有半点儿关系，他没有任何责任，但他却一再诚恳地道歉。

后来，外文局从文化部划出，归中央对外宣传小组代管，从业务角度看，外文局终于"找到了组织"。但那是外宣历史上的一个特殊时期，国内外的形势都制约着外宣事业的发展。外文局业务跌入从未有过的低谷，事业希望渺茫，前进方向不明确，新旧矛盾合成一场危机，人心浮动，一些人纷纷调走，有一些单位想全建制地脱离外文局。作为局长，日子有多么艰难，现在难以想象。与老林共事多年，他的所谓"厉害"我没有见到，见到的经常是他为了单位，勤勤恳恳，苦苦支撑。从1988年到1993年初担任局长这段时间，老林遇到多少困难，受了多少委屈，只有他自己心里清楚，但他从来没有吐露过，更没有抱怨过。

国际传播大师

如果说老林厉害，那就是他对对外宣传的娴熟，对外宣事业的满腔热情。老林从朝鲜战场回来就一直从事对外传播工作。他曾经告诉我，他在国内读完中学，先到印度学习，然后进入美国一个著名中学，继而进入一所常青藤大学，专修哲学。1991年我有幸陪同他到美国开展业务，遇到的美国人不约而同都为他的英文用词之讲究所惊叹。他一张口，对方就听出此人出身不凡，纷纷问他在哪里上的学。当他说出读过的中学和大学，美国人立即表示出极大的尊重。从那以后，我深刻体会到，他是如何把自己的学问用到了我们的外宣事业上。

20世纪末期，老林从局长岗位上退下来以后，开始实践过去想做而不能做的事情。他让我以中国译协秘书长的身份，出面组织主要外宣外事单位的翻译们不定期研讨中译外的难点，特别是那些新出现的带有明显中国特色的时政类表述。由他坐镇，外文出版社徐明强总编辑率先做东，一开始不到10个人的活动就开展起来了。外交部、新华社、经贸部、中央编译局、中国日报社和外文局的专家学者，讨论并统一了一系列疑难表述的英译。

让我最难忘的是"小康社会"的英文表述。此前，社会上有多种表述，甚至有重量级人物建议就用汉语拼音。大家都知道，那样无法让对中国不了解或者知之甚少的外国人明白我们的奋斗目标。在争论之中，老林一锤定音，就是后来大家一直使用的 moderately prosperous society。那天，老林引经据典，耐心地给大家解释了他思考了很久的表述，说得大家心服口服。一个在翻译界争论不休的问题，终于有了大家接受的结论。

进入 21 世纪，各方都在创新外宣，寻求突破。时任中央外宣办主任赵启正率先垂范开展新型对外传播。他与美国一位影响力巨大的宗教界人士路易斯·帕劳 (Luis Palau) 进行了长达十多个小时的对话。赵主任让我推荐合适的人选整理录音，编辑成书，作为对外传播的鲜活素材。把一位无神论者和一位宗教领袖站在各自立场上充满哲理的对话准确翻译成中文，我想到的第一位专家就是老林。当时，老林退而不休，在重新翻译"四书"。他意识到这次对话在对外传播上的意义，马上放下手里的活，全力投入录音整理之中。

事实证明，老林的确是最佳人选。他在整理中，首先发现录音里有许多翻译不准确的地方。他凭借对西方哲学的了解和长期从事外宣的功底，纠正了口译中的错误，复原了双方讲话的真实意思，让两位观点截然不同的人既严格坚持自己的立场又心平气和的对话跃然纸上。很快，这本书由新世界出版社以中英文版出版，一时在中美两国引起轰动。两位对话人看到自己的话语，一致对老林赞叹不已，表示由衷的感谢。这本外宣的范本后来又出版了其他外文版。犹如老林一辈子的习惯，尽管老林对这本书的出版不可或缺，但在通常署名的版权页上，见不到他的名字。

原则问题不糊涂

1991 年我随老林去美国。出发前，他的夫人，也是外宣界的一位知名人物，中国国际广播电台英文部曾经的负责人张庆年老师专门给我打电话，要我在路上多关照老林，说他忘性大，经常丢三落四。我接到电话很有感慨，赞叹他们的夫妻感情，赞叹张老师对老林的关心。

到了美国，我才明白为什么张老师专门给我打那个电话。到美国的第二天，我陪老林拜访一家发行公司。座谈的时候我和老林并排坐到桌子的一侧，我发现他手里有一个秀气灵巧的电子照相机。说实在的，那还是我平生第一次看到这种新式照相设备。会谈结束，老林把会谈材料拿上，那个相机放在他旁边的座椅上，忘得一干二净。我悄悄地拿起来，主人一边送客，一边跟老林热烈交谈，我不便为了相机打断他们，遂装入我的包里。离开的路上，老林一直跟我谈发行事宜，再也没有提起照相机的事情。

那时候，我们国家经济上很不富裕，他已经63岁了，超过1.8米的身高，坐飞机一路都是经济舱。住宿时我们两个人挤一间客房，还是快捷酒店。访问日程安排得很满，完全没有游山玩水，相机也就用不上。直到第三天，我逗老林，问他相机哪里去了，他才意识到相机不在他的手上。现在回想起来，老林顾不上照相，拿个相机也不记得使用。而我更不称职，应该用他的相机把他跟美国人的会谈情况拍些照片。可想而知，陪他去了一趟美国，我们二人也没有留下合影。尽管他带了相机，拍照这件事根本不在我们的脑子里。

那次旅行快结束时，我们在一个机场候机大厅等飞机，我注意到他手里拿着一副墨镜。上了飞机，我们的座位非常靠后。我听到一位空乘问哪位旅客把墨镜丢在大厅了。我立即按了呼叫铃。老林问我按铃干什么。尽管他还没有想到，我已经猜到墨镜一定是他的，果然如此。

在这些小事上老林不上心，那是因为他的注意力完全在工作和大事上。1996年，老林率领中国译协代表团到澳大利亚墨尔本参加世界翻译大会。其间，我们到中国驻墨尔本总领馆汇报工作，顺便吃了顿工作餐。老林非常认真地跟总领事反复分析台湾的情况，全然顾不上吃喝，让我感到很好奇。他跟我说，台湾译协想加入国际翻译家联盟，联盟之内欧美国家代表占绝对多数，因此在台湾问题上我们决不能马虎大意。那时，老林是国际译联理事，对国际翻译界的风云比我们都了解，为了维护国家立场，吃喝他早已忘记。

我一直把老林敬为自己的良师益友。去年下半年，听说他住院，一度病情很重，很想去看他，特别想跟他再聊翻译，回忆过去。然而，疫情防控之下，医院谢绝探望。我一直期待，等他出院后再聚。想不到已经等不到那个机会了。悲痛之余，老林作为国际传播大师，作为亲切的领导，作为特别令人尊敬的长者，他那一双炯炯有神的眼睛，他那高挺的身板，将是我永远的记忆。

向敬爱的翻译文化终身成就奖获得者许渊冲先生致敬

原文为 2021 年 4 月 18 日在北京大学许渊冲先生翻译思想与成就研讨会上的致辞。

任何一位学者以百岁高龄能得到大家的祝福，是他本人的修养所得。任何一位学者在百岁时还能从事严肃的脑力劳动，是我们这个社会的幸福。任何一位百岁翻译家能在完成 100 多部作品后，不忘初心，继续耕耘，毫无疑问他不仅是翻译行业的旗帜，更是国宝级大师。任何一位学者能在百岁时给他的同事、朋友和仰慕者一个相聚的机会，为他祝寿，那是这些人的荣幸。今天我们就享受到了这种荣幸。我谨代表中国翻译协会的同行向许先生表示热烈的祝贺，更要表示衷心的感谢。

20 世纪 70 年代末 80 年代初，当我还徘徊在翻译界的边缘时，就听说在洛阳有一位与众不同的翻译家和教育家——许渊冲先生。人们说许先生外语造诣深，翻译水平高，热衷翻译教育和翻译实践；人们说许先生喜欢独树一帜，对自己的翻译风格坚信不疑；还有人说，许先生非常傲气，别人批评他的翻译风格他不接受，对于别人劝说也听不进去。

后来，听说许先生不再留恋军校的教鞭，挥师北上，杀进北大。当然，这次改换门庭自然伴随着各种赞许和种种传说。有的说北大慧眼识珠，把许先生请进了中国名气最大的学府；有的说，老许在洛外混不下去了，只好卷铺盖走人。

1991年的一天，突然我的办公室走进来许先生。作为外文出版社负责外文出版的副总编辑，我在办公室见到许先生，犹如见到神仙下凡——我终于有了跟许先生面对面交谈的机会，他不再仅仅是一个高高在上的传说。许先生嗓音洪亮如钟，说话语速很快，气势如虹。他的气场之大，我几乎没有插嘴的机会。等我终于从见到大神的惶恐之中平静下来之后，我们商定，由外文出版社出版许先生翻译的《西厢记》英文版。

当时，我们正在努力开发中国传统文化类外文版图书。我们同一个办公楼里的新世界出版社此前跟许先生签约，出版许先生翻译的《中国古诗词六百首》汉英对照版。新世界的编辑曾经非常自豪地跟我炫耀，说他们有一本古诗词英译本要出版。我问是哪位译者翻译的，他告诉我是许渊冲先生。这次我也终于有了炫耀的资本。那天许先生离开我办公室后，我三步并作两步，从三楼冲上五楼，敲开那位张姓同事的门，告诉他，我也要出版许先生的译著了，是《西厢记》。

这两本书出版后，我与这位同事互赠一本。从此《中国古诗词六百首》就成为我翻译中国诗歌离不开的词典。这本书英文书名为 Song of the Immortals。在我看来，许先生就是我们翻译界的 immortal。这本诗集后来如同常用词典一般，每当译文中出现古诗，我就先查看这本书，然后不假思索地予以引用。

随着中国的开放和翻译事业的发展，我在2002年代表中国翻译工作者协会当选国际翻译家联盟理事。国际翻译家联盟在全球共有 100 多家会员组织，代表着世界的口笔译译员和术语学家，是世界上最大、最有影响力的翻译组织。那时中国译协还叫"中国翻译工作者协会"，2004 年才更名为现在的"中国翻译协会"，既不再叫翻译工作者协会，也不叫翻译家协会，主要是为了体现整个行业的代表性。不过协会的英文名称一直是 Translators Association of China。国际翻译家联盟共有 17 位理事，每三年举行一次世界翻译大会。大会上要颁发个人翻译奖、翻译期刊奖和翻译网站奖。进入理事会后，我就努力推动中国翻译界参评奖项。中国译协秘书处首先决定推荐《中国翻译》杂志申请翻译期刊奖，理由是我们的杂志发行量将近两万份，大大超过许多西方发达国家会员组织的翻译杂志。三年过去，我们没能获奖。后来我们又推荐过跟许先生一样，也获得过中国翻译文化终身成就奖的林戊荪先生。林老学贯中西，译著颇丰，在我之前曾经担任过国际翻译家联盟理事，在国际翻译界口碑甚好。有出众的翻译成就，又是曾经的国际译联理事，有作品，有国际人缘，本来我们抱着很大希望，但最终又没有进入获奖行列。2005年我被选为国际翻译家联盟副主席，成为 7 人组成的执行委员会成员之一，有了深入了解这个世界翻译组织内部运作的机会。我们发现，以欧洲人为主导的国际译联高层中从来没有懂中文的人员，他们每三年为了评奖组成的各个评审委员会里根本没有人懂中外互译。评委会看不懂我们的杂志，看不懂中国译者的作品，他们不会把票投给中国报送的候选人就不难理解了。

作为国际译联重要成员，中国长期以来坚持文明互鉴、文明互译，是实实在在的翻译大国，怎么能长期没有人获奖！要实现零的突破，必须要有最强有力的候选人。国际译联的工作语言是英文和法文。天无绝人之路，我们还有一位英法互译的国宝级译者许渊冲先生。中国译协坚持不懈，协会常务副会长兼秘书长王刚毅、常务副秘书长姜永刚、副秘书长杨平和接任我担任国际译联理事的中国翻译协会会长助理黄长奇等同事商定，向国际译联推荐了许先生作为文学翻译奖项的候选人，果然得到国际翻译界的认可，许先生以他出众超群多语互译的翻译成就赢得了评委的高度赞扬。2014年国际翻译家联盟把"北极光"杰出文学翻译奖授予许先生。我们中国翻译界第一次捧回了国际翻译大奖，许先生也成为该奖项1999年设立以来，第一位获得此殊荣的亚洲翻译家。后来，中国译协在北京给许先生举办了专场颁奖大会，让整个翻译界分享了这一幸福时刻。

在翻译界许先生是大家高山仰止的学者，也是常常处于争论旋涡的风云人物。其实，争论的焦点就是中国古诗翻译成外文是否要追求合辙押韵。简单说，一种观点认为，不需要刻意押韵，否则会损失原意。许先生则以自己的作品说明意美、音美和形美是诗歌翻译不可分割的组成部分。两种翻译流派的争论由来已久，讨论起来都立场坚定，理直气壮，互不相让，声嘶力竭，甚至个别情况下还伤了和气。这就是我年轻时听到关于许先生的诸多传说的一个部分。

在我看来，这种争论，就是一种学术探讨，就是开阔眼界，就是翻译风格的百家争鸣，对促进翻译水平的提高是完全有益无害的。试想，如果所有的翻译都遵循一种风格，千篇万句一律，那将是多么枯燥的一种局面！其实，中文诗歌的创作就有各种流派，翻译也有不同流派，这再自然不过。

不同风格让我们看到更加绚丽多彩的译作，何尝不是一大乐事？且不说诗歌翻译难度太大，人们对许多古诗的今译就有不同版本，不同翻译风格的存在完全合情合理。所以，我希望大家继续争论，让我们的译文在争论中升华，让我们的翻译事业在争论中健康发展。评论别人的作品容易，自己翻译难，这是众人皆知的道理。我更希望人们不仅对他人的译作评头品足，更应该像许先生那样，真抓实干，潜心翻译，不断给社会提供自己的翻译作品。

在这里，我要感谢许先生，因为许先生的坚持和韧力，让我们见识意美、音美和形美的诗歌译作；因为许先生不懈的追求和不惧压力的精神，让我们看到一部又一部精彩的著作。许先生，我特别希望您不忘初心，永远激情四溢，引导翻译风格的争论向纵深发展。

许先生凭借 100 多部译著和培养了遍布全球的弟子，以翻译为媒介，常年教书育人和传承文化。在国际上，为国争光，实现了零的突破。这个纪录保持至今，我估计还要保持很久。许先生的作品介绍世界，传播中国，讲述着中国文化的故事，也让翻译界和文化传播界流传着中国译者的美好传说。预祝许先生继续发声，发光，引导翻译，给人类命运共同体的构建提供中国智慧。让我们在向许先生表示崇高敬意的同时，学习许先生的治学精神，以许先生为榜样、为动力，共同繁荣我国的翻译事业。

学习谢老师，脚踏实地，
通过翻译服务社会需求

原文为 2021 年 4 月 18 日在上海外国语大学谢天振追思会上的发言。

　　转眼之间，谢天振老师离开我们一年了。然而，似乎谢老师还在我们中间。现在人们谈起翻译，总离不开涉及谢老师的话题，经常围绕着他的翻译思想回顾过去，展望未来。尽管如此，我还是常常感到伤感。去年底我到广西民族大学，再次走进谢天振比较文学及译介学研究资料中心，一想到再也见不到谢老师，心情很沉重。但也有一丝安慰，因为虽然人去，但楼不空，谢老师的作品还在，他的翻译研究成果还在，他的精神还在。

　　谢老师对中国翻译学贡献巨大，令我望尘莫及。仅仅是因为他作品丰厚吗？仅仅是因为他在理论上有创新吗？仅仅是他把知识传授给了一代又一代的弟子吗？答案：既是，也不是。说是，因为他的学术成果都扎扎实实摆在那里，无人可以否定。说不是，因为他的贡献绝不止于以上三个方面。

　　在我看来，谢老师人在校园，心怀世界；写的是文章，想的是天下。比如他写翻译的隐身和现身问题，这来源于他对翻译行业的长期观察和深刻理解，说明他人站在讲台上，眼睛看的是全行业。他在报刊上撰文谈翻译服务社会、服务国家需求问题,因为他关注着翻译对社会的影响与作用。他研究译介学,说明他在学术研究的基础上,站到了一个更高的位置,思考的是全社会,关注的是翻译学科的发展和未来。这些让他具有了不同凡响的视野,展示了一位令人尊敬的老师的家国情怀,构成了书本以外的精神财富。

谢老师辛勤耕耘数十年,给我们的启发之一就是,如果翻译学研究得透彻,翻译实践做得好,可以直接为国家服务,为人类文明互鉴增砖添瓦,这是天大的事情。反之,如果做得不好,就是小范围的内循环,自说自话,自娱自乐。谢老师的另一大贡献是培养了遍布各地的弟子,团结了一批业界同人,构成了支撑翻译教育和翻译研究的百万雄师。谢老师的影响将长期存在,继续发挥作用。

追思谢老师,是为了学习他,给翻译教育和翻译实践增加动力。这有两个方面的工作可做:一方面是要像他那样孜孜不倦地深化翻译研究。翻译研究也包括两个领域,一个是学术性研究,一个是实用性研究。两个方面都有自己的价值,缺一不可。过去几十年,我们的学者在介绍外国翻译理论,以"他山之石,可以攻玉"的模式,给中国的翻译事业提供了指导。作为一个学习大国,我们必须保持善于学习他人的敏感性,而中国的翻译特色,又使得外国翻译理论不足以解释中国的翻译现象,难以全面推动中国翻译事业深化发展。学术研究特别需要创新。做到创新,就需要像谢老师那样既有宽阔的视野,又脚踏实地,把论文写在祖国的大地上。特别是实用性研究,更好地对准中国翻译在百年变局背景下面临的机遇与挑战,给翻译事业提供智慧和方案。

怀念谢老师，另一项工作是借助他的研究成果和教学经验培养更多的翻译人才。翻译专业在继承传统的基础上，进入了强化实践能力培养的阶段，这是中国国情所致，是社会发展的结果。无论是"一带一路"建设还是构建人类命运共同体，无论是经济上的双循环还是改革开放的深化，都需要实践型翻译人才的参与。这意味着在教学中可以更有利地发挥翻译专业教育与思政课密切结合的优势；这意味着更加重视翻译教师的实践，真正落实专业学生的翻译实践量，下功夫选择和使用好实践基地，切实跟踪毕业生的就业情况。

　　翻译教育和翻译实践不仅仅是少数人的事情，也不是翻译界自己就能解决全部问题的领域。翻译的发展需要教育人才评价体制的完善，要让老师爱翻译，会翻译，必须给老师提供相应的条件和氛围。要让更多的人甘心翻译，特别是要让中国人被迫承担的中译外翻译任务具有吸引力，需要给译者创造爱翻译的社会环境。

　　虽然，我们还时不时听到"中国人不要主动给外国受众提供翻译，就让他们听中文"的外行建议，还偶尔听到"中国人不需要下功夫学习外语"的不靠谱建议，但社会上大多数人明白，一个崛起的大国必须具备强大的外语能力和翻译能力。大家知道，构建中国的国际话语体系和打造人类命运共同体离不开外语。外语教育者有责任挑起时代重担，翻译工作者必须具备时代担当。完全可以预料，明天的中国会有更多的人讲外语，明天的中国外语环境将更加完善，明天的中国将有更多学者通过翻译讲述中国的故事。谢老师的译介学将发挥更大的学术作用！

产教相向而行，共同促进翻译人才培养

原文为 2022 年 7 月 2 日在外语学科产教融合育人模式创新高端论坛上的主题发言。

在 2020 年 7 月 29 日，新中国成立以来的第一次全国研究生教育会议召开，会后，教育部会同国家发改委、财政部三部门研究制定了一个非常重要的文件，也就是《关于加快新时代研究生教育改革发展的意见》。这个文件以及与之配套的文件对专业研究生教育的发展制定了多项具体措施。

新中国成立 70 多年来，我国累计培养了 1000 多万博士、硕士，2020 年在学研究生达到 300 万人，2022 年大概有 330 万，我国已成为世界研究生教育大国。伴随中国特色社会主义进入新时代，处于世界百年未有之大变局，中华民族伟大复兴战略全局的关键时期，我国研究生教育正在经历从大到强的转变，国内经济社会发展面临转型升级、高质量发展的挑战；国际上大国竞争日益激烈，研究生教育的战略性、重要性更加凸显，准确识变、科学应变、主动求变更为迫切。研究生，尤其专业研究生的发展在某种意义上，可以说是中国从站起来，到富起来和强起来这个过程在教育领域的反映。

前面提到的 2020 年促进研究生教育改革发展的文件强

调:"强化产教融合,加强专业学位研究生实践创新能力培养。"这个文件提出了落实研究生教育改革发展目标十大专项行动,其中第三就是"产教融合建设行动。"文件提出,教育部与国家发改委联合打造国家产教融合研究生联合培养基地,带动国家、地方、学校三级基地建设;推动行业企业全方位参与人才培养,完善产教融合联合培养质量评价机制。

在翻译领域,产教融合尤其必要,也取得了不小的进展。从专业硕士教育开办以来,高校与政府机构,企事业单位协作,建设实习基地,聘用专业导师已经成为绝大多数MTI院校的必要条件。通过各种校企单独和联合机制,专业学位学生在老师带领和指导下承担翻译项目在很多高校是培养学生的一个重要途径,企业也解决了缺少翻译人手的问题。中国翻译协会和翻译专业教指委从2014年开始制定实习基地标准、业界导师标准,帮助一些院校找到合适的业界合作对象。利用中国翻译的平台,也给从事翻译的老师和学生提供了一些难得的实习机会,最为著名的就是2008年北京奥运会,中国译协推荐广外口译教师到奥运村担任口译工作,给各国领导人和奥运代表团负责人与中方会见提供服务。

不少党政部门与高校合作比较融洽,在国内外主办国际会议和论坛时,聘请高校翻译教师。一个特别值得提到的发展,就是今年4月中国翻译协会换届期间,一大批高校从事翻译教育和翻译实践的学校领导和教授进入中国译协领导机构,增加人数之多,前所未有。上一届,即第七届中国译协常务理事会共51人,来自高校的常务理事只有9人,占整个常务理事会的17%,而本届,即第八届理事会共有常务理事92人,来自高校的常务理事达32人,接近35%,增加了整整一倍，其中 12 人担任副会长职务。这么高比例的高校人员出任中国翻译界行业协会的领导，这本身就是产教融合的成果和标志。

但我们也必须承认，实现更加密切，符合社会发展需求，有利于学科发展的产教融合，并有效促进翻译教育和翻译人才的培养与使用，还有很大努力空间，有很长道路要走。我们必须勇敢面对存在的问题，积极探索解决方案。

我觉得至少存在三个明显的问题。一、翻译界产教双方彼此互相了解不够，对各自的需求和兴趣点感受不深，这种认识上的差距难以帮助建立密切的产教关系。教育方，不管产业需求，照样可以办学。用人单位可以经常抱怨学生使用不顺手，但也不会去关心如何解决这个问题。二、双方缺少实际往来。很少有教授翻译的老师真正进入实践型机构实习或挂职，老师不清楚行业需要什么技能，希望毕业生能做什么，又如何有针对性地从事专业教育？而翻译业界忙于自己的业务，对拿出时间和精力跟高校沟通，特别是培训青年翻译教师缺乏热情。三、缺少能让双方坐在一起，真正了解对方的关切的机制性安排。即使有些双方都参与的业务探讨，也经常是各说各话，甚至就连某一篇文章、某一个词如何翻译，老师考虑的是语法句法，行业人员关心的是如何翻译才更能更好地回应受众市场，结果双方经常说不到一个点上，无法达成一致，更不要说默契。原因在于即使坐在一起，还是站在自己熟悉的角度看问题，而没有站到对方角度思考问题。老师关注哪个字词是否合适，句法应该如何处理，而业界强调自己行业语言表述有自己的规律。四、在目前教师评价体系下，老师更多的关注点在于理论研究和学术文章，行业则认为那些东西无助完成日常业务。这种巨大的差异，很难让双方能融洽地合作。

显然，这些问题的解决需要双方都加深认识，树立合作的愿望，培养合作的热情。我们可以学习医学界的一些有效做法。任何一个医学专业的学生都要当见习医生，经历临床实践，而指导其临床实习的老师可能就是他的大学专业导师。换句话说，医生往往既是教授，又是临床医生，且两项工作都不能偏废，而学生毕业前必须经过临床实践环节。医学专业能做到这样，有着其长期的传统。翻译界没有这种传统，这是今后在产教融合探索中应该逐步探索解决的。应该有更多的教授也从事翻译，便于教授和指导，应该有更多的翻译专业人员被聘为教授，能在课堂指导学生。如果专业硕士教育阶段还难以这样做到，至少专业博士教育开办后必须走这条道路。

那我们现在怎么办？我觉得也有三个方面可以探索。一、加强交流，理解对方，强化研讨。产教双方加深了解，理解对方的关切，寻找共同点。二、有合作愿望的产教单位探索相向而行之路。有合作欲望，才有可能站到对方角度考虑问题，也一定能够发现合作基础，找到合作伙伴。三、落实机制化措施，形成人才培养合力。比如，可否明确规定，每年翻译教师到业界深入基层多长时间，是否亲自参与业界的实践。又比如，业界，特别是有用人需求的单位，为帮助老师了解行业需求，为培养学生提供哪些具体条件。当融合的愿望变成双方的自觉行动时，也就是产教融合真正成为翻译人才培养的动力的时候。

开设专博教育：翻译人才培养迎来崭新的时代

本文发表于《中国翻译》2022 年第 6 期。

2022 年 9 月 13 日，国务院学位委员会、教育部公布了新的学科目录。这次发布有很多亮点：其一是专业学位教育与学术型的一级学科分开设立；其二是今后学科目录从每 10 年修订一次改为每 5 年修订一次。这充分彰显了在研究生教育领域国家新的发展战略，是研究生教育主管部门面对新时代对高层次实践型人才的需求推出的重要新举措。

设想变现实

开设翻译专业博士教育是翻译界、翻译教育界根据国家人才实际需求多年的呼吁。尤其是用人单位不断反映，毕业的学生需要多年的岗位再培训才能胜任所在岗位的业务需求，能够一到岗就能满足岗位需求的毕业生太少。早在 2007 年专业硕士教育开办之后不久，一些专家学者就开始探讨是否需要更上一层楼，适时适量开设翻译专业博士教育的问题。随着市场对人才需求的变化和高层次翻译人才从数量到质量都明显缺乏的问题日益突出，这种小范围的内部研究终于在2013年形成公开发表的文章。2017年全国翻译专业学位研究生教育指导委员会秘书处更是根据有关部门的提示，第一次把开设翻译专业博士教育的意见形成报告，一方面在教指委内部研讨，一方面上报有关部门。

需要指出，2007年开设翻译专业硕士教育时成立了全国翻译硕士专业学位教育指导委员会。鉴于赋予各个教指委的任务，所有专业的教指委都是由国务院学位委员会、教育部、人力资源和社会保障部共同设立的。2011年初，翻译等专业教指委换届时，都把"硕士专业学位"改为"专业学位研究生"。翻译教指委自然更名为全国翻译专业学位研究生教育指导委员会。这一名称上的变更清楚地表明，国家已经从顶层设计上考虑专业博士教育了。这一变化有力地鼓舞了人们加快开设翻译专博的探讨。同时也应该指出，令人遗憾的是，很多业内人士迟迟没有意识到教指委名称的变化以及这一变化所预示的研究生教育的改革和发展，这种滞后现象的标志之一就是至今仍然称呼全国翻译专业学位研究生教育指导委员会为翻译专硕教指委。

21世纪初，越来越多的人认识到，会外语不等于会翻译，翻译应该是一门独立的学科，需要按照一个独立的专业来办。当纠正了会外语就会翻译的误解之后，翻译的职业化和专业化教育得到明确，翻译专业的本硕博教育就变得顺理成章了。

现在，开办翻译专博教育的国家政策终于出台了，从2023年开始就可以招收首批专博学生，但是培养单位和用人单位都准备好了吗？

水到渠将成

创办翻译专博的新发展方面明确以后，接下来要明确的问题是谁来办、怎么办，谁来教、如何教等一系列问题。

回答这些问题，需要首先分析一下多年来大家发现的涉及翻译界的突出问题。

第一，重视理论，忽视实践。翻译教育中重视理论有其必然。像其他众多学科一样，在20世纪80年代恢复研究生教育时，翻译也面临缺乏研究人员、缺少理论支撑的困惑。于是，国家大力发展外国语言文学教育，积极推动翻译理论研究，及时培养了当时社会上急缺的语言研究和教育人才。但是，当中国进入了新的发展阶段，特别是在新时代面临日益突出的国际传播任务，需要翻译界站到讲好中国故事、对外介绍中国文化、输出中国技术和标准的最前沿时，出现了融通中外人才在数量和质量上的明显不足。开设专博，无疑是提供这些领域高端人才的一个重要渠道。

第二，在现有的翻译理论研究方面，存在着研究西方翻译理论多，研究中国特色翻译理论少的情况。学习外语，自然为了解、研究和引入西方翻译理论提供了基础条件，尤其在过去许多年，翻译领域的工作重点是把海量的外文资料翻译成中文，在这种情况下，学者们花费很大精力消化和分析西方翻译理论成为必然，也为提出中国特色的翻译理论打下了基础。现在翻译界面临的挑战是如何通过翻译环节来构建中国特色国际话语体系和叙事体系，把一个真实、立体、全面的中国呈现给国际受众，这个任务所需要的理论支撑应该建立在把以方块字为特点的中文转化成外文的基础上。谙熟西方翻译理论的人才永远需要，但是必须面对新任务、新挑战培养高端实践型翻译人才，让翻译界不仅有熟悉西方翻译理论的学者，还有更多的人投身对外传播中国的翻译实践当中。

一旦开办翻译专博，重点应该放在哪些方面呢？人才培养首先要聚焦国家发展战略，满足国家各项事业急需，也就是要面对实现我国第二个百年目标来设计如何满足翻译人才需求。培养什么样的专业博士是个严肃认真的问题，需要仔细斟酌，特别是翻译业务存在于众多的行业领域，不同机构培养的专博要满足其相关领域的人才需求。因此，至少在专博初创阶段需要重点考虑以下几个方面：

1. 高层次对外传播定稿人员。 纵观全国，从事对外传播的单位都肩负着越来越繁重的对外翻译任务，且因为工作性质，多是时间紧迫需要争分夺秒完成的任务。时间紧、任务重，这是普遍现象。现在的情况是任务有了，但高层次定稿人才队伍没有完全建立起来。许多想翻译的材料没有足够的人手翻译；许多想翻译得更好、更能影响海外受众的文稿水准不够。中国在政治、外交、经济、文化和军事各个领域都已经成为世界大国，这就意味着需要一支与之相配的翻译队伍。中国越是发展，面对的国际挑战越是复杂，承担的国际义务越是繁重，越是需要一支不断扩大的高端翻译队伍。每年全国获得译审职称、具备"一锤定音"资格的定稿人员只有区区几十名，而这几十人中还存在着语种不平衡的问题。近年来通过对翻译专业职称评审人数的统计表明，目前具有高级翻译职称的人员中，英语占40.5%、日语11.8%、法语11%、俄语8.4%、德语6.8%、阿拉伯语3.9%、朝鲜（韩）语1.9%、意大利语1.8%、泰语1.4%、乌尔都语1.3%，其他几十个语种的获证人员不到1%。"一带一路"所涉及的50多个语种的翻译人才奇缺，高端翻译更是凤毛麟角。

2. **翻译技术开发所需的高端翻译人才。**人们越来越清楚地认识到，新技术可以帮助人们更快、更大量、更经济地从事翻译，与此同时，人们也发现，目前的机器翻译不仅外译中水平有待提高，中译外更是不尽如人意，关键时刻关键文稿还得靠人。基于这种背景，更需要加大翻译技术的开发力度。人工智能技术的研发人员需要具备计算机和语言等多种知识结构。没有职业翻译参与，成熟的技术难以开发，即使有了产品，有的也形同鸡肋。实践证明，凡是没有翻译实践基础的技术研讨多是空中楼阁，要想开发出高质量的翻译技术，翻译专业人员必不可少，而高层次翻译技术开发，自然需要高层次翻译人员参与其中。

3. **高端涉外管理人员。**自从改革开放以来，特别是"一带一路"倡议提出以来，面对构建人类命运共同体的使命，中国经济利益涉及的地区越来越广阔。履行大国职能自然需要一支不断壮大的国际化管理人才，而这些人员最基础的条件之一是能在至少两种语言，特别是语言背后两种文化之间熟练穿越。高层次涉外管理人员仅靠简单会话远远不能承担涉外项目的管理，他们必须是具备高端翻译能力的、两种文化之间的摆渡者。

4. **高端翻译人才的培养者。**近年来翻译专业硕士教育培养了一大批翻译专业的后起之秀，为满足实用型翻译人才作出了积极贡献。与此同时，一个不争的事实是，翻译专业硕士教育学术化严重，承担翻译教育的教师缺乏翻译实践经验，不了解用人单位的业务，甚至没有能力帮助学生通过二级翻译资格（水平）考试，我国急需一批既会翻译又懂教学的高端翻译教师队伍。不少青年教师有朝着这个方向发展的志向，但是发现自己的业务晋升只有攻读学术博士这一条路径。问题是，一旦去攻读学术博士，距离翻译实践能力提升更加遥远。简而言之，目前的教师队伍不能完全胜任高端翻译人才培养，必须从抓好翻译教师队伍做起，要给青年教师开辟既可以提高翻译实践能力，又能更好地从事翻译专业教育的发展渠道。

新事要新办

开办专博，意味着打开一个全新的翻译教育局面。为此需要明确谁来办怎么办的问题。在多年的探讨过程中，出现频率最高的一个词是"项目制"。概括地说，学术博士读书阶段是确定一个研究主题，阅读一批图书，撰写一系列文章，完成一部学术论文的过程。当然人们还比喻说，读博如此艰难，等于要脱掉一层皮。相比之下，专业博士阶段应该是确定一个主攻方向，参与一个实践性项目，获得一个或多个新的成果，认识上升到一个更高的台阶，完成一篇体现成果和领悟的文章。由此可见，学博和专博是平行的两股道上跑的车，虽然都称作博士，但是它们出发点不一样，取得的成果不一样，达到的目标也不一样。翻译学术博士的培养经过几十年的实践已经很成熟，翻译专业博士则需要创出一条新路，而"项目制"则是这样一条新路径。

2020年出台的"专业研究生教育发展方案（2020—2025）"明确指出，专博的设置要由行业主管部门、行业协会和学位授予单位一起来论证。这样可以保证培养方案能够对准行业对人才的需求。既然方案论证阶段行业要发挥作用，培养阶段行业也责无旁贷。"项目制"正好能够保证人才培养与行业主管系统和行业用人单位无缝衔接，有机结合。为此，业务主管部门和行业协会要积极参与论证，把高端翻译人才的需求介绍透彻，说得明确，在培养阶段始终参与，包括提供可供博士生参与的项目，派遣行业指导老师。学位授予单位则一定要明确，与学术博士教育最大的不同之一是，翻译专博的培养不再是自家独立完成的事业，而是要走出校园，与行业携手打造新课堂、新事业。而在读的专业博士研究生不必再纠结要在哪个学术刊物上发表文章，要发表多少篇文章，也不必再纠结把别人的翻译成果归结为哪种翻译理论的产物，而是心无旁骛地专注自己参与了什么实践项目，翻译了什么，审校了什么，定稿了什么，其质量如何，从中领悟到了什么。

当然，一项新的事业的开启绝非易事。虽然社会上对高端实践型人才需求旺盛，但是不可能做到新人源源不断入列。这不仅与传统的人才培养模式有关，也与人们的意识落后于实际需求相关。认为专业学位低于学术学位，喜欢谈理论排斥翻译实践，忙于写文章疏于做实践的情况相当普遍。在很多地方，专业教师的评价标准不是侧重其实践成果，而是理论研究的文章多少。这导致了我们缺乏一支兵强马壮的翻译专业教师队伍。

在过去的讨论过程中，还出现一个词——"区域导师团"。有学者担心，现有的高校导师队伍当中，具有实践经验的人数偏少，从而很多学校难以启动对翻译专博的培养。这种担心不无道理。但是，如果等高校的翻译专博导师队伍都成熟、强大起来，专博的培养就会遥遥无期。组建横向联系、强强结合，跨校园、跨单位、跨区域、聚行业的导师团队也许是出路之一。一些行业特点比较突出的领域，如医学，特别是中医药以及法律、海外经济项目管理等方面，跨省市、聚合行业资源的机构就显得更为现实。不难想象，学校大门打开的程度将成为翻译专博人才培养水平的一个基本标志。

不言而喻，新版研究生学科目录的公布是翻译专业博士教育万里长征的第一步。一旦进入正式论证阶段，行业主管部门、行业协会和学位授予单位一起开动脑筋，必然会确定更为现实的专业方向和具有可操作性的培养方案。可以预期，行业提供实践性项目和岗位，大学教师走进实务性机构将成为常态。总之，翻译人才培养即将打开一个崭新的局面，开辟一片培养实践型高端人才的新天地。

参考文献

[1] 国务院学位委员会，教育部关于印发《专业学位研究生教育发展方案（2020—2025）》的通知（学位〔2020〕20号）.

[2] http://www.moe.gov.cn/srcsite/A22/moe_826/202009/t20200930_492590.html.

第四部分

翻译行业建设

翻译质量与翻译协会的责任
——在第 17 届世界翻译大会公开论坛上的演讲

原文发表于《中国翻译》2005 年第 5 期，第二作者为黄长奇。

全球化和多元化是当今世界两大潮流，在多种文化的接触、碰撞中起沟通作用的翻译也获得了前所未有的发展。程章灿在《翻译时代与翻译精神》一文中指出，这是一个翻译的时代，在我们生活的几乎每个角落，都能见到翻译的身影。网络技术进一步将"地球村"中的众声喧哗以"同声传译"般的速度传送到我们的耳畔（程章灿，2004）。翻译行业在世界各地都迅速发展。美国联合商业情报公司（Allied Business Intelligence）根据调查估计，2005 年包括人工翻译、机器翻译以及软件和网站本地化在内的语言翻译市场规模将达到 227 亿美元（ABI，2000）。仅欧盟每年投入到翻译上的经费就高达 7—8 亿欧元，2005 年预计将攀升至 10 多亿欧元（Owen，2005）。中国翻译市场在 2005 年也将达到 200 亿元人民币的规模（亦仁，2003）。

翻译市场的繁荣给翻译行业带来了前所未有的机遇，同时也带来了巨大的挑战。翻译的历史可以追溯到人类文明的起源，但翻译形成一定规模，以行业的面貌出现却只是近几十年的事情。翻译市场尚不够规范，缺乏必要的准入制度，翻译专业培训也远不能满足市场对翻译人才的需求。而且，社会对翻译的认识还存在诸多误区。因此翻译产品的质量问题便凸显出来。在宾馆饭店、旅游景点或博物馆等窗口行业和公共场所，错误的或不规范的外语宣传资料几乎随处可见，严重影响了城市和国家形象；在出版界，由未经过翻译专业培训的"业余翻译"赶制出来的蹩脚译作摆满书架；而在翻译服务市场上，翻译采购方常常发现在众多的翻译服务企业中，难以找到称心如意的服务商。这反映出目前翻译界存在的一个突出问题：翻译数量膨胀了，翻译质量却难以保障。滥竽充数的翻译产品和服务给整个翻译界带来了信誉危机，翻译工作者的权利也难以得到有效的保障。

翻译协会作为翻译工作者的自律性组织，在提高翻译整体质量，进而维护行业声誉、提高从业人员地位方面承担着义不容辞的责任。

本文提出翻译协会在提升翻译质量方面应该采取四大措施：推动实行行业准入制度，建立翻译质量监督与评估机制，加大翻译专业人才培养力度，以及倡导职业道德、加强翻译行业自律。

一、推动实行翻译行业准入制度

严格的市场准入制度是成熟的市场经济的特征之一，也是规范行业行为、提升行业声誉的重要保障。行业准入包括两个层面：作为翻译主体的个人（译者）的就业准入和作为翻译中介组织的企业（翻译公司）的经营准入。

资格认证（大部分以考试方式进行）是个人译者进入翻译行业的通常方式。国际翻译家联盟翻译工作者地位委员会开展的一项调查显示，45%的接受调查的翻译组织提供翻译人员资格认证服务（Jiri，2005）。其中，有政府部门实施的资格认证项目，如澳大利亚的国家笔译和口译资格认证机构（NATTI）实施的认证和中国国家人事部推行的全国翻译专业资格（水平）考试（CATTI），各国的翻译协会，如澳大利亚翻译协会（AUSIT）和中国翻译协会都积极推动、参与以上项目并利用其资源优势提供支持。在一些尚无政府认证项目的国家，翻译协会填补了这一空白，例如美国翻译家协会（ATA）实施的证书项目（Certification Program）。这些资格认证项目为口笔译客户提供了质量保障，并帮助翻译人员作为专业人士获得应有的尊重。

针对翻译服务企业的准入制度相对比较滞后。在很多国家，注册一家翻译公司无须提供任何相关职业培训或资质证明。这就使很多不懂翻译业务的人员混入这个被认为是"无本万利"的行业，导致翻译市场的混乱和翻译质量的下滑，严重影响了整个翻译行业的形象和利益。

经营准入制度涉及政府审批部门，翻译协会无权制定任何法规，但协会可以通过努力，推动和加快这一制度的建立。中国翻译协会与中国标准化协会合作，推动出台了中国翻译服务领域的第一部国家标准《翻译服务规范 第1部分：笔译》（GB/T 19363.1-2003），规定了翻译服务企业应该具备的条件。德国和奥地利早在1998年和2000年就制定了翻译服务国家标准。在欧洲各国翻译协会和翻译企业的推动下，欧盟也在加紧制定欧洲统一的翻译服务标准。这些标准的制定，将为实施翻译服务企业准入制度奠定基础并将加速这一制度的建立。

二、建立翻译质量监督与评估机制

任何行业的健康、可持续发展都离不开一套完善的监督和评估机制。作为翻译行业的一个中立的权威机构，翻译协会有能力也有义务建立这样一套机制，以促进翻译行业的健康发展。

建立质量监督与评估机制的第一步是制定评估的标准。中国翻译协会与中国标准化协会联合制定的第二部国家标准《翻译服务译文质量要求》(GB/T 19682-2005) 旨在提供一个评判译文质量的标准。该标准以翻译服务译文的使用目的为基础，综合考虑时间、难度等关联因素，创造性地提出了"综合差错率"的概念以及一个量化的评判指标。该标准已于 2005 年 6 月发布，9 月 1 日正式实施。

有了评判标准之后，下一步是建立一个评判机构。中国译协正在筹备建立质量评估委员会，以便根据标准，对翻译服务领域的质量纠纷进行评判和调解。为了建立对翻译质量的有效监督和评估机制，中国译协还需要和司法部门沟通，获得其支持与认可。这些措施的实施将有利于提高翻译领域的质量意识、树立翻译行业品牌，从而使翻译服务行业逐渐步入规范化管理的轨道。

据我们所知，芬兰翻译协会设有调解委员会，英国翻译协会设有仲裁与职业标准委员会，都具有类似的职能。

三、加大翻译专业人才培养力度

巨大的市场需求和翻译人才，特别是高水平翻译人才匮乏之间的巨大差距，是翻译质量问题的核心所在。因此，确保翻译质量首先应该从翻译人才的培养入手。

大部分翻译协会都意识到了这一责任。举办各种学术研讨会和翻译实践方面的培训活动是很多翻译协会的一项重要工作内容。

中国译协于1995年设立了翻译理论与翻译教学委员会，团结全国各高校的翻译院系，通过举办学术研讨会，共同探讨促进翻译人才培训专业化、规范化、科学化的道路。2003年举办的首届"全国应用翻译研讨会"讨论了应用文体翻译理论和应用文体翻译实践探索及经验总结，对于推动中国应用文体翻译的发展起了很大的作用。2004年举办的首届"全国翻译学博士论坛"，探讨了翻译学发展的一些前沿课题及口笔译教学所面临的新问题、新挑战，为翻译专业基础性研究和译学的发展提供了新思路。

除了通过研讨会、讲座等活动间接引导培训工作外，中国译协及其各地会员组织还直接组织一些应用性、针对性很强的培训活动。例如，《中国翻译》编辑部于1997年至2004年先后举办了四次全国暑期英语翻译高级研修班和全国暑期英语口笔译教学高级研修班，参加者总计逾700人次，因注重质量已成为高级翻译人才和翻译师资培训的一大品牌。中国译协遍布全国的地方协会也组织了不同规模、不同层次的翻译培训。这些翻译培训活动带动了整个翻译培训市场的兴起，为培养各类翻译专业人才树立了典范。

四、倡导职业道德，加强行业自律

行业协会的一项主要职责就是倡导职业道德，实施行业自律，从而维护整个行业的声誉。

很多国家的翻译协会都制定了职业道德规范文件，明确提出行业的道德规范要求。国际翻译家联盟早在1963年就制定了《翻译工作者章程》，其目的之一就是为它所代表的世界各国的翻译工作者们提供一个道德规范的蓝本。澳大利亚翻译协会制定的《口笔译人员道德准则》得到该国翻译工作者的广泛认同，并获得一些政府部门的认可。中国译协翻译服务委员会即将发布的《翻译服务行业职业道德规范》和《翻译服务行业诚信经营公约》，倡导翻译服务行业自律。

规范和公约明确了翻译服务行业应该遵循的做法，表彰和奖励活动则为翻译人员树立了具体的榜样。国际译联在世界翻译大会上向文学翻译家、非文学类翻译家和儿童文学翻译家等颁发7种奖项。中国译协自2001年开展了表彰资深翻译家的活动，在全社会弘扬老一辈翻译家严肃、认真、负责的高尚译德译风。中国译协还创办了中国翻译界组织时间最长、参赛人数最多的翻译竞赛——"韩素音青年翻译奖"。这些活动将有助于在翻译界形成严肃认真、积极健康的学术氛围，抵制各种粗制滥造、剽窃等行为。

最后，我想引用国际译联主席贝蒂·科恩(Betty Cohen)在2004年"第四届亚洲翻译家论坛"致辞中的一句话来结束我的发言："我们必须通过每一个协会，每一个区域中心，以及国际译联本身，传达同一个信息：翻译必须专业化，这样才能确保翻译的质量。"这是国际译联的责任，也是我们每个翻译协会的责任。

参考文献

[1] 程章灿. 翻译时代与翻译精神 [N]. 文汇读书周报，2004-6-18（9）.

[2] 亦仁. 翻译经济——期待产业化 [A]. 千龙财经，2003-12-10. http://finance.qianlong.com/26/2003/12/10/81@1758797.htm.

[3] Language Translation 2000: World Market Forecasts, Industry Drivers and eSolutions[R]. Allied Business Intelligence Inc.（ABI），2000.

[4] Owen, James. With 20 Official Languages, Is EU Lost in Translation?[N]. National Geographic News. February 22, 2005. http://news.national Geographic.com/news/2005102/0222_050222_translation.html.

从翻译工作者的权利到外宣翻译
——在首届全国公示语翻译研讨会上的讲话

原文发表于《中国翻译》2005 年第 6 期，略有删改。

每年的 9 月 30 日是全世界翻译工作者的节日——国际翻译日。今天，在这一节日来临之际，大家相聚于此，深入探讨公示语翻译问题，实际上也是对外宣传中的翻译问题。这是非常有意义的尝试和举措。我多年从事对外宣传工作，对此感到十分欣慰和鼓舞。

我想还是从今年国际翻译日的主题谈起。2005 年国际翻译日的主题为"翻译与人权"（Translation and Human Rights），从普通人的权利引申到翻译工作者的权利。国际会议口译员协会（AIIC）于 2001 年底完成了一项译员"工作负荷研究"的调查报告。报告中提到，"通过分析译员心理、生理、物理（工作场所条件）和译员表现四组参数之间的关系来研究译员的工作负荷"（杜争鸣、孟祥春，2005：76），这被称为一项"以人为本"的调研工作，也是为译员争取更多权利的一大举措。可见，让全社会充分重视翻译工作、充分尊重翻译工作者的权利已经成为全世界翻译工作者努力的方向。

中国翻译协会作为全国翻译工作者的专业组织，多年来也为此做出了不懈努力。2005年8月,中国译协成功申办了2008年第18届世界翻译大会,其重要意义之一在于提升翻译工作的社会地位和影响。同时,中国译协个人会员发展工作也于2005年正式启动。这些举措对于维护翻译工作者的权益,更广泛地团结翻译工作者,促进我国翻译事业的发展都将具有重要意义。

结合公示语翻译问题,就中国翻译事业的发展,我想从对外宣传翻译工作的角度谈四点意见。

一、良好的职业道德是对翻译权利最有力的保障

翻译工作要想得到社会的尊重和认可,首先需要翻译工作者自觉自律和整体素质的提高。翻译工作者,不仅肩负着吸收别国先进科学技术和优秀文化、让中国人放眼看世界的任务,更承担着对外宣传的重要使命。2005年第17届世界翻译大会共有60场论坛,其中一场论坛的题目比较吸引人:"从母语翻译成外语——一项错误的选择"。我在这个论坛上发言时说,在欧洲这个题目的立意可能是对的,但放到中国,完全行不通。比如说,法国人要想把自己的作品翻译成英文,他们很容易就能找到一大批法语非常好的英国人来承担此项任务。同样,英国也很容易在法国聘请一大批懂英语的法国人来承担英文翻译成法文的任务。这两个国家当前的人口都在5,000万以上,在对方国家聘请100万人把对方的材料翻译成自己民族的语言可能是不太难办的事情。可是,我们中国到哪里去聘请不要说100万,就是10万、5万,甚至1万个中文很好、能胜任把中文翻译成英文或者法文的外国翻译

呢？因此，对我们中国来说，这不但不是错误的选择，而且还是目前唯一的选择。

中国经济日益发展，国际影响日益扩大，随之要翻译成外文的各种资料也与日俱增，这给中国的翻译工作者赋予了光荣艰巨的历史使命。在国家的对外宣传中，翻译者的任务就是出色地将中文译成外文，通过图书、期刊、报纸、广播、电视、互联网等媒体以及各种国际会议发表和传播中国的观点（黄友义，2004：27）。不过，"在对外开放的形势下，各行各业几乎都有对外宣传的任务和要求，这就是人们常说的'大外宣'的观念，凡是同外国人有来往、有接触的地方，就都要做外宣工作，就都需要外语"（爱泼斯坦、林戊荪、沈苏儒，2000：2）。因此，外宣翻译关乎国家形象，其中的错误与缺陷会被放大来看。毫不夸张地说，外宣翻译是一个国家对外交流水平和人文环境建设的具体体现。翻译工作的成效很大程度上反映在外宣翻译的效果上。

我们的外宣翻译仍然存在不少问题，有不少亟待改进的地方。在宾馆饭店、旅游景点或博物馆等窗口行业，在公园、街头、商场等公共场所，错误或不规范的外文随处可见（黄友义、黄长奇，2005：8）。有学者曾撰文将对外宣传中的英语翻译质量问题归纳为10种情况，如望文生义、不符合英语习惯的翻译，不符合国际上通用惯例的翻译，对汉语中缩略语的翻译令人难以看懂，意思出现偏差的翻译，蹩脚的、错误百出的翻译，不了解中外文化差异而生硬"移植"的翻译，等等。

笔者从事外宣工作30多年，更是感触良多，耳闻目睹的相关例子比比皆是。有些中英文对照的标语，没有拼写错误，没有语法错误，也不能说句法不符合英语习惯，但是读起来怎么都不是滋味,不像中文那样朗朗上口、给人深刻印象;不能让外国读者享受到中国读者阅读中文时所享受到的语言文字美,只是"达意"而未能"传情",读起来不痛不痒,缺乏"神韵"与时代气息。如在北京中关村某大街的墙壁上赫然写着这样一行标语:"多一点科学　多一点民主　多一点理性　多一点宽容　多一点关爱　就多一分和谐"。在汉语的下面对应着这样的译文:"a bit more science　a bit more democracy　a bit more reasoning　a bit more tolerance　a bit more love　shall result in a bit more harmony"。中文分六节,英文也对应着六节,似乎十分忠实原文,但没有按照以英文为母语的人们的阅读习惯完整、准确地传达中文的意思。

　　上述诸多问题的出现归结为一个原因就是,社会没有充分认识到不合格的翻译所产生的后果。中文配外文似乎不是讲究实用,而是赶时髦。很多人以为只要是学过外语的人就能做翻译,一些学过外语的人似乎本身也这样想。常见一些找兼职翻译工作的人,简历上写着英语"四级"或"六级"。笔者并非说"专八"就一定比"六级"英文水平高,但是看到过"四、六级"的人就对自己的翻译水平充满自信,怎能不联想到中国翻译市场的鱼龙混杂?翻译工作者的整体形象怎能不受到影响?翻译工作者的权利要得到充分保证怎能不困难?

　　可喜的是,一直有人在为提高外宣翻译质量而呼吁,而努力。《中国翻译》近年来专门增设的"外宣翻译"专栏,受到了越来越多的关注。相关研讨会也一直在举办。我们也有不少成功的中译外作品,在对外宣传中发挥了一定的积极作用。我们应该借鉴其成功经验,加以推广,并继续改进。

　　做好外宣工作中的中译外,首先需要翻译人员有扎实的语言功底和娴熟的翻译技巧。其次是严谨的治学态度和良好的职业道德。此外，还要做到内知国情、外知世界，特别是中国的对外政策和外国人对中国问题的理解能力。

笔者在《中国翻译》2004年第6期上曾撰文，提出要坚持"外宣三贴近"原则。"三贴近"指贴近中国发展的实际，贴近国外受众对中国信息的需求，贴近国外受众的思维习惯。根据自己的多年实践经验，我认为"贴近国外受众的思维习惯"这一原则是外宣翻译具体操作中最需要注意的。为此，必须做到两点：一是充分考虑文化差异，努力跨越文化鸿沟；二是熟知外国语言习俗，防止落入文字陷阱。英国朋友格林曾说："每一个从事对外宣传的作者、翻译、编辑，都应在他们的写字台上放一个标语牌，上面写着：外国人不是中国人。"（唐润华，2005）国务院新闻办公室主任赵启正反复提倡外宣工作要"内外有别"，也是强调中外受众的思维、心理差别，不能按我们自己的习惯向他们宣传。翻译中国特色的材料时尤其要注意思维方式的转换，否则事倍功半。

翻译质量保证了，翻译在对外宣传中发挥了积极有效的作用，翻译工作就有理由得到社会各界的尊重，而不是像现在那样，人们一谈起翻译，往往就是列举翻译中的错误，使翻译成为人们茶余饭后的笑柄。

二、高度重视翻译事业应该成为全社会的共识

目前如果说社会翻译水平不高，特别是公示性外语水平亟待提高，首先是翻译工作者的职业道德和专业水准的问题。那么我在这里还希望着重指出，社会各界对翻译工作的重要

性和影响力缺乏足够的认识,也是一个亟待解决的难题。

国际翻译家联盟前任主席科恩女士2004年1月访华时曾以"如果世界一天没有翻译"为题,论述在当今经济全球化的时代,翻译工作者所发挥的重要社会作用。的确,国际交往越频繁,翻译的工作量就越大,所发挥的作用就越重要。我们国家正在构建和谐社会。当时的国家主席胡锦涛在北美访问期间,提出了构建和谐世界的观点,引起国际社会的广泛关注。世界上的一切交往,都离不开翻译。同样,要建设和谐世界,思想、观点和价值观的沟通也都离不开忠实、准确的翻译。可以毫不夸张地说,翻译是建设和谐世界不可或缺的一支重要力量,是国际沟通的桥梁。在这一方面,外宣翻译的作用尤为突出。

然而,我们不得不遗憾地指出,在很多时候,翻译者的作用、翻译事业发展所需要的条件,还远远没有被人们认识到。很多人常常简单地认为,"我说或者我写,你翻译就是了"。一篇文章的撰写可以用上一个星期甚至几个月,到了必须对外发表的时候,才想到要找人翻译成外文,给翻译的时间过短,致使翻译们没有时间按照翻译规律来认真仔细地推敲。其结果就是不仅翻译们苦不堪言,还难以拿出高质量的译稿。

原创作品中,作者的名字肯定要放在明显的位置,但译者的名字往往根本不出现,翻译工作虽然重要和辛苦,但译者的劳动得不到应有的承认,又如何让他们有光荣感和使命感?

我们应该承认,对翻译重视不足是世界性的普遍问题,但也有一些国家高度重视翻译工作和翻译工作者的地位。比如挪威,就由政府出资,每一部翻译作品在图书馆借阅一次,就给翻译支付一次翻译版税。虽然版税并不高，但至少能让翻译感受到自身的价值，感受到自己的知识和劳动被社会所承认。难怪在翻译界只要有重要的国际会议，人们就能看到很多挪威人的身影。他们的社会地位高，报酬丰厚，在国际舞台上也神采奕奕。

不难想象，当我们的社会各界充分认识到，翻译是一门严肃、高级的学问，翻译工作者是需要用金钱和时间培养的，他们需要在实践中边工作边学习提高，而不是召之即来，挥之即去的小伙计。只有当翻译成长的社会条件具备了，他们的使命感和荣誉感才会加强；社会各界对翻译的认识加深了，才知道如何选择合格的翻译，才能协助提高社会翻译水平，公示性的外语环境才会得到真正的改善。

三、大力加强翻译人才培养是社会发展的重要前提

目前，我国翻译界特别缺少中译外高级人才，这方面的人才培养状况却很不理想。翻译教学中，文学、经贸的内容较多，这无可厚非，很多翻译课程教授的虽然有中译外的理论，但有意识地将翻译放在外宣高度来讲的，似乎并不多见。外宣翻译难度大，外宣翻译的培养要求高。鉴于中译外在当前阶段几乎是我们的"唯一选择"，高校在外宣翻译的教学上需要下更大的力气。比如尝试将"对外宣传"作为中译外课堂的重要专题，以此展开教学，加强学生的外宣意识与使命感，在"三贴近""内外有别"的原则指导下进行翻译训练。这样，那些经过正规培训的翻译工作者在外宣翻译中起码不会出现大的疏漏。

外宣翻译的培养除去高校教育和翻译自身实践以外，还需要有相应的监督管理机制。

2003年，国家人事部与中国外文局推出了全国翻译专业资格（水平）考试。这是为培养翻译队伍、规范翻译市场、提高中国翻译者的整体素质所做的一项有益工作，是从20世纪80年代开始评定翻译专业技术职称以来，最重要的一项国家举措。翻译资格考试的重点放在检验和培养翻译的实践能力上。自2003年底首次试考以来，目前已有19,995人次参加了这项考试。当然，这项制度要想得到社会的普遍认可和全面实施还有一个过程。我们完全有理由相信，这项考试必然对科学、客观、公正地面向全社会选拔翻译人才做出贡献。

中国的发展需要一支强大的翻译队伍，实现中华民族伟大复兴，翻译工作者责无旁贷。我们殷切期待一批又一批的优秀翻译工作者参与到我国的对外宣传事业中来。

四、严格实施翻译质量管理是翻译事业健康发展的必要措施

鉴于我国翻译市场和翻译队伍的现状，有必要对翻译质量实施进一步的规范与管理。希望国家有关部门出台相应的对外宣传文字的管理条例，并设立监督管理部门。国家为规范汉语语言文字的使用已经做了很多努力，并颁布实施了《中华人民共和国国家通用语言文字法》。其中第十三条规定："公共服务行业以规范汉字为基本的服务用字。因公共服务需要，招牌、广告、告示、标志牌等使用外国文字并同时使用中文的，应当使用规范汉字。"这里虽然提到"外国文字"，

却没有对它的使用做具体要求。那么这是否意味着中文配外文时只要中文正确就行，外文正确与否则无所谓了？这显然不符合时代的要求。而加上"规范的（外国文字）"几个字即可起到"一石两鸟"的作用。当然，更为理想的是单独制定有关外文的使用条例，也就是上面说的对外宣传文字的管理条例。有了相应的管理机制，客户在寻找译者时自然会更加谨慎，翻译人员本身为了避免承担更大的责任当然也会更细心，不具备翻译资质的滥竽充数者也会被淘汰。与管理条例相配套的则应是遵守职业道德、有责任感的翻译质量监督管理部门，负责外宣翻译质量的评估、监督等管理工作。

2008年第18届世界翻译大会将在上海召开，这将是中国翻译界向世界翻译界宣传中国的一次盛会，也是中国翻译界向国内其他行业展示自我的一次机会。希望那时配合2008年奥运会和2010年世博会，我们的外宣翻译会取得更加丰硕的成果。到那时，我们再欢聚一堂，共同探讨促进世界翻译文化发展的途径。

参考文献

[1] 杜争鸣、孟祥春. Workload Studies: 一项以人为本的口译工作调研 [J]. 中国翻译, 2005 (5).

[2] 黄友义. 坚持"外宣三贴近"原则, 处理好外宣翻译中的难点问题 [J]. 中国翻译, 2004 (6).

[3] 爱泼斯坦、林戊荪、沈苏儒. 呼吁重视对外宣传中的外语工作 [J]. 中国翻译, 2000 (6).

[4] 黄友义、黄长奇. 翻译质量与翻译协会的责任 [J]. 中国翻译, 2005(5).

[5] 丁衡祁.对外宣传中的英语质量亟待提高 [J]. 中国翻译，2002（4）.

[6] 万正方、单谊、陈婷等.必须重视城市街道商店和单位名称的翻译 [J]. 中国翻译，2004（2）.

[7] 傅志爱、官洁瑜、李艾文等.再谈城市街道商店和单位名称的翻译 [J]. 中国翻译，2005（4）.

[8] 唐润华.掌握技巧减少宣传色彩外宣工作者需要什么 [J]. 对外大传播，2005（6）.

发展中国翻译事业，更好地为对外开放服务

原文发表于《求是》杂志 2008 年第 10 期，略有改动。

2008 年 8 月初，在举国迎接北京奥运会之际，第 18 届世界翻译大会将在上海召开。翻译作为中外文化交流的桥梁和纽带，在加强对外文化交流，吸收各国优秀文明成果，增强中华文化国际影响力方面，担负着重要的历史使命和社会责任。在新的历史起点上，要从国家发展战略的高度，进一步认识、关注和推进中国翻译事业的发展。

一、中国翻译的历史：社会进步和对外开放的见证

改革开放 30 年成就了中国翻译事业的大发展和大繁荣，而翻译事业作为服务于改革开放的先导力量，也为促进新时期日新月异的现代化建设发挥了重要作用。

中国历史上曾出现过几次翻译高潮，如东汉至唐宋的佛经翻译，明末清初的科技文献翻译，以及鸦片战争至五四运动时期的西学翻译，成为当时中外文化和思想交流的先导。而伴随我国改革开放 30 年历程的这次翻译高潮，无论在规

模、形式上，还是在水平、质量和对中国发展的贡献上，都是前几次翻译高潮所无法比拟的。如今，翻译工作不仅是一种工具，其涉及的范围也不仅局限于外事工作、文学作品、马列经典著作等领域，而是辐射到政治、经济、外交、文化、科技、军事等方方面面，构建起中国与世界文化交流的桥梁。

伴随着改革开放和翻译事业的发展，全国性的社会组织——中国翻译协会（原名"中国翻译工作者协会"）于1982年成立。该组织自成立以来，在聚合全国翻译力量、促进翻译事业发展和规范翻译行业管理方面，发挥了组织引导作用。目前，从整体规模上看，翻译工作已经从原来的政府机关和相关事业单位、科研机构的分支发展成为专门职业，翻译服务作为新兴的现代服务产业不断发展壮大。据不完全统计，目前我国各种翻译服务机构已超过3000家，到2007年底，中国翻译服务市场的产值已接近300亿元人民币。翻译已作为一门独立的学科专业进入高等教育体系，翻译教育从过去作为外语教学的辅助手段，发展成为培养职业翻译人才和翻译研究人才的专业教育，翻译学科体系日趋完善。翻译工作的形式和手段，也由原来的笔译、外事口译扩展到同声传译、视译、字幕翻译等多种形式，而新技术的发展与应用，正在打破几千年来传统的翻译工作方式，机器翻译或计算机辅助翻译日益彰显其创新活力。

回顾改革开放30年来我国翻译事业的发展历程，可以看到，翻译工作在政治、外交、经济、军事、科技、文化、对外传播和民族语文等各个领域都取得了历史性成就。今天，在世界越来越多的地方，人们每天可以读到新华通讯社用多种语言提供的新闻专稿和特稿，读到英文版《中国日报》，看到中央电视台用英语、法语、西班牙语向世界各地播出的电视节目，听到中国国际广播电台43种语言的广播节目。随着互联网技术的不断发展，网络传媒方兴未艾，人民网、新华网、中国网、国际在线等网站，每天在第一时间用几十种语言向国际社会发布有关中国的最新信息。中国外文局作为承担党和国家图书期刊网络对外宣传任务的新闻出版机构，拥有25个语种、数百名专业翻译人才，对外出版中国领袖著作、党政文献等各类外文图书，同时出版《北京周报》《今日中国》《中国画报》《人民中国》等20多种对外宣传刊物，向世界190多个国家和地区发行，累计出版量达数十亿册。中国外文局图书版权输出连续多年在全国出版单位中保持领先地位。中央编译局多年来编译出版了《马克思恩格斯全集》《列宁全集》等经典著作和多种文版的党和国家领导人著作及其他中央文献。外交战线的翻译工作者在多种重大国际场合、中外领导人会晤以及外交谈判桌上，奉献着他们的智慧和辛劳。科学技术的翻译工作是最活跃和最重要的领域之一，翻译者的工作有效促进了科教兴国战略的实施和我国科学技术现代化的进程。在文化交流、体育比赛、对外经济贸易等领域，翻译的作用和贡献更是不言而喻的。

在改革开放的时代大潮中，翻译工作在使中国融入世界和让世界走近中国的过程中，跨越了语言和文化的障碍，翻译事业的发展见证了中国的发展。一个对外开放、蓬勃发展的中国，需要有同样蓬勃发展的翻译事业的支持。

二、世界翻译大会：展示中国改革开放形象的舞台

中国翻译事业的进步和发展，得到国际翻译界的广泛关注和认同。2005年8月，在芬兰举行的第17届世界翻译大会上，中国翻译协会申办第18届世界翻译大会取得成功。2008年8月4日至7日，全世界翻译工作者共同期待的第18届世界翻译大会将在上海举行，全球翻译界、文化传播界的精英将齐聚上海，参加这一首次在亚洲、在中国举行的国际翻译界的盛会。

国际翻译家联盟（简称国际译联）成立于1953年，是国际权威的翻译工作者联合组织，享有联合国教科文组织A级咨询地位，拥有遍及世界各地60多个国家和地区的120名会员组织。国际译联每三年举办一次世界翻译大会，至今已经举办了17届。但遗憾的是，国际译联成立半个多世纪以来，国际翻译界的话语权始终掌握在欧美发达国家手中，前17届世界翻译大会从未在欧美发达国家之外的地区举办过。2005年的第17届世界翻译大会不仅一致通过中国申办第18届大会的申请，而且在选举出的17名国际译联理事中，有两名来自中国，其中一名以高票当选国际译联副主席，这在国际译联历史上也属首次。国际译联主席毕德(Peter Krawutschke)在致中国成功申办世界翻译大会的贺词中说："与会代表一致选择中国作为2008年第18届世界翻译大会的举办地。这表明，中国不仅在国际译联历史上，也在全球翻译事业的发展中起到了举足轻重的作用。"中国成功申办第18届世界翻译大会，得益于改革开放以来中国综合国力的增长和国际影响力的提高，得益于中国翻译事业的巨大进步。

第18届世界翻译大会的主题是"翻译与多元文化",旨在强调在经济全球化迅猛发展的今天,世界对于文化多样性的共同关注,彰显翻译在促进人类文明发展和多元文化共生共融中的重要作用。通过这一主题,我们将进一步体现中华文化兼收并蓄的包容性,宣示中国人民致力于和平发展、推动建设和谐世界的文化价值取向,把大会作为展示中国改革开放形象的舞台,通过翻译和文化交流,增加外界对中国的了解。

第18届世界翻译大会受到世界的瞩目和积极响应。本届大会无论在内容、形式和规模上都将是国际译联历史上前所未有的。预计将有世界各大洲70多个国家和地区的近2000名业界代表参加会议;联合国和欧盟组织相关机构领导人及中外文化学术界精英将莅临大会并作主题演讲;短短四天的会议将举办百余场专题论坛,议题涉及翻译与文化、教育、经济、外交、行业管理、现代科技等多个领域;配合大会的举行,还将举办大型国际翻译展览会。

在中国举办第18届世界翻译大会,是中国翻译界的大事,也是对外宣传中国的良好机遇。大会的筹备和组织过程,不仅是展示中国翻译界成果、加强国际翻译界合作交流的过程,更是让世界感知中国、了解中国、见证中国改革开放成就的过程。大会的举办对于提升我国国际影响力、加强中外文化交流、对外树立良好的国家形象,都具有十分重要的现实意义,必将产生深远的影响。

三、发展翻译事业:文化软实力建设的客观要求

党的十七大对提高国家文化软实力、推动社会主义文化

大发展大繁荣做出了全面部署,充分体现了我们党在新的历史时期高度的文化自觉和对文化发展方位的科学把握。一个民族的文化,积淀着这个民族最深层的精神追求和行为准则。人类历史发展的过程,就是各种文明不断交流、互相补充与融合创新的过程。文明多样性是人类社会的客观现实,是当今世界的基本特征,也是人类进步的重要动力。19世纪末20世纪初以来的百余年间,中国知识分子通过译介西方文化思想和社会经济科学知识来促进中国的发展进步;今天,在中国不断发展壮大,国际地位和影响力显著提高,与世界的关系愈加紧密的形势下,中国不仅要继续吸收各国的优秀文明成果,而且要注重向世界介绍中国文化,进一步增强中华文化的国际影响力。

提高传播能力,是文化软实力建设的重要基础工程。翻译工作所体现的跨文化、跨语言的沟通能力,正是传播能力的重要方面。然而我们不能不面对这样一个现实:尽管近年来我国对外文化交流严重"入超"的局面有所改善,但"文化赤字"依然很大。以出版为例,多年来我国文化出版方面的进出口贸易一直呈逆差态势。据统计,2006年全国图书、报纸、期刊累计进口18,093.51万美元,累计出口3,631.44万美元;音像制品、电子出版物进出口贸易的逆差更大,2006年全国音像制品、电子出版物累计进口3,079.31万美元,而累计出口仅为284.99万美元;在版权贸易方面,2006年全国共引进出版物版权12,386种,共输出出版物版权2,057种。这些数据从一个侧面表明,中国文化的对外传播能力,与中国文化自身的内涵和底蕴相比,相去甚远。要尽快改变这种状况,需要方方面面的共同努力,而一个重要的方面,就是大力加强和改善翻译工作。

翻译是文化传播的重要渠道，是决定文化传播效果的直接因素和基础条件，从某种角度讲，也是一个国家对外交流水平和人文环境建设的具体体现。由于当前中国发展的需要，也由于中国语言文字的特殊性等多种原因，世界上目前没有足够的翻译人员能替中国承担庞大的、日益增长的中译外任务。中译外的翻译工作不得不主要由中国翻译工作者承担，而且在可以预见的未来相当长的一段时间内，这种状况都不会得到根本改变。因此，向世界说明中国，提高中华文化的国际影响力，实现当代中国文化与世界文化的顺畅交流，是时代赋予中国翻译工作者的历史责任和神圣使命。

尽管中国的翻译事业在对外传播中取得了可喜成绩，但就目前翻译工作的现状及整体实力而言，与社会和时代发展的要求还有一定差距。我们应当进一步增强忧患意识，加强对翻译工作科学、有效的组织和管理，加大对翻译工作的投入力度，加快培育一支能够承担日益增长的对外文化交流任务的高素质、专业化的翻译人才队伍。要以举办第18届世界翻译大会为契机，进一步解放思想，振奋精神，以更加深刻的认识，更加开阔的思路和更加得力的措施，努力推动中国翻译事业大发展大繁荣，为中国特色社会主义现代化事业做出新的更大贡献。

翻译立法是促进我国翻译行业
健康发展的根本途径

原文发表于 2011 年 6 月《东方翻译》。

在翻译界很多同仁的鼓励下，2011 年 3 月份的全国政协会议期间，我提交了推动翻译立法、促进翻译行业健康发展的提案。令我没有预料到的是，该提案一提出，不仅得到了翻译界同行的赞同，还立即得到了很多全国政协委员的支持。特别是一些长期参与对外交流活动的委员，都认为是到了通过立法这条根本途径来促进我国翻译事业更好更快发展的时候了。

许多同行支持我提出这个提案主要基于两个背景：一个是翻译行业的迅速发展，另一个是翻译行业面临许多制约行业健康快速发展的巨大挑战。

一个不争的事实是，翻译已成为我国一个新兴行业。2010 年，我国成为世界第二大经济体。在经济全球化的大背景下，我国国际交流日益增多，各行各业对翻译服务的需求都在增加，翻译已经从原来的党政机关和国家事业单位的工作演变成为一个新兴的行业。目前仅在全国工商部门注册的翻译公司就有近两万家之多。翻译市场规模效益扩大，产值迅猛增长，翻译在国际政治、经济往来、文化教育、科学技术、交通运输、广播通讯、贸易旅游等各个方面都成为产业链的一个重要环节，成为国家软硬实力建设的一个组成部分。

然而，翻译行业又存在着许多问题。这些问题严重制约着翻译这个新兴产业的健康快速发展。这些问题包括：

第一，**翻译行业缺乏规范的管理，翻译市场门槛低，导致翻译公司鱼龙混杂**。根据我国现行的《公司法》等有关企业注册的法律法规，成立一家翻译企业，只要投资人符合法定人数、出资达到法定资本最低限额、制定企业章程等基本条件具备，就可向工商部门申请登记，并不需要任何专门的资质证明。换句话说，任何人只要拿得出基本注册金，就可以开设翻译公司。翻译市场的低门槛，必然导致很多不真正具备翻译能力的公司混入其中。特别是，随着互联网的发展，近年来还出现了大量承接翻译工作或从事翻译中介的网店，而这些网店中绝大多数都属于无证营业，甚至就是一个大学宿舍或一个人在网上发条广告就算成立。根据国家工商部门的统计数据，全国注册的近两万家翻译公司中绝大多数注册规模较小，注册资金在千万元以上的不到总量的1%。许多公司受规模和资金等条件的限制，缺少高水平的翻译领军人才，具有翻译从业资质和经验的翻译人员很少，缺乏对翻译作品进行质量审核与把关的实力。

第二，**翻译行业缺乏准入制度，翻译从业人员素质参差不齐，翻译质量无法得到保障**。当前在我国，翻译工作对于推动社会进步的重要作用和影响还没有得到社会足够的重视和关注，社会上多数人还不能真正从学术角度理解翻译工作是一个高度专业化的职业，"懂外语就能做翻译"这一认识上的误区还普遍存在。我国对翻译人员从业没有设置任何刚性的准入资质，只要愿意，任何人都可以从事翻译工作，但真正符合市场需求的、具有较高专业水准的翻译人才则十分紧缺，具备翻译资质（通过评审得到翻译专业技术职称和通过考试拿到翻译资格证书的）人员总数太少。真正的职业翻译队伍不够壮大，也在客观上给不合格的人员从事翻译工作提供了可乘之机。

中国翻译协会通过市场调查了解到，为了降低自身成本，许多小翻译公司随便找些略知外语的人来敷衍客户，这就导致很多误译、错译现象出现，给客户带来损失，造成市场混乱。更由于翻译行业缺乏对翻译服务质量的有效监督和管理机制，翻译质量低劣的各类出版物、新闻报道与影视网络等各类媒体作品、各种形式的广告、产品说明书、合同契约书、招投标书、专利说明书等在市场上广泛传播；在宾馆、饭店、旅游景点等窗口行业，在街头、商场、车站、机场等公共场所，错误或不规范的外文标识随处可见。有些翻译内容甚至影响到国家的形象。

由于对外贸易合同出现翻译问题而造成贸易纠纷，给国家和企业造成严重经济损失的现象也时有发生。近年来，由于上述现象的蔓延，翻译纠纷案件的数量逐年递增，也严重影响了翻译市场的有序健康发展。

第三，翻译服务恶性竞争，造成翻译市场混乱。近年来，物价猛涨，各种服务产业也都随之涨价，但是翻译服务价格却未升反降。究其原因，就是翻译服务的恶性竞争。很多小翻译公司采用压低成交价格、减少翻译工序、提高交货速度等低层面、非正当的竞争方式来争夺客户。这一方面导致那些经营规范、质量较好的正规翻译公司承受巨大的压力，甚至一些优秀的翻译人员也因为客户的减少和报酬的降低选择离开翻译行业；同时，一味降低价格，这些小企业就只能依靠低成本、低水平的从业人员来胡翻乱译。

第四，缺乏有效的监管机制，翻译行业得不到正常的规范和管理。与许多行业不同，由于翻译工作散落在各个行业当中，国家没有一个行业主管部门，事实上造成一种特殊现象——翻译市场作为一个新兴行业迅速发展，但又是一个没有法律法规专管的行业。中国翻译协会作为翻译行业社团组织，其作用只是对行业进行指导性的建议和引导，而不具备实质性、约束性的管理权限。针对翻译市场的问题，中国翻译协会和许多专家学者都向国家有关部委提过加强市场准入和规范管理的建议。特别是2010年我们一些同志向有关部委提出类似提案后，得到了他们的认真接待，帮助我了解到建立任何市场准入必须有法可依。

解决上述问题，从根本上说，需要一部规范翻译行业的国家法律。法治国家需要制定各行各业完善的法律制度。只有在翻译行业建立相关法律法规，才能从根本上规范翻译市场，提高翻译质量，保证翻译行业的健康可持续发展，从而提高我国对外交流的整体水平，维护国家形象和国家利益。

目前国际上有不少国家已有为翻译行业立法的先例，特别是在法律翻译、法庭口译、医疗翻译等事关生命财产安全的领域。例如，奥地利和美国都有《法庭口译员法案》，芬兰有《授权翻译法案》。还有一些法律提及翻译人员的地位和权利，如《西班牙版权法案》中赋予译者与作者同等的版权。国内的众多行业都已立法。相对国际和国内其他行业，我国翻译行业在法律规范上几乎是空白。目前,只有三部由国家质量监督检验检疫总局颁布的国家标准:《翻译服务规范 第1部分:笔译》(2003)、《翻译服务译文质量要求》(2005)、《翻译服务规范 第2部分:口译》(2006)。而这三部标准也只是指导性的参照标准,并不是强制性的行政管理标准,不具有像《会计法》对于会计行业、《计量法》对于质检行业、《建筑法》对于建筑行业等的规范约束力,无法承担规范翻译行业、规范翻译企业经营行为的使命。

建立一部国家法律,需要大量的调研和筹备,这需要长期的努力。立法需要国家主管部门的主动提议,然而,本文所谈到的问题之一,恰恰是我们国家没有一个明确的翻译主管行政部门。因此,虽然全国政协提案委员会在政协会议上同意把我的提案立案,但是在寻找国家主管部门时遇到了问题。这让我意识到,尽管我国已经基本建立起自己的社会主义法制体系,但要有一部中华人民共和国翻译法,很可能还是很遥远的事情。早日实现翻译立法,将使翻译行业的发展更加科学、规范、健康,以使其更好地服务于国家对外交流和发展的大局。

语言就是资本，语言就是生产力
——关于企业"走出去"的语言服务

原文为 2014 年 9 月 23 日在第二届中国企业海外形象塑造论坛上的发言。

企业"走出去"需要相应的条件和适当的环境，语言环境就是条件之一。掌握国际话语体系，利用国际通行的语言帮助企业打开市场，是任何一个跨国经营的企业必须具备的基本功能。

美国一个企业在美国市场推出一种名叫"雾棒"（Mist Stick）的烫发棒，取了一个在英文里能让做头发的人产生舒适感的名字。该产品在美国市场的畅销让厂家想当然地直接拿到德国去销售，结果严重滞销。其原因是"雾棒"这个牌子到了德文里，竟然成了"大粪棒"，没有任何人愿意把大粪抹到头上。瑞典家具商宜家 2006 年在美国推出了一款电脑桌，没有卖出几个，反而招来许多人到店里拍照，因为宜家选择的英文名称是 Farkfull and Jerker Computer Desk，翻译成中文就是"臭屁熏天的讨厌鬼电脑桌"，当然卖不出去了。跨国公司在正确使用语言方面付过学费。可见，语言就是资本，语言就是生产力。

越来越多的中国企业将在国际市场上推出自己的品牌。

掌握国际话语体系不仅仅是正确利用外语给产品命名那么简单。企业在"走出去"的过程中，首先要明确表达什么，如何表达，其次是对谁表达。这绝不是把对内表述的中文简单翻译成外文即可，而是一种跨文化的语言服务。

一、表达什么，如何表达

中国有一大批善于对外讲述中国故事的企业家，比如，柳传志、马云对外演讲时，从吸引外国听众的小事入手，而不是畅谈鸿篇巨论，这样总能抓住外国受众的兴趣，赢得信任。

中国的语言，与英文相比，喜欢概念性强的词汇，习惯使用大词，喜欢大量使用形容词，而英文则喜欢使用具体平淡的小词。中文还习惯使用"打一场人民战争"这样的军事化字眼。外国人听起来，感觉也不习惯，也往往抓不住我们的真实意思。

我们在谈到保护农村耕地时，说不要打着城镇化的旗号占用耕地，强调这种"挂羊头卖狗肉"的事情不能干。西方人不吃狗肉，西方媒体上时不时就能看到外国人就中国人吃狗肉的饮食习惯做文章，攻击中国文化。吃狗肉是我们一部分人的习惯，但是没有必要提醒和刺激反对吃狗肉的外国人。一些我们习以为常、信手拈来、脱口而出、耳熟能详、生动形象的表达方式不适合对外。

中国企业要成为知名国际公司，在打开国际市场的同时，必须学会使用国际通用的表达方式，用对方习惯的语言与目标市场进行沟通。我们需要适应中国新的国际地位，对外表达要符合世界第二大经济体的身份。我们不仅要回应13亿中国人的关切，还要考虑到 57 亿外国人的关注。我们企业"走出去"的市场目标是那 57 亿人的一部分，一定要考虑他们的文化背景和思维习惯。这不是仅靠翻译人员在翻译过程中修修补补就能达到的目标，而是需要认真了解外国人的思维方式，努力掌握国际话语体系，通过准确的表达，达到赢得话语权的目的。

二、要善于利用当地媒体，善于跟当地民众交流

传统上，我们在国外经营企业擅长与政府打交道。尤其是在发展中国家，不跟政府打交道，几乎什么事都办不成。但是，我们往往忽略了当地媒体的重要性。我们的海外投资也是为当地百姓造福，提供就业和发展的机会。如此有利于当地人的事情应该想办法让他们知道，赢得他们的理解和支持。中国企业一定要学会开展公共外交，通过当地媒体和专家学者，帮助我们做好舆论引导工作，让我们在当地开展的每一个项目都能在媒体上和社会舆论上以正面的形象与当地民众见面，让我们投入的每一分钱，都能叮当有响。

三、选择善于从事跨文化传播的翻译机构

近年来，中国的翻译市场发生了一个里程碑式的变化，那就是从传统的输入型市场转变为输出型市场，这个变化完全得益于中国企业"走出去"和文化"走出去。"

为了配合企业"走出去"，中国翻译界正在从传统的口笔译工作转为帮助企业打造国际形象的语言服务业，出现了

一批善于在两种语言中进行文化转换的翻译家和翻译机构。我们追求的不再是简单的字对字的翻译，而是话语体系的转换。什么地方应该一字不漏地按照中文原文翻译，什么情况下要做必要的补充，哪些地方要进行删节，他们会认真与企业沟通。此外，为了顺应翻译市场的兴起和发展，中国目前有200多所高校开设了翻译专业，大学已经不再简单地开设外国语言和文学专业，而是从本科到研究生，纷纷设立翻译专业和翻译院系。这些机构专门培养既懂外语又懂外国文化的高层次、职业化翻译人员。国内的一些翻译企事业单位在积极为企业承担翻译任务的同时，也在通过话语体系的转变，帮助企业掌握国际话语权。

四、尽快熟悉国际话语体系，掌握和利用国际话语权

由于中外文化背景不同，语言和思维习惯千差万别，掌握和使用国际话语体系需要一个过程。我们期待这个过程越短越好。关键要抓住三点：

一是企业"走出去"的表达要国际化。由于西方企业先于我们"走出去"，当前西方话语体系基本控制了国际舆论。所谓国际话语体系，其实就是我们不习惯，而西方人以及生活在发展中国家但受过西方教育的人士习惯的语言体系。为了在国际上开拓市场，为了赢得外国人的理解，我们必须转换思维模式，认真了解外国人的语言体系，采用他们听得懂、看得明白、具有亲和力的语言表达方式。

二是企业的国际传播需要本地化。所谓本地化，就是改变不善于跟外国媒体打交道，干吃哑巴亏的传统做法。从事

海外经营，要主动跟当地媒体打交道，敢于和善于利用当地媒体为自己营造舆论环境。国际上凡是成功的跨国企业，无一不是让当地媒体"为我所用"的高手。我们的企业越是国际化，越是需要有能够在当地媒体界运筹帷幄的能力，比如及时与当地媒体联系，主动向媒体提供他们需要报道、我们需要他们帮助传播的信息。通俗地说，就是要让当地媒体、专家、学者成为我们与当地政府和民众沟通的渠道和联系的纽带。

三是企业对外传播需要大众化。长期以来，我们对外国受众的心理研究不够，因此传播的材料往往过于专业和深奥。文章作者或是讲话的起草人通常是专家学者，常常把一些高度专业化的表达直接拿过来面对普通民众。话虽然讲了，但是人们没懂，或者讲话人滔滔不绝，听众不知所云。我们需要提醒自己，我们需要面对的外国受众不可能都是经济专家、政治学者、科技内行。越是平实的语言越能赢得公众，越是专业化的话语受众越少。我们一定要采用大众化的语言传递信息。

当我们能够掌握并运用国际流行的表达方式准确传达中国的观点，讲述中国的故事，且能通过外国媒体传达我们的声音时，我们的国际话语权就会得到进一步提高和强化。增强国际话语权是一个长期的过程。企业"走出去"必然会加速这个过程，而话语权的提升又必然会支撑企业"走出去"的规模和速度。我们期待这一互相促进和带动的过程越快越好。

语言服务助力"一带一路"建设

原文为 2016 年 5 月在中国国际服务贸易交易会上的讲话，略有删改。

我刚刚从欧洲参加中国和欧盟的一个圆桌论坛以及多次双边会谈回来，一个深刻的体会就是，中国提出的"一带一路"建设，要让外国人理解，翻译任重而道远。

我们遇到的许多外国人，包括研究中国问题的学者和跟中国交往很多的企业高管、政府高官及研究部门的专家都问了许多关于"一带一路"的问题，最集中的问题是不理解中国提出这个构想的目的，不了解如何实现，同时他们更想知道"一带一路"会给他们带来哪些得与失。

中国第一次提出这样宏伟的国际性规划，外国人不适应，因而不理解，这是自然的。我们的确面临着如何通过解读"一带一路"讲好中国故事，打消外国人的疑虑，争取他们的理解的艰巨任务。而完成这个任务，翻译的作用十分关键。

与此同时，"一带一路"建设已经开始，欧洲一些国家已经获利。比如我们参观了比利时的安特卫普港。在全球经济不景气，大多数港口吞吐量下降的情况下，安特卫普港去年业务量大增，来自中国的货物更是占了增量的 60%。

中国扩大海外经营，需要熟悉当地的法律体系、文化传统、社会习俗和舆论环境——不是泛泛的了解，而是要谙熟这些情况。这需要翻译们大显身手。翻译界已经做出了自己的贡献，但需要更加努力。

然而，我们也要看到，光靠翻译去讲好中国故事是完全不够的。突出的问题存在三个方面：

一是拿完全对内的材料简单翻译过来，进行对外传播。翻译是文化的桥梁，要在两种文字，更重要的是在两种不同文化之间建立桥梁。面对国际社会，要讲国际语言。

二是对外材料千篇一律。看看中国企业的网页就不难发现，各个公司之间除去产品和业务范围不完全一样外，公司理念和发展目标常常几乎一样。企业对自己的介绍没有特色，就难以形成国际知名品牌。

三是缺乏适合对外的文风。我们习惯的一种表达方式是报告文学，就连公司的对外介绍也常常使用这种文风。问题是西方的文体中没有这种表述，而翻译们却经常一字不改地照译。

以上问题严格说来不是翻译个人的错误，但是我们把翻译放到语言服务这个新的领域内，问题就非常明显了。语言服务不是完全按照原文一字不漏地死译。好的语言服务一定要克服这些问题，帮助企业跨越文化鸿沟，无缝隙地对外接轨。

在提供语言服务方面，我们要认识到：

第一，语言服务就是生产力。西方的跨国企业在使用语言服务方面十分重视，颇为成功。语言服务帮助他们摧枯拉朽，占领国际市场，但是在历史上他们也付出过学费。

第二，语言服务就是跨文化交流。文化帮助打开市场。

语言服务绝不是简单地翻译一些资料，而是要帮助企业了解市场文化习俗，与当地专家学者、智库和媒体建立有效联系，化消极因素为积极因素。

第三，语言服务是国际经营的组成部分。光靠砸钱不一定就能占领市场。国际化的公司一定要遵循国际化经营的规律，而语言服务是衡量一个公司国际化的重要指标。语言可以帮助公司具备国际思维，使用国际通行的话语体系。

第四，语言服务展示中译外的重要性。过去我们把外国的信息翻译成中文。当企业开始"走出去"，翻译市场的方向就变了。现在是要把中文翻译成外文，这就需要大量的中译外人才，无论是外国译者还是中国译者，我们都需要。培养合格的翻译人才不是一件简单的事情。我在欧洲访问时发现，中欧双方交往频繁，中译外人才十分匮乏，即使是高薪聘请来的译者，也未必能很好地完成任务。

迎接通过翻译参与全球化管理的新时代

原文发表于《译苑新谭》2016 年第 8 辑，略有删改。

今天，我们生活在一个变化无穷、以创新取胜的时代。新技术的开发改变着人们的生活节奏和工作习惯，变化之多令人目不暇接，速度之快令人经常不知所措。这些变化同样影响和冲击着翻译工作、翻译行业和翻译人才的培养。认清变化，顺应时代，跟上形势，无疑是我们必须正视的问题。基于这种背景，本文做些初步探讨。

一、翻译进入参与全球治理的新时代

长期以来，翻译被认为是一种幕后的服务型工作。的确，从本质上看，翻译是被动的行为，属于"人云亦云"的行业，即使有创作的成分，也是在别人划定的范围内的"有限再创作"。然而，今天我们所处的翻译环境发生了翻天覆地的变化。这种变化让我们重新审视翻译工作者的作用，对自己的责任和义务再作思考。毋庸置疑，翻译工作者永远要发挥好幕后的服务功能，甘当无名英雄，即使有机会站在舞台中央和聚光灯下，也是为了更加突出自己服务对象的光辉。

可能翻译界还没有充分更新自我认知，但是一个必须承认的客观现实是，如今中国的广大翻译人员，不再仅仅为了促进中外交流，为中国的社会发展和经济建设服务，他们还在通过自己的工作直接和间接地参与全球治理。道理很简单：中国作为世界第二大经济体，在世界上占有日益重要的地位，承担着越来越重要的国际责任引起国际社会的高度关注。尤其是自中国提出"一带一路"发展构想以来，我们更加密切了与世界的联系，以前所未有的影响力发挥着前所未有的作用。

中国越是在国际上发挥重要作用，翻译的任务就越是繁重，翻译的作用就越是突出。自联合国成立71年来，任何一位在那里担任过翻译的人员都有不少美好的记忆。然而，一位20世纪70年代末在联合国从事同声传译的同事告诉我，当年令她愤愤不平的是，由于国力弱，中国代表发言时，总有与会的外国代表离场出去抽烟、喝咖啡，而当美苏英等国代表发言时，会场内却座无虚席。现在形势发生了根本的转变，不论是对手还是朋友，都想听到中国的声音，了解中国的观点和立场。

在全球化大潮中，中国经济快速走向国际化经营。根据商务部的统计，2015年，我国对外非金融类直接投资创下1,180.2亿美元的历史最高值，同比增长14.7%，实现中国对外直接投资连续13年增长，年均增幅高达33.6%。"十二五"期间，我国对外直接投资规模是"十一五"的2.3倍。2015年底，中国对外直接投资存量首次超过万亿美元大关。2015年中国的货物贸易进出口居世界第一位。网络零售额继续保持全球第一位的位置，社会消费品零售总额、服务贸易进出口额稳居世界第二位,吸引外资连续24年位居发展中国家的首位,对外投资位居世界第三位。通过这些数字我们可以得出结论,中国的的确确是经济大国,而中国经济走到哪里,中国的语言服务就跟到哪里,中国的翻译工作者的身影和劳动成果就出现在哪里。中国文化"走出去"步伐加快,国际艺术节、电影节、图书展、摄影展、各种论坛,都可以看到中国元素,听到中国声音。

习近平总书记指出:"落后就要挨打,贫穷就要挨饿,失语就要挨骂。"中国是一个已经崛起的大国,但其国际话语权却与其经济地位不相符。新时期一个重要任务就是加大传播中国故事的力度,利用各种机会充分阐释中国立场和观点,让世界了解中国和平发展的愿望。中国走近世界舞台中央,话语权加强,翻译作用随之扩大,重要性愈加明显。中国承担越来越多的国际责任,参与国际游戏规则的制定,甚至用国外一些人士的话说,中国发挥着日益强大的国际领导作用。在这种大的背景下,翻译通过自己的工作传播中国文化,帮助企业实现国际化经营,在各种场合发出中国的声音,介绍中国的道路,事实上已经在参与国际治理。

中国在世界发声,一个必不可少的环节就是翻译。通俗地说,就是中国不能不说话,而说话效果如何,翻译的作用至关重要。一个合格的翻译可以增进国际社会对中国的理解,反之,一个蹩脚的翻译可能进一步加深误解。中国的许多发展理念,如"科学发展观"和"一带一路"如何翻译得准确易懂,曾经让翻译界颇费脑筋。这一届党中央的外交方针浓缩为"命运共同体",而如何翻译得准确又是一个挑战。起初,"打造命运共同体"被翻译成 to build a community of common destiny。后来我们发现 destiny 这个英文词的意思，是已经被上帝决定了的命运，人类自己不可改变。于是，翻译界采用了 shared future 这种表述。然而，在中文里还有这样的话："回顾历史，我们历来是一个命运共同体"，显然，此处 shared future 不符合中文的原意，common experience 或 similar history 更加准确。可见翻译水平的高低实质上影响着中国国际话语权的建立，影响着中国参与国际治理的水准。

二、翻译进入大数据的新时代

高科技时代的一个特点是人们很难预料未来。诺贝尔物理学奖得主、俄罗斯科学院院士阿尔费罗夫(Zhores I. Alferov)就曾经说，人们很难准确想象十年之后的科学进步和社会变化。根据演变的新摩尔定律，中国互联网联网主机数和上网用户人数递增速度，大约每半年就翻一番，而且专家们预言，这一趋势在未来若干年内仍将保持下去。有一点可以肯定的是，世界性新科技革命对各行各业提出了新挑战。特别是信息技术迅猛发展，推动世界进入了创新时代，创新与人才的竞争愈加激烈。这对翻译意味着什么？

现实和结论不约而同指向了大数据。大数据的运用给翻译行业带来巨大的变化，也推动中国从翻译大国迅速朝着翻译强国过渡。全球化时代就是翻译业迅速扩张的时代。这是由全球化的特点所决定的。经济全球化带来人员、物流、技术、标准、文化的大流通。中国提出的"一带一路"构想更是中国翻译行业发展的新的催化剂。

工作量巨大、主题广泛、语种繁多、时间紧迫是全球化时代翻译的常态。对于中国翻译界而言，从 2010 年之后出现的另一个常态就是中译外工作量的迅速增长。根据中国翻译协会的抽样调查，2011 年中国翻译行业承担的中译外工作量第一次超过外译中，达到 54.4%。这是一个划时代的里程碑式的变化。全球化对中国翻译界不仅意味着工作量的增长，还意味着从中文翻译成外文已经成为更加重要的新业态。

技术的发展、业态的变化、工作形式的变化，越来越快速地改变着中国翻译行业的现状。互联网搜索功能的出现大大加速了翻译的过程。过去职业翻译们依靠所能见到的所有词典来保证翻译质量。我曾经遇到一位美国翻译，他说自己收集的词典有近 400 种。而今，大数据机器翻译让过去不可想象的工作成了现实。国内开发的"译云"（YeeCloud）自 2015 年上线后，日均访问量达到 1.5 亿次，覆盖 32 个语种，近千个语言方向。Yeekit.com 线上翻译字数三个月就超过 4 亿字。跨语言的大数据分析、人工智能和机器翻译成为未来发展方向。语音识别技术更是使跨国翻译变得十分便捷。

技术的创新甚至让《未来产业》（*The Industries of the Future*）一书的作者、美国前国务卿科技创新顾问亚历克·罗斯（Alec Ross）预言，十年后，人们都可以通过用几十种不同语言对话，让语言障碍这个概念不复存在。

当然，目前还没有一种机器翻译软件能满足人们在翻译上的所有需求。机器翻译提高了两种语言对译的速度，但是准确性还远远不够。如果想多种语言同时翻译，结果更是一团糟。特别令中国翻译们头疼的是，尽管中译外工作量不断增加，但还没有一种完全胜任这个任务的软件和数据库。大数据的出现可以加快改进的过程。大数据语言服务系统使用的人越多，对人工智能训练越充足，翻译质量提高就会越快。Alpha-Go 的成功让我们看到了人工智能的效率。

在可以预见的将来，无论机器翻译多么发达，它毕竟是人工研发的智能，翻译人不会失业，只会工作效率更高。关键是人们需要开发、学习和使用机器翻译。在创新的时代，人们必须更多地利用大数据技术，更多地依靠机器翻译。

中国的文化博大精深，中国的语言源远流长。在体育比赛的报道中"A 队大胜 B 队"和"A 队打败 B 队"可能意味着赢者都是 A 队。"打铁还需自身硬"在不同场合所指的对象可能是打铁的人，也可能是被打的铁。这些都是困扰机器翻译的因素。悠久的历史和丰富的含义使得中译外比欧洲语言之间的互译难度大很多。显而易见，中国迫切需要建设一个国家级翻译数据库来支撑翻译行业的发展。

三、培养市场急需的实践型人才

新时代翻译市场的发展成为翻译人才培养的导向。人们越来越多地意识到培养专业化翻译人才的重要性和紧迫性。国家有关部门一再强调专业学位学生，特别是研究生的职业能力培养，要求改革选拔机制、课程体系、教学方式、实践教学；提倡强化与职业相关的实践能力培养，促进专业学位与相关职业资格的有机衔接；加大行业企业及相关协会等社会力量参与专业学位研究生培养过程的力度，构建互利互赢的应用型人才产学研合作培养新机制。对于翻译专业人才的培养，以上意见是完全适用的。

过去 8 年来，翻译专业学位研究生教育取得了长足的发展，开设MTI教育的学校由2007年的15所增加到2015年的206所。这说明学校愿意培养创新型、复合型、应用型的高层次翻译人才，学生学习翻译的动力足，而用人单位尤其欢迎这种变化。然而，如同任何一个学科的建设一样，MTI教育还在探索之中，自然面临着成长的困扰。2015年全国翻译专业学位研究生教育指导委员会对144所高校进行了评估，评估的结果喜忧参半。经国务院学位委员会批准，1个MTI学位授权点被撤销，10个授权点被限期整改。2015年全国共有37个专业学位类别、448个学位授予单位参与了评估，其中50个专业学位授权点被撤销，95个授权点被限期整改。翻译专业的评估结果与全国各个专业学位教育评估结果相一致，反映了整个专业学位教育面临着一些共性问题。

1. 办学理念不够清晰。重视学术教育轻视专业学位教育的陈旧观念限制了MTI教育的健康发展。

2. 教学改革力度不够。培养方案缺乏目标定位和整体设计，课程设置过于简单，教学课时不足，有些专业课程名不副实，实践性教学环节没有落实。

3. 师资队伍建设力度不够。缺乏翻译专业教育师资队伍建设规划，专任教师数量不足，实践型教师人数更少，教师的翻译成果较少。

4. 实习基地建设缓慢。有些学校签约的实习基地数量较少，或未达到教指委规定的实习基地质量标准；有些学校签约的实习基地名不副实；有些学校学生实习率偏低。

5. 教学资源配置不足。少数院校对翻译专业学位研究生教育经费投入不足，教学资源和设备不能满足翻译专业学位教育的需求。

6. 教学质量有待提高。个别院校教学实践性不强，学生翻译实践量过低，学位论文达不到原创性翻译实践的要求。

国务院学位委员会在审批全国各个专业的评估结果时十分慎重。大家一方面觉得设置一个专业难度很大，应该以大力扶持为主，不能轻易停办，同时又考虑到专业学位教育必须保证质量。希望这次大规模的评估以及停办、整改决定能够促进人们进一步转变观念，提高对专业学位教育质量的重视。

面对未来的挑战，要做好翻译专业学位教育，就必须进一步加深认识，加大教师的培训力度，加强翻译专业教师队伍建设，改进翻译教师的评价体系。要加强学生的实践活动，翻译内容应该多种多样。各个学校不能过于趋同，尤其是仅仅重视文学翻译已经不能满足现实需要，更应该强调学生毕业时具备良好的双语能力和多种技能。培养什么样的专业学位学生，最终的决定权不在教室里，而应是市场需求说了算。一个新学科的成熟是需要时间的。随着人们认识的深化，MTI教育必然会迎来更加健康的发展。为了培养参加全球治理的后备人才，翻译专业的学生需要做到以下五个方面。

1. 学好语言。具备扎实的外语能力是做好翻译的根本基础。对中国人来说，需要学习的各种知识中，外语的难度似乎最大，而其他专业知识相对好补。在校期间，翻译基本功过关的前提也是外语基础好。

2. 跟踪技术。跟踪和使用最新技术的能力已经成为互联网时代的根本特点。传统上个别教师对于传授机器翻译和语言服务课程有一定保留。然而，培养学生是为了让他们在工作岗位上胜任自己的角色，那么关注和使用新技术就是必然。

3. 掌握知识。在以中译外为主的时代，这里所说的知识，首先是要掌握国际话语体系，才能保证翻译效果。外国人如何看中国？为什么？如何针对这些问题，在翻译中表达好中国的主张？翻译的工作性质要求译员必须掌握和使用国际话语体系，一旦站在了国际舞台上，把话筒拿到自己手里，能否讲好中国故事，唱好中国歌曲，能否讲到人家的心里，是当今译员不得不考虑的问题。中译外的一个特点是让中国话语跟国际话语体系接轨，也就是要有融通中外话语体系的本领。在这方面，翻译人员比其他人有着天然的优势。不问效果，一味被动地字对字、句对句翻译，不仅有时候是无效劳动，甚至会导致相反的效果。

4. 了解政策。首先是对中国基本政策的理解。在从事对外翻译时，人们会发现自己经常是在对外介绍基本国策。美国一位资深翻译家在传记中就谈到过，一次美国总统忘记了针对德国的核能出口政策，就找了一个借口短暂离开会场，让翻译完整地向德国总理陈述了美国政策。翻译风趣地说，这次他不是给总统当翻译，而是客串了美国总统。现实中，我们经常遇到一些翻译人员根本分不清中国共产党全国代表大会和中共中央全会，造成翻译错误。而对于全国人民代表大会和中国人民政治协商会议这些重要机构的外文名称也不会，现场翻译时只能尴尬一笑。须知一个不了解基本国情、不了解基本国策的人，实质上根本不具备中译外的基础能力。

5. 提高能力。翻译是一项综合能力。不了解翻译的人往往只看到译员在电视里的镜头，在外事场合的风光。翻译从根本上是一项服务他人的工作，而这种工作绝不仅限于语言转换。在做好翻译之外，还必须做好外事接待、礼宾、秘书、后勤、外联、摄影等工作。可见译员就是一个多面手。更重要的是，翻译人员在迎来送往的过程中，必须经常独立完成对外传播工作，对于形形色色的问题，既要回答得体，又要符合事实。这对许多人都是一种知识和能力的挑战。

也许在单纯的文学翻译时代，以上五个方面的素质并不重要，然而在当前和今后相当一段时期内，作为一个崛起大国的翻译人员，这些都是必备的条件，自然也是高校需要注意培养的方面。只有这样，才能培养出时代需要的、能够参与全球治理的合格翻译。

展望未来，中国的翻译事业和翻译教育正经历着一场深刻的变革。这种变革是一种提升，是一种发展，是时代的需要，更是自身进步的巨大动力。

参考文献

[1] 阿尔费罗夫. 科学与社会 [M]. 北京邮电大学出版社，2008.

[2] 涂子沛. 大数据 [M]. 桂林：广西师范大学出版社，2013.

[3] 亚力克·罗斯. 华尔街日报 [N].2016-1-30.

[4] 中国翻译研究院. 中国文化翻译出版与国际传播调研报告 [R]，2015.

[5] 中国翻译研究院、中国翻译协会、中国翻译行业发展战略研究院. 中国翻译服务业分析报告 [R]，2014.

[6] Engdahl, F. William. *Target China: How Washington and Wall Street Plan to Cage the Asian Dragon*[M]. Progressive Press, 2014.

"一带一路"和中国翻译
——变革指向应用的方向

原文发表于《上海翻译》2017年第3期,略有删改。

"一带一路",对中国译者来说,是将翻译推到了更明显的前台位置。"一带一路"的推进离不开翻译,尤其对应用翻译的研究提出了更多、更高的要求。目前,就翻译界而言,我们正处在一个大变革的时代。一个突出的变革是由外语研究到翻译应用,由过去对研究的注重到现在对应用的重视。如当前硕士点的申报,根据国务院学位委员会的精神,在硕士阶段,如需增加学位点,必须是专业性的。为什么会这样呢?主要原因是社会需求。当然,社会需要研究人员,但目前更需要的是应用型人才。我们已经目睹了全球化时代语言服务业的兴起,其中包括翻译服务、本地化服务、语言技术与工具研发、术语等语言资产管理、全球化与本地化咨询服务以及相关教育培训等新兴服务业。"一带一路"有大量的工作要做,其沿线国家语言、文化不尽相同,这就需要大量的翻译与语言服务。在这样的时代背景下,中国的语言服务业也进入了快车道。

中国的语言服务业大致可分为四个阶段,约10—12年为一个阶段。根据国家工商总局的统计数据，第一个阶段从1980年到1991年，全国的语言服务公司（当时称翻译公司）由最初的18家发展到700多家。第二个阶段从1992年到2002年，语言服务的发展速度开始加快。这一阶段的语言服务公司每年新增600多家，到2002年底达到8,179家。第三阶段是从2003年到2011年，也就是我所说的中国翻译事业40年来的第二个高潮（第一个高潮是20世纪80年代）。当时为了筹备奥运会等国际交往活动，尤其是中国企业开始走出去，中国的国际交流大幅增加。语言服务公司在这一阶段每年新增2,000多家，到2011年底达到37,197家。第四个阶段从2012年到2015年，每年新增8,800家语言服务公司，4年共新增公司35,288家，公司数量已达到72,485家。这些公司大部分都是私有企业。

与此同时，国家也推出了很多与翻译相关的项目，比如国家新闻出版总署和国务院新闻办公室负责的"中国文化著作翻译出版工程""中国图书对外推广计划"与"经典中国国际出版工程"，中宣部负责的"国家社科基金中华学术外译项目""中国当代作品翻译工程""丝绸之路影视桥工程"等等。"丝绸之路影视桥工程"名称就直接与"一带一路"相关，就是将中国的影视作品译制成外文推向国际市场。此外，还有"中国政治话语外译规范项目""中华思想文化术语传播工程"以及"中国关键词"项目都正在进行中。"中国关键词"由中国外文局组织实施，旨在对外解说中国，目前已出版了第一期，第二期正在编译之中。随着中国国际交流的日益频繁，各地翻译协会也积极开展相关活动。如厦门翻译协会发起的"厦门市公共场所英语标识翻译"活动，就是为了迎接2017

年9月在厦门举办的金砖会议，将厦门的街道以及公共场所标识的英文翻译进行统一。

曾经有一位学者问我，西方国家不会投入如此大的资金进行对外翻译吧，中国为什么这么做？我们是不是太过主动了，有必要吗？其实，英美国家、日本、德国也有类似的项目。当然，西方国家的经济地位、文化传统决定了他们不一定需要像我们这样组织翻译活动。我们这样做，一个重要原因是懂中文的外国翻译家数量非常有限，没有足够的外国译者帮我们从事中国文化的对外翻译和介绍；同时，中国文化在对外传播上尚不具备英美等西方国家的影响力。因此，我认为我们有责任主动对外翻译和对外传播中国。

翻译人才培养方面，全国翻译专业本科（BTI）学位授予点已由2006年的3所大学增加至2017年的253所大学，翻译专业硕士（MTI）学位授予点也由2007年的15所大学增加至2015年的215所大学，至今仍有许多学校在申报。同时，我们也在积极推进翻译专业博士（DTI）学位的筹备工作。此外，全国翻译专业资格（水平）考试（CATTI）的相关数据也反映出当前翻译市场之活跃。参加考试的人数由2004年的5,000多人，逐步增加到2015年的92,000多人，2016年的104,000多人，2017年上半年已有77,000多人报名，下半年如果报名人数相当，那么2017年考试人数就有可能突破140,000甚至150,000，相较上一年增加了50%。

当前，翻译领域的第二个变革是从"译过来"到"译过去"，也就是从过去的外译中到现在更多地将中文译成外文。这也是时代的需求。前面提到改革开放后出现过两次翻译高潮，第一次是在20世纪80年代，重点是学习西方先进的科学、文化，翻译活动的特点是译入，形式是外译中。这一阶段最多的一年共将 15,000 种外文图书翻译成中文，其中还未包含大量的科技资料。而与此同时，有时一年仅有 12 种中文图书在国外翻译出版。第二次高潮是从 21 世纪开始，重点是对外传播中国文化，翻译活动的特点是译出，形式是中译外。在这一阶段，中译外的比例逐年增加，但目前还没有一个准确反映全国语言服务产值的数字。其实，各行各业，包括军事、科技、教育、文化、农业等都涉及大量翻译，但国家尚未将翻译作为单独的产值统计项目，因此只能估算。现在有一种估算年产值为 2,800 亿。这个数字虽然不一定准确，但仍说明了一些问题。语言服务产值十年前估算是 300 亿，现在估算是 2,800 亿，即使取其一半，估算为 1,400 亿，那也是很大规模的增长。2016 年北京国际书展，我国输出版权 3,075 种，输入版权 1,943 种，输出输入比达到 1.58:1。这是一个历史性的扭转，首次实现了输出超过输入。"一带一路"提出了更多的翻译需求，如工程上的翻译量增加了，经济领域的翻译量增加了，非通用语种的翻译任务也加重了。据商务部统计，2016 年我国对外投资总额是 1,701 亿美元，较 2015 年增加了 44.1%。而普华永道的统计显示，中国海外投资总额达到了 2,210 亿美元。这些都反映出我国对外经济活动的空前活跃，也自然意味着对外翻译量的增长。

此外，2017 年第一季度，《习近平谈治国理政》新出版了尼泊尔语、柬埔寨语、泰语、土耳其语以及匈牙利语的译本，这些都是"一带一路"沿线国家的语言。

第三个变革是从人工翻译到人机合作。我认为，机器翻译不会完全取代人工，机器的主要作用是提高效率。一些低层次、重复性的或专业性较强但规律性比较突出的翻译可由机器完成。机器翻译后，再由人工审校。因此，机器翻译量的增加，也意味着需要投入更多的人力编辑加工，实际上是扩大了翻译量。同时，机器翻译的确帮助我们解决了一些最简单的规律性的翻译问题以及日常生活中的一些翻译问题，但它并不能解决我们面临的所有翻译问题，比如中国典籍的翻译，目前哪个机器翻译软件能帮我们解决呢？目前为止，还没有。

另外，随着机器翻译的发展，一些低层次、重复性的内容可由机器完成，应用翻译人才的培养方向因此需作相应调整，应更加注意培养高端翻译人才。2016年成立的语言大数据联盟由中译语通科技有限公司提供技术支持，目前已有138所高校参与其中。大数据联盟承接了大量语言服务类项目，为高校学生提供实习平台，后者不仅能够在其中获得对职业翻译的真切感受，更能够帮助自己更好地适应翻译公司的岗位需求。大数据联盟还提供免费的翻译软件，如"译云"（YeeCloud），包含32种语言、30亿句对，平均每天访问人数达到1亿次；"译见"（Yeesight），可从60万家网站进行人工智能数据收集和翻译。这些都将有助于我们的翻译训练、教学以及科研项目。在过去的一年语言大数据联盟院校约有2,300个同学完成了5,000万字的翻译；还有58所院校的750名师生在7天内不分昼夜地完成了50,000分钟（相当于34天）的视频翻译。可以说，大数据联盟极大地拓展了学生的翻译实践机会。

第四个变革是从单纯的文学翻译到跨学科翻译。过去和今后翻译的最高境界仍是文学翻译。但是，市场已开始发生变化，文学翻译的份额在下降。过去中国的文学杂志发行量每期都能达到一百万册，现在却鲜有超过一万册的。因此，我们不可能千军万马都去学习文学翻译、研究文学翻译、从事文学翻译。跨学科翻译已经开始普及，这有利于支撑中国文化和经济走出去。

翻译学科的生命力在于同社会结合，为国家战略服务。"一带一路"建设是前瞻性的项目，它的发展在于未来，需求也在未来。不少高校已开始建设跨学科的、创新的、与社会发展实际需求相结合的翻译研究、教育和实践项目，如宁波大学的浙江翻译研究院、广东外语外贸大学的外语研究与语言服务协同创新中心、澳门理工学院与中译语通公司合作的中葡英机器翻译联合实验室、西安外国语大学成立的丝绸之路语言服务协同创新中心、四川外国语大学的当代国际话语体系研究院、上海交通大学的中国形象研究中心以及郑州大学刚刚成立的中国外交话语研究中心等。这些高校中的外语人才都在与国家的重要任务相结合，希望做出自己的贡献。我认为对翻译界来说，一个最重要的问题是如何实现党和国家主要文献的多语种同步发布。这里不仅涉及翻译能力，还涉及对政策的理解能力、快速反应以及组织纪律性等多方面的问题。

当前，中国文化国际传播面临着一个很大的挑战，即我们"做得好，说不好"或者"会做不会说，说了人家也听不懂"。要解决这个难题，翻译责无旁贷。因此，我认为"一带一路"建设走多远，我们的语言服务任务就有多重；翻译界提供的语言服务能力有多强，"一带一路"就能走多远。因此，我们任重而道远！

中国崛起给翻译带来的变化

原文于 2017 年 3 月 29 日发表在中国翻译研究中心网站。

作为译者，一个值得思考的问题就是，我们究竟为谁而翻译。过去在我国，尤其是在政治话语翻译方面，翻译家需要严格对应中文内容，逐字逐句进行翻译，"不敢越雷池一步"，所以只有对中国政治、文化、历史有所研究的少部分外国专家才能理解。伴随着全球化和中国的迅速发展，我们的受众群体发生了重大变化，中国翻译服务的重心也从 2011 年开始转向中译外，翻译服务业开始走向国际化。《中国语言服务业发展报告 2012》显示，2011 年我国语言服务企业中译外工作量占比首超外译中，达 54.4%；《中国翻译服务业分析报告 2014》则显示，截至 2013 年底，有 64% 的翻译服务企业中译外业务量占翻译业务总量的一半以上，显著高于外译中；13% 的企业中译外业务量占比甚至高达 80%—100%。这说明中国已经从一个输入型翻译市场变成了输出型市场。

中国的经济对世界影响如此之大，从北美大陆到太平洋小岛，从北欧到南部非洲，中国的经济和文化都对那里人们的日常生活开始产生影响。这极大地拓展了中国的外宣对象，对我们绝对是好事。但是这种变化也提出了一个新的挑战。这些人使用中国的产品，跟中国人产生经济文化往来，但是他们不了解中国的文化，更不熟悉中国的语言体系。他们毕竟是西方话语体系的受众，他们的信息来源仍然是西方主流媒体，尤其是当今西方媒体仍然强大，并以先进的技术和特定的表达方式牢固地守护着他们的阵地。西方主流社会的读者仍以《一九八四》这本书给他们留下的文化意识来定义中国，认为我们习惯使用的表达方式不好理解，难以接受。这就对中国当代的对外传播提出了新的要求，带来了新的挑战。

一、"一带一路"对中国翻译界有什么意义

我国提出了"一带一路"发展构想，牵头成立亚洲基础设施投资银行，这标志着中国已经走近世界舞台中央，开始制定国际游戏规则，引领国际发展潮流。这就提出了一个问题：当中国成为一个真正意义上的世界大国，被历史性地推向国际舞台中央的时候，我们的对外翻译如何适应这种变化了的形势？适应得好，中国的对外传播效果就好；反之，如果对外翻译缺乏创新精神，不能跟上形势，就会影响传播效果。

虽然中国的经济由过去30年高速发展进入中高速发展的"新常态"，但是中国的综合国力仍然在稳步提升。这让世界各地的人们欢呼、惊叹、迷惑、紧张、嫉妒、害怕，甚至有人从心理到战略上强烈抵制。因此，在这种背景下，中国比以往更加需要对外传播自己的声音，讲述自己的故事。

随之而来的首先是翻译量的增加和对语言服务更大的需求。翻译工作量持续增加，中译外的需求增加更为明显，非

通用语种翻译的需求加大。由于世界各地受众群体懂中文的人太少，这个任务基本要靠中译外来实现。中译外时要考虑外国人的思维习惯，要有说"全球话"的思维，才能掌握国际话语权。

其次，在"一带一路"发展构想的前提下，我国将有越来越多的翻译人才进入跨国公司和组织工作。这些机构不仅需要常规的口译人员，还需要懂得海外经营、熟悉当地法律体系、了解当地文化、熟知社会风俗和舆论环境、具有坚实的双语甚至多语能力、熟悉机器翻译技术的复合型人才。

再者，如今的文学翻译不再一家独大，时政翻译、媒体翻译、商务翻译、法律翻译方兴未艾。中国文化对于任何一类翻译，都是无法回避的内容，然而职业翻译人才严重缺乏已经成为全国性的问题。

哪个行业"走出去"了，相应的翻译服务就会跟上。以前我们买诺基亚的产品，就需要把外文翻译成中文。随着我国某些领域形成优势产能，产业走出去了，翻译服务也自然会转向中译外。

二、译者应如何应对这些变化

在新时代新局面下，翻译要完成的不是字面的转化，而是文章实质含义的传达。从实战的角度，我提出以下几点建议：

1. 适当增加背景介绍或注解

尤其是翻译领导人讲话，翻译需要做的并非单纯的语言转换，而是让受众理解领导人想要表达的意图，因此要在译文中增加背景知识的介绍。

有时领导人在发言里会用典故，如"以韦编三绝、悬梁刺股的毅力，以凿壁借光、囊萤映雪的劲头"。如何翻译这句话才能使外国受众正确理解，而不是认为中国人现在还这么落后和粗鲁？翻译们动了一番脑筋。一开始大家考虑逐字逐句的翻译，当翻到"凿壁借光"的时候却发生了问题。如果按照字面意思凿开墙壁，借用邻居的灯光，可能会造成英语读者对当今中国的误解。最终这里处理成了"stories of Confucius, Sun Jing and Su Qin, Kuang Heng, and Che Yin and Sun Kang"，并在当页每个名字后面加上注释，附上他们的简介，特别是标明他们所生活的年代，目的是告诉不了解这些文化人物的外国受众，这些都是历史上的故事。虽然这并非是一种尽善尽美的处理方法，但仍然值得我们借鉴和学习。

2. 联系上下文，深入理解原文含义

习近平总书记在第十八届中央政治局常委同中外记者见面时谈到党要管党，引用了"打铁还需自身硬"这句话。现场口译翻译为"To be turned into iron, the metal itself must be strong."。按照一般常识，这句话原意是指打铁的人需要有强健的体魄，因此美国有线电视新闻网（CNN）将其翻译为"To forge iron, one must be strong."。英国《每日电讯报》的版本是"To forge iron, you need a strong hammer."。而这里习近平总书记的意思是，一个政党要想做出成绩，必须警惕不良之风，从严治党。这里的"铁"正是用以比喻"党"或者党的干部。在这个语境下，现场口译的译法是完全准确的。这句话还可以处理成：It takes good iron to produce good products. 顺便说一下，"打铁还需自身硬"这句话被不同的讲话人用在不同的场合，其译文要根据上下文精准翻译，如果上网查看，就会发现不同的版本。

3. 根据讲话人的身份和特点来翻译

比如影视作品的英译中会出现这样的句子：

"Shall we go for a drink?"

"Why not？"

经常有人把这个反问句译成"为什么不呢？"在不同语境下，这样翻译常常不符合讲话人的身份。此处如果答话人为男性，按照本意来翻译，就有失妥帖。这里可以简单处理为"走！""不喝白不喝！"等。

4. 人名、地名等专有名词要查阅工具书

同一个人名在不同国家有着不同的拼法、不同的发音，自然有时也有不同的译法。如 Jan 在英语中翻译为"简"，在荷兰语中则应翻译为"扬"；Chaudhry/Chaudhri 应按照习惯翻译为"乔杜里"，而非"查德里"；Zimbabwe 应按国内习惯翻译为"津巴布韦"，而非"辛巴威"。

在全球化时代，翻译人员作为文化桥梁和使者，要更加积极主动地承担起融通中外的职责，努力提高自己的专业水平和文化素养，对译文精益求精，这样才有利于向国人准确传达世界的声音，面向全世界讲好中国的故事，传达好中国的声音。

服务改革开放 40 年，
翻译实践与翻译教育迎来转型发展的新时代

原文发表于《中国翻译》2018 年第 3 期，略有删改。

2017 年 5 月，我随全国政协代表团到古巴访问。会谈时，古巴人大副主席提出希望中方赠送一批介绍中国政治、经济和文化的西班牙文版图书。我说可以提供一批书，但是西文版图书品种有限，对方说英文版也可以，透露出阅读中国的迫切心情。6 月，我到非盟总部埃塞俄比亚首都亚的斯亚贝巴参加中非智库论坛。按照安排，我发言介绍出版不久的英文版《摆脱贫困》，全书收录了习近平总书记担任中共宁德地委书记期间自 1988 年 9 月至 1990 年 5 月的重要讲话、文章，紧紧围绕闽东地区如何脱贫致富、加快发展这一主题。我发言后，一名与会者，埃及前副外长，现在是一家智库负责人把我叫出会议室，急切地说希望我帮助他解决阿拉伯文版版权问题。他表示，除去少数海湾国家外，阿拉伯世界大部分国家都面临着脱贫的问题，他希望通过这本书，向阿拉伯国家介绍中国的经验。同年 12 月初，就在《习近平谈治国理政》第二卷出版不久，我到南非参加了两场这本书的书介会。与会的南非政要、教授和研究人员的发言质量之高、内容之深刻、观点之新颖让我震撼。作为这本书英文版的定稿人之一,我深深体会到了这本书出版的及时和重要,倍感当今这个时代中译外任务之光荣、使命之崇高。

2018年是改革开放40周年。曾经,中国领导人著作外文版发行量很小,介绍中国现实情况的图书鲜为人关注。如今,随着中国国际影响力提高、国际交流空前活跃,世界为中国打开了一扇宽阔的信息大门。当然,领导人著作只是世界对中国信息需求的一部分。

对于翻译产业和翻译教育事业而言,一个新的时代已经到来。这个时代就是继续服务改革开放,更加注重服务经济和文化"走出去"、服务中国参与全球治理和构建国际话语体系的时代。这是一个千载难逢的翻译大发展时代,一个翻译教育深化和转型的黄金时代。

一、发展

回顾40年来的发展变化,翻译界为改革开放、学习世界的先进文化、先进技术和先进管理经验发挥了巨大的作用。20世纪80年代我经常替亲朋好友翻译从国外带回来的电子笔、电子计算器等小家电的说明书。那时候,很难想象如今"一带一路"建设会对翻译提出巨大需求,很难想象在打造人类命运共同体的时代,自己能有机会参与习近平总书记讲话的翻译。

40年间,中国翻译市场逐步从以外译中为主,发展到以中译外为主。2013—2015年,中国输入版权分别为17,613种、16,321种、15,973种,输出版权为8,444种、8,733种、8,865种。

一个明显的趋势是输入逐年下降，输出逐年增加。即使 2016 年输入与输出的数字分别增长到 17,174 种和 9,811 种，输出的增长幅度仍然大于输入的增长幅度。

国外受众对中国信息的需求是多样化的，但是增长比较快的一个突出领域是中国的时政类信息，包括领导人著作。《习近平谈治国理政》自 2014 年出版发行以来，除中国自主翻译出版的 8 个外文语种外，国外陆续签订其他语种的翻译和出版合同，共达 20 余个语种。第二卷 2017 年 10 月底中文版刚一面世，就有 16 个国家的出版机构签约翻译出版非通用语种版本。

翻译事业发展的一个最新案例是 2017 年底的中国翻译协会年会，两天时间共举办了大小 38 场论坛，700 多名与会者聚集一堂探讨涉及翻译各个领域的问题：国家领导人的翻译与翻译公司代表同堂切磋，翻译技术开发人员与文学翻译家竞相登台，翻译实践者与翻译理论研究者轮番亮相，翻译行业管理者与翻译教育者相互启发，翻译聘用企业与译员个人面对面谈判，这标志着整个翻译行业进入一个成熟发展的新阶段。

发现和选拔翻译专业人才的全国翻译专业资格（水平）考试，自 2003 年推出后经历了长期的缓慢的被认识、被接受的过程，近两年出现了井喷式的发展。参加考试人员从 2015 年的 9 万名迅速增加到了 2017 年的 15 万名。申报全国高级翻译专业技术职称的人员不仅包括国有企事业单位的译员，还拓展到了民办翻译公司译员和高校教师群体。

与此相关，翻译专业教育发展更加迅猛。到 2018 年有 246 所高校设置了翻译专业硕士课程，年度招生近万名，加上中国译协每年举办的暑期翻译师资培训班，形成了世界上规模最大的专业翻译培训活动。

更加喜人的是，越来越多的翻译院校为满足社会需求打破学科界限，由翻译专业院系牵头，同新闻传播院系等其他部门合作创立的研究和实践机构，如四川外国语大学的当代国际话语体系研究院、上海交通大学的国家形象研究中心、郑州大学的中国外交话语研究中心、兰州城市学院设立的甘肃文化翻译中心和宁波大学组建的浙江翻译研究院等犹如雨后春笋纷纷出现。这些机构陆续开展了研究项目或推出了翻译成果。

中国翻译界发展的脚步当然不会局限在国内。2017年8月在澳大利亚布里斯班举办的第21届世界翻译大会上，第一次有中国翻译企业成为首席赞助商，并在开幕式上作主题报告，介绍中国人工智能翻译的最新发展。有10多位中国学者在会上发言。这与1996年在澳大利亚举办第14届世界翻译大会时，与会中国代表寥寥无几形成了鲜明的对比。如今举办世界翻译大会没有中国代表发言已经成为不可想象的事情。

就是在这个会议上，许多发达国家的与会者对中国翻译界通过语言与大数据的结合在机器翻译创新方面取得的进展惊叹不已，甚至承认他们开始落后了。如今，人工智能翻译在中国的开发和应用日新月异，大大拓展了翻译领域，减少了低层次重复翻译，推动翻译行业向更快、更高、更好发展。

二、挑战

40年来翻译事业成就突出，上面的概述也只能挂一漏万。然而，我们必须看到，我们面对的挑战也是巨大的。

第一个挑战是人才，特别是高层次专业翻译人才极度缺乏。 2017年9月有关部门决定组建两个多语种翻译班子，一个翻译十九大报告等文献，一个翻译《习近平谈治国理政》第二卷。十九大文献近4万字如期完成，《习近平谈治国理政》第二卷约30多万字，在最初设想的时间内只完成了英文版。其他文种的翻译完成则要等到2018年了。由于高层次专业翻译人才不足，中央文献的外文版与中文版不能同时发布的情况还将继续。

第二个挑战是社会认识严重不足。 翻译，尤其是中译外的重要性还远没有被社会所认识。许多人仍然认为，翻译就是两种文字转换，如同把方言变成普通话一样轻而易举。由于认识不到翻译是两种文化和思维习惯的沟通，而不是简单的文字转换，人们可以为文体明星的一场表演一掷千金，却不愿意为翻译的跨文化传播付出相应报酬，不尊重高级翻译人才，不提供相应条件。缺乏重视、待遇有限严重限制了翻译人才的成长和队伍的壮大。

在国内外饱受诟病的公示语翻译乱象很大程度上缘于社会对翻译，特别是中译外难度的认知缺失，导致聘用非专业人员去从事高度专业化的工作。这样可能一时省了钱，却达不到传播的目的，反而造成不良国际影响。

认识不改变，就不会有相关政策和措施。这种做法从小的方面看可以造成公示语的错译，从大的方面看，如何能够实现用外语构建中国国际话语体系？我们不能不承认，目前中文在世界上的使用局限性很大，在可以预见的未来也难以成为国际上通用的第一语言，真正的全球化交流还得依靠英文。

第三个挑战是翻译市场远没有实现依法治理。 全国语言服务企业在 2015 年已经达到 72,495 多家。如果平均一家有 15 名员工，至少也会达到百万之众，加上各类兼职翻译，这是一个庞大的语言服务队伍。随着翻译量的增加，有人估算翻译产业年营业额超过 300 多亿元，语言服务业营业额超过 2,000 亿，且每年以两位数增长。由于缺乏成熟的法律法规，翻译市场恶性竞争、不按规律办事、缺少质量监督等情况一再出现。这不仅危害了服务对象的利益，也导致翻译队伍处于"杀敌一千，自损八百"的境地。

分析翻译界面临的挑战，必须从大处着眼。从我国发展所处的历史坐标看，中国仍处于并将长期处于社会主义初级阶段的基本国情没有变。从中国在世界所处的空间坐标看，我国仍是世界最大发展中国家的国际地位没有变。就翻译而言，我们一是要继续研究国外，学习对我有利的先进之处；二是要加大讲好中国故事，积极开拓市场，输出产品与技术，传播我国基本理念。这也就决定了中国翻译行业必将进一步发展。

党的十九大报告指出，我国社会主要矛盾已经转化为人民日益增长的美好生活需要和不平衡不充分的发展之间的矛盾。翻译事业同样面临着需求不断增长和供给不平衡不充分的矛盾。破解中国社会发展的根本矛盾，就是翻译事业发展的根本出路。

三、展望

国家的进步，推动了翻译事业的发展；中国参与全球治理，给翻译界带来了发展新机遇、新动能。展望未来，需要在以下几个方面做出努力,寻求突破。

第一,人才培养必须"从娃娃抓起"。不久前一位老师在审阅学生期末考试卷时,发现全班近 20 人把"中国共产党第十八次全国代表大会"翻译得五花八门,却没有一个是正确的。有的教授鼓励学生用英语介绍家乡所在省份的文化特色,没有一个学生有勇气发言。老师们说,问题出在教育内容上。由于历史原因,过去注重对学生外国语言文学素养的培养,导致对学生中译外能力和知识培养严重不足。

当然,造成这种现象有其历史原因,也需要时间才能真正改变。中国是世界大国,要在全球治理上发挥越来越大的作用,外语是基础。"基础不牢,地动山摇。"既要重视外国语言文学的研究和教育,也要重视中译外能力的培养;既要帮助学生夯实语言基础,又要拓展他们的知识面;既要培养学生扎实研究的能力,也要培育他们善于从事国际交流的本领;既要加强学生的文学素养,也要培养他们多面手的服务意识,为"一带一路"建设和参与全球治理培养足够多的具有责任感、使命感、荣誉感的实践型外语人才。

需要指出,过去 40 年,传统的外国语言文学研究和教育方式在改革开放阶段具有百分之百的重要性,但是在新时期,必须在原来的基础上,向前迈进一大步,外语教育再也不能仅仅停留在对外国语言文学研究上。一位国务院部门负责人惊讶地发现一所大学还在教授古西班牙语,而这在西班牙早已没人关注。还有院校仍然花大力气教授莎士比亚,而在英美国家这种行为早已成为小众作法。面对新形势、新需求,应该把对外国语言文学的研究成果和掌握能力更多地用于推广中国文化、拓展市场和传播中国理念上。

第二，理论研究与翻译实践必须双轮驱动。实现政产学研的结合，已经在翻译领域达成共识并有了实际效果。但从历史角度看，在翻译领域，研究与实践长期分道而行，鲜有互相借力。更多的情况是，理论研究颇受重视，而实践得到的关注不足。在谈到研究生教育时，一位中央领导曾经指出："专业学位研究生教育快速发展，同时也存在不少短板，如研究生实践创新能力不强、与职业资格衔接不紧密、质量评估和评估针对性不够、国际化水平还不高。"

这种情况在翻译教育领域同样存在。教育部反复强调，研究生教育就是要"服务需求、提高质量"。"经过多年努力，基本实现了专业学位与学术学位'地位平等、标准统一'的目标，专业学位培养模式得到广泛认可，不再感觉'低人一等'。"这种局面对于培养社会急需的实践型翻译人才来之不易。当然，强调实践绝不意味着放弃理论研究，而是要提高研究质量和增强时代性。特别是针对社会和技术的变化，需要强化针对中译外的理论研究，更好地服务需求，提高质量。

第三，翻译必须加强国际交流。翻译本身就是一种跨文化的业态。尤其是中译外，更需要外国译者的参与。到目前为止，在语言领域，似乎外国人来华讲课多，讲课内容理论话题多，翻译实践参与少。随着中译外工作量的增加，按照翻译的一般规律，自然需要有更多的外国人投入翻译实践中来。事实上，从文学到科技，越来越多的作品由外国译者承担。

国际翻译合作的另一个方面是通过外国人的参与，大大提高中译外难点问题的翻译效果，更加准确地构建中国的国际话语表述体系。中国翻译研究院每年组织一次中译外翻译工作坊，选择熟悉中西文化和语言的海外人士与国内的翻译专家围绕中译外难点切磋探讨，提供标准译法。虽然所费不赀，却能提出一些具有标志性的解决方案。翻译工作坊的举办可谓"一字千金"，一方面投入高，另一方面其成果价值连城。为了吸收更多的外国人参与到中译外事业当中，需要制定相应的政策和措施，创造相应的工作环境。

第四，翻译行业必须强调依法治理。翻译既是一个竞争性行业，更是一个团队合作性质突出的行业。竞争有序才能促进翻译行业的良性发展。长期的健康发展有赖于一个高度法治的环境。翻译行业最终需要通过立法促进和保障发展。当前，应该发挥行业协会作用，推动行业标准制定，加大行业内部监督。不久前，中国翻译协会推出语言服务行业诚信信息发布平台，这是行业加大自律行为的一个步骤。创建全面法治的翻译市场是一个长期过程，这个过程耗时越短，越有利于翻译行业的快速良性发展，而实现这一目标需要相关各方的共同努力。

回顾40年，我们有充分理由感到自豪。展望未来，我们倍感任重而道远。

40 年见证两轮翻译高潮

原文发表于《外国语》2018 年第 5 期，略有改动。

1975 年，我从北京外国语学院毕业到中国外文局下属外文出版社工作。从那时开始，就与翻译结缘，至今已经 42 年。这段经历让我有幸参与和见证了两轮翻译高潮。每一轮高潮的出现都是国家政治、经济形势的直接反映；每一轮高潮都是中国崛起的直接证明；每一轮高潮都有其鲜明特点，都是对中国发展的最好诠释。

第一轮翻译高潮：为改革开放服务。1978 年底党中央在十一届三中全会上决定实施改革开放方针，这场改变中国的大潮给翻译带来了新的发展机遇。人们开始大量翻译国外的先进技术、经济管理和文化艺术文献。这一轮翻译高潮的特点是向外国学习，翻译涉及的语言主要是英、法、德、日等发达国家的语言。每一个先进技术、国际化理念、新产品的引进都浸透着翻译的汗水，改革开放的每一个进步都少不了翻译的贡献。

第一轮翻译高潮兴起后，翻译内容发生了变化。当时我在外文出版社工作，此前我参与翻译的内容常常是工业学大庆、农业学大寨的国情介绍，这时改为涉外投资法规等。记得有一本《答来华投资者一百问》的英文版图书，出版第一周就销售7000多册，这在外文图书市场上是一种突破。

内容的变化不仅体现在为改革开放服务的商业性选题上，而是全面的。国门打开，外国人将从未有过的注意力转移到中国，对中国的信息需求急迫、多方位。文学作品方面，四大名著的英文版通过中外译者的合作陆续出版；意大利、英国和中国大陆合作拍摄的电影《末代皇帝》是根据外文出版社的英文版图书改写的脚本，这部电影的拍摄带红了这本英文书的销售。那时我刚完成《敌后武工队》的排版校对工作，社领导又安排我参加获奖短篇小说，也就是伤痕文学代表作品两大卷英文版的编辑出版。这些小说译者中外人士都有，其中不少人后来成为著名的中国文学作品翻译家，如英国人闵福德(John Minford)。在核稿中，我充分体会到外国译者语言的流畅和中国译者对作品拿捏的准确。

20世纪80年代初期，文化旅游迅速成为外文图书的重要选题。除去北京、西安、上海等外国游客最多的城市各类翻译作品较多外，杭州等地的对外介绍也成为图书翻译的重要组成部分。此前浙江出版过一本名为《西湖揽胜》的介绍杭州文化历史的图书，外文社决定翻译成英文和日文出版。由于历史原因，这类图书翻译成日文不需要对原文做很多编辑加工，但是英文版的外国编辑在润色时提出了一系列问题，主要是文中涉及大量的历史事件、典故、风俗，不加背景解释，英文读者根本无法理解。为了提高书稿的可读性，领导专门派改稿的美国编辑到杭州实地考察、采访后改写，让我陪同担任翻译。

改革开放初期，我们的经济还不富裕，开放意识不强，国际交往经验不足。例如，同桌吃饭是增进理解与交流的重要途径，然而在当时，共事的中外人员吃饭时一定是分开的，饭菜当然也不一样。每次采访回来，我们四个人进入同一个饭店，但是一定不在一个房间用餐。每次都是格拉姆斯教授自己单独用餐，我和当地的两位编辑作者进入另一个餐厅。工作几天后，大家都觉得收获很大，对改编书稿也颇有信心，相处得非常融洽，工作期间笑声不断。但是每到吃饭时就要分开。其间，格拉姆斯教授曾经表示希望一起用餐，至少我们两个从北京来的、同一个单位的，应该一起用餐。而我们中国人觉得中外分开这就是规定，我们只得遵守。终于有一天，到了进餐时间，格拉姆斯教授脾气爆发了，就是不进餐厅，表示如果不能一起用餐，她宁愿不吃了，说完扭头就往外走。经过这场小风波后，一段非常尴尬的经历才终于结束了。

开放初期，外事工作全面打开，到处都缺翻译，而外文局是翻译人才比较集中的地方，有 50 多个语种的近千名职业翻译。于是各个部门纷纷上门来借调翻译。我们大部分人都曾经被借调到不同单位，甚至不少翻译被借调到国外工作，一干就是若干年。有一次，我到卫生部给来访的某国卫生部部长率领的代表团当翻译。外宾到达北京的第一个夜晚，我在熟睡中被电话叫醒，懵里懵懂听到电话里对方介绍自己是中国银行某部门负责人。他说，白天外宾入住酒店后，在宾馆大厅兑换外汇，其中有一人换的 800 美元是假币。银行的官员说，头一天晚上外宾换币时，银行业务员对美元有所怀疑，但不能断定就是假币。这位官员解释说，给外宾的假币兑换了人民币，中方业务员也有失误，所以，如果使用假币的外宾对中国比较友好，让我就提醒她一下，在华期间不要再使用手中的美元兑换了，如果此人对华不友好，那就请她退回人民币。我告诉这位官员，此人对华非常友好，不仅如此，她的丈夫是他们国家的海军司令，对中国也很友好。第二天，我把这位外宾悄悄拉到一边，转达银行的提醒。我本以为她会很尴尬，出乎我的意料，她毫无愧疚地告诉我，她的美元很可能是假的，是她来华前让她的秘书到黑市上换来的。

翻译界都知道的一个规律是，同传通常由两个人组合成一组，每一个人翻译 15—20 分钟就要轮流休息一下。然而，改革开放初期，翻译，尤其是能承担同传的翻译奇缺。有一次中国作家与外国来宾的座谈会让我去做同传，始终是我一个人在翻译。一位作家谈自己的写作时，先谈了中国的婚姻习俗，接着又谈到丧葬习俗。谈婚姻的时候，出现频率最高的是 marry 这个英文单词，转到丧葬的话题，反复出现的是 bury 这个单词。而此时会谈已经持续将近两个小时，我疲惫得已经不知道自己在说什么了。该说 bury 的时候，我还在不知不觉地说 marry，看到外国听众朝我摆手，我却不知为什么。好在这时终于有一位老翻译过来救场，对我说："你休息一会儿"，这样才让会谈继续下去。

第二轮翻译高潮：为中国"走出去"服务。进入 21 世纪，尤其是 2010 年，中国成为世界第二大经济体，很快又成为世界第一大贸易国。2013 年"一带一路"倡议的提出，加速了中国的国际化步伐。随着中国的发展和世界格局的变化，自然就出现了第二轮翻译高潮。这一轮高潮是为中国经济"走出去"服务，为中国的文化传播服务，为中国的理念"走出去"服务，近年来，更是为中国构建自己的国际话语体系服务。

因为中国"走出去"步伐加快，这轮翻译高潮的一个突出特点就是中译外工作量加大，与上一轮以引进为主有根本不同。

这一轮高潮的另一个特点是，由于中国全面外交的展开，尤其是"一带一路"合作涉及广大发展中国家的基层民众，非通用语种翻译量增加，而这种增加目前还仅仅是开始。不难想象，随着"一带一路"建设项目的开展，中国的工程技术人员将更多地出现在沿线国家的乡村城镇，中国人将与当地老百姓有更多的接触，而这种最基层的接触往往更加依赖当地百姓的语言，而不是通用的大语种。

这一轮翻译高潮涉及的领域更加宽广。华为作为一个外向型的企业，其产品必须通过当地语言才能进入市场。华为也开创了把翻译中心设在产品开发中心下面的先河，一改过去翻译与技术研发属于两个不同部门的常规做法。

这一轮高潮跳出了传统的口笔译范畴，把翻译行业列入包括翻译服务、本地化服务、语言技术与工具研发、术语等语言资产管理、全球化与本地化咨询服务以及相关教育培训在内的新兴语言服务业。

在这个时期，中国许多城市成为世界会议中心，公示语的改进就成为刻不容缓的任务。2008年北京奥运会之前，北京市政府在全国率先成立专门的部门和队伍统一外文公示语，后来深圳市政府也委托深圳译协统一了当地的英文公示语。在2017年9月厦门金砖会议之前，厦门市政府也委托相关翻译公司完成了厦门城市道路英文路标的统一翻译。教育部语言文字信息管理司组织翻译专家和老师专门编制了《公共服务领域英文译写指南》。在这个大形势下，全国到2017年举办了四届公示语大会，改善语言环境，打造国际化的城市公示语服务已经成为翻译界的共识。

然而，人们只要睁开眼睛，就会发现周围英文公示语错误百出。显然英文公示语的改进，乃至整个社会英文水平的提高有待于全社会认识的提高。北京有20多条地铁线路，曾经不断有乘客反映英文报站不够标准。北京市外办曾经组织专家听了全部线路的英文报站录音，进行诊断并提出改进办法。我听后发现，有一条线路的中英文报站是同一个人录的，英文发音不够标准，中文也缺乏专业播音的水准。在分析原因时，这条线路的运营公司负责人说，他们根本没有意识到站名播报录音需要专业人士来做。当初，他们发现办公室有一位年轻人会英文，就把这个人找来中英文同时录制。这个案例说明，翻译质量不高，不仅仅是翻译人员的问题，首先是使用翻译的人不懂翻译专业的要求，没有聘用专业翻译。如果仔细分析就会发现，社会上各类英文错误大多是非职业翻译所为。人们不会找一个没有上过医学院并获得医师资格的人给自己开胸动手术，但是却屡次让非职业翻译从事翻译工作。

作为国家公平公正选拔人才的一项内容，国家人事部决定从2005年开始不再进行翻译系列（英语翻译、助理翻译）任职资格的评审，而改为更加合理的考试，故推出了全国翻译专业资格（水平）考试。为此，外文局专门成立了相应机构，组建了来自全国各地100多位专家组成的7个语种的专家委员会，每年两次聘请数百人参与阅卷。为了办好翻译资格考试，我们广泛听取社会意见，曾多次派人到各地大学、机关、企业开座谈会。

在一所大学举行的座谈会上，外语学院的领导直接说，他们大学属于教育系统，只参加教育系统的（四、六级和专四、专八级）考试，不考虑人事系统的考试。当时我就意识到，有些教授对国家教育系统培养人、用人部门考核录用人的基本分工还很不了解。翻译资格考试代表了国家职业资格水平考试的一种改革，就是在对参试者不设任何学历和学位限制的前提下，任何人都可以参考，这充分体现了公平、公正、公开选拔人才的精神。在当时那种气氛下，有一位与会老师根本没有看懂考试说明，就高声严厉批评翻译资格考试是典型的官僚主义，我们从事考试推广的人员感到对方几乎等于下了逐客令，颇感震惊。的确，在考试刚刚推出的几年，参加人数增长比较缓慢。但是，2015年一下子从10年前的寥寥几千人增加到9万多人，2016年达到11.2万人，而2017年上半年就已经有7.8万人报名参考。今天，许多大学都欢迎考试部门派人到学校向学生宣讲。这个事情说明，即使在外语界，对于翻译专业的认识和接受也是需要假以时日的。

国家为了推动翻译专业教育，于2007年成立了"全国翻译硕士专业学位教育指导委员会"。我长期从事翻译业务，不懂教育，但是有关部门要我参加，我一再以自己日常工作繁忙为由推脱而没有成功。2011年这个机构改名为"全国翻译专业学位研究生教育指导委员会"，言外之意是翻译专业教育不应该只属于硕士阶段，还要考虑博士阶段。这个委员会从成立之初就由翻译教育和翻译行业人士组成，特别是改名为"全国翻译专业学位研究生教育指导委员会"，充分体现了国家专业人才培养的改革。当初，我们讨论逐步实现翻译专业教育和翻译资格考试相结合，曾经遭到强烈反对，有人认为翻译教育和专业资格考试是毫无联系的两回事。今天这种结合已经成为教育部门和用人单位的共识，这既从一个侧面反映了翻译教育的成熟，也是整个翻译行业发展的体现。

厦门大学有一位名叫潘维廉（William N. Brown）的美国教师，1988年不顾家人的反对来到中国，一住就是30年。其间，他以家书的方式向自己的父亲等人介绍变化中的中国，最终他父亲认为他的选择是正确的。他到中国遭人反对的经历，让他深深意识到中国必须多用英文对外介绍自己。我长期从事外宣翻译，深感面对外国受众，翻译不仅仅是要完成文字的转换，更重要的是传达文字后面的文化信息。

当年我参加翻译1982年制定的中国宪法时，国家主席到底是延续以前chairman的英文表述，还是改为president，译者们有过不同的意见。一种意见认为，从建国开始，国家主席的英文就是chairman；另一种意见认为，宪法里没有说要成立国务委员会，按照英文的逻辑，没有committee，哪里来的chairman。那时候年轻，说话没有顾忌，我坚持认为用chairman这个单词不符合英文逻辑，而应该用president。最后大家达成一致，决定一改建国30多年的传统，把国家主席翻译成president，报上级审批并最终得到批准。这就形成了过去有Chairman Mao Zedong，Chairman Liu Shaoqi和Chairman Hua Guofeng，而后来的国家主席英文都是president的局面。一词改动，体现了翻译的求真和实事求是精神。

当世界越来越关注中国时，翻译的任务就更加光荣而艰巨。我们必须时时刻刻通过翻译拉近与受众的距离。有人说，我们应该解决"会做不会说，说了人家也听不懂"的问题。

习近平总书记提出要打造融通中外的新概念新范畴新表述，这是构建中国国际话语体系的核心，而完成这个任务翻译责无旁贷。

与此同时，无论中译外变得多么重要，外译中都应该得到同样的重视。中国的国际地位决定了翻译在研究外国、理解国外方面同样责无旁贷。2017年5月底，美国白宫communication office主任杜布克(Mike Dubke)辞职了。当时国内媒体都称这个机构为"白宫通信办公室"。大概有人发现这个机构的中文名称容易让人觉得这是一个纯粹技术性的部门，所以没几天又改称"通讯办公室"。此后有一段时间曾经由白宫新闻发言人斯潘塞(Richard Spencer)兼任主任，斯卡拉穆奇(Anthony Scaramucci)7月接任，10天后被迫辞职。时至今日，也没有再正式任命新人。但是在斯卡拉穆奇上任和辞职这段时间，媒体称其为"白宫通讯联络办公室"主任。问题是多了"联络"二字，仍然无法准确表述这个部门的职能。

其实，只要上网仔细查一查这个部门的职能，就不难看出这个部门相当于我们中国的宣传部。因此，可以翻译成"白宫宣传办公室"，也可以称其为"白宫传播办公室"。总之，这是美国政府一个协调宣传政策口径的部门，一个美国媒体形象建设部门，而不是管理通信线路的技术部门。在我们的文件中为什么出现这种现象，翻译部门或者从事翻译工作的新闻媒体人员应该反思。

几年前，我曾经在基层调查过，不少老百姓以为平时媒体说的美国国务院的职能与我国中央人民政府——国务院相同。出现这种误解的原因在于，我们早年把美国外交事务部门翻译成国务院，而恰恰我们的中央人民政府也叫国务院，因此在老百姓当中引起误解。美国国务院的译法是历史遗留的错误。历史上许多不恰当、不准确的译名都纠正了，美国国务院的误译也应该得以纠正。

展望未来，翻译事业发展前景美好。中国是文明大国，中文在世界上独一无二。这些决定了中国必然是翻译大国。然而，由于历史原因，中国长期大量翻译外国文学，却与国际翻译界交流不够。西方出于对我们不了解和历史偏见，长期不愿翻译中国作品给他们的受众，甚至对中国人开始在国际翻译界崭露头角也感到不舒服。我是2002年代表中国译协参选国际翻译家联盟理事的。此前，已经有三位中国老翻译家担任过理事。那时因为费用等多种原因，作为国际译联的成员，中国人当选理事后就不再参加每年的会议，露一面之后就等着三年一届再换新人。当时，我面对的多数与会者明显对中国人竞选理事不感兴趣。竞选发言时，我特意说明，我将积极参加国际译联的各项活动。选举前，我利用一切机会，和各国与会代表广泛交流，大到翻译专业各项业务，小到家长里短，终于得到认可，当选了理事，并开始探讨在中国主办世界翻译大会、确立中国翻译界国际地位和影响力的可能性。三年后，在2005年的世界翻译大会上，我在毫无思想准备的情况下被选为国际译联副主席，这是亚洲人第一次进入国际译联执委会并担任副主席。这时，国内翻译行业正在蓬勃发展，我们做了充分的准备，打退了阿根廷举办下届大会的申请，后来居上争得了2008年第18届世界翻译大会的主办权。

为了办好会议，争取支持，我曾经走访欧洲大国的翻译协会，并参加全球翻译界影响最大的国际译联欧洲中心的会议。有一次在伦敦，我参加了欧洲中心的会议，直接向欧洲各个协会的负责人宣传中国,增强他们对我们主办世界大会的信心,增进他们对中国的认识。西欧一个较大的协会负责人看到我在会场,发言说,欧洲是世界翻译的中心,国际译联是在欧洲诞生的。然后,他环顾会场,尽管在场的只有我一个亚洲人,他却说,如果今后国际译联的副主席是韩国人,秘书长是日本人,司库是其他亚洲人,他提议欧洲会员应该另立门户,成立新的国际翻译组织。由此可见,他们对中国人的出现多么不舒服。

尽管如此,2008年,就在北京奥运会开幕之前,我们在上海成功举办了历史上规模最大的世界翻译大会,来自70多个国家的近1,500人出席大会。各国翻译第一次看到那么多的国旗摆放在一起,惊讶之余纷纷在国旗墙前面拍照留念。会议收到的论文之多、会议期间论坛之丰富都是前所未有的。在闭幕式上的颁奖环节,曾经对我们抱有极大偏见的那位欧洲译协负责人上台领奖并发表获奖感言。他说,获奖令他十分兴奋,但是奖项只能说明过去,既然现在是在中国,他更愿意谈谈中国。听到这里,我心里咯噔一下,不知道他又要如何表露他对中国的厌恶。

然而,他一改过去的态度,说在中国短短四天改变了他对中国的看法,并举例说:他和太太人生地不熟,到中国的第一天到一家餐馆吃饭,他不会中文,餐馆服务员不懂他的母语,根本无法交流。但是,可爱的服务员拉着他们夫妇一桌桌地让他们看中国人在吃什么,见到他们喜欢的就记下来,然后给他们拼了一桌美食。在一句话没有说的情况下,他们二人品尝了中国美食,更享受了中国人的好客和微笑。他说这个收获比翻译奖项更值得纪念。听到他的感言,会议筹备期间遇到的一切苦难和烦恼都随风而去了。后来我去欧洲，他主动开车接送我。

这次大会通过了国际译联关于翻译发展的《上海宣言》。此后很久，每当我与国际翻译界接触，听到《上海宣言》时，只要听到"上海"，不等"宣言"二字说出来，我的荣誉感就油然而生。

根据国家工商管理部门的统计，中国语言服务公司在改革开放初期的1980年，只有区区18家，而2015年底已经达到72,495家。如果按照平均每家公司有15名雇员计算，这支专业队伍已经有百万之众。加上国家政府部门、事业单位及高校的兼职和全职翻译，中国有一支强大的专业队伍。然而，翻译待遇不高的老问题长期得不到解决。许多译员反映，只靠翻译稿费还不能体面生活，翻译的价值还远没有被社会认可。

环顾世界，许多发达国家在翻译人员权益的保护、翻译版权的享有等方面都比我们做得好，翻译是一个受人尊重、收入殷实的职业，有关翻译的法律法规也比较健全。相比之下，中国翻译行业发展的道路还很漫长。

当前，人们热议的一个话题就是，机器翻译是否要取代人工翻译。翻译界的广泛共识是，我们必须跟上时代的步伐，大胆拥抱新技术。机器翻译只会取代重复性高、规律性强的翻译，承担过去只靠人工根本无法完成的巨大工作量，让人们更多地管理人工智能翻译，让机器完成基础工作，让人完成高端的翻译定稿工作。机器翻译的出现再一次告诉人们，翻译之魅力就在于它永远是一个让从业者不断学习的行业。

新时代口译面临的任务、机遇与挑战

原文为 2018 年 10 月 26 日在全国口译大会暨"永旺杯"第 11 届多语种全国口译大赛上的发言。

中国国际地位提升的一个最新标志是，联合国大会刚刚通过 2019—2021 年会费和维和摊款比额决议，中国将成为联合国第二大会费国和维和摊款国。"一带一路"建设如火如荼，世界出现百年变局，中国的对外交流活动更加频繁。有时候，我们坐在家里或者在办公室忙于手头工作，对中国国际地位的变化和面临的挑战感觉不那么具体，但是，一旦参与国际交流活动，我们就会有各种不同的强烈感觉。围绕这一切，口译的重要性更加突出。

如果当今世界上只剩下一种语言，不管我们高兴与否，那很可能是英语。但是，这种情况根本不会发生，现实是多语交流正是中国走向世界舞台面临的巨大挑战和现实需求。中国的经济触角伸展得越远，多语交流的作用就越重要。这正是多语口译大赛的意义所在。

口译大赛有助于学生提高口译能力、增强信心、拓展就业前景，对于辅导老师和所在学校的声誉也有积极影响。因此，无论从学术角度还是实用角度看，口译大赛都十分重要，这也是大赛的生命力所在。

在我看来，由于市场的引导作用，社会高度重视口译，使越来越多的学生想学习口译，更多的院校需要开设口译课。总体而言，这对口译事业产生了积极的推动作用。当然，由于从事口译的人员越来越多，一个副作用是报酬似乎没有快速增长，这大概是供需关系的一种反应。同时，由于有些使用口译的单位，没有专业能力分辨翻译水平的高低，导致高级翻译未必能得到高报酬。

口译热对教学者和学习者都提出了前所未有的挑战。我们年轻时一个人连续同传三个小时，以至于自己都不知道自己在说什么的现象再也不会有了。取而代之的将是市场的逐步成熟，市场对翻译质量的认识虽然缓慢，但一定会不断提高。这对我们提高口译教学质量并不是坏事，而是压力和机会。

当前另一个热门话题是人工智能是否会完全取代人工翻译，人工翻译是否面临下岗。各种议论如此纷杂，以至于开始有翻译专业学生提出放弃学习翻译或者尽快转换专业。尤其是从事人工智能开发和市场推广的一些技术人员自己并没有多少口译的实践经验，过于强调机器的因素，在社会上给人们造成很大的疑问和混乱。

作为专业翻译从业人员和翻译教师，我们非常清楚，离开人的因素就不可能有翻译。我们知道，人工智能翻译可以提高效率，加快翻译速度，承担低层次、重复性的任务，从而大大解决人力不够的问题。人工智能翻译的确进步很快，产品层出不穷，有的已经在电视上黄金时段做广告。许多日常生活中的翻译，尤其是出国时的旅行需求，机器翻译都能帮助解决。这是人工智能的长项，也是它值得热情拥抱的理由。

我在自己的翻译实践中，经常希望有合适的软件帮忙，提高效率。但是，现实又非常不令人满意，没有一款能完全帮助我完成翻译任务的软件。这也是事实。

我们的社会还没有发展到人与人不愿意面对面往来，一切都通过机器的阶段。我们也很难想象，机器无论多么发达，在没有视频的情况下，如何取代人们交流时的面部表情和手势。9月18日在苏黎世机场，我办理出境手续，边防工作人员拿过我的护照，用一口标准的中文问道："回中国吗？"于是，我们多聊了两句，发现他为自己能讲中文感到非常自豪。这种场合只能是面对面交流，机器此时即使翻译准确，也无法传递人间的情感。

无论人工智能如何发展，人的翻译能力，以及与翻译相关的知识面、心理素质、国际交往能力等等，还需要在教室里得到训练。同笔译相比，口译中人的因素更为重要。那种认为不需要到大学学习翻译的说法应该停止了，否则不仅会导致高端翻译人才的缺乏，就连开发机器翻译需要的语料库都没有人做了。

人要积极参与人工智能，不要把人工翻译和机器翻译对立起来。翻译人员应该是人工智能的开发者、生产者、引导者和使用者；机器翻译应该是人工翻译的延续、补充、发展和提升。

当然，因为所处的位置不同，科技公司和翻译教育单位的侧重点不一样。二者既有需要合作的因素，也有产生对立的时候。我们应该加强沟通，实现共赢。国际上有一种说法，即人们总是需要更快速的翻译服务、更高的水平、更低的成本，也有人希望人工智能可以大幅度减少翻译费用。还有一种说法是,到目前为止,人工智能发展获益的仅仅是谷歌这类软件开发公司,而不是那些真正提供翻译服务的译员和需要机器辅助的人工译员。

最近,一位欧洲同行跟我谈到人工智能开发面临很大的挑战,甚至根本无法达到社会的期待。比如,某人说他想吃早餐。早餐一词不难翻译,但是到底是英式早餐还是欧洲大陆式早餐,是西式早餐还是中式早餐,内容差别太大了。机器如何及时给予提示?这让我想起中国人对妻子的称呼似乎不下20种,机器要辨别讲话人到底要的是哪个说法,这不是一件容易的事情。举出这些例子无非是要说明,不论人工翻译还是技术开发者,都要有定力,脚踏实地,做好本职工作,而关键是需要人机耦合,加强合作。

还有一点需要引起重视,即把口笔译完全对立是不可取的。口笔译历来互相促进。社会上需要的是多面手,而不是单打一的译员。口译专业人员学习和从事笔译,一定会促进其口译能力的提高;笔译人员从事口译,也会拓展自己的工作领域。

最后要说明的一点是,我们生活在知识大爆炸的时代,社交媒体的出现导致了信息的碎片化。其结果之一是语言粗俗,知识面缩小。这是翻译教育面临的一个严重挑战,需要引起整个行业的重视。

口译的难度大部分不是译员造成的,而是语言和文化背景产生的。大家稍微关注一下新闻,就会发现有一个词——"节点"出现频率很高。在不同场合如何翻译甚至是否需要翻译,都要因讲话人和讲话内容而定。口译人员几乎每天都要面临这类问题。在这里我举几个例子:如果"'一带一路'

沿线节点国家"可以说是 key countries,"时间节点"可以翻译成 timing,选择"合适的节点"可以是 the right time,那么"建筑节点"指的是建筑构造的细部做法,该怎么翻译?"纠正'四风',必须一个节点一个节点抓"又该怎么译?此处大概指的是环节。"干好每一天,抓好每个环节,办好每件事情,确保按照时间节点完成环保目标任务。""每个项目落实到节点、落实到人""抓节点、抓要点、抓重点,坚决做好'十一'期间党风廉政工作",这几句话又该怎么译?"新媒体营销做好每一个重要节点",具体指什么?"每到一个历史节点和重要时刻,他总能抓住对全局有决定意义的一着",又该如何翻译?虽然只是"节点"一个词,却涉及不同专业、不同语气、不同内容,千万不要因为有了技术,就把翻译看得过于简单。

　　当然,科技发展的速度往往超过人们想象,我今天所讲的问题也可能明天就不是问题了。

疫情之后看外语和翻译的多与少

原文发表于《中国外语》2020 年第 6 期，略有删改。

新冠肺炎疫情发生以来，一个明显的现象是国际舆论争议的升级。一些国家从政客到媒体开足马力，充分利用他们以国际通用语言——英语为母语的优势，施展先说、早说、多说的本领，轻则对中国质疑、批评，重则造谣污蔑、竭力污化。中国人则要么主动介绍、耐心解释，要么严正反击。从形势发展看，语言战已经成为新常态。

疫情初期，武汉医疗设备不足，给疫情防控带来极大困难。好在我们有制度优势。在习近平总书记的亲自指挥、严密部署下，我们加强联防联控，医疗物资供给实施全国统一调度，不仅迅速扭转了疫情局势，而且在国际疫情暴发之后，有能力向 120 多个国家和地区提供抗疫援助。

在医疗战线，中国的成就有目共睹，但是在舆论战线，情况又如何？有无明显短板？如何弥补？这自然成为外语界和翻译界关注的问题。

第一个问题：外语是多了还是少了？

中华文明是世界上唯一延绵数千年没有中断的文明，中文是唯一连续使用了数千年的语言。中文作为 14 亿中国人的语言，还是世界第一大语言。中华文明有许多优良传统，善于吸收外来先进文化，特别是对外从不侵略，没有殖民史。这对各国人民来说是好事。然而，一个从来没有对外殖民的国家自然不可能像某些传统殖民国家那样，把自己的语言变成外国人的语言，再通过语言，把当地人的思维习惯也转变过来。我们今天面对的是一个不会讲中文的外部世界。中文虽然是世界上使用人数最多的语言，但其使用范围却很有限。

今天，中国的生存和发展，需要构建一个融通中外的话语体系，这意味着需要用外语讲述中国故事。要讲述中国故事，必须了解外国故事，了解外国人的思维和阅读习惯，掌握他们喜闻乐见的语言及表达方式。

答案是清楚的，在中文没有成为世界通用语言之前，中国人必须学好外语，运用好外语。从舆论战的需求看，中国人学的外语不是多了，而是需要更多、更好，需要运用得更加自如。没有扎实熟练的外语技巧，被迫参与舆论战无异于没有穿好防护服就进入传染病病房。

据统计，全球互联网 80% 以上的网页使用英文。全世界半数以上的科技书刊和译著都使用英语，全球开设的国际广播电台也大都有英语广播。可见，要想向世界广大受众介绍中国，最方便的语言是英文。

中国是网民最多的国家，已经超过 9 亿人。人们思考的一个问题是，在世界 80% 的网页中，9 亿中国网民贡献了多少内容？在英文社交媒体上，中国网民发布了多少条消息、评论？目前没有准确数字，但各种猜测令人沮丧。疫情发生以来，面对国外媒体对中国的污名化，众多中国网民义愤填膺。我们不是不想打好舆论主动仗，而是生气之余深感能力不足。说明白一点儿，就是没有全面、有效地用英文回击对手的能力。

如果说过去 40 年中国人迅速提升的外语能力帮助中国通过改革开放实现了快速发展，今天中国人则需要利用外语乘胜而进，广交朋友，扩大影响。显然，外语能力直接影响着今后中国的前进步伐。展望未来，中国人掌握的外语不是多了，而是少了。的确不需要任何行业的任何人都会使用外语，但是涉及外事、外交、外宣、外贸，事关中国参与全球治理，国人不掌握外语，中国就很难全面发挥世界大国的责任担当。

第二个问题：翻译是多了还是少了？

尽管疫情发生后，国际会议减少，出访、来访活动几乎停滞，口译特别是同传业务急速萎缩，但是笔译的工作量不减反增，尤其是中译外压力甚大。某些情况下，中译外力量不足甚至成为中国国际传播的瓶颈。由于外国人不懂中文，我们被迫从事中译外。中译外翻译力量跟不上，导致贻误战机，有理说不出、说不够、说不透；即便说了，外国人也未必听得明白。

这种中译外的困境不只涉及英语等主要外语，几乎是门门外语都缺。高端对外翻译人才不足的问题，因为疫情再次凸显出来。随着复工复产，打破人为和疫情形成的物流封锁，开拓国际市场，扩大经济活动范畴，构建有利于中国生存和发展的国际化市场和产业链，同样离不开良好的对外翻译水平。

疫情发生后，特别是中国在控制住境内疫情后，面临的主要风险是输入病例。按照世界卫生组织的表述，"输入病例"就是 imported cases。然而，就连英美语言工作者也认为此表述不妥，import 意味着一种主动行为，各国各地都 import 自己所需，而病例不是任何一个国家和地区所需的，当然也不是中国之所需。我们需要进口先进的技术、急需的能源、改善人民生活所需的物资，我们不需要天天月月进口病例。显然，这里应该使用一个比 import 更为合适的单词。难道是世界卫生组织用词错了吗？我们只能说，他们都是医疗卫生专家，但不一定是语言专家。他们需要找出治病救人的良策，而不需要像语言工作者那样咬文嚼字。但是翻译的本能就是咬文嚼字，咬得越准，嚼得越细，越能精准地传达文化信息。

事实上，面对国际上一些人对中国的污名化企图，中国的对外表述必须字斟句酌，才能准确传达意义。这再次说明了学好外语、做好翻译的重要性。

第三个问题：如何辩证地看待外语和翻译的多与少？

在外语能力和翻译能力存在明显短板的情况下，有无过多的现象呢？当然有。在社会需求变化的情况下，传统的外语和翻译研究与实践当然需要与时俱进、适度调整。比如，有专家建议，在我们大力提高对外讲好中国故事的能力的同时，应该把更充裕的课时用到提高解决当今问题的外语能力上，而不是继续大范围地讲述莎士比亚；需要把更多的精力用在编写教会学生如何把中国介绍出去的教材，而不是单纯沿用介绍外国文化的课本。至于翻译，过度翻译的情况很多。比如讨论男厕所里"往前一小步，文明一大步"宣传口号的种种译法用处不大。把一个没有外国人参加的会议的工作人员胸卡译为 work permit（工作许可证、就业许可证），既是一种过度翻译，又是一种人力和时间的浪费。这种需要翻译的内容没有人翻译、不需要翻译的却花费很大的现象应该停止。

抗击疫情以来，我们看到，我们对外提供的防疫物资多，但是伴随实物传播出去的外语故事不够多；我们的医疗大军，国家可以随时调动，驰援湖北，战之能胜，而面对舆论战线上的挑战，我们的队伍则显得薄弱，战斗力不强；我们学习外语的人数不少，但是能用外语讲述中国观点的人不够多；虽然我们是翻译大国，但是能够把中国故事准确、地道、及时地传递给外国受众的人不够多。

疫情告诉我们，面对新的国际舆论斗争，在外语和翻译上我们还是弱势群体，水平不高、能力不强、人手不足是主要问题。解决这些问题，当务之急是补足短板。无论是外语教育和研究，还是翻译人才培养，都需要不断调整，以适应新形势带来的挑战。只做减法明显不能满足国家需求，但是需要压缩调整的也必须果断执行。

要解决多与少的问题，关键还是做好两点：一点是在外语教育领域要做到知己知彼，不能采取自残的取消主义做法。应该继续调整，补短板，调重点，更好地服务社会需求，传授国家急需的知识，强化国家需要的本领。另一点是在翻译上要更加注重中译外人才的培养，建设适合中译外人才发展和成长的机制，形成人们愿意从事中译外、喜欢中译外的社会环境，增强中译外人员的荣誉感、使命感和幸福感。

办好中国公共政策翻译论坛，发挥"两个服务""一个示范"作用

原文为 2021 年 3 月 30 日在中国公共政策翻译研究院论坛上的发言。

全国以翻译为主题的论坛这些年举办了不少，搭建了一批研讨平台，在一定的时间段里，一个周末全国各地有四到五场与翻译相关的论坛在举办。大部分论坛是高校主办的，但是各地翻译协会和翻译公司也很活跃，也主办或承办了许多论坛。这是一个很好的现象，说明翻译事业发展了。

在众多的论坛当中，像中国公共政策翻译研究院定期举办的这种高端、专业、务实、丰富的论坛活动并不多见。这个论坛已经成为研究公共政策关键词英译的一个课堂。两周前的专家会议就针对北京市政府工作报告里的一些翻译难度大的关键词进行专题讨论切磋。今天这个论坛正式举办，值得祝贺！

2020 年，公共政策翻译研究院在各位领导和专家的支持下，不畏艰难，积极进取，首先完成了一批重要项目的翻译，有的直接为全国和地方对外开放和国际交流服务，有的给有关机构提供了参考，有的填补了对外宣传的空白。此外，研究院还举办了专家论坛和专家讲座等一系列活动，效果和成

绩引人注目，令人钦佩。我认为，这些活动发挥了"两个服务"和"一个示范"的作用。

第一，服务中国对外话语体系的构建。中国的事情不能指望别人替我们说，传播中国的各项公共政策不能奢望外国人替我们做。我们必须面对一个现实，即各个对外媒体有自己的传播主题和领域，各个机构有自己的特定任务，这导致系统性的公共政策翻译和传播历来受重视不够。而对如何有效地、有针对性地介绍中国的公共政策，目前的研究也不够。当然，其原因是多方面的。首先，我们不是殖民大国，不是侵略大国，而是习惯于关起门来踏踏实实做自己的事情。没有侵略过别的国家，也没有把自己的语言、话语体系和文化制度强加给别人。其次，现在我们的外语能力不够强，对外表述把握不好，难以有效地讲述中国故事，这也是一个重要原因。

但是，在世界百年变局的背景下，无论是来自国际形势的压力，还是中国自己的生存发展需求，都需要改变传统做法，从多做少说、只做不说到主动地说，要说足、说够，还要想办法说好。所谓"说"，就是要全面及时宣传中国的各项公共政策。在"说"的基础上，还要研究如何讲别人才爱听，听得清楚明白。

第二，服务翻译人才培养。2020年7月底召开了全国专业学位研究生教育会议，会后出台了一系列关于专业学位教育改革和发展的文件及举措，包括2020—2025年的发展规划，涉及学科设置、专业评估、教师评审体系等多方面的改革。一个基本精神就是要提高专业硕士阶段的人才培养水平，更好地服务国家需求。关于外国语言文学，近期正由教育部指定的一个专家小组在研讨学科调整问题，研讨的内容就包括专业学位的设置。这项工作要在年内结束，也就是说，可以期待新的学科目录明年开始落实。

长期以来，为满足高校和科研单位的研究人才需求，高校的外语人才培养体系致力于外国语言文学研究。进入 21 世纪，实用型、实践性人才需求增加，培养会翻译、爱翻译，会通过翻译讲述中国故事的人才成为新的紧迫任务。当然，实践型人才的需求不仅限于语言文学类，各个领域都有，这就是当前专业硕士类别已经达到 47 个的原因。

尽管研究型人才永远有用武之地，但是，当前人才培养的短板是实践型人才，这一点在去年的大会上以及规划中都已经讲清楚了，现在需要落实。培养实用型翻译，需要教材，需要教师，需要教师带着学生从事实践，而公共政策翻译研究院就是围绕服务这个需求而开展工作的，是为培养实践型人才服务的。

第三，发挥"一个示范"的作用。研究院两年来的成绩，所完成的翻译任务、所发表的研究成果，对提高社会认知所产生的作用就是一种很好的示范。可以说，公共政策翻译是个费神费力的工作，还未必能得到应有的重视和承认，但这恰恰说明需要有人先做，发挥示范和引导作用。

从事公共政策翻译不是为了得到赞许，也不是为了扬名，而是扎实提供服务。本次论坛的六个主题都是需要给予关注的领域。这六个主题实际上涉及三个方面：一是国家公共政策翻译，二是北京 2022 冬奥会的翻译，三是翻译人才培养。这三个方面既是翻译专业的问题，更是社会建设的大问题。以冬奥会翻译为例，组委会一直在忙于赛事赛场相关材料的翻译，北京市外办也在积极推动外语环境建设和规范化用语的地方标准。这些行动都比2008年北京奥运会时开展得早，开展得扎实。这说明了社会对公共政策翻译的重视。但与此同时，我们也看到，需要翻译但没有翻译或者翻译得不到位、不准确的现象还相当普遍。北京尚且如此，全国各地差距就更大了。

从人才培养角度看，2021年将对MTI院校进行专业水平评估。自2007年MTI专业开设以来，全国性的水平评估这还是第一次。这次评估体现了2020年研究生教育大会的精神，对原来的标准进行了大规模改革，突出的一点就是去"四唯"（唯论文、唯职称、唯学历、唯奖项），重实践。但是，我们发现许多地方人们认识上的差异还很大。有的院校在填写评审表格、介绍师资时，还是填写老师发表了哪些学术文章，而不是从事了哪些翻译实践；关于研究生的介绍，还是强调他们写了多少学术论文，而不是翻译资格考试通过率是多少。有的学校忽视了实习基地建设和学生实习的情况，对就业情况没有跟踪，毕业生去向不明等现象，在很多学校的表格上都存在。有的学校对翻译人才职业道德培养涉及哪些领域不清楚，对学生的服务意识、团队意识、专业纪律意识等也没有提及。这说明专业翻译人才，更不用说公共政策翻译人才的培养道路漫长。

谈谈我对翻译技术的认识

原文为 2020 年 10 月 24 日在第五届翻译技术高层论坛上的发言。

翻译技术是当前翻译界，特别是翻译教育界的一个重要话题。虽然我在翻译技术上基本是外行，但还是想利用这个机会，谈谈我的一些粗浅看法。

现代翻译技术，是计算机技术、信息技术、人工智能技术、神经网络技术等与翻译相结合的产物，近年来随着社会对高素质、复合型翻译人才的大量需求，翻译技术得到快速发展。我认为，翻译技术在新时代所呈现的优势主要表现在以下五个方面：

第一，翻译技术能够大幅度提高翻译效率。翻译效率可以简单理解为：翻译质量＋翻译速度。传统的翻译实践，往往是二者难以兼得。也就是说，追求翻译质量，在翻译速度上就会打折扣；追求翻译速度，翻译质量有可能下降。令人感到振奋的是，现代翻译技术，很轻松地解决了翻译质量与翻译速度的矛盾问题，大大提高了翻译效率。

翻译效率的提高，就意味着译员可以在短时间内取得更多的翻译成果，也就意味着，翻译需求方将得到更快捷的翻译服务。特别是有些翻译任务,文字量大,时间紧,有的资料用途是供专业人员参考,不需要以文字精美为第一标准,而是时间与速度更为重要。对于这种材料,机器翻译具有巨大优势。我曾经读过中译语通公司利用机器翻译完成的爱德华·斯诺登(Edward Snowden)的《永久记录》(*Permanent Record*)一书。全书18万字,作为一本参考读物,机器翻译最高效率每秒完成16,800字,没有经过人工校对和编辑,只是人工快速排版,3个小时完成翻译和快速印刷。如果想达到正式出版的水平,4个人编辑校对,每人每天完成1万字,需要一周完成。试想,如果仅靠人工翻译,那需要多少人连夜工作!其质量又怎么能够保证?

第二,翻译技术促进了翻译学科的发展。翻译学自确立独立的学科地位以来,世界很多国家都建立了高级翻译学院,我国的翻译硕士专业学位(MTI)授权点也自2007年以来在很多高校纷纷建立。截至2020年4月,全国有264所高校设立翻译硕士专业学位授权点,281所高校开设翻译专业本科(BTI),其中多半高校开设了翻译技术课程。2019年4月,全国翻译专业学位研究生教育指导委员会组织编写的《翻译专业学位研究生核心课程指南》,已将"计算机辅助翻译"课程作为翻译专业硕士九门核心课程之一;2020年4月,教育部高等学校外国语言文学类专业教学指导委员会发布的《翻译专业本科教学指南》,将"翻译技术"设为专业核心课程之一。由此可以看出翻译技术对翻译专业建设的重要性。教育部正在推动交叉学科的发展,翻译技术教育正符合时代发展潮流。

第三,翻译技术为外语专业带来了新的发展机遇。外语专业发展是否有后劲,特色建设十分关键。目前,全国高校的外语专业建设在一定程度上存在同质化现象，如果只是简单模仿其他高校，自己就会失去竞争力，专业就有可能在未来发展中遭到淘汰。其实，每所高校都会因为地理位置、历史沉淀等因素而拥有自己的发展特色。如果外语专业瞄准这些特色发展自己，就会焕发新的生机和活力。

例如，本次论坛的主办方河南理工大学，在发展历史上是我国第一所矿业高等学府，地处我国太极拳发源地。其外语专业就可以利用翻译技术，大力推动太极拳在全球广泛传播，从而打造外语专业发展特色；也可以利用翻译技术，在煤炭开采等其他工科特色专业领域，创建翻译记忆库和翻译术语库，为工科特色专业英语研究和翻译实践提供资源，也为学校特色专业的国际交流与合作提供高效的语言服务，进而使外语专业具有新的发展特色。这样才能为外语专业建设创造更多发展机遇，我们在国内外交流与合作中，才具有更强的竞争力，拥有更多话语权。

第四，翻译技术使翻译市场更加活跃。除了越来越多的译员在利用现代翻译技术从事翻译工作外，为了满足市场需求，也有很多有实力的机构热衷于翻译技术的迭代开发，内容不断完善，功能不断增多，开发者与使用者形成良性互动，活跃了市场，繁荣了经济。特别是翻译技术的开发从早期的机器翻译以计算机专业技术为主，现在发展为语言与技术的结合，让机器开发不仅走上了快车道，且更具实用价值，更容易被译员采用。

第五，翻译技术为人们日常生活中的信息传递提供了方便。改革开放40多年来，国际交往日益频繁，语言服务需求激增。过去的口译和笔译服务，基本靠译员亲自参与，付出成本较高。如今借助人工智能和神经网络技术，一些能够代替人工翻译的应用软件或硬件产品纷纷问世。人们利用手机或其他交互式翻译工具，就可以做到不同语言之间及时有效的交流，让人不得不惊叹翻译技术在人类生活中所展现的魅力。

以上是翻译技术所拥有的优势。它同时也存在一些亟待解决的问题，主要体现在两个方面：一个是翻译技术教育，一个是翻译技术研发。

在翻译技术教育方面：

第一，它是一个新的研究领域，具有明显的学科交叉特征，涉及内容包括翻译理论与实践、教育、计算机、人工智能、神经网络等等，目前学界对这个领域还需要加强研究。

第二，《2019中国语言服务行业发展报告暨"一带一路"语言服务调查报告》指出，缺乏专业的师资力量，是翻译技术教育面临的最主要问题。

师资短缺的客观原因：一是当前的人才培养机制短期内无法满足快速增长的翻译技术师资需求；二是外语专业的教师普遍存在信息技术素养较弱的问题，从事翻译技术教育力不从心。

师资短缺的主观原因：一是教师个人缺乏知难而上的勇气，对涉及跨学科的知识和技能望而却步；二是一些学校对翻译技术的重要性认识不足，没有真正把翻译技术师资作为科技人才看待，在人才评价指标体系中缺乏相应的激励政策。

针对此类问题，2018年2月，中共中央办公厅和国务院办公厅印发了《关于分类推进人才评价机制改革的指导意见》，明确提出，要"分类建立体现不同职业、不同岗位、不同层次人才特点的评价机制"；要"科学设置评价标准"，"着力解决评价标准'一刀切'问题",并"创新多元评价方式"。

2020年7月底召开的全国研究生教育会议分析说,发达国家高校专业博士学位占博士学位总数的60%以上,其中很多授予教育领域。会议提出,对专业学位的学生和导师的评价要更加注重学生适应专业岗位要求的能力,反对导师不发表论文就评不了职称的做法。教育部研究起草了教育评价体系改革的文件,已经中央深化改革委员会会议通过,规定进一步完善教育评价方式。这些措施将有利于开展翻译技术教育。

第三,在翻译技术教育中,内容设置还需要进一步优化。要坚持"翻译技术服务翻译"的宗旨,对技术内容应有所取舍,不能为技术而技术。

在翻译技术研发方面,国内翻译行业奋发有为,开发了自有品牌的计算机辅助翻译系统、机器翻译系统等优秀产品,并把先进的神经网络技术、云技术等也融入新产品中,在翻译教育、翻译服务中大显身手。但是,就目前来看,在国际市场上我国的翻译技术产品推广以及技术研发方面还要更加努力。

最后,我还要强调一下,社会上存在一个误区,即过于强调翻译技术,以为机器翻译可以解决翻译行业的一切问题。持有这种观点的人往往不是翻译实践者。人与机器是一种互相帮助、互相促进、互相提升的关系。没有良好的语言基础,没有一定翻译实践经验,缺乏跨文化实践能力,就不懂如何做译前准备,以便提高机器翻译的准确性和效率,也不懂如何做译后编辑,从而无法真正实现人机结合,发挥各自最大优势。机器与人是互补关系。会使用机器翻译,同时知道什么情况下可以使用机器翻译,什么时候不能使用,就可以达到既保证翻译质量又能快速完成翻译的目的。

  媒体上几乎每天都可以看到公示语和机器翻译的错误，那其实与职业翻译和合格的机器翻译无关，只是外行加不合格的翻译软件造成的令人啼笑皆非的结果。我们要在充分发挥译者主体性的基础上不断完善翻译技术，使其更好地辅助译员工作，切不可让技术喧宾夺主，本末倒置。

翻译要为国际传播与社会发展服务

原文发表于《上海翻译》2022 年第 4 期。

翻译历来是推动社会发展进步的重要媒介。历史上是这样，面对百年未有之大变局的今天更是如此。

远的不说，就说近百年，翻译对中国社会的影响巨大。我们经常说十月革命一声炮响，给中国送来了马列主义。但是，真正把马列基本理论传输进中国，靠的是翻译。《共产党宣言》和马恩思想的中文版本唤醒了中国的革命者，催生了中国共产党的诞生。

改革开放期间，翻译充分发挥了"走出去""引进来"的桥梁作用，无论是国外先进技术、先进管理经验和先进文化的引入，还是中国产品走上国际市场，离开翻译都不可能实现。尤其是进入 21 世纪以来，中国的国际影响力日益增长，中国文化被越来越多的外国人所了解，中国治国理政的经验、中国特色社会主义道路越来越受到关注，都离不开翻译。

今天我们面临着对外讲好中国故事、做好国际传播的艰巨任务。世界上 78 亿人，除去 14 亿中国人，64 亿外国人中真正能听懂、读懂中文的人极为有限。在今后相当长的时间里，中国的国际传播主要依靠外文，也就是我们要把中国介绍给外国受众，必须掌握和使用他们的语言，中译外就成为做好国际传播的基本途径。

70年前在朝鲜战场上中美谈判时，美方侵朝总司令名叫Matthew Ridgeway。美方把他的名字翻译成李奇伟，意思是说他极其伟大；我方则把他的名字写成李奇微，微小无比。在隆隆炮声的背景下，谈判桌上一个人名如何翻译也是双方较量的焦点之一。可见翻译什么、为谁翻译、谁来翻译、如何翻译，历来就不是单纯的学术问题，而是影响社会的一个重要因素。

而翻译学从理论上对翻译实践进行总结、指导和提升，对翻译实践发挥着不可或缺的重要作用。

从"翻译世界"到"翻译中国"，这正是中国人民站起来、富起来和强起来在翻译领域的直接反映。一个任人宰割无足轻重的国家，不会像我们国家这样受人关注，也就不需要组织大规模的对外翻译。中国的历史源远流长，中国的文化博大精深，中国的语言悠久独特。同时中西文化历史语言相差巨大，国际上缺少足够的外国译者从事中译外工作，通过翻译对外介绍中国的历史使命就落到了当今一代中国外语人的身上。

有关部门在2018—2019年调研的结果发现，中国研究翻译理论的人多，从事翻译实践的人少；从事外译中的人多，从事中译外的人少；在对外翻译的作品中，自说自话的多，重视受众接受程度的少。调研还发现，高校翻译教师队伍不够强大，对实践型教师评价体系不合理，总体上社会对翻译的作用认识不足，翻译队伍人员流失严重等问题。这些都制约着中国更高层次的对外开放，制约着有效构建中国的国际话语体系，制约着实施打造人类命运共同体的历史使命。国家相关部门针对这些问题制定了多项措施，加大了引导力度。

是否能够培养大量符合岗位需求的中译外人才，是否有足够的认识和措施育得出、用得上、留得住一支"胸怀祖国、政治坚定、业务精湛、融通中外、甘于奉献"的翻译队伍，这直接关系到我国今后的生存和发展，这不仅是学术研究的大课题，更是关系到整个中国社会的大事，也是衡量翻译学科能否把握时代需求、跟上时代步伐、具有历史担当的标准。

在这个背景下，社会翻译学的研究显得尤为重要。建议把翻译放到在历史上的社会作用和今天所面临的社会环境以及社会需求角度来考虑，放到中国今后发展所面临的挑战和机遇的大背景下来研究。虽然翻译历来都为社会发展起到推动作用，但在不同的历史阶段，翻译的含义不同，业务形态不同，翻译的重点不同。

当前，翻译教育正在进行学科调整，跨学科课程受到高度重视。与此同时，翻译技术快速发展，对翻译教育和实践发挥着深刻的影响。这些变化对翻译的社会需求和影响力有着重要意义。比如，今年多所外语院校就在研究在翻译项下，增加国际传播内容，甚至考虑在外语学院开设翻译和国际传播硕士和博士专业。我个人认为，这种变化是翻译学根据社会需求做出的积极反应，具有鲜明的时代特点，特别值得关注。

技术赋能对外翻译，更好地提升国际传播能力

原文为 2022 年 9 月 7 日在人工智能与国际传播高峰论坛上的主题发言。

人工智能技术对加强国家翻译能力和对外话语体系建设具有重要意义。下面我结合当前对外翻译工作的特点，简单谈一点感想。

一、中外文化差异给国际传播提出巨大挑战

当今世界给国际传播事业特别是翻译行业带来了新的发展机遇，同时也带来诸多挑战。由于社会制度和历史发展的不同，中西文化存在着巨大差异。翻译不仅是两种语言符号的转换，更是对两种不同文化的移植。我们已经从原来的"翻译世界"转为更多地"翻译中国"。作为一个大国，中国的话语体系必须顾及全球。我们必须清醒地认识到，中国人认为通俗易懂的事情，外国人未必能够理解和认同。例如，我们说"中国改革进入深水区"。西方人则认为这暗示中国改革失败，因为在英语里，"深水区"基本意味着必死无疑。我们以"和为贵"，提倡构建"人类命运共同体"，但西方很多

人的理念是"零和游戏"。再如，中国要实现中华民族的伟大复兴，让中国人民过上好日子，英国广播公司却对"中华民族伟大复兴"这句话曲解为"中国要一统天下"。最离谱的是，我们人民军队有一句口号，"传承红色基因，建设世界一流军队"，被美国国家情报总监拉特克利夫（John Ratcliffe）故意曲解为"中国对士兵进行'基因编辑'以使其变得更加强大"。因此，要讲好中国故事，必须突破中外文化间的差异，在深刻理解原文的基础上准确翻译，有效传播。可以说，掌握了对外翻译，就掌握了中国的对外话语权，从而成功塑造中国可信、可爱、可敬的国际形象。

二、技术赋能对外翻译，给国际传播提供有利的支撑

就翻译而言，外译中技术已经相当成熟，但各类翻译软件远远无法满足我们日常中译外工作的需要。希望今天会上揭牌的"中国外文局翻译院智能翻译实验室"，能够聚焦对外翻译的特殊需要，探索技术赋能国际传播新模式。

世界上有80亿人口，除了14亿中国人，面对66亿外国人，我们短期内不可能靠中文进行对外传播，因此对外翻译，也就是中译外，就成为助力打通国际传播的"最后一公里"工程。为此需要在以下两个方面给予高度关注。

一是机器翻译技术探索和应用模式要适合实际需要。随着深度学习、神经网络等技术发展，人机翻译合作也变得越发灵活和深入。计算机辅助翻译、机器翻译＋译后编辑等人机交互模式，大幅度推进翻译相关数字资源和语言资产的积累优化。为大力提升中译外机器翻译准确率，提高中国文

化传播效果,建设、积累并利用好语音文字的优质资产至关重要。

中国文化博大精深,中国文字有 3000 多年的历史。现代英文只有 1000 多年历史。这种历史差异导致语言翻译的特殊困难。相比之下,中文语言高度概括,英文强调具象。我们可以说乘车而来,英文需要说明乘轿车还是面包车还是公共汽车而来。2022 年 8 月 30 日中共中央政治局会议建议 10 月 16 日召开党的二十大,新闻稿件里用了五个"全面",大家都知道分别指的是什么,但是英文就需要根据具体语境用不同的表述,而不能用五个同样的词来表述"全面"。"守正创新"一词可以用于思想政治领域,也可以用在科技创新领域,还可以用在教育、文艺等多个领域。大家如果看看 7 月份出版的《习近平谈治国理政》第四卷英文版就可以发现,在不同领域这个词汇有不同的英文译法。中秋节快到了,苏东坡一句"但愿人长久,千里共婵娟",古人引用、现代人引用、文艺领域用,政治宣传领域也用。一句古诗用在不同领域就必须有不同的英文表述。党的二十大即将召开,国务院领导讲话中提到做好相关工作迎接二十大胜利召开,外文局翻译院领导讲话也会提到要迎接二十大胜利召开。但是,讲话人身份不同,同一句话的英文必然有所不同。所以那种认为只要是成对的双语平行语料就可以完成国际传播的想法过于简单幼稚,无法帮助我们全面准确地表达中文的概念。

二是相关语言技术和服务能力要能够满足多语种的对外翻译需求。例如"打铁还需自身硬"这句话在不同语种里出现多种理解、多种翻译;"新中国",外国受众理解为不同时代的中国,各个语种之间也缺乏互相切磋和交流。这种情况充分表明，实际工作中不仅需要"机器翻译+译后编辑"功能，还需要有对中文原文适当加工的"译前编辑"功能。人工翻译如此，机器翻译也是如此。

尤其是需要考虑到多语种，特别是小语种的需求。当前小语种高端翻译人才稀缺，中文翻译成小语种的语料稀少，机器翻译的作用显得更加突出。如果有可供小语种翻译使用的"译前编辑+翻译+译后编辑"的服务，就可大幅度提高翻译效率、改善翻译质量和降低翻译成本。

三、技术创新要着眼翻译人才队伍建设

要讲好中国故事，构建中国对外话语体系，离不开高素质的翻译人才。必须培养和建设一支符合时代需求、融通中外语言和文化的中译外翻译队伍。社会上有一种观点，认为有了机器翻译不再需要培养专门的翻译人才。事实上，不仅翻译人员需要既懂国情，又了解世界，翻译软件开发人员也需要了解中外文化的差异和人们思维习惯的不同，站在真正能面对世界讲述中国故事的角度来培养E时代的高层次翻译人员。

我国的外语人才队伍大约有300多万。近年来通过翻译专业职称评审的人数统计表明，目前具有高级翻译职称人员中，英语占40.5%、日语11.8%、法语11%、俄语8.4%、德语6.8%、阿拉伯语3.9%、朝鲜（韩）语1.9%、意大利语1.8%、泰语1.4%、乌尔都语1.3%，其他几十个语种的不到1%。"一带一路"所涉及的50多个语种的翻译人才奇缺，高端翻译更是凤毛麟角。

开发人机结合的语言服务项目必须考虑到"中外有别，外外有别"的特点，产品应该既能帮助翻译完成任务，还要推动多语种对外翻译人才的教育和培养。这方面需求巨大，可用语言资源极为有限。

四、翻译技术的应用能有效地推动对外翻译事业发展

根据中国翻译协会发布的《2022中国翻译及语言服务行业发展报告》统计，2021年，全国具有机器翻译与人工智能业务的企业达到252家。语言服务行业普遍认为翻译技术大幅提升翻译效率，有91%的语言服务企业认为采用"机器翻译+译后编辑"模式提高了效率。语言服务提供商与服务需求方均表示看好机器翻译的前景，有89%的语言服务企业愿意在未来投入更多资金来提升企业在机器翻译相关领域的技术实力。

技术赋能对外翻译，能够对我国进一步开发国际市场、输出中国技术和标准、传播中国文化、展现中国思想观念发挥巨大作用。我们必须紧跟技术发展的步伐，聚焦技术赋能的落地应用，将量变转为质变，助力国际传播工作迈上一个新台阶。

附录

国际论坛发言及英语期刊文章

附录部分收录了作者在国际论坛上的 7 篇英文发言稿和在中外英语期刊上发表的 2 篇英文文章。希望这些文章能够对工作在国际传播和对外交流一线的读者有所启发。

In Celebration of Solidarity:
The Role of Professional Associations for Translators and Interpreters[*]

In 2003, FIT (the Fédération Internationale des Traducteurs / International Federation of Translators) celebrated its 50th anniversary at the UNESCO headquarters in Paris. A book dedicated to this special occasion: *FIT Over Fifty Years 1953-2003*, tells the adventure of this international organization which expanded from six member associations to ten and then to a hundred. It has also gone beyond the borders of Europe, where it originated, and into other continents through its member associations, regional centers, and regional forums like this one. The success of this process demonstrates that professional associations have an essential role to play in this global village in which we all live.

---

[*] 中文题目：《团结起来：翻译行业协会的作用》。本文为 2007 年 4 月在第五届亚洲翻译论坛上的发言。作者从增进业内交流、提升译者地位、促进职业道德、制定行业标准四个方面论述了翻译协会的作用，号召亚洲的翻译工作者团结起来，共同迎接 2008 年在上海举办的第 18 届世界翻译大会。

I. A Brief Overview of the Development of Professional Associations

Although translation and interpreting activities date back to the beginning of human civilization, it was not regarded as an independent profession until the early 20th century, when increasing international trade and commerce necessitated the professionalization of translators and interpreters. The year 1920 saw the birth of the first association for this newly emerged profession – the Association of Translators and Interpreters of Ontario (ATIO) in Canada, a country with two official languages that are both widely spoken around the world and where translation has been a long-established tradition. A few other national and local associations were established in the years to follow.

Then came the post-World War II era, when translation played a remarkable role in promoting better and peaceful relations between peoples and enabling them to understand one another in their endeavors for economic, political, and cultural recovery. More translator associations were set up, and efforts were made to establish translation studies as an independent discipline with its own methodology. The climate became favorable for the creation of an international organization to draw together the still disparate efforts and activities. FIT, one of the earliest international organizations for the translation and interpreting (T&I) profession, came into existence in 1953 as a response to the call of the time.

FIT regards one of its principal objectives as bringing

together existing translators' associations and sponsoring and facilitating the formation of such associations in countries where they do not already exist. With the efforts of FIT and other organizations such as UNESCO, gradual and steady growth has been made in developing professional associations for translators and interpreters, both at international and national levels. According to the book *Translation & Translators: an International Directory and Guide,* published in 1979, there were 71 professional associations based in 32 countries (Congrat-Butlar, 1979). An incomplete search on the Internet, including Proz.com as the primary source, shows that, by 2006, the number of associations has grown to some 200 in 60 countries. FIT itself has over 100 member associations in over 50 countries today.

This is an impressive growth. It shows that translators and interpreters want to form associations. Then what can professional associations do for them?

II. The Role of Professional Associations

Historically, the primary goals of professional guilds were to secure their members' welfare, establish and maintain industry standards, and ensure that their members were given due social status and respect. Professional associations, the modern form of the guild, also bear these goals in addition to fulfilling other functions.

The initial motivation for forming professional associations usually comes from individual translators' and interpreters'

need to communicate and exchange information on issues of common concern.

I am sure we have all experienced the excitement of meeting and talking with our colleagues from other countries during the past two days and have learned much from each other. This is made possible not through individual effort but through the organizational effort of HPI – the Indonesian Translators Association – and FIT. The organization of annual meetings, seminars, training workshops, and lectures is a major membership service offered by most professional associations.

I have attended the American Translators Association (ATA) annual conference twice. The ATA has been running very successful yearly meetings for 47 years. These meetings include dozens of educational sessions on various topics to inform translators of the most recent developments and trends in their respective fields, an exhibition that showcases the evolution of translation technology and new publications of interest to language professionals, and a marketplace where employers and job seekers exchange information. The event typically attracts 1,200 to 1,600 participants from more than 30 countries, where they can meet old friends and make new ones.

A few days before I came to this forum, Translators Association of China (TAC) organized a forum on "Translating from Chinese into Foreign Languages." Prestigious translators from governmental departments, media organizations, and educational institutes came to share their experiences and views with some 200 participants.

FIT organizes a world congress every three years, which is an ideal occasion for world translators and interpreters to share and exchange information and expertise. TAC will host the next FIT World Congress in Shanghai, China, in 2008. I will talk about it in more detail shortly.

Besides face-to-face communication, professional associations typically offer publications and websites for information exchange. Nearly all associations publish journals or newsletters distributed to their members and a broader readership. Most of the 200 associations mentioned above have their own websites as well.

Professional associations are also essential because they advocate and advance the recognition of translation as a profession, and promote the translator's status in society.

As translators, we know how the general public and our clients have misunderstood our profession. The misconception that any bilingual person can be a translator still prevails. This is mainly because there is not enough information about this profession available to the public.

Professional associations are responsible for advocating the importance of translation for society as a whole. They typically organize activities for public interest to increase the visibility of translators and their profession. In 2004, TAC organized the First China Translation Achievements Exhibition in Beijing. The displays centered on the achievements of translators in international communications, foreign relations, science document translation, publications, education programs, and other areas. The exhibition attracted the attention of high-ranking government officials and the general public, and the FIT Executive Council was also invited to attend. After visiting the exhibition and being impressed with what Chinese translators had done, a high-ranking government official reminded society that: "Translators and their work should be respected by the whole society".

Many professional associations also work closely with institutions of higher learning to separate translation teaching from foreign language teaching and establish translation as an independent discipline. TAC's Translation Theory and Translation Teaching Committee has worked for many years towards this end, and significant progress has been made recently. In March 2006, the Ministry of Education approved "translation" as an undergraduate major in its own right, and three pilot universities will be able to confer bachelor's degrees in translation and interpreting (BTI) to students for the first time. Then in January 2007, the proposal to establish the professional degree of "Master of Translation and Interpreting (MTI)" was approved by the Academic Degree Committee of the State Council, ranking MTI among the 16 professional master's degrees (such as MBA, EMBA, and MPA) offered by Chinese universities. These developments are very encouraging and will gradually help the public to appreciate translation as a science and an art.

The third primary function of professional associations is to uphold its members' moral and boost their material interests.

A professional association is, in a way, like a family where members go for help when they encounter difficulties. Some associations publish minimum wage levels to protect their members from degrading payments. Some provide model contracts to their members to help them negotiate with clients, and some also help to improve translators' working conditions through public campaigns. Copyright protection for translators is also a major concern for many associations, especially in Norway, where translators get a certain percentage as royalty whenever a translated book is sold or even borrowed from the library. Most of us have translated books. It would be wonderful if we all received royalties when our translated works were sold or borrowed.

FIT has done quite a lot in this respect at the international level. It worked tirelessly for 17 years, taking advantage of its close ties with UNESCO, and saw to it that the *Recommendation on the Legal Protection of Translators and Translations* and the *Practical Means to Improve the Status of Translators* (the "Nairobi Recommendation") was adopted by the UNESCO General Conference at its 19th Session in Nairobi in 1976. This was the first document published by an international organization to throw light on the profession of translators and present to people of all nations the main issues that are associated with this profession. It drew attention to a state of affairs that urgently demanded improvement, not only in the interests of the T&I profession but also in the interests of international understanding, the spread of culture, and the furtherance of science, technical progress, and economic growth. It is still one of the most important documents for protecting the rights and interests of T&I professionals.

Lastly, professional associations could help establish and maintain industry standards to ensure the translation industry's healthy development.

As a result of increasing globalization and internationalization, our profession is experiencing a golden age in the sense that the translation market is growing rapidly. Statistics show that between 1999 and 2004, the markets for translation done by language professionals in Europe and Asia grew by approximately 32 percent. But this exceptional growth also brings serious challenges, such as the emergence of many unqualified service providers and chaotic competition in the market.

To ensure the sustainable development of the translation industry, a regulatory framework for the industry needs to be established. This usually takes the form of certification schemes and standards.

In some countries, a government department typically runs a certification scheme. For example, the Australian government established a standards body, the National Accreditation Authority for Translators and Interpreters (NAATI), in 1977. It is responsible for the accreditation of translators and educational institutions. China's Ministry of Human Resources and Social Security also initiated the China Accreditation Test for Translators and Interpreters (CATTI), a national certification scheme for individual translators, in 2003. But in many other countries, this is taken care of by professional associations. The Canadian Translators, Terminologists and Interpreters Council (CTTIC) runs a certification program whereby translators are accredited if they pass the CTTIC exam administered across Canada. These schemes serve as market entry requirements for potential translators and help to ward off unqualified players in the market.

Certification of translators and interpreters is only a part of the regulatory framework. In addition, there are also standards defining the requirements for quality services and products, most of which are initiated and drafted by professional associations. *EN 150038: Translation Service – Service Requirements*, the European standard on translation services, passed in March 2006, was made possible through the participation of a number of professional associations in some European countries and FIT. TAC's Translation Service Committee drafted the first series of translation standards, which were accepted and issued by the nation's standardization body in 2003, 2005, and 2006 respectively. Although most of these standards are voluntary, they have helped to differentiate the market and increase the barriers to entry, making market competition less chaotic.

III. Asian Translators, Get Organized!

Now, let's look at the institutional development for translators and interpreters in Asia. As I have said earlier, there are no ready statistics, and the figures used here are based on an inexhaustive search on the Internet by my colleagues and may not be entirely accurate. Earlier records of our profession, if any, are scattered and unlinked. There are quite a number of information gaps.

Based on our research, the earliest modern-era association in Asia was the Japan Society of Translators (JST), focusing on literary translation. We did not find out the exact year of its establishment, nor did we find its website that shows its current status, but records showed that JST was represented at the First FIT Congress held in Paris in 1954 (Haeseryn, 13). Then came the Indian Scientific Translators Association (ITAINDIA) in 1962 and the National Translation Institute of Science and Technology (NATIST) of Japan in 1965. By 1979, there were seven associations in five countries (India, Indonesia, Israel, Japan, and South Korea), whereby in Europe, the number was 30 associations in 21 countries; in North America, 26 associations in two countries (including local associations), and in South America, four associations in 4 countries. (Congrat-Butlar, 1979)

These figures show that institutional development in Asia at the early stage lagged far behind that in Europe and North America. This was in line with the slow development in most Asian countries at that time.

Starting from the 1980s, when the Asian economy started to pick up and countries like China and India began to open up to the world, the translation industry developed quickly, and so has the development of professional associations for translators and interpreters.

Again based on Internet research, there are about 33 associations (not including the 56 provincial- and city-level associations in China) in 19 Asian countries out of a possible 48. This is quite some progress considering that some Asian countries still suffer from domestic turmoil and slow economic growth.

But unlike Europe and North America, where regional meetings and dialogues among local associations were organized frequently, Asian translators and their associations had little contact with each other or their counterparts in other continents in the 1980s and early 1990s.

This situation changed in 1995 when the First Asian Translators Forum was held in Beijing. I would like to elaborate a little bit on the origin of this forum as one of those involved in organizing it.

Since most FIT member associations are based in Europe and North America, FIT created regional centers in North America (FIT North America) and Europe (FIT Europe) in 1986. When TAC, which represented thousands of translators in China and had a dozen of member associations across the nation, joined the FIT family in 1987, the possibility of establishing a regional center in Asia was put on the FIT's agenda. In August 1994, during a visit to TAC, Prof. Gonie Bang, then FIT Council Member and Honorary President of the Korean Society of Translators (KST), conveyed the hope of the FIT leadership that an academic seminar attended by translators in Asia be organized at an appropriate time in China, and the possibility of setting up a FIT regional center in

Asia be brought to discussion.

TAC leadership accepted this suggestion at an Executive Council meeting in March 1995. Within five months, the TAC Secretariat went into full swing to prepare for this event which was named the First FIT Asian Translators Forum and was held between July 31-August 3, 1995, in Beijing. Under the theme of "Friendship, Communication and Cooperation," the forum successfully drew nearly 100 translators from 16 Asian countries and regions.

This forum was a landmark in the history of Asian translation. Apart from academic exchanges, a Preparatory Committee for establishing a FIT Regional Center Asia was set up, comprising seven associations from five countries and regions (China, Indonesia, Japan, the Republic of Korea, and Hong Kong). It was also decided that the forum would be held every three years by Asian translators associations in turn.

The forum has continued to be held with increasing participation from not only Asian translators but also translators from other continents. The Second Forum was held in August 1998 in Seoul, by the Korean Society of Translators, with nearly 100 participants from the Asian-Pacific region. The Third Forum was held in December 2001 in Hong Kong, China, by the Hong Kong Translation Society in cooperation with the Centre of Asian Studies of the University of Hong Kong and the Centre for Humanities Research of Lingnan University. The forum drew nearly 200 participants, including some from Europe and

America. The Fourth Forum was held in October 2004 in Beijing by the Translators Association of China in cooperation with Tsinghua University, drawing some 250 participants from more than 20 countries. And shortly before the Fifth Forum was held, we received a proposal from the University of Macao to hold the Sixth Forum.

As you can see from the above overview, although five forums have been held so far, only three countries have been involved in hosting them. It's my sincere hope, as the FIT Executive Council's Asian Region contact person, that more countries and associations from the Asia-Pacific region get involved in organizing the forum and make it a more diverse and enriching experience for us all.

However, the development of a regional center in Asia has not proceeded as expected. The reasons are numerous: many Asian translator associations, being established relatively recently, have not yet established themselves well in their own fields; a majority of Asian countries still do not have associations for translators and interpreters; communication among Asian translation groups is still minimal compared with Europe, North America, and even South America, where many more gatherings and events take place. But we have never given up on this goal. At the 1996 FIT World Congress in Melbourne, Australia, it was decided that a Virtual Asia Regional Center be established to facilitate regional cooperation before an actual center is created.

I think our immediate goal should be helping more Asian

countries set up translator associations while helping existing national associations be more proactive, so that more conferences, forums, exhibitions and exchange visits are organized at national and regional levels. A meeting every three years at the Asian Translators Forum is simply not enough. As professional associations, we should also facilitate or organize exchange and cooperation among other translation-related bodies in our respective countries, such as certification bureaus, universities offering translation and interpreting programs, training institutions, and translation service agencies.

It should be acknowledged that some Asian countries do have their own translators conferences. Closer and more frequent contact between Asian translation organizations will help us build a better network. I was delighted to attend the First Congress on the Power of Language held in Bangkok in May 2006, hosted by translators and professors of translation in Thailand. Representatives from some 30 countries were there. Meetings and gatherings of this kind benefit us in building a network of Asian translators.

FIT now has 17 Asian associations (The number for Europe is 57). We hope this number will continue to grow in the years to come so that a regional center under FIT can be established and benefit all involved.

For all the reasons and benefits of establishing translation associations and regional networks, we in Asia have all the more reason to get organized regionally. Asia is one of the global regions where the economy is developing quickly, and international exchanges are increasingly frequent. This means more jobs and more opportunities for translators and interpreters. The rights and interests of translators and interpreters can only be better protected if we get ourselves better organized.

IV. Let's Meet in Shanghai.

Next year, there will be an excellent opportunity for Asian translators to communicate with their regional counterparts and colleagues from around the world. That opportunity is the XVIII FIT World Congress to be held in Shanghai, China, from August 2 to August 7, 2008. I would like to take this opportunity to give a visual introduction to the Congress and how it has gone so far. All friends here are invited to join us at this grand gathering of translators and interpreters.

References

[1] Congrat-Butlar, Stefan, ed. *Translation & Translators: An International Directory and Guide*[C]. New York: Bowker, 1979.

[2] Haeseryn, René. *FIT Over Fifty Years 1953-2003*[M]. Translated by Marion Boers. Published with the collaboration of UNESCO, 2005.

[3] Organizations Serving the Translation Industry[EB/OL]. http://chi.proz.com/translator_associations?country_code=&group_type=all. 2007.

[4] Translator & Interpreter Organizations[EB/OL]. http://www.notisnet.org/links/orgs.html. 2007.

For Literary Translation, Quality Matters*

The world we are living in features both economic globalization and cultural diversity. They have become two parallel trends in our times. To reach a consensus in a linguistically and culturally diversified world and push forward regional and global development goals for the benefit of the human race, a vehicle or bridge is indispensable. That bridge is translation.

Literary translation is an important benchmark indicating the development and scale of the translation industry. The works of all prominent Western authors have been translated by Chinese translators and published in China, including *The Tin Drum* by the German literary Nobel winner Gunter Grass. Meanwhile, Chinese translators have also bravely rendered representative works by Chinese authors into foreign languages like English and German, such as *A Dream of Red Mansions* – one of the four most renowned classical novels, and writings by contemporary authors including Wang Meng, Feng Jicai and Mo Yan, to name just a few.

---

* 中文题目：《文学翻译，"质"关重要》。本文为 2009 年 10 月 15 日在法兰克福书展中欧文学翻译出版高层论坛上的发言。作者首先指出文学翻译市场上翻译质量鱼龙混杂的现象，然后从人才培养、行业准入、质量认证、翻译奖项四个方面介绍了中国翻译协会在提升文学翻译质量方面所做的努力。

Translation is embedded in every corner of our lives, and it is hard to imagine a world without translation. Ms. Betty Cohen, former President of FIT, made a very vivid comparison : "We are like the electricity in the wires and the water in the tap. They are so natural to most of us that it is only when they are unavailable that we realize how useful they are."

As translation is the bridge for international communication, the quality of translation is vital to the result of such communication. The same is true for literary translation. This presentation aims to introduce the current situation in the translation market and how to improve the situation.

I. The Chinese Translation Market: Quantity vs. Quality

Before the 1980s, translation used to be done by in-house staff only. Government departments, publishers, and state-owned enterprises had full-time translation teams. But with the rapid increase in translation demand as a result of China's opening up and the globalization trend, translation jobs have largely been outsourced to translation agencies, which boomed in the 1990s and the beginning of this century. Accurate figures on the size of the translation market in China are unavailable, but an estimation accepted by industry analysts and players is between RMB 20 billion to RMB 30 billion (roughly US$ 300 million – US$ 400 million) and the market is still steadily growing each year. Undeniably, translation has become an industry in its own right.

The rapid growth of the translation market brings unprecedented opportunities and considerable challenges to the industry. The translation market is far from regulated, with few qualification-based entry requirements in many cases, and professional training is too limited in scale to meet the huge market demand for translators and interpreters. In addition, misconceptions about translation still prevail. As a result, poor translations can be found everywhere – on street signs, in tourist brochures, and among translated books. Many end users find it hard to engage a reliable agency to handle their translation needs, though translation agencies are numerous. These facts reflect a severe problem in the translation field: while the number of translation assignments surges, it is becoming ever harder to maintain the quality of translation. Inferior translation products and services result in losses to the end users and a crisis of trust in the industry, making it hard to safeguard the rights and interests of practitioners.

II. Improving Translation Quality

Based on my 30 years of experience with publishing in foreign languages and 20 years of experience with the Translators Association of China (TAC), I believe that translation quality can only be improved through concerted efforts by relevant government departments and professional associations. Specific measures are suggested below:

1. Training of professional translators and interpreters

The huge gap between market demand and the limited number of qualified, especially top-level translators and interpreters, is at the core of the quality problem. Therefore, training professional translators and interpreters is of primary importance to uplifting the overall quality of translation.

University education

Translation had long been regarded as a subsidiary of language learning or linguistics in China, contributing to the misconception that any bilingual person can serve as a translator. In the past four years, however, encouraging developments have emerged: the Bachelor of Translation and Interpreting (BTI) program was approved by the Ministry of Education in 2006, and the Master of Translation and Interpreting (MTI) program was approved by the Academic Degree Committee under the State Council in 2007. These new degree programs fill the education gap for high-level professional translators and interpreters. Together with previously approved master's and doctorate degrees in translation studies, they form a complete educational system for translation, symbolizing that translation has finally been recognized as an academic discipline in its own right. Currently, 15 universities have launched BTI programs, and 40 universities have started to offer MTI programs. More universities are applying or considering applying for such programs. This shows that professional translation training is on the right track.

Training of trainers

With the rapid development of university education for

translators, the shortage of professional trainers has become evident. As the only national association for the translation profession in China, TAC has played a proactive guiding role in this respect. In 1997, it began to organize summer symposiums on translation and interpreting, attended mainly by university lecturers. Then in 2009, it formally established its training of trainers (TOT) program offering a Certificate in the Teaching of Translation and Interpreting at the Undergraduate Level. The first round of training was attended by some 300 lecturers and was the largest TOT program on translation and interpreting in the world at the time. A training program for lecturers at the MTI level has also been organized lately.

Professional development

We are in a rapidly changing society where learning has become a life-long task for everyone. Translators, in particular, need to update their knowledge and skills to face the challenges of the ever-changing modern society. TAC plans to set up a professional development institute to help translators improve their knowledge and skills throughout their professional lives. This will help translators to improve their professional fitness and ensure quality performance.

Many private training institutes offer flexible translation courses, but their quality varies since there are no generally accepted standards. TAC should help to standardize the training market to ensure the best quality.

2. Entry requirements for the profession

A stringent market entry system will ward off unqualified

practitioners and protect the legitimate rights and interests of qualified ones. There are two market entry levels: one level for individual translators and one for translation agencies.

For individual translators, accreditation (primarily through exams) is usually the way to enter the translation profession. China moved in that direction as early as 2003 when the Ministry of Human Resources and Social Security established the China Accreditation Test for Translators and Interpreters (CATTI) and entrusted China International Publishing Group to carry out the program. CATTI will gradually replace the old appraisal system for translation and interpreting professionals to become the mainstream certification of professional translators and interpreters. So far, more than 90,000 people have taken the test, and more than 14,000 were accredited. The certification provides quality assurance to recipients of T&I services and helps practitioners gain respect as professionals. However, the CATTI certificate has not achieved the same status as the lawyer's license and has not become a prerequisite for people to enter the translation profession. Therefore, anyone with basic foreign language knowledge can claim to be a translator. To avoid that, the CATTI certificate should be given similar status as the lawyer's license. Of course, CATTI also needs to be improved to meet the market's needs.

Entry requirements for translation agencies, however, are not yet established. In some cities in China, virtually anyone with RMB10,000 can register a translation company without any proof of relevant professional training or experience. This has often resulted in chaos in the translation market and poor translation quality, adversely affecting the image and interest of the translation industry as a whole. To change the situation, TAC has brought the issue to relevant government authorities and called for market entry prerequisites for the registration of translation companies. In the meantime, TAC has worked with China's standardization authorities to issue the first set of national standards on translation services, specifying, among others, what makes a qualified T&I service agency. Europe is the pioneer in this regard, and I understand that most EU countries have published national standards of similar nature. The standards lay a good foundation for setting up the entry requirements for translation service agencies and will certainly help to speed up such efforts.

3. Appraisal for translation quality

There should be a mechanism to distinguish quality services and products from poor ones. To do so, firstly, there should be some criteria, and secondly, there should be a body to carry out assessments.

The *Target text quality requirements for translation services*, the second national standard for translation services initiated and drafted by TAC, can be used as the criteria. The next step would be to set up an assessment body. TAC plans to set up a committee to mediate disputes over translation quality and will also need to communicate with the judiciary departments for support and recognition. Once in place, the committee will help raise public awareness of translation quality and build quality brands in the translation industry.

4. National awards for outstanding translations

National awards have an exemplary effect on professionals and will encourage them to strive for excellence. There are two national awards for literary translations: the National Award for Outstanding Literature Translations, run by the China Writers Association , and the Han Suyin Award for Young Translators, run by TAC. The first is a part of the Lu Xun Literature Prize and therefore is very limited in scope. For example, it hardly covers Chinese literary works translated into foreign languages. The Han Suyin Award mainly targets young lecturers and students at university. More national awards should be established to commend excellent translation works in every field.

To ensure the translation quality of literary works and non-literary documents in the long run, joint efforts by the government, trade associations, translation service users and translation service providers are essential.

Education in and Market Demand for Translation: A Case Study*

Many have long held that translating from one's native language into a foreign language is a "wrong" choice for translators; this is the view held in many Western countries. But a recent survey by the Translators Association of China (TAC) in a dozen universities across the globe shows that it is standard practice for translation and interpreting (T&I) students to receive training both from and into their native tongues. As most universities agree, the rationale behind this training policy is the market demand for versatile translators/interpreters who can handle translation work back and forth in both (or more) languages. As suppliers of talent, universities and training institutions must train their students in a way that enables them to fulfill market demands. This is all too obvious. But we in China have taken the long way in getting on the right track.

In this presentation, I will introduce the three stages for T&I training in China and then discuss three major challenges we are facing

---

* 中文题目：《翻译教育与翻译市场需求：个案研究》。本文为 2010 年 11 月 6 日在第六届亚太翻译论坛上的发言。作者回顾了自中华人民共和国成立以来翻译教育发展的三个阶段，分析当前翻译教育面临的三大挑战，并对中国未来的翻译教育提出了希望和建议。

currently, as well as two suggestions from the point of view of TAC.

I. Three Stages for T&I Training in China

Stage 1: Foreign language training plus in-service translation/interpreting training (ca. 1949 - ca.1978).

In the first 30 years after the founding of the People's Republic of China in 1949, there were no translation or interpreting training programs per se. Most translators and interpreters were foreign language studies graduates, and foreign language training at that time focused on foreign literature and linguistics. What helped them to become professional translators or interpreters was in-service training. In-service training at that time took the form of a mentoring system. Usually, a senior translator was assigned, be it officially or voluntarily, to guide one or more young translators by reviewing and revising their drafts and answering their inquiries. This proved to be quite successful since this generation of translators and interpreters, though very small in number, produced some of the best translations in China. I myself was a beneficiary of such a system. It is worth mentioning that translators and interpreters at that time mostly worked in government departments or institutions and specialized in literary translation or interpreting for foreign affairs. The freelance market did not exist.

Stage 2: Foreign language training incorporating translation skills and/or theory (ca. 1978 - ca. 2000).

With the opening up of China to the outside world in 1978,

international exchanges exploded, which in turn boosted the rapid development of foreign language training. To better prepare students for a career upon graduation, many universities began combining foreign language training with a specialist field of study, such as translation and interpreting. As a result, translation and interpreting courses were introduced to the curriculum of foreign language programs. This should have been considered a big step forward for T&I training in China, but scholars have mixed feelings about it. While providing some basic T&I training to foreign language students was good, those courses were far from sufficient or adequate in producing professional translators and interpreters. They were designed to enhance students' foreign language competence, emphasizing literary translation and translation theories. Neither the teachers nor the students had the chance to participate in realistic translation projects. Therefore, graduates from such programs still had a long way to go to meet the requirements of the job market. Moreover, it reinforced the misconception that anyone who knew two languages could do a good translation, and many language graduates went into the booming translation market. The result was a surge in the number of translators and interpreters but a sharp drop in the quality of translation and interpretation.

Another notable development during this stage was the rise of translation studies. When China opened its gate to the outside world, various translation theories were also introduced and eagerly embraced by the academic circle in China. Quite a number of universities started to orient their MA and PhD students towards translation studies. In the late 1990s, translation studies had established itself as one of the three pillars of the academic discipline of foreign languages and literature (the other two being literature and linguistics). This represented truly remarkable progress for the T&I profession in China. But this theory component was overemphasized at Chinese universities to the detriment of translation practice. Teachers of translation, for example, could not present their translation work to prove their academic competence; instead, they had to publish an academic paper, even on obsolete subjects of foreign language learning, to be recognized as qualified teachers of translation. This discouraged teachers of translation courses from doing translation themselves and teaching from their own experience. As a result, almost all MA and PhD students specializing in translation or interpreting wrote their theses on theoretical issues which had little relevance to the actual art and skill of translation and interpreting. The gap between academic studies and practical translation and interpreting was quite notable at this stage.

Stage 3: Translation as an independent discipline and profession (2000 onward)

With the advent of economic globalization at the turn of the century, China's international communications in the political, economic, and cultural fields has increased dramatically. The significant discrepancy between demand and supply of qualified professional translators and interpreters has been keenly felt by all sectors, from government departments and institutions to the growing number of language service companies. It was high time to reconsider the training of translators and interpreters. Many scholars called for the separation of translation studies from the discipline of foreign languages and literature and establishing professional T&I training as an independent discipline. The breakthrough came in 2006 when the Ministry of Education approved "translation and interpreting" as an undergraduate degree program – Bachelor of Translation and Interpreting (BTI) – in its own right. Three universities were chosen to pilot this new program. Then in 2007, the professional degree of Master of Translation and Interpreting (MTI) was approved by the Academic Degree Office of the State Council, ranking MTI along with 16 other professional master's degrees such as MBA, EMB, and MPA. Three universities obtained official approval to confer MA and PhD degrees in translation studies in 2004, 2006, and 2008 respectively. Thus, the field of translation and interpreting has grown into a full-swing academic discipline, and a professional T&I training system is finally taking shape.

Although foreign language learning with translation skills tacked on is still the dominant model, professional T&I training has witnessed rapid progress. By the end of October 2010, 31 universities had launched BTI programs, and 158 universities were offering MTI programs. Applicants to these programs have surged, making MTI one of the hottest programs at a postgraduate level. To differentiate themselves from their competitors, some universities have started to build their T&I training around specific specialized fields. A survey on T&I training done by TAC earlier this year shows that finance and commerce and literature and arts are the top two fields chosen by more than half of the universities, followed by science and technology, tourism, and political science and diplomacy.

Employers of potential translators and interpreters, such as institutions and language service companies, have also shown great interest in working with universities to strengthen their programs. They have supplied experienced translators and interpreters as part-time teachers, signed internship agreements with universities, developed software specifically for T&I students, and taken part in the compilation of textbooks. Their active involvement has made these professional programs more targeted and responsive to market needs.

Efforts have also been made to establish translation and interpreting as a qualified profession, with qualifications recognized by society as market entry requirements, like in the case of lawyers and accountants. In 2003, the Ministry of Human Resources and Social Security formally launched the China Accreditation Test for Translators and Interpreters (CATTI), which is open to anyone interested in translation and interpreting, regardless of their educational or professional background. By providing a scientific and objective approach to assessing the ability of potential translators and interpreters, CATTI has grown fast, alongside the rapid growth of the translation industry. By the end of August this year, some 130,000 applicants had taken the CATTI exams, with nearly 18,000 passing and receiving corresponding certificates. What is worth mentioning is that starting from the latter half of 2008, applicants from companies and institutions surpassed student applicants for the first time, demonstrating employers' increasing acceptance of CATTI.

II. Major Challenges to T&I Training in China

Though a comprehensive structure is now in place for T&I training, there is still a long way to go in developing a truly effective training system to meet the ever-increasing demand for high-quality and versatile translators and interpreters in the market. In the survey targeted at universities with BTI and MTI programs, most respondents list the following three as the biggest challenges for T&I training in China.

Challenge 1: Lack of clear goals and standardized criteria for training programs. This is listed as the top challenge by universities with BTI programs since the borderline between foreign language training and professional T&I training is most challenging to draw at the undergraduate level. What is the proper ratio between language learning and translation skills? What is at the core of BTI programs which differentiate their students from foreign language majors in the job market? Several seminars and conferences have been held to discuss these and other issues, and BTI programs are still in an experimental stage, with only 31 universities offering such programs. MTI programs are more mature, and people are less concerned about these issues.

Challenge 2: Lack of qualified trainers. This is listed as one of the top three challenges for both BTI and MTI programs. It's simply impossible to recruit or train enough teachers in such a short time to meet the surging demand of T&I programs. Many universities assign foreign language teachers with little or no experience in the translation market to fill vacancies. This has considerably hindered the development of professional T&I training. To alleviate the problem, TAC and China National Committee for Translation and Interpreting Education (National Committee for T&I Education) have been running training of trainers (TOT) courses for teachers of BTI and MTI programs, respectively, since 2007. This summer, the two organizations have decided to join hands and launch the certificate program entitled "Training of Trainers for Translation and Interpreting." Nearly 300 university teachers attended the two-week training course and spoke highly of the program. However, such training courses are still limited in scope. The survey shows that only about 10 percent of the teachers of BTI and MTI programs hold a certificate from previous TOT training courses. Therefore, new and creative ways need to be explored to build a team of high-quality and diversified teachers in keeping with the development of BTI and MTI programs. One feasible way is to reach out to the professional world and invite experienced professional translators and interpreters (and translation managers) to bring some practical knowledge to the classroom. This will simultaneously alleviate the shortage of teachers and provide students with new perspectives and first-hand professional expertise.

Challenge 3: Lack of adequate textbooks in line with the goals of professional T&I training. Although textbooks on translation and interpreting theories and skills are numerous, they were primarily designed with foreign language training in mind, with little consideration of the real needs of the translation market. With the coordination of the National Committee for T&I Education, a series of textbooks for MTI programs have been published. In late September this year, TAC also co-hosted a special seminar dedicated to the issue of T&I training textbooks. But more coordinated efforts need to be made in this respect. Since the MTI program is relatively new and still expanding to an increasing number of universities, it may take some years to further develop textbooks that can meet the needs posed by the growing demand.

III. Suggestions for T&I Training in China

T&I training must break out of the traditional closed circles of foreign language teaching and explore creative ways to meet challenges effectively.

First, universities must reach out to the market where the demand comes. Universities as suppliers and institutions, and language service enterprises as employers of translators and interpreters need to join hands to clarify the goals and criteria of professional T&I training. The National Committee for T&I Education has stated this clearly in the guidelines for MTI programs. It has even recommended a ratio of 7:3 for full-time teachers and guest teachers from the translation profession. Many potential employers of T&I students also hope to get involved in the training process to ensure they could hire the right person. Some universities have worked with institutions or language service companies to develop internship agreements, joint courses, customized training programs, and even joint textbook projects. Strengths and weaknesses of such cooperation were shared at a forum during the 2010 China International Language Industry Conference hosted by TAC in late September. TAC has also proposed establishing criteria to assess the qualification of institutions and companies applying to receive student interns and to supply part-time teachers to ensure healthy and sustainable cooperation between the two sides. The criteria are now under consultation between universities and companies.

Universities also need to reach out and engage in exchanges with their international counterparts. T&I training in the West, developed over the past 50 years, offers valuable experiences from which we could learn. T&I training worldwide also faces common problems that require joint efforts to solve. Since 2006, TAC has been organizing university lecturers to attend international events, such as the annual CIUTI forums, where the world's most prestigious universities with translation programs gather and share. During the TOT training courses, TAC invites teachers from some of these institutions to share their experiences and ideas with the trainees. Many universities have also established exchange programs with sister universities abroad. Through these contacts, some useful experiences have been shared for the benefit of all.

As the only national body for the T&I profession in China, TAC transformed itself from a purely academic society to an industry association in 2004 to meet the changes in the translation industry. It has played an increasingly significant role in regulating the translation market and facilitating close cooperation between educational institutions as suppliers of T&I professionals and language service companies and other institutions as employers. The training of market-ready interdisciplinary T&I professionals will continue to be a significant focus for suppliers and employers of T&I professionals and TAC in the future.

Chinese-English Translation:
Opportunities and Challenges in the Era of Globalization*

The need to translate Chinese literature, policies, and progress into other languages – English in particular – was keenly felt at the outset of the founding of the People's Republic of China in 1949 and became all the more urgent with the country's reform and opening up in 1978. The English edition of the *Constitution of China*, the *Marriage Law*, many of Chairman Mao's works, and stories written by the early 20th-century great writer Lu Xun were some of the early examples. The English translations of the 100-volume *Library of Chinese Classics* (to be completed next year), the 10-volume *China Studies*, the four great literary classics – *A Dream of Red Mansions*, *Journey to the West*, *Outlaws of the Marsh* and *Three Kingdoms* – as well as the 6-volume *Compendium of Materia Medica* are some of the recent examples.

---

* 中文题目：《汉译英：全球化时代的机遇和挑战》。本文为 2011 年在澳大利亚里斯本举办的翻译和跨文化交流国际会议上的发言。作者指出，面对日益增多的汉译英市场需求，中国面临着从译者的语言水平、文化知识、职业水准，到项目管理、人才培养和选拔等诸多方面的挑战。文章从翻译人才培养与职业资格接轨的角度，对提升我国汉译英整体水平提出了建议。

Chinese-English translation (C-E translation) has been an intellectual foundation and prerequisite for China's efforts to integrate with the world over the last three decades. An interesting point is that C-E translation so far is chiefly done by Chinese translators, and this particular task of working from one's mother tongue into a foreign language has posed a great challenge for Chinese translators. It also represents one of the most serious efforts in the translation profession worldwide to present a culture and a country by doing the translation "in the wrong way." There have been both experiences gained and lessons learned in accomplishing this daunting task. Before an entire contingent of foreign translators fluent in Chinese can emerge and take over the majority of the jobs in C-E translation, people must continue to explore ways to help Chinese translators carry on the difficult but rewarding mission of translating Chinese into English and other foreign languages.

The reasons for this particular situation are many. Basically, the Chinese language is so different from Latin-based languages (Indo-European languages) that in the face of the enormous amount of materials to be translated into foreign languages, there have been simply too few foreigners who have managed to master the Chinese language. Before the launch of reform and opening up in 1978, there was so little exchange between China and the rest of the world that few foreigners felt the need to study the language. Once the demand for translating Chinese texts into foreign languages suddenly increased, there were just not enough

Chinese-speaking foreigners to take up the task. While translating from one's mother tongue into a foreign language has long been regarded in the profession worldwide as a "wrong choice," for Chinese translators, this has essentially been the only choice.

I. Ever Increasing C-E Translation Jobs

In my own experience, until the early 1970s, C-E translation focused mostly on Chinese literature and Chairman Mao's works. Then towards the end of the 1970s came the drive for reform and opening up. With foreign readers showing a growing interest in the current situation in China, people in China began to produce booklets on just about every basic aspect of the country, from economy and culture to science to education. Very soon, we found ourselves translating thick volumes of what was then described as basic facts and figures, which even included archaeological reports. Translating history books, traditional Chinese medicine handbooks, tourist guidebooks, and investment manuals became our daily grind. When China negotiated with different countries on bilateral trade agreements and joined the WTO, we translated materials on virtually all sectors of the economy. As translators, we had to switch from one subject to another totally unrelated one whenever we received a new assignment.

As China's economy keeps growing and generating greater interest in the world, demands for C-E translation continues to increase – conference speeches, export product introductions, tourist guides, street signs, financial contracts, Chinese books, and growing quantities of materials on more or less every subject. This new development has also brought about a new surge in the translation of literary works. Thus, I found myself working on Chinese short stories once again in 2007 and 2008 for visitors to the renowned Frankfurt Book Fair in 2009, where China was the guest of honor.

China's new drive in urbanization in the vast central and western regions and the expansion of its international communications deployment in the hope of better explaining the country to the often skeptical outside world have given translators even more work to do.

All signs seem to suggest that the more China grows economically, the greater amount of translation assignments there is waiting to be tackled.

II. Enormous Challenges in C-E Translation

C-E translation faces several problems and challenges: First, a lack of linguistic efficiency; Second, a lack of professional conduct; Third, a lack of cross-cultural knowledge; Fourth, the missing link of professional education; Fifth, a lack of proper management; and Sixth, a shortage of competent professionals.

Let's look at some of the examples that illustrate these problems.

Issue #1: a lack in linguistic efficiency. Almost every locality and every industry in China emphasize the need to integrate with the rest of the world, particularly in the age of globalization. As a result, *guojihua* (国际化) has become a catchword. Thus we came across inappropriate English slogans such as "Sichuan is going globally!"（走向国际化的四川）A more appropriate translation might be "Sichuan is becoming international!"

Issue #2: a lack of professional conduct. The translation of an organization or an individual's name, for example, can appear in more than one form, even within the same text, as some translators never bother to consult proper reference materials.

Issue #3: a lack of cross-cultural knowledge. Compared with the two previous problems, this is a much more complicated issue and requires much more work to address it.

To integrate with the world economy and be an international partner is something that China is trying to achieve and thus, the phrase "going out" (走出去) is heard and read repeatedly. In Chinese, we hear expressions like "Chinese culture should go out", "Chinese finance should go out", and even "Let China's military go out". If the words "going out" in such cases are rendered into something like "increase the international market share of China's entertainment products", it makes better sense. If people say, "China should strengthen international finance cooperation", what China aims to do will be accepted much more easily. In particular, "to increase military exchange" sounds much less menacing than "let China's military go out."

The key to addressing this kind of issue is not to translate word to word but translate the real meaning behind each word.

In translating books, the translator must have the reader in mind. The translator's job is to help sell the book rather than to push away the reader. In a bookstore, it normally takes the reader only several seconds to decide whether to take a look at the book or move on to the next bookshelf. So translating book titles is an essential part of book translation.

There was a book intended to help foreign readers get a broad overview of Chinese history. It deals with the entire 4,000 years from the legendary Xia Dynasty (c. 2070-1600 BC) to the present reform period. The original Chinese title is *Zhongguo Jianshi* (《中国简史》). The translator felt that a direct translation of *A Concise History of China* would do little to promote it to potential English readers, so he chose to add something to make the title read like this: *China Through the Ages – From Confucius to Deng*. This drew criticism from some Chinese book reviewers, saying that the translation failed to do justice to the rich content, which began not with Confucius but with the legendary emperors and which did not end with Deng since it wrote about the harmonious society concept of the then-incumbent Chinese leader Hu Jintao. They suggested something like *From the Three Kings and Five Emperors to Hu Jintao*. Well, this may be more accurate with regards to the content of the book, but the reader will find it hard to relate to since they are more likely to have heard of Confucius and Deng, but they probably know very little about the ancient legendary rulers called the three kings and five emperors.

Issue #4: the missing link of professional education. For years, Chinese universities have offered courses in foreign literature and linguistics. Many have also offered translation courses, focusing mostly on theory. While the theory is very important, the teaching of translation and interpreting as a profession tended to be missing. I was involved in hiring new translators and interpreters for many years and what we expected of graduates, particularly post-graduates, was to be able to come to the office and do the job the very first day. Quickly we realized that they were just not armed with the basic skills to handle C-E translation tasks. Interpreters did not even know the importance of taking notes. Some came to the meeting room improperly dressed. As they started to interpret, they spoke in such a low voice and only to the principal host and guest that most of the people in the meeting room could not hear a thing. As for translators, they did not know that to translate the names of members of the overseas Chinese, they had to look up the correct spelling, and instead they just did a direct translation into Chinese pinyin. So Professor Lawrence J. Lau (刘遵义教授) in Hong Kong became Professor Liu Zunyi, making it difficult for readers to associate this translation with the actual person.

A major contributor to these issues was the fact that university syllabuses were not designed to teach and prepare students to handle real translation jobs once they graduated. They were taught entirely theoretical knowledge on English literature and linguistics. For many years, no students really came out of professional translation programs. It was not until 2007 that the Ministry of Education decided to reduce the emphasis on research-oriented post-graduate students and quickly strengthened the training of professional translators and interpreters.

Now that the missing link is finally being filled in, we are faced with a new challenge of not having enough qualified educators to train professional translators and interpreters.

Issue #5: a lack of proper management. This issue is the direct result of the lack of understanding of the professional nature of C-E translation, which is also the root cause of many poor translation jobs. Here is a common scenario: All aspects of a large-scale international event, such as a conference or an exhibition, have been planned, without giving consideration to the need of translation. Only at the last minute does someone in charge of the project realizes that interpreters and translators must be hired, but he or she has no idea where to find the proper people. Also, often the case is that a document in Chinese has been prepared over a long period of time, but on the last day before publication, someone suddenly realizes that the whole document needs to be translated into other languages. By that time, it is such a rush job that it is simply too late for any individual translator or group of translators to come up with a satisfactory rendering of the text. In all fairness, China is a country where interpreters are much better treated and much more highly regarded than in many other countries, but many people do not realize that translating from Chinese into other languages up to a publishable level requires much more than just being treated well and with respect. For example, some Chinese phrases need to be explained by the writer to the translator, and some even need to be rewritten in order to be understood by the target readers, but when the translator makes such a request, often the reply is " We are just asking you to translate, why so many questions?!"

When the China National Museum sitting in the heart of Beijing opened earlier this year, visitors found signs displaying "import" and "export" instead of "entry" and "exit" on the wall of some of the exhibition halls. Some Weibo blog writers joked that "No wonder not many of the most impressive China's cultural artifacts are available in the museum; they have all been exported." Who could have expected such basic mistakes to occur at such a high-brow cultural center? But such was the case, testifying to the problem in C-E translation.

The lack of management is not simply a technical and isolated issue; it really refers to the lack of a holistic market management mechanism. The fact that anybody can set up a translation company and handle translation jobs without having to prove their intellectual or professional qualifications simply means that the translation market is not regulated and not properly managed.

Issue #6: a shortage of competent professionals. Having examined the previous five problems, it is obvious that China is in dire short supply of competent professionals in the field of C-E translation.

Since translation as an industry is yet to be included in national statistics, it is hard to find out exactly how many professionals engage in the practice of translation. What we do know is that there are 15,000 companies and agencies advertising themselves as professional translation companies, yet we do not know how many certified translators there are on their payroll. We also know that more than 20,000 people have passed the China Accreditation Test for Translators and Interpreters (CATTI) since this national test was introduced in 2003, but we do not know how many of them actually work in the field of C-E translation. We also do not know how many unprofessional or amateur translators are out there acting as if they were professionals. What we do know is that the number of qualified C-E translators capable of rendering high-standard translations is simply not enough, with many books lying there waiting to be translated or having been translated to a poor standard.

The training of professional translators in universities needs more time to be able to provide society with large numbers of qualified graduates. Native English speakers with C-E translation skills are in short supply. At the same time, translation jobs keep piling up, and this shortage of supply against demand is likely to accompany us for some more years.

III. Ways for Improving C-E Translation in China

The first and foremost thing to do in meeting the challenges in C-E translation is to quickly train students to acquire professional knowledge and skills.

Until recently, to turn foreign language students into professional translators, it has been a common practice to follow a tutelage system, whereby a young potential translator does his work under the supervision of a senior translator who regularly reads and improves the young translator's works. It is an effective way to train translators, but this one-on-one system cannot benefit enough translators to meet the market demand.

Luckily in 2006 and 2007, the Ministry of Education decided to introduce translation and interpreting (T&I) programs at both undergraduate and postgraduate levels. By the end of 2011, 42 universities were offering BTI programs, and 159 universities were offering MTI programs. The dual-tutor system in training translators at the postgraduate level, i.e., one professional translator and one university professor working together as tutors, should be particularly encouraged. In essence, there should be a steady supply of students well-trained in the skill of translation and interpreting instead of pure theory entering the translation job market.

In the long run, native English speaking translators who have mastered the Chinese language should be encouraged to carry on C-E translation. The fact that there have not been enough native speakers doing C-E translation, due to a number of reasons, has been part of the root cause for unprofessional C-E translation. Ideally, native English speakers should take up the task of translation, with native Chinese speakers helping to revise the translations to ensure accuracy.

One potential resolution would be to invite qualified members from the overseas Chinese community to take part in C-E translation projects as they tend to know both languages and cultures. For instance, the American Translators Association has a Chinese language division with more than 700 members, many of whom are experienced C-E translators with Chinese origin. Some have suggested that a databank of overseas Chinese translators should be built. This also means that payment for C-E translation should meet the expectations of translators from different parts of the world so that overseas Chinese translators can afford the time to take on assignments.

Much of the root cause of the lack of professionalism in C-E translation lies in the lack of market regulation. Just imagine: if all the 15,000 translation companies were manned by fully certified translators and interpreters, translation quality would be hugely improved.

The China Accreditation Test for Translators and Interpreters (CATTI) was introduced in 2013 by the Ministry of Human Resources and Social Security, the central government body in charge of managing professional qualifications. By June 2011, over 180,000 people had taken the test, and more than 10 percent had received certificates proving their ability to work as professional translators and interpreters. However, unlike in the case of lawyers, doctors, and accountants, the translation qualification is an optional rather than compulsory entry requirement for potential translators and interpreters. This leaves a great loophole in the regulation of the translation market. The only way to introduce any market entry requirements is to first institute regulations pertaining to translation since market regulation has to be enforced within a legal framework. The task of regulating the translation market is going to be a long journey, and translators in China should focus their energies toward the goal of introducing regulations regarding translation.

References

[1] Changqian, Zhao. *China Translation Yearbook 2009-2010*[C]. Beijing: Foreign Languages Press. 2011

[2] TAC. China Language Industry Conference 2010 Closes[EB/OL]. Retrieved from the English website of the Translators Association of China: http://www.tac-online.org.cn/en/tran/2010-11/08/content_3821435.htm. 2010

[3] Kissinger, Henry. *On China*[M]. New York: The Penguin Press. 2011.

[4] List of universities approved to run BA in Translation and Interpreting Program[EB/OL]. Retrieved from the English website of the Translators Association of China: http://www.tac-online.org.cn/en/tran/2011-06/13/content_4264201.htm. 2011.

[5] List of universities approved to run MTI Program[EB/OL]. Retrieved from the English website of the Translators Association of China: http://www.tac-online.org.cn/en/tran/2011-06/13/content_4264230.htm. 2011.

[6] 黄友义.坚持"外宣三贴近"原则，处理好外宣翻译中的难点问题[J].《中国翻译》，2004（6）.

Promoting Mutual Understanding and Cementing Friendly Ties:

What Media Can Do and Have Done[*]

It is both a privilege and an honor for me to attend this forum. It is my first visit to Nepal, and today is my second day here. Everything has been so nice and so new that I am almost too excited to speak. I will share some of my ideas on China's international communication efforts in relationship to coverage on Nepal with a view to finding ways to develop mutual reporting on our two countries and two cultures.

I. An Overview of China's International Communication Efforts

China has a long history of communicating with audiences overseas and, over the years, has set up a whole range of media

---

[*] 中文题目：《增进相互了解，巩固友好关系：媒体能做的和已做的》。本文为 2016 年 1 月 18 日在中国—尼泊尔智库高层对话会上的讲话。作者首先回顾了中国从抗日战争时期至今在对外交流方面所做的努力，重点介绍了中国媒体对尼泊尔的关注和报道，然后通过一个生动案例讲述了两国交往的故事，呼吁两国媒体加强合作。

bodies whose job is to tell China's story to the world. As early as during the War of Resistance Against Japanese Aggression (1931-1945) during the 1930s and 1940s, there were already people fully devoted to reporting on the warfare to overseas audiences. In 1936, US journalist Edgar Snow was invited by the Communist Party of China to its base area in Yan'an in northern Shaanxi Province, where he spent four months interviewing Red Army commanders and soldiers. Later he published the epoch-making book *Red Star over China*, a work which, for the first time, reported the existence and strength of the Red Army. It helped not only authorities but also interested ordinary readers in different parts of the world to know that there was a completely different type of force, unlike the disunited and corrupt ruling party of Kuomintang. From his interviews, he saw a different China and hope for the future. The book, which was instrumental in helping China to communicate with the world, played a big part in winning international understanding and sympathy for the Chinese revolution.

To attract international attention and understanding, the People's Republic of China, on the day of its founding on October 1, 1949, established the Bureau of International Press under the General Administration of Press, which included parts of what are today's Xinhua News Agency, Radio China International, and the China Foreign Languages Publishing Administration. Today, the three branches have grown into three separate groups, all of which are still engaged in international communications. In the 1980s, Xinhua and the China Foreign Language Publishing Administration provided assistance to the launch of *China Daily*, an English-language national newspaper. At the China Foreign Language Publishing Administration, also known as China International Publishing Group (CIPG), where I have been working for 42 years, we have grown into a multi-media institution introducing China via the Internet and social media in addition to journals and books. Of the 30 magazines we publish today, half of them are done so in foreign languages and are distributed in Asia, Africa, America, and Europe.

The most recent example of this international outreach effort was the launch of the China Global TV Network on January 1, 2017. With an international staff and two stations based in North America and Africa, it aims to be a multi-media, multi-lingual source of information on China and a platform for communication between China and viewers overseas.

II. Increasingly Active in the Current Era

In 2012, China became the second largest economy in the world. In the last four years, China's overseas investment has been growing tremendously, and in the first 11 months of 2016, the figure hit US$160 billion. The Belt and Road Initiative, in particular, makes China ever more active in the world economic arena.

In order to make China's intentions better understood by

people outside China, what needs to go hand in hand with this international economic drive is the country's global communication efforts. Consequently, people have noticed the outward deployment of China's new media. Much of this initiative is just at the beginning stages and faces such challenges as a lack of experience, devoted local staff, and the integration of different corporate cultures.

Some of its outbound efforts, however, have already paid off. "China Mosaic", a three-minute video program produced by a leading website called China.org.cn, has attracted an enthusiastic audience that exceeded the producers' expectations. A US partner even decided to put this program on one of the big screens at Times Square free of charge.

III. Communicating Between China and Nepal

The word Nepal has never been absent in the Chinese media, not least because Sakyamuni Buddha was born in Nepal but also because of the long-term friendship that has existed between our two countries. In both reports for the domestic audience and outbound reports for overseas audiences over the last couple of decades, Chinese media have dedicated considerable coverage to Nepal and Sino-Nepalese relations. In the 1960s, I learned from documentary movies, and more often over the radio, about visiting delegations from Nepal. When I first saw the national costumes of the Nepalese delegation, they were so alluring that I dreamed I would have a Nepalese hat on my head one day. Finally, my dream came true last year when I met a group of visiting Nepalese journalists in Beijing.

In 2016, for example, Chinese-language media coverage of Nepal focused on five major areas: (1) High-level exchange of visits. The visit by former Prime Minister Aoli from Nepal to China in March received extensive coverage in all kinds of media, both nationally and locally. (2) Media and cultural exchanges between the two countries receive the second largest attention from the Chinese media. The visit by the president of Nepalese national radio to China in August, the visit to Nepal by Tibetan scholars in February, and the opening of a Chinese language course in Nepal for local journalists were all major news in the Chinese media. (3) Major events in Nepal, such as the people's efforts to overcome energy shortages, fight against earthquake damage, and changes to the cabinet, all received much media attention. (4) Of course, the Chinese audience wishes to know how China is perceived in Nepal, and the Chinese press often quotes Nepalese media on their views of China. (5) Finally, the life and scenery in Nepal were sustaining topics in China, particularly so on social media. More and more people have become interested in visiting Nepal as tourists.

Xinhua News Agency has been the leading reporter of news about Nepal, and some of the articles were contributed by the very outstanding representatives of Xinhua staff stationed in Nepal who are part of the host of this forum.

Chinese foreign-language media, which target international

audiences, have also been active in reporting on Nepal. Take the English-language weekly *Beijing Review,* for example. During a three-year period, they ran 36 articles on Nepal or Nepalese relations with China, meaning one out of every four issues included a report on Nepal. The magazine has less than 50 pages, with 15 articles per issue. Still, it has had comprehensive coverage of Nepal, ranging from culture, art, education, economics, international relations, weather change, Buddhism, women, border trade, environment, and wildlife. Most recently, on January 2 this year, *Global Times,* an English-language daily newspaper, reported an interview with the Nepalese ambassador to China, His Excellency Leela Mani Paudyal, on tourism prospects.

To prepare for this forum, we used big data to study how Nepalese media reported on China for seven weeks during November and December. The study found that *The Himalaya Times* had the most extensive coverage of China, followed by *The Rising Nepal*, *The Republic* and *The Kathmandu Post.* The study analysis also revealed that 21 percent of the reports were favorable towards China, 67 percent neutral, and slightly over 11 percent unfavorable. This was not bad, but there was undoubtedly much room for improvement compared with the Chinese media's reports on Nepal, where positive or neutral stories were more dominant.

Thanks to reports on Nepal by Chinese national media, including those directed at international audiences via Xinhua News Agency, *People's Daily*, China News Service, China Global TV Network, China National Radio, China Radio International,

China Daily, *Economic Daily*, *Beijing Review*, and those published through major news websites like China.org.cn, Nepal is highly featured in China. Though Nepal is just one of China's 16 neighboring countries, it receives a much larger share of China's reports on neighboring countries.

The positive job Chinese media have done over the years has firmly planted a favorable image of Nepal among Chinese audiences. We look at Nepal as a friendly neighbor whom we can always count on in times of need and whom we are always sympathetic and ready to help. Before I came, I asked several people for one word they would associate with Nepal. The people I asked ranged from 9 to 86 in age, including students, teachers, retirees, business people, writers, and artists. The words that came up the most were peaceful, friendly, serene, and beautiful. Several people chose the word earthquake because they cared about what had recently happened in Nepal. Interestingly the only foreigner I asked was an American, whose reply was poverty. We must give credit to the efforts of Chinese reporters and journalists.

How would Nepalese people respond when asked for their one-word association with China? I hope it will be equally positive.

Having said all this, one apparent discrepancy is not the amount of coverage but rather the tone of the media coverage of each other's countries. I feel strongly that a 21-percent positive coverage rate of China leaves much to be desired.

IV. Working Together to Build a Stronger Relationship

In recent years, one encouraging development is the increasing exchange of visits between journalists from our two countries. The fact that we have this forum is also a positive step to enhancing mutual understanding.

High-level exchanges in the past have been pretty frequent between our two countries. I am reminded of a book I read some time ago. In *The Man on Mao's Right,* written by Mr. Ji Chaozhu, a former interpreter for Chairman Mao Zedong and Premier Zhou Enlai and later deputy secretary-general of the United Nations, told a story about the state visit to China made by the Prime Minister of Nepal, Tanka Prasad, towards the end of September 1956. Mr. Ji was asked to interpret at the welcoming state banquet for the visiting VIP, which was an unforgettable event for his entire career. He wrote: "Once Prasad was seated, Zhou Enlai stood up and delivered his welcoming remarks, reading from a prepared statement in Chinese. I had a copy in English. Premier Zhou read the first paragraph in Chinese. Standing to his right and slightly behind the premier, just between the two dignitaries, I then repeated the paragraph in English. My loud, clear voice filled the room as I carefully enunciated every syllable, pleased to show off my impeccable command of this exotic language. The premier then read the second paragraph in Chinese, and I repeated it in English. It was so easy; I allowed myself to become distracted by the majesty of the moment. I waited for the premier to finish his Chinese while gazing out on the huge round principal banquet table – a table set for kings – and the many large round tables beyond. Every chair was occupied by a vice premier, minister, ambassador, or other high official – the cream of our Foreign Ministry and the foreign diplomatic corps. Their eyes were riveted on the premiers and on me. They were utterly rapt, hanging on every word that came out of my mouth. I was again a flower intoxicated by its own scent. So intoxicated that I failed to notice when the premier strayed from the script. The statement had neglected to make any reference to the chairman of the ruling Nepalese party, Prasad's boss. Zhou extemporaneously added a few words of praise for his leadership. He said this as I was off floating on my pink cloud. I mechanically read the prepared paragraph in English, and triumphantly folded my hands in front of me. The premier turned and gave me a direct look that my heart skipped a beat. 'No! No! Xiao Ji,' he said, his voice piercing the decorum like cannon fire. 'You interpreted wrongly!' He waved with disgust to an aide. 'Get me another interpreter.'" In the book the author continued to write: "My body glowing with a furnace of humid shame, I handed my English translation to the replacement interpreter and slouched around the edge of the room until I reached the last table in the corner… My stomach churned and… I slept miserably that night, and woke wishing it had all been a dream."

Now ladies and gentlemen, imagine if you were there, the proud interpreter was kicked out simply because he did not translate the added words of praise for the ruling party of Nepal, which probably spelled the end of the career of a rising diplomat. How would you feel about it? For us today, this is a perfect example of what great care Chinese leaders took in building a friendly relationship with Nepal. It is the result of many years of hard work by people before us that we now enjoy a cordial relationship. And it is our job and mission to build this relationship even stronger.

On our part, Nepalese images such as historic scenic sites, temples, the killing of the king, beautiful scenery, change of governments, and earthquakes are not enough. We should help the Chinese audience learn more about how people live and work in this country, what their social activities are in villages and cities, how people are overcoming natural calamities, building a new country and how Nepal is finding its place in the globalized world.

Nepalese media, like their Chinese counterparts, have the task of informing Nepalese audiences about the earthshaking events that are taking place in China, the contributions China is making to the world, how ordinary Chinese live and work in towns and villages, and what people are doing to realize their cherished dreams.

To do so, we must work harder, establish networks, and exchange information and news stories. There is a real need for a standardized exchange of visits of people and information, more students learning each other's languages, and indeed, more events like this present forum, where we can discuss how to enhance mutual understanding.

By the way, apart from the Communication University of China where Nepalese is taught, more institutions of higher learning like Beijing Foreign Studies University will start enrolling students of the Nepalese language. Gratifyingly, an increasing number of people from Nepal have become interested in learning Chinese. I hope there will be more and more people in our two countries that speak the same languages.

My first encounter with a Nepalese citizen was in 1978 when I was working as an interpreter for a UN agricultural study mission of 36 people, one of whom was from Nepal. Till today, his broad smile and readiness to talk about everything and share ideas with other people remain vividly fresh in my mind. Now, almost 40 years had gone by before I could set foot in this beautiful and friendly country. From 1978 to 2017, it has been too long, and my contact with the Nepalese people has been too sparse. This should not be the case for our people in the future.

We should all work hard so that the towering Himalayas will be a measurement of our friendship, linking us together, not a wall separating us from each other.

Lead by Language:

Why Language Services Are Increasingly Important for China[*]

It's both an honor and pleasure to share with you some of my views on the translation industry in China. I have been working in the field for about four decades, and I think we are going through a most active and dynamic period as we are experiencing the second wave of translation.

The first wave came during the late 1970s when China had just embarked on reform and opening up. At the time, few people could read in foreign languages, and China was hungry for all information from the outside world. In publishing alone, for example, about 15,000 foreign-language books were translated and published in Chinese each year. Translators and publishers competed so hard to bring out their own versions of world-famous novels that by the 1990s, there were already 13 editions

---

[*] 中文题目：《语言引领：为什么语言服务对中国越来越重要》。本文为 2016 年 9 月 23 日在华也国际（CSOFT）年会上的发言。作者从改革开放以来中国语言服务业的发展谈起，从翻译市场、人才教育和翻译技术几个方面，概述了当前第二次发展高潮下的中国语言服务业的状况，并指出未来语言服务业所面临的挑战。

of *The Red and the Black* by the French author Stendhal. This has been going on for almost 40 years, and you can imagine just what a huge amount of foreign-language material has been rendered into Chinese. This is not to say tons of technical manuals accompanying technologies and equipment China has been importing. Simply it's impossible to say offhand what a great job Chinese translators have performed. One predominant characteristic of this endeavor is that most texts are translated from major Western languages into Chinese. This move has also given rise to the national drive to study foreign languages, mainly English. So many people have spent many hours working on their English, often at the expense of their other studies.

Foreign investment and business operations by global companies in the Chinese market also gave birth to localization. Many international localization companies opened offices in China, and Chinese businesspeople also capitalized on the opportunity to establish their localization and translation companies.

So for the past few decades, the Chinese translation industry characterized by inward translation has boomed. But all of this began to change in the first decade of the 21st century. We began to see a shift in the dominant direction of translation tasks from other languages into Chinese to Chinese into other languages. At the Beijing International Book Fair last year, we saw a total of 5,018 copyrights deals. Of these, 3,075 (61 percent) were Chinese copyrights sold to foreign publishers, and 1,943 (39 percent) were foreign copyrights bought by Chinese publishers. This kind of change would have been unimaginable even ten years ago when the ratio for copyrights purchased and sold in China stood at 15:1, meaning for every title China sold, Chinese publishers bought 15 foreign titles.

I. A New Upsurge in Translation

The second wave of translation came hand in hand with China's drive to go global due to economic development and the move to take a more active part in global governance. Outbound investment by China in the last three years has been growing at a double-digit speed. The total figure exceeded US$100 billion in 2014, rising to US$130 billion in 2015, and this year it is likely to maintain the same growth rate. One direct result of this development for the translation industry is the considerable growth of translation jobs from Chinese into other languages.

What does this mean? It means the Chinese translation market has taken a significant turn from mostly doing work from foreign languages into Chinese to the other way round. This is by no means short of a milestone development for the industry. The Translators Association of China (TAC) did a survey in 2011, which found that for the first time, the percentage of translation jobs from Chinese into foreign languages exceeded that from foreign languages into Chinese, taking up 54.4 percent of the total.

Two years ago, I ran into a young interpreter working at a

demonstration farm in Congo, jointly invested by the agricultural ministries of China and Congo. There were ten Chinese experts in the fields of vegetables, poultry, fruits, cassava (a kind of staple food for the locals), and farming tools who, apart from working on the demo farm, also taught classes to Congolese students. The interpreter translated in the classroom, helped sell produce at the weekend, and interpreted for visiting local agricultural officials. In fact, since she was the only French-speaking Chinese person there, she was the busiest person on the farm. She was very encouraged and fully satisfied with the job as she excitedly told me that she was doing agricultural material translation in a Chinese research institute before she went to work on the farm. Though she was learning a lot while doing translation, it was on this demo farm that she realized her value as an interpreter/translator, seeing the immediate results of agricultural exchange characterized by new harvests, the progress of the students, and increasing friendship between the peoples. Without outbound investment, there would have been no such a farm, and young translators like her would not have had such an exciting job.

II. The Changing Face in Language Service Industry

Both the inward translation and outbound translation trends have given a tremendous boost to the growth of China's language services industry, which has gone through three periods. We call the first development phase, from 1980 to 1991, the emerging period of the industry. In 1980, there were only 18 companies engaged in language services; by 1991, there were 767 companies. This represented an annual growth rate of 46 percent. We deem the years from 1992 to 2002 as the second phase, or the growth period, with an average of more than 600 new companies being established yearly. By the end of 2002, there were already 8,179 companies offering language services in the Chinese market. The years 2003 to 2011 constituted the third phase, marked by speedy growth, with as many as 2,961 new companies established each year. By 2011, there were 37,197 companies engaged in language services. The language service industry has maintained a swift growth trend ever since then. During the two years 2012 and 2013, 18,778 new companies appeared. At the end of 2013, there were already 55,675 such companies officially registered with the Chinese industrial and commercial authorities. Though I do not have the figures for 2015, there are all signs that the growth momentum has maintained its strength.

When the language service industry grows, it impels development in many other areas. In the last decade, there has been massive progress in the teaching and training of professional translators. For example, in 2007, three universities offered Bachelor of Translation and Interpreting (BTI) programs, and 15 universities offered Master of Translation and Interpreting (MTI) programs. Until then, people had studied foreign literature and linguistics to prepare to become translators and interpreters. People of my generation (those born in the 1950s and those up to 20 years younger) all studied in foreign language departments at universities. We later learned how to translate from senior translators assigned to us as coaches or tutors at work. We learned translation skills like how apprentices learn a particular trade in a factory. Few of us received any formal training on translation on a university campus.

Now you go to a Chinese university, and you will most likely find a school or department of translation and interpreting. This year, 196 universities have been approved to offer BTI programs, and 206 universities offer MTI programs. More than 20,000 students are currently enrolled in MTI programs across the country.

The boost in professional training programs immediately presented a shortage of university lecturers who know how to translate and teach translation. So you have seen the world's largest training program for university teachers. TAC and the National Committee for T&I Education have been working together to offer summer programs for the last decade. Each year, more than 300 university teachers come to learn how to teach interpreting, translation, and translation project management. We bring together trainers from China, Europe and North America to run intensive courses for these young lecturers over 12 days each summer. Besides, there are short on-site workshops for such teachers throughout the year.

The growing translation market has offered jobs to many bright young men and women and attracted many others who wish to enter the market. Twelve years ago, a new test to discover and evaluate professional translators and interpreters, called the China Accreditation Test for Translators and Interpreters (CATTI), was introduced. It is held twice a year in seven languages. In 2004, some 5,000 people took part in the test. Last year, the number had grown to 92,000. Some 20 percent of the examinees have received different levels of certificates of proficiency in translation and interpreting, which are issued by the Ministry of Human Resources and Social Security.

The latest development is the Language Big Data Alliance, formed earlier this year between a leading translation company developing big data translation technology and 80 universities teaching translation. The artificial intelligence translation platform Yeekit, developed by Global Tone Communication Technology Co. Ltd., is now used by 60 million visitors daily. Its 3 billion sentence pairs cover 32 languages. Another platform called Yeesight now collects information such as reports on China from 400,000 websites around the globe and provides instant translation of such information for its clients.

It is hoped that the alliance between this company – of course not limited to this one – and schools of translation at universities will better train sorely-needed professionals and further expand the data bank to improve AI translation technology.

There are constant discussions, reviews and debates on topics such as how to translate and teach translation. Almost every day, there is some discussion on these matters on mainstream media and social media alike. On any given weekend, when I check my WeChat, I discover some seminar on translation being held somewhere in China. Four separate conferences on translation were held on the four weekends in May this year alone.

III. Challenges Ahead

While all these developments are very exciting, there are many challenges ahead.

Increasingly, I hear people asking for foreign-language versions whenever a Chinese economic plan is published. For example, the 13th Five-Year Plan for Economic and Social Development was unveiled in March this year. Immediately people asked for foreign-language editions. In May, I was in Paris, and people again asked for the French edition, saying they were reviewing the new industrial policy the French government was to introduce. They wanted to investigate the possibilities of cooperation between China and France. Admittedly, increasing integration of the world economy makes it necessary for people to look at policies and plans drawn up by the Chinese government in good time. Somehow, even today, the reality is that I have still not been able to locate a French edition of the 13th Five-Year Plan.

The Belt and Road Initiative presents an excellent opportunity for translators and interpreters. When you visit any province or agency, you will not fail to hear about a shortage of qualified translators, particularly in languages of limited diffusion, such as Arabic and Turkish.

Last month, a group of reporters came to Beijing from Nepal, and their local host wanted to find someone who could talk with them in Nepalese. Regrettably, they could not find a single Chinese person who could fluently communicate with them at a seminar in their native language. This reminds me of when Premier Li Keqiang visited Greece two years ago. He was amazed at the fact that there were so few people who could translate between Greek and Chinese. So now there is a big discussion on increasing training in regional languages. Studies have revealed that more than 100 languages are being taught in the US, whereas in China, there are only 60. To have people qualified to translate between Chinese and "small" languages is very important but how to train such students requires innovative thinking. In the 1960s, there was a drive to train translators and interpreters in regional languages, which was quite successful. Where I worked in the 1980s, there were people who were well-versed in more than 50 languages, except they had no job to do at the time as China and many countries where those languages were spoken had minimal cultural and economic contact. Now the situation is one where people who can use those languages are badly needed. The lesson of the last century still rings aloud, and we must be aware of the danger of training people in a regional language and then suddenly they have no opportunity to use it. So this is another area where innovative ideas are needed.

Challenges with language services come in two ways: on the one hand, many enterprises are unaware of the importance of language services, and cannot find the right providers when they need such services; on the other hand, providers do not know exactly what kind of language services enterprises need.

Today, many Chinese enterprises are talking about building up global brands. Yet many are unaware of the cultural differences from country to country. They come up with a product name popular in Chinese, but it may sound awful in another language. They invest in a country hoping to create jobs and make a profit, but often they cannot plant their foot firmly on the ground.

Earlier this year, a study demonstrated that companies that want to expand internationally do not know where and how to find professional language services or enlist their help. Conversely, language service providers cannot cement ties with companies needing help.

In many places, how to make the best use of language services remains an issue for local authorities. You might have heard this most recent story: A city in northwest China was to host an international cultural event. The promotion materials they produced, including the flags they put up in the street, showed something like this: "Conspire to Cooperation and Development". What the Chinese text actually meant was: working together to seek cooperation and common development. Apparently, the company assigned to do the translation was simply not competent enough to handle the job. The tragedy is that when the problem was brought to the attention of the local authorities, they had no idea how serious it was. It was only with outside professional protests that they finally had all the materials replaced at the expense of economic, cultural, and even political losses.

To me, the most crucial challenge is ensuring that language service providers are respected for their professional value, recognized for their contribution to international communications, and adequately paid for their services. The cultural differences between the East and West and even within the Eastern hemisphere are so vast that qualified professional translation is necessary for effective international communication. Increasingly, China is speaking out, and its opinions are constantly being sought for global governance, as we just saw at the G20 events held in Hangzhou this month. In a way, translators and interpreters, through their efforts, are contributing to global governance. I think the beauty and glory of our profession lie in precisely what Csoft President Shunee Yee has aptly expressed: we translate and we transform.

People, Prosperity and Peace:

Some Thoughts on Vol. II of *Xi Jinping: The Governance of China*[*]

In late September 2017, a group of translators and editors got together and began working – on a very tight schedule – to produce the book that came to be known as the second volume of *Xi Jinping: The Governance of China.* Before that, some of the speeches President Xi Jinping had made since July 2014 had already been translated into English, but the translations were not linguistically up to the level to be officially published in book form. So a dozen of us who had worked on the first volume did two things this time: first, translate what was not available in English, which amounted to about two-thirds of the book; second, collectively edit, revise and finalize the entire English text. As you can imagine, native speakers from Britain were part of the team. The book contains 250,000 Chinese characters, now running about 600 pages in book form. We worked through the

---

[*] 中文题目：《人民、富强与和平：＜习近平谈治国理政＞第二卷译后感》。本文为2017年12月3日在《习近平谈治国理政》第二卷南非首发式上的讲话。作者以译文审定者身份，从"以人为本""共同富裕"和"和平发展"三个方面，介绍了《习近平谈治国理政》第二卷的核心思想与治国理念。

entire month without taking off weekends, not to say the seven-day National-Day holiday people around China enjoy every early October. We are happy that the book could be published right after the CPC convened its 19th National Congress, and now we have this important work for you to read.

The book is wide-ranging and inclusive with 17 parts, covering different topics such as developing the country, governing the Party, building friendly ties with other countries, environmental protection, education promotion, and training of officials, and provides a uniquely thorough and authoritative way to understand China. After working on the book for a whole month as a translator, three key words keep reflecting in my mind and these three words, in my opinion, crystallize the essence of President Xi's ideas and thoughts. They are: *people, prosperity and peace.*

In fact, the word *people* appears more than 1,200 times in the book, more than any other word. If you read the book, you will not fail to notice that the idea of serving the people's interests is always on his mind. President Xi speaks at great length about taking care of the people's interests in virtually every subject he touches upon. For him, "people" is not just a word to justify the leading position of the Communist Party, nor a political catchphrase to please the population, nor a pleasantry to doll up his statement made to the international community; it represents concrete policies and specific actions.

In the opening article of the book, in a speech he made in

remembering former top Chinese leader Deng Xiaoping, he says: "We commemorate Deng Xiaoping by learning from his immense love for the Chinese people. His entire life is an expression of love for the people, which is an inexhaustible source of strength for Chinese Communists."

When he talks about social and economic development in China, he emphasizes the need to "remain committed to a people-centered notion of development". He tells members of the Political Bureau of the CPC Central Committee that they "must share the people's joys and sorrows, weal and woe; must pursue people-centered development; must always care for the people, work for the people, and benefit the people; must understand public sentiment, listen to public appeal, and voice public concerns."

Xi further elaborates his idea of the people-centered development philosophy, saying it "is not an abstract, abstruse concept. We will not restrict ourselves to lip service or idle reflection, but put it into practice in all areas of social and economic development. We should maintain the people's principal position in the country, and fulfill the people's expectations for a better life. We should continue to realize, safeguard, and develop the fundamental interests of the overwhelming majority of the people. We should ensure that development is for the people, that it is reliant on the people, and that its fruits are shared by the people. ... We should produce more and better material and cultural products to meet the ever-growing material and cultural needs of the people. We should fully stimulate the people's initiative, enthusiasm, and creativity, and provide the platform and environment for all workers, entrepreneurs, idea generators, and officials at all levels to play their innovative role.... We should adjust the pattern of national income distribution.... We must safeguard social fairness and justice, and narrow income gaps, so that all the people can have a greater share of the fruits of development in a fair way."

When housing prices soared in urban areas, he told policymakers that we should follow the principle that "housing is for people to live in rather than for speculation." His statement quickly put a stop to people buying more than one or even dozens of housing units on which to speculate. This kind of speculation has resulted in sky-rocketing real estate prices in major cities, making it very difficult for young people to settle down.

At the Central Conference on Poverty Alleviation and Development convened on June 23, this year, and on many other occasions, he repeatedly discussed the topic of poverty alleviation. He has specified many times China's goal of reducing poverty. He says, "By the end of 2014, China still had a rural population of over 70 million living in poverty. Our poverty relief goals for the 13th Five-year Plan period (2016-2020) are as follows: By 2020, the rural poor will be guaranteed food, clothing, compulsory education, basic medical care, and safe housing; in poverty-stricken areas, the growth rate in rural per capita disposable income will surpass the national average growth rate, and major indicators of basic public services will approach the national average."

His belief in and devotion to the people come from his belief in the cause of the Party and country. When recalling the epic Long March that took place in the 1930s, he said that "the victory of the Long March proved that the people possess boundless wisdom and strength. Only by believing in the people, relying closely on them, and giving full play to their enthusiasm, initiative, and creativity can we channel their strength into an impenetrable great wall." He further says, "To carry forward the spirit of the Long March and succeed in our present long march, we must put the people at the very center of our hearts, remain committed to serving the people and relying on them in all endeavors, and engage in a tireless effort to make life better for them."

His commitment to the people has much to do with his own background. He is a man from the people and for the people. On September 22, 2015, he recalled, "In the late 1960s, when I was in my teens, I was sent to a small village named Liangjiahe in Yan'an, Shaanxi Province, in western China. There I worked in the fields as a farmer for seven years. Like the locals, I lived in caves dug out from loess hills and slept on an earthen bed. The locals were impoverished and could go for months without a bite of meat. I grew to understand what they needed most. Later, when I became secretary of the village's Party branch, I set out to develop the local economy because I knew what they needed. I very much wanted to see them have meat on their dinner tables, and I wanted to see that often. But that was a hard goal to attain."

"This Spring Festival (in 2015)," he continues, "I went back to Liangjiahe, which now has asphalt roads, tile-roofed brick houses, and Internet access. The elderly enjoy the basic old-age pension, the villagers are covered by medical insurance, and the children receive a good education. Having meat for dinner is, of course, no longer a dream. This made me feel strongly that the Chinese Dream is the people's dream and that if it is to succeed, it must be based on the Chinese people's aspiration for a better life."

As China's top leader, he is clear-minded about the mission and task of the Chinese leadership as he stated in 2015: "Over the past two years I have visited many impoverished areas in China, and paid personal visits to families in need. Even now, I can still see their faces and feel their longing for a better life."

The goal of poverty relief he has set for China is to raise out of poverty all those defined by current standards as rural poor, all those counties designated as poverty-stricken, and eliminate overall regional poverty by 2020. If you come to China, ladies and gentlemen, you will see that the entire country is taking action towards this goal. One example is that all well-to-do provinces, companies, and even individuals in the better-off eastern China, are matched with their poor counterparts in the western part of the country to render targeted assistance. Another example is to help the local poor find ways to become better off. A file has been established to list the difficulties every family in China has, and local officials are assigned to help those families until they

611

have emerged from poverty so that the entire nation of 1.4 billion people will enjoy common prosperity by 2020.

This leads to the next key word: *Prosperity*.

Prosperity here basically means how China will develop and in which direction. Xi Jinping is like a captain of a big ship. In planning China's tomorrow, he is not just looking at the next five years or ten years; he has to think and plan for more than 30 years ahead. Two things deserve special attention to understand how he is navigating the big ship of China. One is his new development concept, and the other is a theme running through the book: the task of realizing the Two Centenary Goals.

Xi Jinping presented his new development concept when he introduced the 13th Five-year Plan for Economic and Social Development covering the period from 2016 to 2020. The new concept includes the following five areas: 1. Innovative development focusing on growth drivers; 2. Coordinated development aiming to solve the imbalance in development; 3. Green development highlighting the harmony between humanity and nature; 4. Open development prioritizing interactions; and 5. Shared development underpinning social equality and justice.

What gave rise to the new development concept? What precisely is it designed to address?

After analyzing the Chinese economy, President Xi came to the conclusion that "innovation makes a much lower contribution to economic growth in China than in developed countries. This is the Achilles' heel for such a big economy as China. A new round of revolution in science and technology will inevitably give rise to fiercer competition. If our capacity to innovate fails to meet the need to boost the economy, we will lag in global economic competition." So he believes innovation must be the primary driving force of growth.

China's development has been speedy but not free from problems in the last four decades. One such problem, as identified by Xi, is the long-standing development disparity that is "conspicuous across regions, between urban and rural areas, and in the relationship between economy and society, between material and cultural progress, and between economic development and strengthening national defense." He explains, "when we are underdeveloped, our primary task is to catch up quickly; but after a period of doing so, we need to adjust and pay more attention to the overall effect. Otherwise, the bucket effect will lead to intensifying social conflicts. So we must ... properly handle major relationships in development, and constantly increase harmony in development." As we have seen too often in the process of industrialization across the world, development always brings environmental destruction at the expense of future generations, and China has also run into ecological issues. So Xi emphasizes that "while we are constantly faced with ever-tighter resource constraints, serious environmental pollution, and ecological degradation, we are also faced with people's growing demands for clean air and drinking water, safe food, and a beautiful environment. So we must uphold the basic national

613

policy of conserving resources and protecting the environment, follow the path of healthy development to achieve productive development, prosperity, and a sound ecological environment, and create a society that respects these principles. We must build a beautiful China and contribute our part to global ecological security." What about the idea of open development? Xi states, "Open development prioritizes interactions between China and the international community. Profound changes are taking place in international economic cooperation and competition, and major adjustments are underway in the global economic governance system and rules. Global communication is becoming more profound, more extensive, and more frequent, and the pressure to cope with external economic risks and maintain national economic security is unprecedented."

"Our problem now," he says, "is not whether to continue opening up, but how to improve the quality of opening up and increase China's connectivity with others." He concludes: "we are not opening up wide enough; we lack the ability to use domestic and foreign markets and resources; we are weak in dealing with international trade friction, in exerting influence on the international economy, and in applying international trade rules. We need to improve in these areas. To this end, we must uphold the basic national policy of opening up, implement an opening-up strategy characterized by mutual benefit, strengthen cultural exchange, and improve the layout of opening-up regions, of foreign trade, and of investment. With such efforts, we can form a new system for opening up, develop an open economy at a higher level, and drive innovation, reform, and development."

With so many exchange projects going on between China and South Africa to benefit both our countries, including the discussion we have here today, I am sure it is not difficult to see the point on which President Xi has elaborated.

Another aspect of the new concept is shared development to ensure equality among the people. Xi says: "Allowing people to share the fruits of reform and development is the essence of socialism.... Only if this problem is properly addressed will the people's enthusiasm, initiative, and creativity be fully aroused; only then can national development gain sufficient momentum."

He uses the metaphor of a cake to analyze the challenge we face, saying that "while it is true that the 'cake' of development is growing larger, it is also the case that the portions are not being shared out evenly. There are growing disparities in income levels and in urban and rural public services. In sharing the fruits of development, there are imperfections both in institutional structures and in actual outcomes. Therefore, our driving principle must be that development is for the people and by the people, and its benefits are shared by the people. We must design more effective systems to steadily lead all the people to common prosperity, and eradicate the huge gap between the rich and poor."

To understand the timeliness and importance of the new development concept he presented, we need to look at where Chinese society stands. According to Xi, nine indicators in the

Chinese economy point towards a new normal, i.e., a change of gear from double-digit growth to medium-speed growth. The nine indicators he identifies are: First, differentiated, individualized, and diversified consumption has become the norm, replacing the old mass consumption based on actual need and the notion of keeping up with the Joneses. Second, investment in traditional industries and real estate has reached capacity. Third, since global aggregate demand is sluggish, China's comparative low-cost advantage is receding. Fourth, the supply capacity of traditional industries has exceeded demand. Fifth, the gross working-age population is falling in number; rural surplus labor is decreasing; the level of technology innovation in many fields lags behind that of our advanced international competitors. Sixth, in the past, increases in quantity and price competition used to dominate. Now, it is turning to competition in quality and product differentiation. Seventh, the carrying capacity of our environment is approaching or has reached the limit, and there is no longer the potential for high-consuming, extensive-mode development. The people are desperate for clean air and water, a healthy environment, and other eco-products, so the eco-environment is becoming increasingly valuable. Eighth, China's rapid economic growth has concealed certain conflicts and risks. As the growth rate slows down, hidden risks are becoming evident. And ninth, from the perspective of demand, the marginal effects of comprehensive stimulus policies are diminishing; from the perspective of supply, we should resolve overcapacity on the one hand and use market mechanisms to identify the future direction for industrial development on the other.

This sober analysis tells people that to sustain the economy and realize the Two Centenary Goals, people have to change their thinking, adapt to the new economic situation, and implement new strategies.

And what exactly are the Two Centenary Goals?

According to Xi, "development remains the top priority for contemporary China, and the primary task of China's leadership is to focus on improving people's living standards and achieving common prosperity. It is to this end that we have put forward the Two Centenary Goals." The goals he refers to were put forth five years ago by the CPC at its 18th National Congress in 2012. Specifically, the first goal is to double the GDP and per capita incomes of urban and rural residents compared to 2010 levels, achieving moderate prosperity in all respects by 2020, as the centenary of the CPC approaches. The second is to build China into a modern socialist country that is prosperous, strong, democratic, culturally advanced and harmonious, and achieve national rejuvenation by the middle of the century, which will have seen the centenary of the PRC, which was established in 1949.

Given the emergence of the new normal, the two goals will see more difficulties to overcome. Still, on many occasions, Xi has declared that building a moderately prosperous society in all respects is CPC's solemn promise to the Chinese people and history. To realize the goals, development is the top priority for China and holds the key to solving all problems in the country. He says to the nation, "we will work particularly hard to prevent and defuse grave risks, take targeted measures to relieve poverty, and prevent and control pollution. We will extend supply-side reform and promote the sustained and balanced development of the economy and society, working to ensure that the society we build wins the approval of our people and stands the test of time."

In discussing prosperity, the phrase "common prosperity" is often seen in Xi Jinping's speeches. In a speech he made on January 18, 2016, to senior officials at the provincial and ministerial levels, he laid out his philosophy of shared development, saying "we should give full rein to the people's enthusiasm, initiative, and creativity, gather their strength to advance Chinese socialism, and 'make the cake bigger'.... Once the cake has indeed become bigger, we must cut it fairly so as to demonstrate the full strength of socialism and make the people feel a greater sense of gain. We should expand the middle-income group and gradually form an olive-shaped income distribution structure. In particular, we should make greater efforts to help people in difficulties and win the campaign against rural poverty. Implementing shared development is a big issue. From the top-level design to the 'last kilometer' of policy implementation, we should make continuous efforts to mark new milestones in our progress."

In fact, the phrase "common prosperity" in Xi's speeches is

not confined to domestic development but extends to the world beyond. This leads to the third most prominent word in the second volume – *Peace* – which appeared more than 200 times.

In the interest of peace, Xi, in his speech remembering the heroes who fought against Japanese invaders during World War II, proposes that "we need to foster a keen sense of a global community of shared future. Prejudice, discrimination, hatred, and war can only cause disaster and suffering, while mutual respect, equality, peaceful development, and common prosperity represent the right path to take. All countries should jointly uphold the international order and system underpinned by the purposes and principles of the UN Charter, build a new model of international relations based on mutually beneficial cooperation, and advance the noble cause of global peace and development."

In the interest of peace, he continues to say that "China will remain committed to peaceful development. We Chinese always love peace. No matter how much stronger it might become, China will never seek hegemony or expansion. It will never inflict its past suffering on any other nation. The Chinese people are resolved to pursue friendly relations with all other peoples ... and make a greater contribution to humanity."

If you look at Xi's speeches on international issues, you will find that he is a great proponent of the philosophy of a global community of shared interests. He talked about it when he visited South Africa in March 2013 and December 2015. To international visitors in China and his hosts in other countries, he explains why the idea of a community of shared future is so significant. He says: "The purpose of China's diplomatic policy is to safeguard world peace and promote common development. China is always a builder of world peace, contributor of global development, and maintainer of global order." If you delve deeper into this idea, you will find that "the Chinese people know very well that China's development has benefited from international society. China is willing to contribute to the development of the international community. China's opening up is not a one man show; it welcomes joint efforts from other countries; it is not a fight for spheres of influence, or a means of building a 'garden' in its own backyard, but to support the common development of all countries or build a 'park' that can be shared by the international community."

Though a trend of de-globalization has emerged in the world, in Xi's view, humankind "has become a close-knit community of shared future. Countries have extensive converging interests and are mutually dependent. All countries have the right to development. At the same time, they should view their own interests in a broader context and refrain from pursuing their interests at the expense of others."

He keeps telling the international community: "I have said on many occasions that the Belt and Road Initiative is not meant to reinvent the wheel. Rather, it aims to leverage the comparative strengths of the countries involved and coordinate their development strategies."

You will read a lot about the Belt and Road Initiative in this book. This proposal indeed is Xi's solution to ensure world peace, his response to international development demands, and a way to build a global community of shared future. The BRI has received a more robust response internationally than China had expected.

How the BRI will serve South Africa's wellbeing is something our South African friends can work out. Much of the answer, I am sure, can be found in Xi's speech on May 14, 2017, at the Belt and Road Forum for International Cooperation.

Admittedly, there has been both endorsements of and doubts about China's BRI, which is understandable. I have recently read quite a bit about Europeans' skepticism of China's real intentions. Some highly placed politicians in Europe even suggested that China has selfish military motives on top of political and economic purposes. It is well understood that explaining China's position is not going to be easy in certain parts of the world. Still, I truly believe people need to carefully read Xi Jinping's speeches on global issues and his proposal for building a community of shared future. Whoever or whichever country does so will be relieved of their worries and come to see win-win opportunities.

I take pleasure in having worked on this book in English so that readers outside China will have an opportunity to understand our country and, particularly, better see China's positions on meeting global challenges.

Having said that, I must admit translation and publishing are often referred to as jobs of regrets because it is only after a job is done that you realize there are room for improvement. Working on this book, for example, both Chinese and British colleagues felt inadequacy in finding corresponding English expressions to some of the ideas upon which Xi has extensively expounded because of cultural differences. One such case is the teaching of political philosophy in the military, on university campuses and among officials. Often we cannot find the exact equivalent in English. Another inadequacy we found is the range of our knowledge. Xi is the leader of a great nation, the largest political party in the world and a sizable military. He often speaks on very extensive topics covering both domestic and external issues. To translate his speeches demands wide-range knowledge, which we often do not have.

So if you find places in the book that do not read well, it is not his fault but most likely our inadequacy, for which we ask for your generosity in understanding and your opinions to improve. As with any major translation task, we will be collecting reader responses and, at the appropriate time, revise the texts.

Multidisciplinarity: The Way Forward for T&I Education[*]

It is not an easy time for anyone: Covid-19 is still rampaging across the globe. Needless to say, focusing on jobs of translating and interpreting is one of the ways of fighting Covid-19 for translation and interpreting (T&I) professions. At this stage, however, translation jobs are quickly coming back, though conference interpreting will still need some time to get back on its toes.

I. Translating and Interpreting: Our Way of Fighting Covid-19

Whatever has happened since 2020 to the T&I profession has highlighted the importance of interdisciplinarity, particularly in T&I education. After the outbreak of Covid-19 towards the end of 2019, translators in China threw themselves into action in various ways: in the early days, translators facilitated the flow of

---

[*] 中文题目:《学科交叉:翻译教育的未来之路》。本文发表于 *Journal of Translation Studies* 2021 年第 1 期。作者从口笔译工作在抗击新冠肺炎疫情中发挥的作用谈起,分析了当前翻译行业存在的缺陷和不足,呼吁加强翻译专业教育,以应对新形势新挑战。

medical supplies into China from different parts of the world; they helped translate and disseminate knowledge in other languages on controlling the disease; many translators and interpreters, particularly young students from major universities, went to work at ports of entry, primarily airports in major cities, to assist people in going through the quarantine process; translators helped local authorities in virtually every province in China to issue bulletins in a multitude of languages to help foreign residents cope with the epidemic; interpreters worked at online conferences where clinical experiences were shared. Once again, their work demonstrated the value of translators and interpreters.

II. Vulnerability and Inadequacies of the Profession

At the same time, however, these events also reveal some of the vulnerable aspects and inadequacies of the T&I profession. In times of difficulty, translators immediately turn to AI translation when there are urgent jobs, but AI translation often fails to live up to expectations. For example, in the early days, China's policy was to try to contain the disease within Wuhan City and prevent it from spreading to other provinces. There was an eight-Chinese-character slogan, "内防扩散、外防输出" designed to give people a sense of the urgency of immediate action. But the machine translation output was "internal nonproliferation and external nonproliferation", which failed to convey the right message. Eventually, human translation was required to decipher the Chinese and to announce the policy in English – to prevent the coronavirus from spreading within the city (province, region) or beyond.

Also, the sense of inadequacy is felt in terms of multi-interdisciplinary knowledge. For example, in the beginning, there were some new facilities called "方舱医院" to be set up in Wuhan. Entries in dictionaries for "方舱医院" offer such terms as "modular hospital, cabin hospital, mobile hospital, compartment hospital, capsule hospital." But none proved to be the proper description for what we saw later on – temporary medical centers fully supported with medical staff and clinical equipment, set up in exhibition centers and sports facilities. People used different terms in English, and the case is similar in French, Spanish or German. The proponent of this kind of facility in China, Dr. Wang Chen, who also spoke English, called it "Fangcang (i.e., the pronunciation of the Chinese word) shelter hospitals" in an article he published in one of the English-language international medical journals. In contrast, it is called a "field hospital" in New York and a "community isolation centre" in Singapore.

One lesson we could draw from the experience in translating for Covid-19 prevention and control is that we have to find ways to make up for the interdisciplinarity deficit. In other words, interdisciplinary and intercultural skills must be incorporated into translators' and interpreters' training. Our translation experience related to Covid-19 control offers much food for thought for designing T&I education so that students from T&I courses are better equipped to serve the language industry.

III. Improving T&I Education

There is an obvious need to improve T&I education in China. There are currently 264 universities in the country that offer MTI courses. People are arguing over whether we already have enough, too many, or if we need still more. Each side gives its reasons with some justification. But still, in recent months, many universities have been applying to introduce MTI programmes.

A partial answer was provided by the National Conference on Reform and Development of Graduate Education, which was held at the end of July 2020. Many policies came out of this conference, making it the most notable boost to graduate education in China since 2013. There are three strong messages from this conference. Firstly, the pedagogical quality of professionally oriented master's degree programs should be strengthened. Across the board, 47 professionally oriented master's degree programs exist in the country. Secondly, more professionally oriented doctoral programs should be introduced. Thirdly, multidisciplinary courses should be launched. The Plan for Reform and Development of Graduate Education (2020-2025) produced by the conference is a significant step in promoting graduate education in China. Over 50 percent of master's students in China are currently enrolled in professionally oriented programs. This figure is set to rise to 70 percent by 2025. In terms of the people that the market needs, one major research project revealed that the Chinese market requires a greater number of professional master's program graduates. At present, there are about 380,000 graduates a year, but the market expects 580,000, showing a significant gap between supply and demand. There are some 80,000 professional doctoral program graduates in the United States annually, compared with 5,000 in China. Most Chinese PhD candidates are trained to engage in academic studies. Therefore, the July conference called for adding more programs in universities that offer professionally oriented doctoral programs.

Another part of the answer to whether there are too many (or not enough) MTI programs can also be found in the medical field. There are 23 universities specializing in traditional Chinese medicine (TCM), and some 90 universities offer TCM courses. However, only four of them deliver MTI courses. On this basis alone, it is clear that the number of MTI courses is simply not enough, given the broad exchange of information, visits, and conferences between Chinese medicine and Western medicine, which had been going on for a long time before Covid-19.

IV. Taking up the Challenge

We should have more MTI courses and introduce Doctor of Translation and Interpreting (DTI) programs. But who should be the candidates for DTI programs? Who can teach them? How can students be trained? How can campus-based studies best be combined with professional training? How big is the demand for DTI graduates? As, in all likelihood, DTI may begin next year, and the first group of candidates will probably graduate in five years, what will the employment situation be like five years from now? We have to scrutinize these issues carefully. Moreover, we should pursue international cooperation in professional training and education in universities. Given that the highly globalized economy needs students and scholars with multi-cultural and multi-disciplinary backgrounds, international cooperation and exchanges in higher education will continue despite suggestions by some that we should cut off ties.

Our Shared Cultural Legacy:

A Unique and Joint Publishing Project Shows How Culture Matters in China-US Relations[*]

One spring day in 1994, an original work by Yuan Dynasty master painter Zhao Mengfu (1254-1322) was brought to a warehouse office of the Palace Museum in Beijing.

Two museum staff wearing white silk gloves gingerly unrolled the 700-year-old piece of art on a long table in front of a group of scholars who were watching intently. These Chinese and American scholars were working on a book, *Three Thousand Years of Chinese Painting,* one of the volumes in an unprecedented collaborative publishing series called *The Culture and Civilization of China.*

This was one of the very rare occasions that the delicate artwork was ever shown under bright light, and the first time ever to visitors from the United States. It marked a typical but infrequent activity in cultural exchanges between scholars of the

---

[*] 中文题目:《我们共同的文化遗产: 一个独特的联合出版项目展示了文化在中美关系中的重要性》。本文发表在《北京周报》2021 年 4 月 8 日第 14 期。作者介绍了大型中美联合出版项目"中国文化与文明"在实施过程中的创新举措,该项目得到中美双方政府和作者的支持,其成果产生了广泛而深远的影响,成为以文化交流推动两国关系发展的典范。

two countries at that time.

The early 1990s were the second decade of normalization of relations between China and the United States, and people on both sides realized the need to deepen mutual understanding. For that, there was no better way than go into the traditional culture and see what shaped the people's way of thinking and formed the structure of society.

Initiatives from both sides led to the decision to create a joint publishing project in 1990 that would present China's ancient civilization through volumes written by scholars from both countries for readers in both China and the United States.

I. An Innovative First

The project brought together more than 100 scholars at its peak. The volumes were initially published in Chinese and English, with the Yale University Press partnering with the Foreign Languages Press in Beijing. The editors came up with a list of topics on the key aspects of art and philosophy to best represent the 5,000-year-old Chinese civilization.

It was an unprecedented effort in that it was not Chinese scholars writing about China but authors from both countries together deciding what to write. Never before had there been any attempt to produce books between the two countries in such a collaborative spirit. It remains the only co-publishing project of its kind.

Such an ambitious project faced plenty of challenges.

Authors from different cultural backgrounds had unique interpretations, and their differences had to be respected. The books had to incorporate the latest research findings to ensure original and illuminating content. The scholars needed access to museum warehouses and archaeological sites not visited by any other international authors.

As the project progressed, the American scholars went to museum warehouses and the sites of ancient ruins and had long sessions of open and profound discussion with their Chinese counterparts.

To ensure a high-level scholarship, arrangements had to be made for the most authoritative scholars to work comfortably in a team. As they were the busiest people in their fields, synchronizing their time to fly to different cities in the two countries for the meetings was, in itself, a mammoth task. And, like with any cultural undertaking, there was the issue of funding.

II. Strong Support

Luckily, there was strong support in both countries. As the project began, three powerful groups of prominent Americans came forward to help. They included Henry Kissinger, former US Secretary of State, who served as chair of the US Advisory Council for the project, and former President George H. W. Bush. The latter not only accepted the invitation to be the honorary chair but also wrote an encouraging message.

On the Chinese side, former Vice President Rong Yiren was honorary chair, and former Vice Premier Huang Hua led the Advisory Council. Such high-level support helped overcome the difficulties.

As the chief coordinator on the Chinese side, I found being part of this unique project rewarding and thought-provoking. Administratively speaking, I learned a great deal about steering through an international cooperative publishing project, from conceptualization to marketing, from planning to implementation, and from coping with differences to coming to an agreement.

The authors demonstrated a strong cooperative spirit, which was central to the project's success. The Chinese authors, who were leading scholars and had their work widely published in their respective fields, showed a genuinely open attitude while working with foreign colleagues. Though these were subjects they had studied systemically from childhood and on which they were experts, they were receptive to ideas from the American authors.

The American scholars, on their part, showed excellent scholarship though it was not their native culture. Their hard work and, notably, their pioneering spirit earned them the respect of the Chinese scholars. They had an essential role in writing and shaping the books for both experts and the general public. Their persistent in-depth research helped ground each piece of art and philosophical idea expressed in the books solidly in the social changes over the 4,000 years they covered.

III. Widespread Reception

After almost 20 years of hard work, a set of seven beautiful coffee-table art volumes and two academic works on the Chinese civilization were presented to the readers. They cover the birth of the Chinese civilization, art, architecture, sculpture, and philosophy and are a feast both for the eye and the mind. The books caught people's attention in China and the United States, and people from Europe and other parts of Asia came on board with their own language editions.

Many individual works won awards in China and the United States. During the 2008 Beijing Olympic Summer Games, the project won the International Truce Award for contributing to international understanding and peace.

Now 30 years on, as I view the widening gap in opinions on many issues between our two countries, I cannot help reflecting on what brought us together then and what is dividing us now. Perhaps there is one element we must seriously consider: What do we want to leave for our children?

I remember what my American counterpart in the project, former UN Under Secretary-General Joseph Reed, used to say on being asked why he devoted so much of his time and energy to such a publishing project: "I want to leave my children and the children of my children the knowledge of a civilization that had lasted for so many centuries."

He was sending out a compelling message when he suggested

that the cultural riches of China, the best scholarship produced by the joint efforts of Chinese and American authors, and the availability of original and previously inaccessible resources would lead to the understanding of the Chinese civilization, and what lay at its core that shaped the Chinese mind.

The value of the Culture and Civilization of China project lies in the aspiration to understand the deep roots of Chinese thinking.

Luminary figures in the United States, in particular, who were successful in their respective fields and were able to see the historical perspectives of the Chinese culture, possessed the kind of learning that enabled them to see the development in art and culture at the time against the background of the society then. They thus could put things in historical perspective and demonstrate a broader and deeper vision.

They also showed a willingness to listen and research so that they could find answers outside their own train of thought.

IV. An Impactful Legacy

As the project progressed, US guided bombs hit the Chinese embassy in Belgrade on May 7, 1999, killing three and wounding more than 20. The attack immediately put an unpredicted strain on the relations between China and the United States. However, rather than leading to talks of decoupling, the project gained further support because people realized that the exchange of ideas would offer a key to peace.

This is the kind of spirit and attitude that is much needed today. Looking back, it is safe to say that people, scholars, and politicians may come and go, but the kind of cultural legacy their work embodies will be seen and read by generations and will continue to have an impact. In China's case, if a civilization can last for centuries, there must be elements in it that remain undefeated by challenges and the passage of time. The relatively short American culture has its own values but has yet to prove its capacity to endure the change of time smoothly and peacefully.

In terms of understanding each other, China's long history and America's short one are both rich study sources. The histories of these two nations will help them see each other's points of view and become appreciative of each other instead of growing antagonistic.

图书在版编目（CIP）数据

从"翻译世界"到"翻译中国"：对外传播与翻译实践文集 / 黄友义著 . — 北京：外文出版社，2022.11
（"译中国"文库）
ISBN 978-7-119-13183-2

Ⅰ.①从… Ⅱ.①黄… Ⅲ.①传播学 – 文集②翻译 – 文集 Ⅳ.① G206-53 ② H059-53

中国版本图书馆 CIP 数据核字（2022）第 178196 号

出版指导：胡开敏
出版策划：许　荣　黄长奇
出版统筹：文　芳　熊冰頔
责任编辑：张丽娟
英文审校：David Adrian Janke
助理编辑：李书涵　周夏宇　周　续
装帧设计：星火设计实验室
印刷监制：章云天

从"翻译世界"到"翻译中国"
——对外传播与翻译实践文集

黄友义 著

© 2022 外文出版社有限责任公司
出 版 人：胡开敏
出版发行：外文出版社有限责任公司
地　　址：中国北京西城区百万庄大街 24 号 邮政编码：100037
网　　址：http://www.flp.com.cn 电子邮箱：flp@cipg.org.cn
电　　话：008610-68320579（总编室）
　　　　　008610-68995861（编辑部）
　　　　　008610-68995852（发行部）
印　　刷：北京盛通印刷股份有限公司
开　　本：660mm×990mm 1/16
字　　数：430 千字　　　印　张：40.5
装　　别：精装
版　　次：2022 年 11 月第 1 版
　　　　　2022 年 12 月第 1 版第 2 次印刷
书　　号：ISBN 978-7-119-13183-2
定　　价：168.00 元

版权所有 侵权必究 如有印装问题本社负责调换（电话：010-68329904）